बाणभट्ट की आत्मकथा

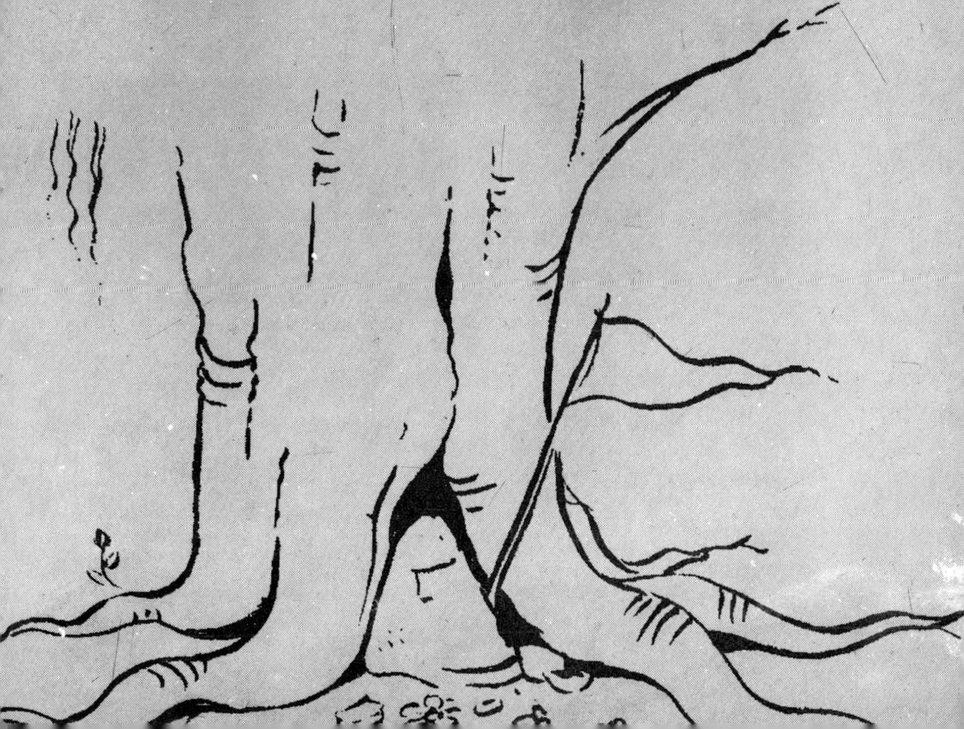

बाणभट्ट की आत्मकथा

हजारीप्रसाद द्विवेदी

राजकमल प्रकाशन

ISBN : 978-81-267-0428-6

मूल्य : ₹995

पहला संस्करण : 1946
छियालीसवाँ संस्करण : 2024

प्रकाशक : राजकमल प्रकाशन प्रा.लि.
1-बी, नेताजी सुभाष मार्ग, दरियागंज
नई दिल्ली-110 002
शाखाएँ : अशोक राजपथ, साइंस कॉलेज के सामने, पटना-800 006
पहली मंजिल, दरबारी बिल्डिंग, महात्मा गांधी मार्ग, प्रयागराज-211 001
1, अनमोल सोराबजी संतुक लेन, धोबी तालाव, मरीन लाइंस, मुम्बई-400 002

वेबसाइट : www.rajkamalprakashan.com
ई-मेल : info@rajkamalprakashan.com

अन्दर के चित्र : विक्रम नायक

मुद्रक : बी.के. ऑफसेट
नवीन शाहदरा, दिल्ली-110 032

BANBHATT KI AATMAKATHA
Novel by Hazari Prasad Dwivedi

निवेदन

'आत्मकथा' प्रकाशित हो रही है। अनेक मित्रों के आग्रह, अनुरोध और शुभेच्छा का ही यह परिणाम है। आरम्भ में कथा 'विशाल भारत' में प्रकाशित होने लगी थी। अगर उस पत्र के यशस्वी सुहृद्वर श्री मोहन सिंह सेंगर ने बार-बार बढ़ावा देकर लिखवा न ली होती, तो कथा लिखी ही न जाती। विचार था कि समाप्त होने के बाद इस कथा पर एक विस्तृत आलोचना लिखी जाए। समय के अभाव में ऐसा नहीं हो सका। सहृदय पाठकों के लिए यह कार्य छोड़ दिया गया। एक विशेष अभिप्राय से रवीन्द्रनाथ की एक कविता का भाव इसमें एक स्थान पर जोड़ दिया गया था, वह अभिप्राय तो सिद्ध नहीं हुआ, पर जोड़ा हुआ अंश जहाँ-का-तहाँ रह गया। बाणभट्ट और श्री हर्षदेव के ग्रन्थ 'कथा' के प्रधान उपजीव्य रहे हैं। इन लोगों के प्रति कैसे कृतज्ञता प्रकट करूँ? भाई कमल कुलश्रेष्ठ ने पुस्तक के ठीक-ठीक छपने में अमूल्य सहायता पहुँचाई है। अनेक ज्ञात और अज्ञात मित्रों ने नाना भाव से बढ़ावा दिया है। सबके प्रति अपनी हार्दिक कृतज्ञता प्रकट करता हूँ। शान्तिनिकेतन के कलाभवन के भाई कृपालसिंह जी ने पुस्तक के प्रच्छदपट का चित्र तैयार कर दिया है। यह चित्र उदयगिरि की वराहमूर्ति के एक फोटो के आधार पर बनाया गया है। भाई कृपालसिंह उदीयमान कलाकारों में हैं। भविष्य में वे अतुल कीर्त्ति अर्जन करें, यह मेरी प्रार्थना है।

ग्वालियर राज्य के पुरातत्त्व विभाग ने उदयगिरि की वराहमूर्ति का चित्र भी दिया है और उसे पुस्तक में छापने की अनुमति भी दी है। इस कृपा के लिए मैं उक्त संस्था के प्रति हार्दिक कृतज्ञता प्रकट करता हूँ।

—हजारीप्रसाद द्विवेदी

हिन्दी भवन, शान्तिनिकेतन

29-11-46

ततः समुत्क्षिप्य धरां स्वदंष्ट्रया
महावराहः स्फुट - पद्मलोचनः ।
रसातलादुत्पल - पत्र - सन्निभः
समुत्थितो नील इवाचलो महान् ॥
जलौघमग्ना सचराचरा धरा
विषाणकोट्याऽखिलविश्वमूर्त्तिना ।
समुद्धृता येन वराहरूपिणा
स मे स्वयंभूर्भगवान् प्रसीदतु ॥

बाणभट्ट की 'आत्मकथा'
कथामुख

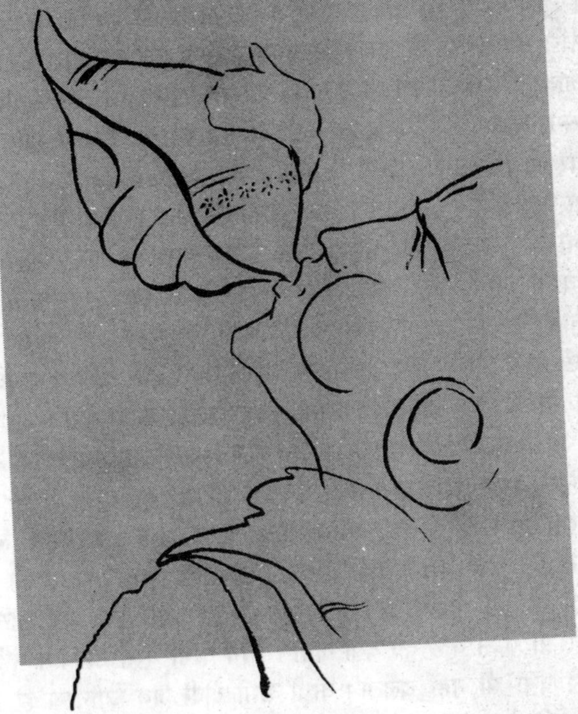

बाणभट्ट की 'आत्मकथा' के प्रकाशित होने के पूर्व उसका थोड़ा इतिहास जान लेना आवश्यक है। मिस कैथराइन आस्ट्रिया के एक सम्भ्रान्त ईसाई-परिवार की कन्या है। यद्यपि वे अभी तक जीवित हैं; पर उन्होंने एक विचित्र ढंग का वैराग्य ग्रहण किया है, और पिछले पाँच वर्षों में मुझे उनकी केवल एक ही चिट्ठी मिली है, जो इस लेख से सम्बद्ध होने के कारण अन्त में छाप दी गई है। मिरा कैथराइन का भारतीय विद्याओं के प्रति असीम अनुराग था। अपने देश में रहते समय ही उन्होंने संस्कृत और ईसाई-हिन्दी का अच्छा अभ्यास कर लिया था। 68 वर्ष की उम्र में वे इस देश में आईं और अक्लान्त भाव से यहाँ के प्राचीन स्थानों का आठ वर्ष तक लगातार भ्रमण करती रहीं। यहाँ आकर उन्होंने बंगला का भी अभ्यास किया था; पर इस भाषा में लिखने की योग्यता उन्हें अब तक

नहीं हुई और आगे होने की कोई विशेष सम्भावना भी नहीं है। मिस कैथराइन को हम लोग 'दीदी' कहते थे—दीदी अर्थात् दादी। आगे जब कभी 'दीदी' शब्द का प्रयोग किया जाए, तो पाठक उन्हीं से तात्पर्य समझें। बंगला में दादी के साथ मजाक करने का रिवाज है, दीदी इस बात को जानती थीं और कभी-कभी बड़ा करारा मजाक कर बैठती थीं। हम लोगों पर—विशेषकर मेरे ऊपर—दीदी का स्नेह नाती के समान ही था। दीदी बहुत भोली थीं। अपनी कष्टसाध्य यात्राओं के बाद जब वे इधर लौटतीं तो हम लोगों के आनन्द का ठिकाना न रहता। नई बात सुनने के लिए या नई चीज़ देखने के लिए हम लोगों की भीड़ लग जाती। दीदी एक-एक करके, कभी कोई तालपत्र की पोथी, कभी पुरानी पोथी के ऊपर की चित्रित काठ की पाटी, कभी पुराने सिक्के निकाल-निकालकर हमारे हाथों पर रखती जातीं और उनका इतिहास सुनाती जातीं। उस समय उनका चेहरा श्रद्धा से गद्‌गद होता और उनकी छोटी-छोटी नीली आँखें पानी से भरी होतीं। फिर धीरे-से उनकी जेब से एक सफेद बिल्ली का बच्चा निकलता—बिलकुल सिकुड़ा हुआ। हम लोग इस मजाक से परिचित थे। दीदी को प्रसन्न करने के लिए हम में से कोई बड़ी उत्सुकता के साथ बिल्ली के उस बच्चे को इस प्रकार लेता, मानो कोई हस्तलिखित पोथी ले रहा हो। और तब वह बिलौटा कूद जाता और हम लोग मानो अचकचाकर डर जाते। फिर दीदी इतना हँसतीं कि नूतन कुटीर की छत हिल जाती। दीदी के इस हर्षातिरेक का परिणाम यह होता कि यार लोग संगृहीत बहुमूल्य वस्तुओं में से कुछ को दबा जाते। (मैंने कभी ऐसा अपकर्म नहीं किया!) पर दीदी को पता भी नहीं चलता। कभी-कभी दीदी जब ध्यानस्थ हो जातीं, तो उनका वलीकुचित मुखमंडल बहुत ही आकर्षक होता। ऐसा जान पड़ता कि साक्षात् सरस्वती आविर्भूत हुई हैं। ऊधम करते हुए छोकरे पास से निकल जाते, धूल उड़ाती हुई बैलगाड़ियाँ चली जातीं, कुत्ते उछल-कूद से शुरू कर लड़ाई-झगड़े पर आमादा हो जाते; पर दीदी कर्पूर-प्रतिमा की भाँति निर्वाक्, निश्चल, निःस्पन्द ही रहतीं! जब उनकी समाधि टूटती, तब उनकी बातें सुनने लायक होतीं।

अन्तिम बार दीदी राजगृह से लौटी थीं। उनके चेहरे से ऐसा जान पड़ता था कि बुद्धदेव से उनकी जरूर भेंट हुई होगी। मैं जब मिलने गया, तो यद्यपि वे थकी हुई थीं, पर यह कहना न भूलीं कि उन्हें राजगृह में एक सियार मिल गया था, जो उन्हें देखकर तीन बार ठिठक-ठिठककर खड़ा हुआ—जैसे कुछ कहना चाहता हो! दीदी का विश्वास था कि वह बुद्धदेव का समसामयिक था और उसी युग की कोई बात कहना चाहता था; क्योंकि दीदी ने स्पष्ट ही उसके चेहरे पर एक निरीह करुण भाव देखा था। आहा, उस युग के स्यार भी कैसे करुणावान होते हैं! मैं

समझ गया कि दीदी को अगर छूट दी जाए, तो उस शृगाल के सम्बन्ध में एक पुराण तैयार हो जाएगा और पिंड छुड़ाना मुश्किल हो जाएगा। मैंने कहा, ''दीदी, आज विश्राम करो, स्यार की बात कल होगी।'' दीदी ने भाव-विह्वल होकर कहा, ''हाँ रे, थक गई हूँ। जा, आज भाग जा। कल जरूर आना। देख, इस बार शोण नद के दोनों किनारों की पैदल यात्रा कर आई हूँ।'' मैं जैसे अचरज में आ गया–''शोण नद?''

''हाँ रे, शोण नद।''

''कुछ मिला है, दीदी?''

''बहुत-कुछ। कल आना।''

मैं पचहत्तर वर्ष की इस बुढ़िया के साहस और अध्यवसाय की बात सोचकर हैरान था। उस समय उठ गया। आहार के समय एक बार लौटकर फिर आया। सोचा, इस समय दीदी को घर पर भोजन के लिए ले चलूँ। पर देखा, दीदी सामने मैदान में ध्यानस्थ बैठी हैं। आहा, चाँदनी इसी को तो कहते हैं। सारा आकाश घने नील-वर्ण के अच्छोद सरोवर की भाँति एक दिगन्त से दूसरे दिगन्त तक फैला हुआ था। उसमें राजहंस की भाँति चन्द्रमा धीरे-धीरे तैर रहा था। दूर कोने में एक-दो मेघ-शिशु दिन-भर के थके-माँदे सोए हुए थे। नीचे से ऊपर तक केवल चाँदनी-ही-चाँदनी फैली थी और मैदान में दीदी निश्चल समाधि की अवस्था में बैठी थीं। पास ही खड़ा एक छोटा-सा खजूर-वृक्ष सारी शून्यता को समता दे रहा था। मैं चुपचाप खिसक गया।

दूसरे दिन मैं शाम को दीदी के स्थान पर पहुँचा। नौकर से मालूम हुआ कि उस रात को दीदी दो बजे तक चुपचाप बैठी रहीं और फिर एकाएक अपनी टेबिल पर आकर लिखने लगीं। रात-भर लिखती रहीं और लिखने में ऐसी तन्मय थीं कि दूसरे दिन आठ बजे तक लालटेन बुझाए बिना लिखती ही रहीं। फिर टेबिल पर ही सिर रखकर लेट गईं और शाम के तीन बजे तक लेटी रहीं। फिर उन्होंने स्नान किया और अब चाय पीने जा रही हैं। चाय पीते-पीते दीदी से बात करना बड़ा मनोरंजक होता था, सो मैंने अपना भाग्य सराहा। दीदी चाय पीने का आयोजन कर रही थीं। मुझे देखकर बहुत प्रसन्न हुईं और बोलीं, ''तुझे ही खोज रही थी! शोण-यात्रा में उपलब्ध सामग्री का हिन्दी रूपान्तर मैंने कर लिया है। तू इसे एक बार पढ़ तो भला। देख, मेरी हिन्दी में जो गलती है, उसे सुधार दे और आनन्द से इसका अंग्रेजी में उल्था करा ले। ले भला!''

यह 'ले भला!' दीदी का स्नेह-सम्भाषण था। जब वे अपने नातियों पर बहुत खुश होतीं, तो उन्हें कुछ देते समय कहती जातीं–'ले भला!' आज तक इस स्नेह

वाक्य के साथ चाय और बिस्कुट ही मिला करते थे; पर आज मिला कागज का एक बड़ा-सा पुलिन्दा। दीदी ने उसे देकर कहा कि यह उनकी दो सौ मील की पैदल यात्रा का सुपरिणाम है। फिर कहने लगीं, "तू इसे आज ही रात को ठीक कर ले और कल पाँच बजे की गाड़ी से कलकत्ते जाकर टाइप करा ला। परसों मुझे इसकी कॉपियाँ मिल जानी चाहिए।"

मैंने सकुचाते हुए कहा, "दीदी, कोई पांडुलिपि मिली है क्या?"

दीदी ने डाँटते हुए कहा, "एक बार पढ़के तो देख। इसका रहस्य फिर पूछना। तू बड़ा आलसी है। देख रे, बड़े दुख की बात बता रही हूँ। पुरुष का जन्म पाया है, आलस छोड़कर काम कर। स्त्रियाँ चाहें भी तो आलस्यहीन होकर कहाँ काम कर सकती हैं? मेरे जीवन के वे दिन लज्जा और संकोच में ही निकल गए, जब काम करने की ताकत थी। अब वृद्धावस्था में न तो उतना उत्साह रह गया है और न शक्ति ही। तू बड़ा आलसी है। बाद में पछताएगा। पुरुष होकर इतना आलसी होना ठीक नहीं। तू समझता है, यूरोप की स्त्रियाँ सब कुछ कर सकती हैं? गलत बात है। हम भी पराधीन हैं। समाज की पराधीनता जरूर कम है; पर प्रकृति की पराधीनता तो हटाई नहीं जा सकती। आज देखती हूँ कि जीवन के 68 वर्ष व्यर्थ ही बीत गए!"

मैंने देखा, दीदी की आँखें गीली हो गई हैं और उनका पोपला मुख कुछ कहने के लिए व्याकुल है; पर बात निकल नहीं रही है। जैसे शब्द ही न मिल रहे हों। न जाने किस अतीत में उनका चित्त धीरे-धीरे डूब गया और मैं चुप बैठा रहा। उस दिन भी दीदी का चाय पीना नहीं हुआ। जब दीदी का ध्यान भंग हुआ, तो उनकी आँखों से पानी की धारा झर रही थी और वे उसे पोंछने का प्रयत्न भी नहीं कर रही थीं।

मैंने अनुभव किया कि दीदी किसी बीती हुई घटना का ताना-बाना सुलझा रही हैं। उधर से ध्यान हटाने के लिए मैंने प्रश्न किया, "दीदी, आजकल शोण में नावें चलती हैं?" दीदी ने मुस्करा दिया। उसका भाव था कि 'मैं समझ गई, तू मेरा ध्यान दूसरी ओर ले जाना चाहता है।' फिर बोलीं, "देख, मैं यहाँ ज्यादा नहीं ठहर सकती। इस अनुवाद को तू ज़रा ध्यान से पढ़ और कल कलकत्ते जाकर टाइप करा ला। दो-एक चित्र भी पुस्तक में देने होंगे। जा, जल्दी कर।"

कागजों का पुलिन्दा लेकर मैं घर आया। यद्यपि मेरी आँखें कमजोर हैं और रात को काम करना मेरे लिए कठिन है; फिर भी दीदी के कागजों को मैंने पढ़ना शुरू किया। शीर्षक के स्थान पर मोटे-मोटे अक्षरों में लिखा था–'अथ बाणभट्ट की आत्मकथा लिख्यते।'

बाणभट्ट की आत्मकथा! तब तो दीदी को अमूल्य वस्तु हाथ लगी है। मैं ध्यान से सारी कथा पढ़ गया। मुझे अपार आनन्द आ रहा था। इतने दिन बाद संस्कृत-साहित्य में एक अनोखी चीज प्राप्त हुई है। रात यों ही बीत गई। सवेरे मैं कलकत्ते को रवाना हो गया। वहाँ एक सप्ताह रुकना पड़ा। लौटकर आया, तो मालूम हुआ कि दीदी काशीवास करने चली गई हैं। किसी को कोई पता-ठिकाना नहीं दे गईं।

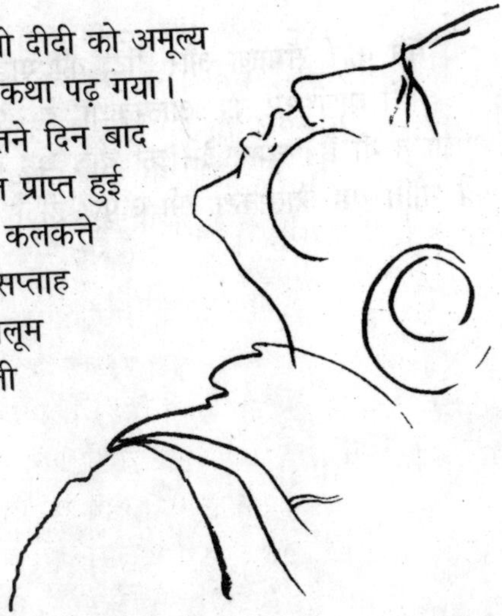

दो साल तक वह कथा यों ही पड़ी रही। एक दिन मैंने सोचा कि बाणभट्ट के ग्रन्थों से मिलाकर देखा जाए कि कथा कितनी प्रामाणिक है। कथा में ऐसी बहुत-सी बातें थीं, जो उन पुस्तकों में नहीं हैं। इनके लिए मैंने समसामयिक पुस्तकों का आश्रय लिया और एक तरह से कथा को नए सिरे से सम्पादित किया। आगे जो कथा दी हुई है, वह दीदी का अनुवाद है और फुटनोट में जो पुस्तकों के हवाले दिए हुए हैं वे मेरे हैं। कथा ही असल में महत्त्वपूर्ण है, टिप्पणियाँ तो उसकी प्रामाणिकता की सबूत हैं।

बहुत दिनों तक दीदी का कोई समाचार नहीं मिला। मैं अब उनके दर्शन की आशा छोड़ बैठा था। एक दिन अचानक मुगलसराय स्टेशन पर दीदी के दर्शन हो गए। वे गाड़ी बदल रही थीं और बहुत ही व्यस्त दीख रही थीं। मुझे देखकर वे जरा भी प्रसन्न नहीं हुईं। केवल कुली को डाँटकर कहती रहीं, "सँभालके ले चल। तू बड़ा आलसी है!" मैंने सोचा, कुली भी आलसी है! फिर मैंने चिल्लाकर कहा, "दीदी, तुम क्या पहचानती भी नहीं, वाह रे!"

दीदी रुक गईं। बोलीं, "देखो, मैं बहुत दुखी हूँ! वह बिल्ली धोखा दे गई।"

मैंने कहा, "क्यों, क्या हुआ?"

दीदी बोलीं, "कमबख्त स्त्री निकली। देख न, पाँच बच्चे दिए हैं, मैं कहाँ तक सँभालूँ?"

मैंने बात काटकर कहा, "दीदी, वह आत्मकथा मेरे ही पास पड़ी है।"

दीदी गुस्से में थीं। रुकीं नहीं। गाड़ी में बैठकर उन्होंने एक कार्ड फेंककर कहा, "मैं देश जा रही हूँ। ले, मेरा पता है। ले भला!"

मैंने कार्ड सँभाला और दीदी की गाड़ी चल दी।

नीचे बाणभट्ट की 'आत्मकथा' दे रहा हूँ। दीदी ने उसे प्रकाशित करने की आज्ञा दे दी है। ध्यान देने की बात यह है कि बाणभट्ट की अन्यान्य पुस्तकों की भाँति यह आत्मकथा भी अपूर्ण ही है।

अथ बाणभट्ट की 'आत्मकथा' लिख्यते

प्रथम उच्छ्वास

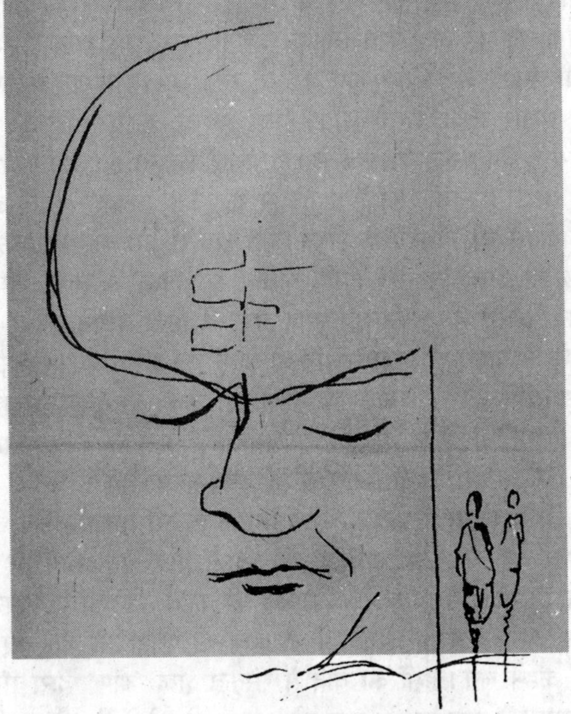

जयन्ति बाणासुरमौलिलालिता
दशास्यचूड़ामणिचक्रचुम्बिनः
सुरासुराधीशशिखान्तशायिनो
भवच्छिदस्त्र्यम्बकपादपांसवः॥[1]

यद्यपि बाणभट्ट नाम से ही मेरी प्रसिद्धि है; पर यह मेरा वास्तविक नाम नहीं है। इस नाम का इतिहास लोग न जानते, तो अच्छा था। मैंने प्रयत्नपूर्वक इस इतिहास से लोगों को अनभिज्ञ रखना चाहा है; पर नाना कारणों से अब मैं उस इतिहास को अधिक नहीं छिपा सकता। मेरी लज्जा का प्रधान कारण यह है

1. तु. 'कादम्बरी', कथामुख 2

कि मेरा जन्म जिस प्रख्यात वात्स्यायन-वंश में हुआ है, उसके धवलकीर्ति-पट पर यह कहानी एक कलंक है। मेरे पितृ-पितामहों के गृह वेदाध्यायियों से भरे रहते थे। उनके घर की शुक-सारिकाएँ भी विशुद्ध मन्त्रोच्चारण कर लेती थीं, और यद्यपि लोगों को यह बात अतिशयोक्ति जँचेगी, परन्तु यह सत्य है कि मेरे पूर्वजों के विद्यार्थी उनकी शुक-सारिकाओं से डरते रहते थे। वे पद-पद पर उनके अशुद्ध पाठों को सुधार दिया करती थीं।[1] हमारे पूर्वजों के घर यज्ञ-धूम से निरन्तर धूमायित रहते थे। परन्तु यह सब मेरी सुनी हुई कहानी है। अपने पिता चित्रभानु भट्ट को तो मैंने स्वयं देखा है। यदि मैं कहूँ कि सरस्वती स्वयं आकर अपने पाणि-पल्लवों से मेरे पितृदेव के होमकालीन श्रम-सीकरों को पोंछा करती थीं, तो इसमें कुछ भी अत्युक्ति नहीं होगी; क्योंकि उषःकाल से लेकर सूर्योदय के दो मुहूर्तों तक निरन्तर हवन करने के बाद जब मेरे पिता पसीने से तर होकर उठते थे, तो सीधे अध्यापन के कुशासन पर जा बैठते थे। यही उनका विश्राम था। इसी समय विद्यार्थियों को वेदाभ्यास कराते-कराते उनके श्रम-बिन्दु सूखते थे।[2] इसे सरस्वती का पसीना पोंछना न कहूँ, तो क्या कहूँ? ऐसे ही कृती पिता का मैं पुत्र था—जन्म का आवारा, गप्पी, अस्थिरचित्त और घुमक्कड़। मैं घर से जब निकल भागा था, तो अपने साथ गाँव के अन्य अनेक छोकरों को भी फोड़ ले गया था। वे सब अन्त तक मेरे साथ नहीं रहे, तो भी मैं गाँव में बदनाम तो हो ही गया था। मगध की बोली में 'बंड' पूँछ-कटे बैल को कहते हैं। वहाँ यह कहावत मशहूर है कि 'बंड आप आप गए, साथ में नौ हाथ का पगहा भी लेते गए।' सो लोग मुझे 'बंड' कहने लगे। इसी को बाद में संस्कृत शब्द 'बाण' द्वारा संस्कार करके मैंने इस नाम की कुछ इज्जत बढ़ा ली। भट्ट तो लोगों ने और बाद में जोड़ा। वैसे मेरा असली नाम दक्ष था। इधर मेरे प्रति लोगों का आदर और स्नेह का भाव बढ़ गया है, वे चाहें तो दक्ष भट्ट कर लें। बड़ी होशियारी से मैंने यह नाम अन्यत्र सुरक्षित रख छोड़ा है। उसकी कहानी मैं अभी बताऊँगा।

मेरे पिता ग्यारह भाई थे। मैंने उनमें से सबको नहीं देखा था। मेरे एक चचेरे भाई का नाम उडुपति था। वे उम्र में मुझसे बहुत बड़े थे, पर मेरे साथ उनका व्यवहार समवयस्कों के समान ही था। वे उस युग के प्रसिद्ध तार्किक थे। उन्होंने ही वसुभूति नामक बौद्ध भिक्षु को शास्त्रार्थ में पराजित किया था। उनकी विद्वता और चारित्र्य का महाराजाधिराज हर्षवर्द्धन पर बड़ा प्रभाव था, और वे एकाएक

1. तु. 'कादम्बरी', कथामुखे 12
2. तु. 'कादम्बरी', 19; 'हर्षचरित', द्वितीय उच्छ्वास, पृ. 33

वैदिक मत की ओर प्रवृत्त हो गए थे। वे उडुपति भट्ट[1] मेरे ऊपर जितना स्नेह रखते थे, उतना मेरे परिवार में कोई नहीं रखता था। उन्होंने अनेक अपकर्मों से मुझे बचाया है। प्रसंगवश मैं उनकी चर्चा यथास्थान करूँगा। यहाँ इतना ही कहना पर्याप्त होगा कि 14 वर्ष की उम्र में जब मेरे पिता नहीं रहे—माता तो बहुत पहले मर चुकी थीं[2]—तो ये उडुपति भट्ट ही मुझे उस स्नेह-रस से सिंचित करते रहे, जिसे मैंने अपनी माता से पाया था। लेकिन इस कहानी को अपने दुर्भाग्य के रोने से नहीं शुरू करूँगा। इसे अपने सौभाग्य के उदय के साथ ही आरम्भ करूँगा। बीच-बीच में यदि दुर्भाग्य की कहानी आ जाए, तो इस कथा के अध्येता उसे क्षमा करेंगे।

आवारा तो मैं था ही। इस नगर से उस नगर में, इस जनपद से उस जनपद में बरसों मारा-मारा फिरता रहा। इस भटकन में मैंने कौन-सा कर्म नहीं किया? कभी नट बनता, कभी पुतलियों का नाच दिखाता, कभी नाट्य-मंडली संगठित करता और कभी पुराण-वाचक बनकर जनपदों को धोखा देता रहा; सारांश, कोई कर्म छोड़ा नहीं। भगवान ने मुझे रूप अच्छा दिया था और बोलने की पटुता भी थोड़ी-सी थी। बस, मेरी किशोरावस्था और जवानी के दिनों में ये ही दो बातें मेरी सहायता करती थीं। यद्यपि लोग मेरे बहुविध कार्य-कलाप को देखकर मुझे 'भुजंग' समझने लगे थे; पर मैं लम्पट कदापि नहीं था। सो घूमता-घामता एक बार मैं स्थाण्वीश्वर (थानेसर) नगर में पहुँच गया। उस दिन को मैं अपने सौभाग्य का दिन मानता हूँ।

जब मैं नगर में पहुँचा, तो बड़ी धूमधाम देखी। कूर्मपृष्ठ के समान उन्नतोदर राजमार्ग पर एक बड़ा भारी जुलूस चला जा रहा था। उसमें स्त्रियों की संख्या ही अधिक थी। राजबधुएँ बहुमूल्य शिविकाओं पर आरूढ़ थीं। साथ-साथ चलनेवाली परिचारिकाओं के चरणविघट्टनजनित नूपुरों के क्वणन से दिगन्त शब्दायमान हो उठा था। वेगपूर्वक भुज-लताओं के उत्तोलन के कारण मणिजटित चूड़ियाँ चंचल हो उठी थीं। इससे बाहुलताएँ भी झंकार करने लगी थीं। उनकी ऊपर उठी हथेलियों को देखने से ऐसा लगता था, मानो आकाश-गंगा में खिली हुई कमलिनियाँ हवा के झोंकों से विलुलित होकर नीचे उतर आई हों। भीड़ के संघर्ष से उनके कानों के पल्लव खिसक रहे थे। वे एक-दूसरी से टकरा जाती थीं। इस प्रकार एक का केयूर दूसरी की चादर में लगकर उसे खरोंच डालता था। पसीने से घुल-घुलकर अंगराग उनके चीनांशुकों को रँग रहे थे। साथ में नर्तकियों का

1. 'हर्षचरित' में बाण के एक पितृव्य-पुत्र का नाम तारापति लिखा है। उडुपति शायद वे ही हों।
2. तु. 'हर्षचरित', प्रथम उच्छ्वास।

भी एक दल जा रहा था। उनके हँसते हुए वदनों को देखकर ऐसा भान होता था कि कोई प्रस्फुटित कुमुदों का वन चला जा रहा है। उनकी चंचल हार-लताएँ जोर-जोर से हिलती हुई उनके वक्षभाग से टकरा रही थीं, खुली हुई केश-राशि सिन्दूर-बिन्दु पर अटक जाती थी। निरन्तर गुलाल और अबीर के उड़ते रहने के कारण उनके केश पिंगल वर्ण के हो उठे थे और उनके मनोरम गान से सारा राजमार्ग प्रतिध्वनित हो उठा था।

मैं नगर के एक चौराहे पर खड़ा-खड़ा मुग्ध भाव से यह दृश्य देख रहा था। इसका सबसे मजेदार हिस्सा वह था, जिसमें राजमहल में रहनेवाले बौने, कुबड़े, नपुंसक और मूर्ख लोग उद्धत नृत्य से विह्वल होकर भागे जा रहे थे। एक वृद्ध कंचुकी की दशा बड़ी दयनीय हो गई थी। उसके गले में एक नृत्यपरायण रमणी का उत्तरीय वस्त्र अटक गया था और खींच-तान में पड़ा हुआ बेचारा बूढ़ा उपहास का पात्र बन गया था। राजकन्याओं का स्थान जुलूस के ठीक मध्य भाग में था। यहाँ का नृत्य-गान संयत, गम्भीर और मनोहारी था। एक ओर भेरी, मृदंग, पटह, काहल और शंख के निनाद से धरित्री फटी जा रही थी और दूसरी ओर राजकन्याओं के कपोल-तली के आन्दोलित मणिमय कुंडलों और उत्पल-पत्रों से जगमगाती हुई शिविकाएँ बीच-बीच में सनूपुर चरणों की ईषत् झंकार से मुखरित हो उठती थीं। सबके पीछे राजा के चारण और बन्दी लोग विरुद-गान करते हुए जा रहे थे। उनमें से कुछ तो आनन्दातिरेक में ऐसे मदमस्त थे कि मुख से ही एक विशेष प्रकार के वाद्य का काम ले रहे थे। जुलूस के पार होने में दो दंड समय बीत गया[1] और मैं निश्चल प्रतिमा की भाँति इतनी देर तक खड़ा रहा।

जब जुलूस निकल गया; तो मैं जैसे नींद से जागा। नगरवासियों से पता चला कि महाराजाधिराज श्रीहर्षदेव के भाई कुमार कृष्णवर्द्धन के घर पुत्र-जन्म हुआ है

---

1. यह वर्णन 'कादम्बरी' में शुकनास के पुत्रोत्सवकालीन यात्रा के वर्णन से मिलता है।

और आज उसका नामकरण संस्कार होने जा रहा है। मैंने जब यह सुना, तो क्षण-भर के लिए मेरा चेहरा उतर गया। मुझे अपनी दशा याद आ गई। एक ऐसे भाग्यवान हैं जिनके जन्म पर इतना उत्सव मनाया जा रहा है और एक मैं अभागा हूँ जो देश-विदेश मारा-मारा फिर रहा हूँ! मुझे मेरा जन्म याद आया। मेरी माता मेरे जन्म के कुछ वर्ष बाद ही परलोक सिधार गई थीं। पिता उस समय वृद्ध हो चले थे। अपने अध्ययन-अध्यापन, यजन-याजन के अनेक-विध कर्मबहुल जीवन में उन्हें मेरे पालन-पोषण का गुरुभार भी सँभालना पड़ा था। स्नेह बड़ी दारुण वस्तु है, ममता बड़ी प्रचंड शक्ति है; क्योंकि वृद्ध पिता के थके जीवन में भी एक और उपसर्ग आ जुटा और फिर भी वे अक्लान्त चित्त से मुझे सँभालते रहे। होम-वेदिका से उठकर जब वे अध्यापन के कुशासन पर बैठते, तो मेरा धूलि-धूसर कलेवर प्रायः उनकी गोद में होता। मैंने उनसे जितना स्नेह पाया, उतनी विद्या नहीं पाई। चौदह वर्ष की अवस्था में वे भी मुझे अनाथ करके चले गए। मेरे जीवन में जो कुछ सार है, वह मेरे पिता का स्नेह है। उसी से मैं बिगड़ा भी और बना भी। आज इस आनन्द के कोलाहल ने धक्का देकर मुझे अपने पिता की गोद में फेंक दिया। मैंने एक बार आकाश की ओर देखा। मुझे ऐसा लगा कि मेरे पितामहगण मेरे ऊपर दुख के अश्रु बरसा रहे हैं। कहाँ वेदाध्यायियों का 'यशोंशु-शुक्लीकृत-सप्तविष्टय' वंश और कहाँ मैं अभागा बंड! हे धरित्री, फट जाओ, ताकि मैं छिप जाऊँ!

एकाएक मेरे मन में आया कि क्यों न कुमार कृष्णवर्द्धन के पुत्र-जन्म के अवसर पर बधाई दे आऊँ। आशीर्वाद देना तो ब्राह्मण का धर्म है, कर्तव्य है, पेशा है। यद्यपि मैं योजना बनाकर कोई कार्य नहीं कर पाता—और यही कारण है कि मैं कोई भी पुस्तक समाप्त नहीं कर सका—पर निश्चय करने में बिलकुल देर नहीं करता। सो ज्यों ही यह विचार मेरे मन में आया, मैं कुमार के गृह को प्रस्थान करने का आयोजन करने लगा। उस दिन मैंने डटके स्नान किया, शुक्ल अंगराग धारण किया, शुक्ल पुष्पों की माला धारण की, आगुल्फ शुक्ल धौत उत्तरीय धारण किया—यही मेरा प्रिय वेश था,[1] और भगवान त्र्यंबक के चरणों में अश्रुधौत प्रणाम निवेदन करके चल पड़ा। उस समय सन्ध्या हो आई थी। भगवान मरीचिमाली की किरणें पृथ्वीतल को छोड़कर तरु-शिखरों पर और वहाँ से भी उठकर अस्तगिरि की चूड़ा पर जा बैठी थीं। धीरे-धीरे चाँदनी भी छा गई। उस दिन शुक्ल पक्ष की त्रयोदशी थी। मैं अत्यन्त पुलकित होकर कुमार कृष्णवर्द्धन के घर की ओर चला। एक बार भी मैंने यह नहीं सोचा कि इस समय वे मुझसे मिलना चाहेंगे या नहीं।

1. तु. 'हर्षचरित', द्वितीय उच्छ्वास, पृ. 40

मेरे मन में आज विचित्र उमंग थी। आज ही मानो मेरा सारा कलुष धुल गया था और मेरा मन तथा शरीर लघु-भार हो गए थे। मैं अब निश्चय कर चुका था कि अपनी लम्पटता की बदनामी को हमेशा के लिए धो दूँगा। आज मैं कुमार कृष्णवर्द्धन से मित्रता करूँगा, और दस दिन के भीतर ही महाराजाधिराज का भी कृपापात्र बन जाऊँगा। फिर मेरा गृह यज्ञधूम की कालिमा से दिशाओं को धवल बना देगा। फिर मेरे द्वार पर वेद-मन्त्रों का उच्चारण करती हुई शुक-सारिकाएँ बटुकजनों को पद-पद पर टोका करेंगी। मैं अब वात्स्यायन-वंश का कलंक कदापि न रहूँगा।

पर मेरा भाग्य अब भी किसी अदृष्ट के कंटक में उलझा हुआ था। जो होना था, वह हो गया; और जो होना चाहिए था, वह न हुआ। इसके बाद मुझे एक ऐसी घटना लिखनी है, जिसे लिखते समय मुझे आज भी भय और आशंका से काँप उठना पड़ता है। मैं जिस बात से बचना चाहता था, उसी से टकराना पड़ा। भाग्य को कौन बदल सकता है? विधि की प्रबल लेखनी से जो कुछ लिख दिया गया, उसे कौन मिटा सकता है? अदृष्ट के पारावार को उलीचने में अब तक कौन समर्थ हुआ है?

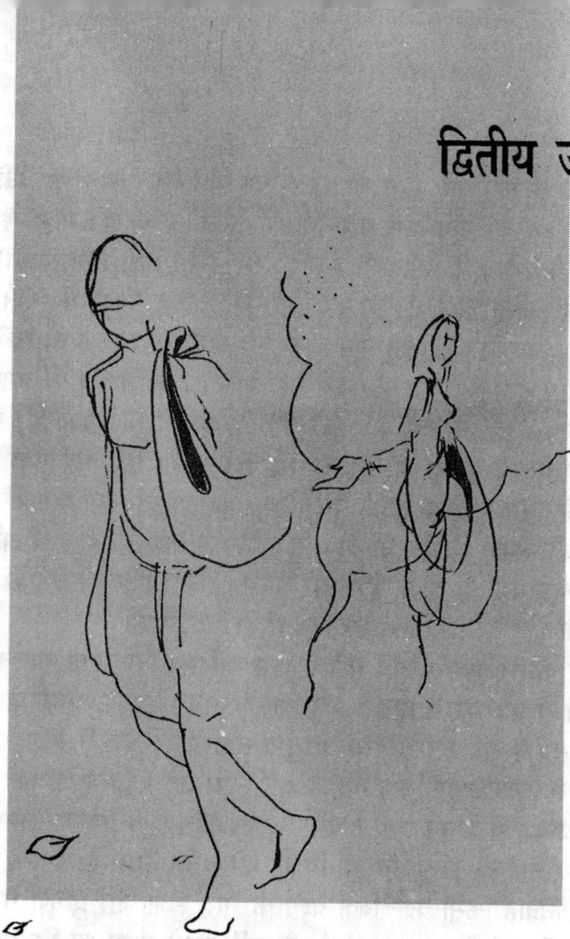

द्वितीय उच्छ्वास

मैं तेजी से बढ़ा जा रहा था। भावी जीवन की रंगीन कल्पनाओं में डूबते-उतराते मनुष्य को आसपास देखने की फुरसत कहाँ होती है। मैं एक प्रकार से आँख मूँदकर चल रहा था। इसी समय एक क्षीण-कोमल कंठ ने पुकारा, "भट्ट, ओ भट्ट, इधर देखो, मुझे पहचानते हो?" इस आवाज ने मुझे चौंका दिया। इस सुदूर स्थाण्वीश्वर में मुझे पहचाननेवाला यह कौन है? भागते हुए घोड़े को वल्गा जिस प्रकार रोक देती है, उसी प्रकार मेरी दौड़ती हुई विचारधारा को इस आवाज ने रोक दिया। मैंने पीछे मुड़कर देखा। एक नातिकमनीय मूर्ति रमणी मुझे आवाज दे रही थी। उसके मुखमंडल पर तारुण्य था, परन्तु उसकी दीप्ति धुँधली हो गई थी, जैसे धुआँ उगलती हुई दीपशिखा हो। उसकी आँखें सन्ध्या के धुँधले प्रकाश में चमक रही थीं। उनके किनारों पर साफ ही दिख जानेवाली काली रेखाएँ उस

चमक को अभिभूत नहीं कर पाती थीं। वह एक पान की दूकान पर बैठी थी। ऐसा लगता था कि वह पान कम बेच रही थी, मुस्कान ज्यादा। मुझे पहचानने की शक्ति का गर्व था। मैं हँसीवाली रुलाई और रुलाईवाली हँसी पहचानने में अपने को सिद्धहस्त समझता था, पर यह हँसी एक विचित्र प्रकार की थी। उसमें आकर्षण था, पर आसक्ति नहीं थी; ममता थी, पर मोह नही था। मैं उसकी दूकान की ओर अनायास ही खिंच गया और उसे पहचानने की कोशिश करने लगा। वह बोल उठी, ''भट्ट, तुम भी नहीं पहचानते!'' अरे, यह तो निपुणिका है। मैं एक क्षण तक उन्मथित-सा, भ्रान्त-सा, निःसंज्ञ-सा खड़ा रहा। फिर एकाएक चिल्ला पड़ा, ''अरे, निउनिया!'' 'निउनिया' निपुणिका का प्राकृत नाम है। मैं उसके प्राकृत रूप से ही ज्यादा हिला हुआ था। निपुणिका ने अपनी बड़ी-बड़ी आँखों से मुझे डाँटा, ''हल्ला क्यों करते हो, धीरे-धीरे बोलो।'' और फिर उसने एक आसन सरकाते हुए कहा, ''बैठो, पान तो खा लो।'' मैं बैठ गया।

निपुणिका का संक्षिप्त परिचय यहाँ दे देना चाहिए। निपुणिका आजकल की उन जातियों में से एक की सन्तान है, जो किसी समय अस्पृश्य समझी जाती थीं; परन्तु जिनके पूर्व-पुरुषों को सौभाग्यवश गुप्त-सम्राटों की नौकरी मिल गई थी। नौकरी मिलने से उनकी सामाजिक मर्यादा कुछ ऊपर उठ गई। वे आजकल अपने को पवित्र वैश्य-वंश में गिनने लगी हैं और ब्राह्मण-क्षत्रियों में प्रचलित प्रथाओं का अनुकरण करने लगी हैं। उनमें विधवा-विवाह की चलन हाल ही में बन्द हुई है। निपुणिका का विवाह किसी कान्दविक वैश्य के साथ हुआ जो भड़भूजे से उठकर सेठ बना था। विवाह के बाद एक वर्ष भी नहीं बीतने पाया था कि निपुणिका विधवा हो गई। मुझे यह नहीं मालूम था कि विधवा होने के बाद निपुणिका को क्या दुख या सुख झेलने पड़े थे, परन्तु वह घर से भाग निकली थी। मुझसे अपने पूर्व-जीवन के विषय में उसने इससे अधिक कुछ भी नहीं बताया, परन्तु उसके बाद की कहानी मेरी बहुत-कुछ जानी हुई है। निपुणिका जब पहले-पहल मेरे पास आई थी, उस समय मैं उज्जयिनी में था। वहाँ मैं एक नाटक-मंडली का सूत्रधार था। निपुणिका ने मंडली में भर्ती होने की इच्छा प्रकट की और मैं राजी हो गया था। निपुणिका बहुत अधिक सुन्दरी नहीं थी। उसका रंग अवश्य शेफालिका के कुसुमनाल के रंग से मिलता था; परन्तु उसकी सबसे बड़ी चारुता-सम्पत्ति उसकी आँखें और अँगुलियाँ ही थीं। अँगुलियों को मैं बहुत महत्त्वपूर्ण सौन्दर्योपादान समझता हूँ। नटी की प्रणामांजलि और पताक-मुद्राओं को सफल बनाने में पतली-छरहरी अँगुलियाँ अद्भुत प्रभाव डालती हैं। सो, मैंने निपुणिका को मंडली में आ जाने की अनुमति दे दी। मेरी मंडली की स्त्रियाँ पुरुषों की अपेक्षा अधिक

सुखी थीं। बहुत छुटपन से ही मैं स्त्री का सम्मान करना जानता हूँ। साधारणतः जिन स्त्रियों को चंचल और कुलभ्रष्टा माना जाता है उनमें एक दैवी शक्ति भी होती है, यह बात लोग भूल जाते हैं। मैं नहीं भूलता। मैं स्त्री-शरीर को देव-मन्दिर के समान पवित्र मानता हूँ। उस पर की गई अननुकूल टीकाओं को मैं सहन नहीं कर सकता। इसीलिए मैंने मंडली में ऐसे कठोर नियम बना रखे थे कि स्त्रियों की इच्छा के विरुद्ध उनसे कोई बोल तक नहीं सकता था। जनता में यह प्रसिद्ध था कि बाणभट्ट की नर्त्तकियाँ अवरोध में रहती हैं। पर इसका फल बहुत अच्छा हुआ था। जनता मेरी मंडली को प्यार करने लगी थी। निपुणिका को मैं धीरे-धीरे रंगभूमि पर उतारने लगा, पर उनकी अनुज्ञा लिए बिना नहीं।

एक दिन उज्जयिनी में मेरा ही लिखा हुआ एक प्रकरण अभिनीत होनेवाला था। उस दिन परमभट्टारक के उपस्थित होने की सम्भावना थी। मैंने शक्तिभर आयोजन किया था। मैंने उस दिन अपने प्रधान अभिनेताओं को अपनी उत्तम कला दिखाने के लिए खूब उत्तेजित किया था। मन-ही-मन मेरी इच्छा थी कि पूर्ण आडम्बर के साथ अभिनय हो। हुआ ऐसा ही। महाकालनाथ की सान्ध्यआरात्रिका के बाद प्रेक्षागृह में लोग जमा होने लगे। नगरी के सभी सम्भ्रान्त नागरिक यथास्थान बैठ गए। नगाड़ा बज उठा और मैंने आडम्बर के साथ पूर्वरंग की विधि का अनुष्ठान किया। गायक और वादक यथास्थान बैठ गए और नर्त्तकियों के नूपुर-झंकार के साथ ही वीणा, वेणु, मुरज और मृदंग मुखरित हो उठे। मैं जब भृंगारधर और जर्जरधर के साथ जर्जर स्थापना के लिए रंगभूमि में आया, तो सामाजिकों में अपार औत्सुक्य देखकर गद्गद हो गया। मेरा अभिनय बहुत सफल रहा। जर्जर उत्तोलन करने के बाद मैं अत्यन्त सन्तुष्ट होकर नेपथ्यशाला में लौट गया। निपुणिका पहले से ही पुष्पोपहार लेकर वहाँ मौजूद थी। मेरे इशारे पर एक बार फिर नगाड़े पर चोट पड़ी और निपुणिका पुष्पोपहार की प्रणामांजलि लेकर रंगभूमि में अवतीर्ण हुई। यवनिका (पर्दे) के पीछे से मैं उसके अपूर्व नृत्य को देख रहा था। वीणा, वेणु और मुरज के साथ कांस्यताल झनझना रहे थे और निपुणिका के नूपुर-क्वणन को और भी गम्भीर तथा और भी मनोहारी बना रहे थे। एकाएक बाजों का बजना रुक गया और उनकी मधुर ध्वनि के अनुरणन की पृष्ठभूमि में निपुणिका का कोमल कंठ सुनाई पड़ा। मैं आज निपुणिका का कौशल देखकर विस्मय-मुग्ध हो गया था। गान समाप्त होते ही बाजों के साथ नूपुर के क्वणन की ध्वनि सुनाई पड़ी। बहुत ही सुकुमार भंगी से निपुणिका ने अपना उपहार देवताओं को समर्पित किया और अभिराम-संचार के साथ धीरे-धीरे नेपथ्य-भूमि की ओर लौट आई।

क्षण-भर में मेरे मानस-समुद्र में विक्षोभ का तूफान उठा और शान्त हो गया। मैं सदा अपने को सँभाल सकने में समर्थ रहा हूँ। इस बात का मुझे अभिमान है। मैंने एक बार आग्रह-भरी आवाज में पुकारा, "निउनिया!" निपुणिका ठिठककर खड़ी हो गई—उसका बायाँ हाथ कटिदेश पर न्यस्त था, कंकण कलाई पर सरक आया था, दाहिना हाथ शिथिल श्यामा लता के समान झूल पड़ा था, उसकी कमनीय देह-लता नृत्यभंग से ज़रा झुक गई थी, मुखमंडल श्रमबिन्दुओं से परिपूर्ण था। मुझे 'मालविकाग्निमित्र' की मालविका याद आ गई। मैंने हँसते हुए कालिदास का वह श्लोक पढ़ दिया।[1] निपुणिका संस्कृत नहीं जानती थी, उसने क्या जाने क्या समझा। उसके अधरों पर ज़रा-सी स्मित-रेखा प्रकट हो आई और कुछ देर के लिए उसकी आँखें झुक गईं। उसी समय उसके शिथिल कवरीबन्ध से एक मल्लिका-पुष्प गिर गया और इस अपराध का दंड उसे तुरत मिल गया। निपुणिका अपने पादांगुष्ठों से उसे इधर-उधर रगड़ने लगी। कालिदास की मालविका का जो रूप निपुणिका में अभी तक नहीं आ पाया था, वह भी आ गया और मैं खिलखिलाकर हँस पड़ा। मेरा हँसना देखकर निपुणिका ने सिर उठाया। अबकी बार उसकी आँखें गीली थीं। वह धीरे-धीरे वहाँ से हट गई। मुझे लगा कि मेरा हँसना वह बर्दाश्त नहीं कर सकी। मैं और कामों में उलझ गया। नाटक शुरू हुआ और पाँच घटी तक समारोह के साथ होता रहा। मैं उस दिन बहुत प्रसन्न था। परमभट्टारक के आनन्द-गद्गद मुख से स्पष्ट ही प्रकट हो रहा था कि मैं कल प्रचुर पुरस्कार पाऊँगा। उन्होंने दूसरे दिन राजसभा में दर्शन देने का प्रतिवचन दिया। सामाजिकों के भूयोभूयः साधुवाद के बीच अभिनय समाप्त हुआ। उस दिन का कार्य समाप्त करके मैं आवास की ओर लौटा। निपुणिका को एक अच्छा पुरस्कार देने की बात सोच रहा था कि किसी ने आकर समाचार दिया कि निपुणिका नहीं है। मैं जैसे अनभ्र गर्जन सुनकर चौंक उठा। रातभर निपुणिका की खोज करता रहा, पर उसे न पा सका। दूसरे दिन, तीसरे दिन, चौथे दिन—निपुणिका फिर नहीं मिली। मैं राजसभा में नहीं जा सका। रह-रहकर निपुणिका की गीली आँखें मेरा हृदय कुरेदने लगीं। मैं अपनी उस अशुभ हँसी से अकालकुसुम की भाँति भय पाने लगा। नाटक-मंडली को मैंने पाँचवें दिन तोड़

---

1. निम्नलिखित से तात्पर्य जान पड़ता है :

वामं संधिस्तिमितवलयं न्यस्तहस्तं नितम्बे
कृत्वा श्यामा-विटपि-सदृशं स्रस्तमुक्तं द्वितीयं।
पादांगुष्ठालुलितकुसुमे कुट्टिमे पातिताक्षं
नृत्यादस्याः स्थितमतितरां कान्तमृज्वायताक्षम्।

दिया और अपने लिखे हुए प्रकरण को शिप्रा की चटुल तरंगों को भेंट कर दिया। तब से आज छह वर्ष बीत गए हैं, मैंने वह पेशा ही छोड़ दिया है। आज जब फिर एक पुरस्कार की आशा से राजसभा की ओर चला हूँ, तो सामने वही निपुणिका। उस दिन जिसके अदर्शन ने विघ्न उपस्थित किया था, उसका दर्शन भी क्या आज विघ्न उपस्थित करेगा? अदृष्ट को कौन रोक सकता है?

मैं बड़ी देर तक कुछ बोल न सका। केवल निर्निमेष नयनों से निपुणिका की ओर देखता रहा। वह पान लगा रही थी, पर यह अनाड़ी आदमी भी समझ सकता था कि उसके चित्त में कोई भयंकर उथल-पुथल चल रही थी। बहुत दिनों के बाद पान पर फिरती हुई निपुणिका की शिथिल अँगुलियों को देखकर मुझे एक अभूतपूर्व आह्लाद हो रहा था। निपुणिका के अधरों पर मुस्कान थी और आँखों में पानी। वह भी चुप थी। पान का एक बीड़ा एक घटी में लग सका। तब उसने मेरी ओर ताका। आँसू रुक नहीं सके। वे झरते रहे, झरते रहे, झरते रहे। मैं निर्वाक्-निश्चल देखता रहा। अश्रु फिर भी झरते रहे। अन्त में मैं ही चिल्ला उठा, "निउनिया, रो मत।" मेरी वाणी जरूर कातर रही होगी। निउनिया अब सिसकने लगी। मैं धड़फड़ाकर उठा कि उसके आँसू पोंछ दूँ। फिर तो वह सावधान हो गई। ज़रा भर्त्सना-सी करती हुई बोली, "छी, छी, क्या कर रहे हो? बाजार में बैठे हैं, नहीं देखते!" मैंने दृढ़ता के साथ कहा, "मैं बिलकुल नहीं परवा करता कि हम कहाँ बैठे हैं। मैं तुझे इस तरह रोने नहीं दूँगा। अभागी, तू भाग क्यों आई?" निपुणिका ने एक बार फिर कनखियों से डाँटा। बोली, "पान खाओ।" अब उसका गला स्वाभाविक हो गया था। मैंने पान ले लिया।

जहाँ जा रहा था, वहाँ जाना नहीं हुआ। मैं इस अभागिनी के दुख-सुख को अच्छी तरह समझे बिना अब उठ नहीं सकता था। बहुत दिनों के बाद अपनी असावधान हँसी के कारण उत्पन्न हुई परिस्थिति को सुधारने-सँभालने का अवसर मिला था। न जाने मेरी प्रमत्त किलकार ने इस दुखिनी के किस सुकुमार घाव को ताजा कर दिया था, निरन्तर छह वर्षों से न जाने वह कहाँ-कहाँ मारी-मारी फिरी है और इन दिनों न जाने किस अभाग्य के नाले में छटपटा रही है, बाणभट्ट यह सब जाने बिना नहीं टल सकता। इसी सहानुभूतिमय हृदय ने तो इसे आवारा बना दिया है। जो प्रमत्त हँसी छह वर्षों से मेरा हृदय कुरेद रही है, उसका प्रायश्चित्त आज आँसुओं से करना होगा। मुझे इस विषय में कोई सन्देह नहीं कि निपुणिका का चरित्र यहाँ के सदाचारियों की दृष्टि में अत्यन्त निकृष्ट है। इस दूकान पर बैठे हुए निश्चय ही मैंने अपने को काजल की कोठरी में बन्द कर दिया है। सब है, पर निपुणिका मुझसे बड़ी है, मूल्यवान है। सारे जीवन मैंने स्त्री-शरीर को किसी

अज्ञात देवता का मन्दिर समझा है। आज लोगों की आलोचना के डर से उस मन्दिर को कीचड़ में धँसा हुआ छोड़ जाना मेरे वश की बात नहीं है। मैंने फिर पूछा, "निउनिया, तू क्यों चली आई, अब तक कहाँ रही, अब क्या कर रही है? मैं तुझे दुखी देख रहा हूँ। तुझे इसी अवस्था में छोड़कर मैं यहाँ से टल नहीं सकता। बता, किस बात पर तू भाग आई थी? आज निरन्तर छह वर्षों से मेरा चित्त मुझे धिक्कार रहा है, मुझे ऐसा लगता है कि मैं ही तेरे समस्त दुखों का मूल हूँ। एक बार तू अपने मुख से कह दे कि यह बात गलत है। मैं क्या निर्दोष हूँ?"

निपुणिका ने दीर्घ निःश्वास लेते हुए कहा, "हाँ भट्ट, मेरे भाग आने के कारण तुम्हीं हो; परन्तु दोष तुम्हारा नहीं है। दोष मेरा ही है। तुम्हारे ऊपर मुझे मोह था। उस अभिनय की रात को मुझे एक क्षण के लिए ऐसा लगा था कि मेरी जीत होनेवाली है; परन्तु दूसरे ही क्षण तुमने मेरी आशा को चूर कर दिया। निर्दय, तुमने बहुत बार बताया था कि तुम नारी-देह को देव-मन्दिर के समान पवित्र मानते हो, पर एक बार भी तुमने समझा होता कि यह मन्दिर हाड़-मांस का है, ईंट-चूने का नहीं! जिस क्षण मैं अपना सर्वस्व लेकर इस आशा से तुम्हारी ओर बढ़ी थी कि तुम उसे स्वीकार कर लोगे, उसी समय तुमने मेरी आशा को धूलिसात् कर दिया। उस दिन मेरा निश्चित विश्वास हो गया कि तुम जड़ पाषाण-पिंड हो; तुम्हारे भीतर न देवता है, न पशु; है एक अडिग जड़ता। मैं इसीलिए वहाँ ठहर नहीं सकी। जीवन में मैंने उसके बाद बहुत दुख झेले हैं; पर उस क्षण-भर के प्रत्याख्यान के समान कष्ट मुझे कभी नहीं हुआ। छह वर्षों तक इस कुटिल दुनिया में असहाय मारी-मारी फिरी और अब मेरा मोह भक्ति के रूप में बदल गया है। भट्ट, तुम मेरे गुरु हो, तुमने मुझे स्त्री-धर्म सिखाया है। छह वर्ष के कठोर अनुभवों के बल पर मैं कह सकती हूँ कि तुम्हारी जड़ता ही अच्छी थी—मैं अभागिन थी, जो तुम्हारा आश्रय छोड़कर चली आई। मेरे जीवन में जो कुछ घटा है, उसे जानने की क्या जरूरत है? आजकल मैं पान बेचती हूँ और छोटे राजकुल के अन्तःपुर में पान पहुँचाया करती हूँ। सब मिलाकर मैं दुखी नहीं हूँ। तुम मेरी चिन्ता छोड़ो। जहाँ जा रहे हो वहाँ जाओ। यदि इस नगर में रहो, तो कभी-कभी दर्शन पाने की आशा मैं अवश्य रखूँगी। पर तुम इस दूकान पर अधिक देर तक मत ठहरो। यहाँ आनेवाले लोग स्त्री-शरीर को देव-मन्दिर नहीं मानते।" इतना कहने के बाद उसने एक बार हँसकर मेरी ओर देखा। उस दृष्टि में अपने ऊपर एक प्रकार की वितृष्णा का भाव

था; पर किसी प्रकार का पश्चात्ताप या अनुशोचना का लेश भी नहीं था। ज़रा रुककर वह फिर कहने लगी, "भट्ट, मुझे किसी बात का पछतावा नहीं है। मैं जो हूँ, उसके सिवा और कुछ हो ही नहीं सकती थी। परन्तु तुम जो कुछ हो, उससे कहीं श्रेष्ठ हो सकते हो। इसलिए कहती हूँ, तुम यहाँ मत रुको। मैं पश्चात्ताप करूँ, तो जिस नरक में पड़ी हूँ, वहाँ भी स्थान नहीं मिलेगा। तुम सँभल जाओ, तो जिस स्वर्ग में स्थान पाओगे, उसकी कोई कल्पना मेरे मन में भी नहीं है, तुम्हारे मन में भी नहीं है। मैंने दुनिया कम नहीं देखी है। इस दुनिया में तुम्हारे जैसे पुरुषरत्न दुर्लभ हैं।" निपुणिका की आँखें नीची हो गईं। जैसे कुछ ऐसी बात कह गई हो, जिसे कहना नहीं चाहिए था और उसकी अँगुलियाँ तेजी से ताम्बूल-पत्र को खदिर-राग से रँगने में जुट गईं।

निपुणिका की अन्तिम बात मेरे मर्म में चुभ गई। वह अगर पश्चात्ताप करती है तो जिस नरक में पड़ी है, वहाँ भी स्थान नहीं मिलेगा। वह कुलभ्रष्टा स्त्री है, उसके सद्गुणों का समाज में क्या मूल्य है? दुर्गुणों की तो फिर भी कुछ-न-कुछ पूछ है ही। मैंने उसकी कोटरशायिनी आँखों को एक बार फिर देखा। उनमें आँसू भरे हुए थे। मैं बोला, "निउनिया, तू झूठ बोलती है। तू पछता रही है, तू कष्ट में है, तू आश्रय चाहती है, तू मुझे यहाँ से हटने नहीं देना चाहती। मैं जो पहले था, वह आज भी हूँ; सारी दुनिया भी तुझे मेरे आश्रय से अलग नहीं कर सकती। यह दूकान अभी बन्द कर दे। जहाँ लोग तेरी कोई बात नहीं जानते, ऐसे किसी स्थान पर शान्तिपूर्वक रह। मैं तुझे कीचड़ में छोड़कर नहीं जा सकता। मेरे प्रति तेरा मोह कट गया है, यह अच्छी बात है। तू इस कालिमा-भरी नगरी के राजमार्ग को छोड़ दे। तेरी आँखें कैसी धँस गई हैं! हाँ अभागी, तू मुझसे भी छिपा रही है!" निपुणिका इस बार घायल हो गई। वह फूट-फूटकर रो पड़ी। दो-एक ग्राहक इसी समय दूकान पर आते दिखाई पड़े। उन्हें दूर से देखकर ही निपुणिका सँभल गई। एक क्षण का भी विलम्ब किए बिना उसने दूकान का दरवाजा बन्द कर दिया और मुझे भीतर चलने का इशारा किया। दूकान के पीछे एक छोटा-सा आँगन था, उसके बीचोबीच एक तुलसी का वृक्ष था। पास में एक छोटी वेदी थी और उस पर महावराह की एक अत्यन्त भव्य मूर्ति रखी थी। मूर्ति छोटी ही थी; पर जिस मूर्तिकार ने उसे बनाया था, वह बहुत ही पका हुआ शिल्पी जान पड़ता था। महावराह के दाँतों पर उठी हुई धरित्री के मुखमंडल पर जो उल्लास और दीप्ति का भाव था, वह देखते ही बनता था। महावराह के दोनों हाथ कटि-देश पर इस प्रगल्भता के साथ टिके हुए थे, और बाहुमूल की पेशियाँ इस दृढ़ता के साथ निकाली गई थीं कि देखकर मन में एक अपूर्व विश्वास उद्रिक्त हो उठता था।

मुझे समझने में एक मुहूर्त का भी विलम्ब नहीं हुआ कि ये निपुणिका के उपास्य देव हैं और निपुणिका अपने उद्धार की ऐसी ही आशा लगाए हुए है। निपुणिका ने एक बार मूर्ति को सतृष्ण नयनों से देखा, उसका गला तब भी रुँधा हुआ था, और इशारे से मुझे एक छोटे घर में बैठने का निर्देश किया। मैं बैठ गया। वह फिर बाहर चली गई और बहुत शीघ्र ही स्नान करके फिर लौट आई। मेरी ओर देखकर वह बोली, "थोड़ा रुको, मैं अभी आ रही हूँ।" फिर वह कुशासन पर बैठ गई और महावराह के सामने रुँधे गले से एक स्तोत्र पाठ करने लगी। उसकी आँखों से निरन्तर आँसू झरते रहे। वक्षःस्थल पर का वासन्ती उत्तरीय इस अश्रुधारा से भीग गया। मैं यह दृश्य एकटक देखता रहा। निपुणिका धन्य है, महावराह धन्य हैं, तुलसी धन्य हैं, और मैं अभागा बाण इन तीनों को देख रहा हूँ, सो धन्य ही हूँ। मुझे एक बार अपने गर्व की तुच्छता पर पश्चात्ताप हुआ। किसे आश्रय देने की बात मैं कह रहा था? निपुणिका को जो आश्रय मिला है, उसकी तुलना में मेरा आश्रय कितना तुच्छ, कितना नगण्य और कितना अकिंचन है! मेरे पुरुषत्व का गर्व, कौलीन्य का गर्व और पांडित्य का गर्व क्षण-भर में भरभराके गिर गए। निपुणिका को पहचानने में मैंने कितनी भूल की थी! वह भक्ति-गद्गद स्वर में स्तोत्रपाठ कर रही थी, और मैं निर्निमेष नयनों से उसे देख रहा था—उस समय उसकी अंगप्रभा अलौकिक दिख रही थी; कोटरगत आँखें मानो उद्वेल वारिधारा से परिपूर्ण होकर प्रफुल्ल पुंडरीक के समान विकसित हो गई थीं; कुन्तल-जाल रह-रहकर इस प्रकार विलुलित हो उठते थे, मानो महावराहके चरण-प्रान्त में गिर पड़ने को व्याकुल हो उठे हों। मैं क्षण-भर के लिए भूल गया कि निपुणिका हमारी नाटक-मंडली की परिचित निउनिया है। ऐसा लगता था कि वह कोई देवांगना है और कब इस कलुष धरित्री को छोड़ ऊपर उड़ जाएगी, यह कहा नहीं जा सकता। मैंने इस रमणी के हृदयान्तःस्थित परम प्रेममूर्ति महावराह को मन-ही-मन प्रणाम किया। प्रथम दर्शन में जिसे मैंने रुलाई की हँसी समझकर अपनी सहृदयता पर गर्व किया था, वह एक भद्दी भूल थी। मैंने मन-ही-मन अपनी अकिंचनता को धिक्कारा। इसी समय निपुणिका उठी, और उसके साथ ही शान्ति की एक भारी श्री भी उठ खड़ी हुई। उसके गमन में एक प्रकार की भाव-विह्वल मंथरता अब भी वर्तमान थी। मानो भावमत्ता भक्ति ही देह धारण किए चली आ रही हो। उसके चेहरे पर अब फिर मुस्कान थी। इस बार मैंने समझा कि मैंने प्रथम दर्शन में इस रमणी को कितना गलत समझा था। करुणादीप्त मुखमंडल को अनुशोचना मानना मेरा प्रमाद था। निपुणिका आई और थोड़ी देर तक चुप बैठी रही। मेरे मुँह से भी कोई बात निकल नहीं रही थी। कुछ देर की चुप्पी के बाद उसने ही

शुरू किया, "भट्ट, तुम सचमुच मेरी सहायता कर सकते हो?"

"तुम्हें सन्देह क्यों हो रहा है, निपुणिका? मैंने क्या कभी ऐसी बात कही है, जिसका पालन करने में आनाकानी की हो?"

"लेकिन अगर मेरी सहायता करने में कोई अनुचित कार्य करना पड़े?"

"देख निउनिया, मैंने अभी प्रत्यक्ष देखा है कि तू जिसके यहाँ आश्रय पाए हुए है, उसे छोड़कर तुझे किसी और की सहायता आवश्यक नहीं है, फिर भी तू परीक्षा लेने के लिए यह बात कह रही है। मेरा उत्तर स्पष्ट है। साधारणतः लोग जिस उचित-अनुचित के बँधे रास्ते से सोचते हैं, उससे मैं नहीं सोचता। मैं अपनी बुद्धि से अनुचित-उचित की विवेचना करता हूँ। मैं मोह और लोभवश किए गए समस्त कार्यों को अनुचित मानता हूँ; परन्तु हमेशा मैं अपने को इन दो रिपुओं से बचा नहीं सका हूँ। आज ही मैंने एक महान् संकल्प किया है। मैं नहीं जानता कि इसमें मैं कहाँ तक सफल होऊँगा। अनुचित कार्यों से मैं अपने को सदा बचा नहीं पाया हूँ; पर उचित कार्यों को अवसर आने पर करने के लिए मैंने अपने प्राणों तक की परवा नहीं की है। तू मुझे वह कार्य बता, जिसमें मुझे तेरी सहायता करनी होगी। तू मुझे जानती है, मैं आशा करता हूँ कि मुझे अनुचित कार्य में कभी प्रवृत्त नहीं होने देगी।"

निपुणिका हँसी। बोली, "अब तुम बचने का रास्ता खोज रहे हो। मेरी-जैसी स्त्री से तुम उचित कार्य में सहायक बनाने की आशा रखते हो? तुम बहुत भोले हो।"

इस बार मैं सचमुच विचलित हुआ; पर फिर भी ज़रा दृढ़ता के साथ बोला, "तो बता न, मुझे क्या करना होगा?"

निपुणिका इस बार और जोर से हँस पड़ी। बोली, "देव-मन्दिर का उद्धार करना है।"

मैं समझ गया, देव-मन्दिर अर्थात् नारी। यह तो कोई अनुचित कार्य नहीं है। ज़रा हँसके मैंने कहा, "तेरा उद्धार तो महावराह ने कर दिया है, तेरी परवा मुझे नहीं है। अब और कौन रमणी विपत्ति में फँसी हुई है, जिसका उद्धार मुझे करना होगा।"

निपुणिका ने कहा, "भट्ट, अब तक तुमने नारी में जो देव-मन्दिर का आभास पाया है, वह तुम्हारे भोले मन की कल्पना थी। आज मैं तुम्हें सचमुच का देव-मन्दिर दिखाऊँगी। परन्तु उसके लिए तुम्हें छोटे राजकुल में मेरी सखी बनकर प्रवेश करना होगा और कीचड़ में धँसे हुए उस मन्दिर का उद्धार करना होगा। आज ही उत्तम अवसर है। महावराह ही मेरे वास्तविक सहायक हैं। उन्होंने ही

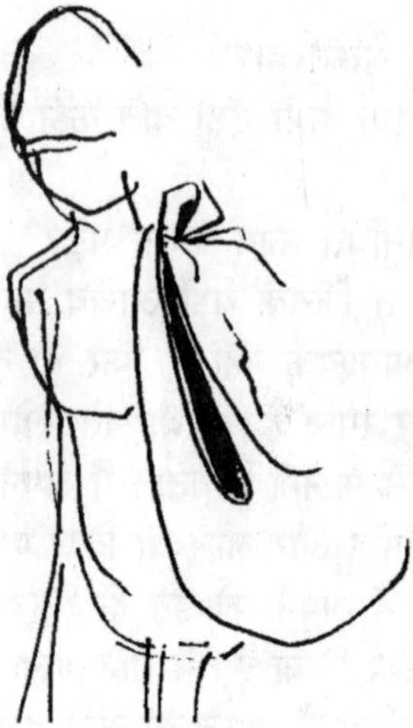

तुम्हें यहाँ भेजा है। तुम न आते तो भी मुझे तो यह करना ही था। बोलो भट्ट, तुम यह काम कर सकोगे? तुम असुर-गृह में आबद्ध लक्ष्मी का उद्धार करने का साहस रखते हो? मदिरा के पंक में डूबी हुई कामधेनु को उबारना चाहते हो? बोलो, अभी मुझे जाना है! महावराह ने आज ही अनुमति दी है। इस सीता का उद्धार करते समय तुम्हें जटायु की भाँति शायद प्राण दे देना पड़ेगा। है साहस?"

मैं हँसा। यह काम मैं जरूर कर सकता हूँ। केवल एक बार मैंने अपने स्वर्गीय पिता को मन-ही-मन प्रणाम किया, 'पिता, आज आत्मोद्धार-कर्म से विरत रहना पड़ा। समय और सुयोग मिला, तो फिर कभी होता रहेगा। न जाने किस दुखिनी के दुःखमोचन-यज्ञ में अपने-आपको होम देने की पुकार आई है। आज इसी का ऋत्विज् बनने दो।' निपुणिका की ओर देखकर मैंने कहा, "निउनिया, मैं प्रस्तुत हूँ, नेपथ्य (वेश बदलने का वस्त्र आदि) ला।"

तृतीय उच्छ्वास

निपुणिका आँगन के बाहर मेरी प्रतीक्षा कर रही थी। उसकी सखी बनकर मैं जब बाहर आया, तो हंस के समान धवल-वर्णा, ज्योत्स्ना से भरी हुई धरती को देखकर चित्त एक अननुभूत आनन्द से भर गया। मैंने सोचा कि जब भगवान् त्रिलोचन के उत्तमांग से झरनेवाली गंगा की धारा समुद्र को भर रही होगी, तो कुछ ऐसी ही शोभा उस समय भी हुई होगी। चन्द्रमा निश्चय ही देर से आकाश पर विचर रहा था। उदयकाल में जो एक लालिगा रहा करती है, उसका कहीं कोई चिह्न नहीं रह गया था। इन्द्र का ऐरावत गज जब स्वर्मन्दाकिनी में अवगाहन करके निकलता होगा, तो उसके श्वेत कुम्भस्थल पर से सिन्दूर धुल जाने के बाद ऐसी ही शोभा होती होगी। सारा आकाश चाँदनी से इस प्रकार भर गया था, जैसे किसी अज्ञात शिल्पी के सुधा-विलेपन चूर्ण का भंडार ही उलट गया हो। ताराओं

का टिमटिमाना देखकर मुझे ऐसा लगा कि वे झीम रही हैं और जिस किसी क्षण लुढ़ककर सो पड़ेंगी! मृदु-मन्द सान्ध्य समीर ने गृह-धेनुओं पर अपना प्रभाव डाल दिया था, क्योंकि उसके स्पर्श से इन जीवों में एक अलस-निद्रा का भाव आ गया था। उनके रोमन्थन-व्यस्त (पागुर में लगे हुए) जबड़े धीरे-धीरे शिथिल हो रहे थे और आँखों की बरौनियाँ जुड़ती जा रही थीं। मुझे सबसे दयनीय, चन्द्रमा में का वह मृग लगा। ऐसा जान पड़ता था कि वह अभागा प्यास का मारा इस अमृत-सरोवर में आया था और अब अमृत-पंक में धँसा हुआ कर्तव्यमूढ़ बना जकड़ा-सा खड़ा था।[1] क्षण-भर के लिए मेरे मन में आया कि क्या मैं भी किसी अमृत-पंक में धँसने जा रहा हूँ। परन्तु अब सोचना बेकार था। निपुणिका के एक इशारे पर मैं अनुचरी की भाँति उसके पीछे हो लिया। न जाने क्यों मुझे ऐसा लग रहा था कि नीचे से ऊपर तक सारी प्रकृति में एक अवश अवसाद की जड़िमा छाई हुई है। निपुणिका ने अत्यन्त संक्षेप में मुझे मेरा कर्तव्य बताया था। उसने अपने पक्ष के औचित्य-स्थापन की परवा बिलकुल न की; उसकी बातचीत में मेरी अवज्ञा कहीं भी प्रकट नहीं हुई, पर इतना तो मुझे शुरू से अन्त तक लगा कि वह मुझे इस कार्य-साधन में निमित्त-मात्र मानती है, उसके असली सहायक तो महावराह हैं। उसके संकल्प की सच्चाई का प्रमाण उसकी बड़ी-बड़ी अश्रुपूर्ण आँखें थीं। मुझे उसने बताया था कि छोटा राजकुल प्रतापी मौखरियों का अन्तिम चिह्न है। जब से महाराजाधिराज श्री हर्षवर्द्धन ने अपने बहनोई का राज्य भी अपनी ही छत्रच्छाया में ले लिया है, तब से उक्त बहनोई के एक दूर के सम्बन्धी को–जो मौखरि-सिंहासन का उत्तराधिकारी हो सकता था–इस नगर में आश्रय मिला है। इधर की जनता में अब भी मौखरि-वंश के प्रति प्रबल सम्मान-भाव वर्तमान है। मौखरि-वंश का यह सम्बन्धी थोड़े ही दिनों से स्थाण्वीश्वर में रह रहा है। इसके अन्तःपुर को ही यहाँ छोटा राजकुल कहा जाता है। निपुणिका ने इस छोटे राजकुल के विभव को ज़रा विस्तारपूर्वक ही समझाया और फिर वहाँ की कलंकवार्त्ता को भी उसी विस्तार के साथ व्यक्त किया। कान्यकुब्ज की रक्षणशील जनता में मौखरियों के प्रति आदर और सम्भ्रम का भाव है, चतुर महाराज हर्षवर्द्धन इस बात को जानते हैं। इसीलिए मौखरि-वंश का यह दावेदार, स्थाण्वीश्वर में 'महाराज' कहकर ही पुकारा जाता है। उसे कोई अधिकार नहीं दिया गया है; पर सम्पत्ति दी गई है। इसीलिए उसमें एक अनुत्तरदायी भोगलिप्सा बढ़ गई है, जो अब अत्यन्त निकृष्ट अनाचार का रूप धारण कर चुकी है। महाराजाधिराज को

1. 'कादम्बरी', कथामुख के सन्ध्या-वर्णन से तुलनीय।

यह बात मालूम है; पर जनता में अब भी मौखरि-वंश का मान है, इसलिए साहसपूर्वक वे इस छोटे महाराज को हटा नहीं सकते। इसी छोटे महाराज के घर में आज एक महीने से एक अत्यन्त साध्वी राजकुमारी अपनी इच्छा के विरुद्ध आबद्ध है। निपुणिका ने यद्यपि यह कहानी बहुत संक्षेप में बताई; पर उस राजबाला की बात आते ही वह अपने को रोक नहीं सकी। उसने उसकी एक-एक क्रिया का विस्तारपूर्वक उल्लेख किया और अन्त में डबडबाई आँखों से कहा, "भट्ट, वह अशोक-वन की सीता है, तुम उसका उद्धार करके अपना जीवन सार्थक करो।" जीवन सार्थक करने का साधन निपुणिका ने स्वयं दे दिया था। वह एक छोटा-सा विष-दग्ध छुरा था, जो कंचुकी में आसानी से छिपाया जा सकता था। इसे देते समय उसने ज़रा हँसकर कहा था, "इसकी कोई आवश्यकता नहीं होगी भट्ट, पर रख लेने में हर्ज ही क्या है।" मैं समझ गया, प्राण लेना या देना जरूरी नहीं है; पर लेना या देना पड़ ही जाए, तो हानि क्या है! मैंने निपुणिका की ओर हँसकर देखा। वह भी हँसने लगी।

हम दोनों चुपचाप चले जा रहे थे। मैं स्त्री-वेश में मानो कुछ बदल गया था, क्योंकि एक अकारण भीरुता रह-रहकर मुझे सचेत कर देती थी, कसे हुए कंचुक-बन्ध मानो किसी अनजाने महागौरव के निरोध-यन्त्र बने हुए थे और आगुल्फ-लम्बे उत्तरीय ने किसी अननुभूत सौन्दर्य-लक्ष्मी को सारे बाह्य जगत् से अलग छिपा रखा था। राजमार्ग शान्त ही था, केवल दूर से किसी विपुल जन-समारोह की ध्वनि सुनाई दे रही थी। निपुणिका ने घूमकर मेरी ओर देखा और हँसकर पुकारा, "सुदक्षिणे!" मैं ज़रा चौंककर उसकी ओर देखने लगा। दक्ष भट्ट का यह सुकुमार संस्करण प्रथम सम्बोधन में ही स्पष्ट हो गया। मैंने ज़रा मुस्कराकर क्षीण स्वर में उत्तर दिया, "हला निपुणिके!" निपुणिका की आँखें आनन्दातिरेक से विकच पुंडरीक के समान खिल गईं। स्मयमान (मुस्काते हुए) मुखमंडल के मृदु सम्भार के कारण ग्रीवा ईषद् वक्र हो गई और उसने उल्लास-गद्गद स्वर में साधुवाद दिया, "अभिनय उत्तम कोटि का हुआ है!" मैंने संकोच और ब्रीड़ा की हँसी हँसी। मैं इन बातों में सिद्धहस्त था। निपुणिका इस प्रकार चलने लगी, जैसे उड़ रही हो। बोली, "यह ध्वनि मदनोद्यान से आ रही है, सुदक्षिणा! आज चैत्र शुक्ल त्रयोदशी है। आज मदन-पूजा का दिन है। आज कुमारियों ने व्रत किया होगा, कामदेव की पूजा की होगी और बरदान में अगने अभिलषित वरों को माँग लिया होगा। कान्यकुब्ज में यह उत्सव बड़े आडम्बर के साथ मनाया जाता है। आज मदनोद्यान में कुमारियों ने फूल चुने होंगे, हार गूँथे होंगे, कुंकुम और अबीर का तिलक लगाया होगा और लाक्षारस से भूर्जपत्र पर

अपने-अपने अभिलषित वरों की प्रतिमा बनाकर चुपके से भगवान् कुसुम-सायक को भेंट किया होगा।[1] आज अन्तःपुर में बड़ी धूमधाम होगी। अशोक में दोहद उत्पन्न करने के लिए अन्तःपुरिकाएँ प्रमद-वन में चली गई होंगी। वहाँ आज मदिरा और मृदंग का उत्सव चल रहा होगा। भट्ट, नहीं, सुदक्षिणे, आज युवतियों के आनन्दकेलि का उत्सव है। उस राजबाला के उद्धार का इससे अधिक उपयुक्त अवसर दूसरा न मिलेगा। तुम्हारे अन्दर कुछ झिझक देख रही हूँ। न हला, यह झिझक ठीक नहीं है।"

मैं चुपचाप सुनता रहा। झिझक तो मेरे अन्दर नहीं थी; पर यह संशय जरूर था कि पहचान लिया जाऊँगा। ज़रा क्षीण कंठ से मैंने अभिनय-सा करते हुए कहा, "हला, लज्जा तो तरुणियों का स्वाभाविक अलंकार है।" निपुणिका ने रस लेते हुए कहा, "होने दो न, पर उसे अस्वाभाविक बनाना तो ठीक नहीं। नहीं हला, आज लज्जा-संकोच को दूर रख। आज तरुणियों के उन्मत्त विलास की तिथि है।" मैं समझ गया। जहाँ से संशय था, वहाँ आज उन्माद होगा। चन्द्रमा अब धीरे-धीरे ऊपर आ गया था। जो कुछ अन्धकार है, उसे दूर कर देने को कृतसंकल्प था। हम राजकुल के द्वारदेश पर आ गए।

निपुणिका ने बार-बार छोटे राजकुल की बात बताई थी। मुझे उस समय राजकुल की अपेक्षा 'छोटा' शब्द ही ज्यादा मुखर जान पड़ा था। इसीलिए मैंने मन-ही-मन एक छोटे अन्तःपुर की कल्पना की थी। पर द्वार पर आते ही मुझे अपनी धारणा बदल देनी पड़ी। द्वार पर विस्तीर्ण राजकुल की वृक्ष-वाटिका दूर तक फैली हुई दिखाई दे रही थी। बाहर की ओर अशोक, पुन्नाग, अरिष्ट, शिरीष आदि के छायादार वृक्ष लगे हुए थे। उनकी नील सघन पत्र-राशि पर ज्योत्स्ना बिछला रही थी। मेरे सामने लौहार्गल-युक्त विराट् कपाट और सशस्त्र रक्षक न होते, तो मैंने उस चाँदनी रात में इस विशाल राजकुल को एक घना जंगल ही समझा होता। उस समय मुझे ठीक मालूम नहीं हो सका कि इस राजकुल का बहिःप्रकोष्ठ किधर है। केवल एक बंकिम मार्ग से निकल जाने के कारण इतना ही अनुमान कर सका कि दाहिनी ओर पुरुषों का बहिःप्रकोष्ठ होगा। द्वारी निपुणिका को पहचानता था, हमारे भीतर जाने में कोई बाधा नहीं हुई। निपुणिका ने ज़रा हँस के द्वारी को ताम्बूल-वीटिका देते हुए कहा, "नाग, क्या खबर है?" नाग ने हँसते हुए कहा, "हुड़दंग है, खबर क्या है!" हम दोनों भीतर चले गए। वाटिका की वीथियाँ पर्याप्त चौड़ी थीं, पर दोनों ओर के सघन वृक्षों की छाया के कारण अन्धकार दिखता था।

---

1. इस प्रकार के एक उत्सव का कुछ इससे मिलता-जुलता वर्णन भवभूति के 'मालती-माधव' नामक प्रकरण में हैं।

थोड़ा चक्कर काटकर हम अन्तःपुर के द्वार पर आए। वहाँ द्वार के एक पार्श्व में एक द्वार-रक्षिणी स्त्री बैठी हुई थी। उसके हाथ में एक नंगी तलवार थी और बाईं ओर एक क्षुद्र कृपाण कोषबद्ध अवस्था में झूल रहा था। वह स्त्री बहुत मजबूत तो नहीं थी; पर उसका वेश देखकर मुझे ऐसा लगा, मानो विषधरों से लिपटी हुई कोई चन्दन-लता हो। क्षण-भर के लिए मेरा कलेजा धड़क उठा; पर ज़रा समीप जाते ही रहस्य खुल गया। कठोर वेश ने उसकी स्वाभाविक कोमलता को और भी निखार दिया था। यद्यपि उसका रंग काला था; पर एक मोहक दीप्ति उससे साफ झलक जाती थी। वह एक जीवित नीलमणि की सुकुमार पुत्तलिका ही जान पड़ती थी। वैसे उसका सारा शरीर आगुल्फ लम्बे नील कंचुक से ढँका हुआ था और मस्तक पर लाल उत्तरीय बँधा हुआ था; पर इससे उसकी शोभा में लेशमात्र भी कमी नहीं आई थी, अधिकन्तु वह सन्ध्या समय की लाल सूर्यकिरणों द्वारा आच्छादित नीलकमल की वनस्थली की भाँति अधिक रमणीय हो गई थी। धवलवर्णा ज्योत्स्ना एक ओर वृक्ष-वाटिका की घनचिक्कन नीलिमा को उज्ज्वलित कर रही थी और दूसरी ओर इस द्वार-रक्षिणी के कान में के दन्तपत्र उसके चिक्कन कपोल-मंडल को उद्‌भासित कर रहे थे। उसके पैरों में लगा हुआ घन अलक्तक-रस (महावर) दूर से ही दिख रहा था। और क्षण-भर के लिए मैं सोचने लगा कि क्या तुरन्त ही महिषासुर की छाती पर नृत्य करके कराल-कृपालधारिणी महादुर्गा तो नहीं आ गई हैं। उसका भीषण-मनोहर रूप मुझे शंकित की अपेक्षा आनन्दित अधिक कर रहा था, फिर भी शंका तो मन में थी ही। मैंने उत्तरीय को सीमन्त के बहुत नीचे सरका लिया और चकित मृगी के अभिनय के साथ निपुणिका के पीछे छिप गया। वस्तुतः वह पिए हुए थी। यद्यपि उसके रूप की मनोहारिता और मलिनता ने मुझे भगवान् त्रिलोचन की नयनाग्नि से भस्मीभूत मदन देवता के धूम से मलिन रति की याद दिला दी थी; पर उसकी आँखों के लाल कोए और अलस जड़ भ्रू-लताएँ बता रही थीं कि उन पर मदिरा ने पूरा प्रभाव डाल दिया है। उसने एक बार कुछ स्खलित वाणी में निपुणिका से पूछा और फिर शिथिल भाव से पड़ रही। फिर तो हम दोनों असली अन्तःपुर के भीतर प्रविष्ट हो गए। यहाँ भी कुछ दूर तक बड़े-बड़े वृक्ष थे; पर आगे चलकर कुरबक,

मल्लिका, कुरंटक, नवमालिका आदि के गुल्म थे। यद्यपि चाँदनी में सब कुछ स्पष्ट नहीं दिखाई देता था, पर गन्ध से तो स्पष्ट ही पता चल जाता था कि बकुल की वीथी कहाँ है, सिन्धुवार की पाली किस ओर है और चम्पकों के गुल्म किधर लगे हुए हैं। विविध प्रकार के पुष्पों के सम्मिलित सौरभ से, एक प्रकार का औत्सुकी भाव चित्त को पर्याकुल कर रहा था। दूर से मृदंग, काहल और शंख का नाद सुनाई दे रहा था। प्रेक्षा-दोलाओं की घंटा-ध्वनि भी स्पष्ट सुनाई दे रही थी। मैंने बिना बताए ही समझ लिया कि मदनोत्सव अपने पूरे वेग पर है।

हम अभी पुष्प-गुल्मों की वीथी में ही थे कि दो परिचारिकाओं को द्विपदी-खंड का गान करते अपनी ओर आते देखा। उनके हाथों में आम की मंजरी थी और वे उन्मत्त भाव से नृत्य कर रही थीं। निस्सन्देह वे मधुपान से मत्त थीं, क्योंकि वे नारी-सुलभ मर्यादा-ज्ञान को भूल चुकी थीं। नाचते-नाचते उनके केश-पाश शिथिल हो गए थे, कवरी (जूड़े) को बाँधनेवाली मालतीमाला न जाने कहाँ गिर गई थी, पैरों के नूपुर पटकन-झटकन के वेग को न सँभाल सकने के कारण दुगुने जोर से झनझना उठे थे–उनके भीतर और बाहर उन्मत्त आमोद की आँधी बह रही थी।[1] उनमें से एक निपुणिका की ओर बढ़ी। जान पड़ता था, उसका नाम भी निपुणिका ही होगा, क्योंकि उसने 'मित्तिया' कहकर निपुणिका को पुकारा था। ज़रा नजदीक आकर उसने निपुणिका को पुकारकर कहा, "मित्तिया, आज तो तेरा ही जय-जयकार है। महाराज ने घोषणा की है कि जो परिचारिका नई बहू को प्रमद-वन के उत्सव में ले जाएगी, उसे अपना रत्नहार उपहार देंगे। तो जा न सखी, दूसरी ऐसी बड़-भागी कौन है, जो नई बहू को घर से बाहर निकाल सके। वे तो पूजा में लगी हैं। बहुत देखा है बाबा, इस राजकुल में ऐसी पुजारिनें कई गंडा आ चुकी हैं। अरे, भला, यह नई चिड़िया कहाँ से फँसा लाई, मित्तिया!" इतना कहकर वह मेरी ओर मुड़ी। निपुणिका ने मेरे कान में धीरे-से कहा, "क्षीबा है!" मैं मतलब समझ गया। 'क्षीबा' कान्यकुब्ज की बोली में मदिरा पी हुई स्त्री को कहते हैं। निपुणिका ने मुझे साहस बँधाने के लिए यह बात कही थी। इतने में वह स्त्री मेरे पास आ गई। मैंने समझा, अबकी भेद खुला चाहता है! पर उसके मुख से ऐसी गन्ध निकल रही थी कि मेरा मुँह बरबस दूसरी ओर फिर गया। निपुणिका को अवसर मिल गया। बोली, "उसे न छेड़ मित्तिया, गाँव ने नई आई है, अभी यहाँ की रीति-नीति नहीं जानती।" मित्तिया जोर से हँस पड़ी। "दो दिन में सीख जाओगी लली, न जाने कितनी आँखों पर नाचती फिरोगी!" परन्तु उसे ज्यादा फुरसत नहीं थी। अपनी

1. तु. 'रत्नावली', प्रथम अंक।

सखी के साथ नाचती हुई वह फिर एक ओर चली गई। मैंने शान्ति की साँस ली। निपुणिका ने साहस बँधाते हुए कहा, "सब क्षीबा हैं, हला!"

उस समय दक्षिण-समीर मन्द गति से बह रहा था। वाटिका के वृक्ष-लता-गुल्म सभी झूम रहे थे। उनकी मूँगे-जैसी लाल-लाल किसलय-सम्पत्ति ने उनकी सारी शोभा को लाल बना दिया था। उन पर गूँजते हुए भौंरों की आवाज स्खलित वाणी के समान सुनाई दे रही थी और मलयानिल की मृदु-मन्द तरंगों से आहत होकर वे सचमुच ही झूम रहे जान पड़ते थे। शायद मधुमास के मधुपान से वे भी मत्त थे। अन्तःपुर की परिचारिकाएँ ही नहीं, कुसुमलताएँ भी क्षीबा बनी हुई थीं।[1] मैंने निपुणिका की बात पर रहस्य की टिप्पणी करते हुए कहा, "सब क्षीबा हैं, निउनिया!" निउनिया ने मुँह पर अँगुली रखके इशारा किया, 'चुप!' और झुककर एक वृद्ध को अभिवादन किया। सारी अन्तःपुर की उन्मत्त विलास-लीला के विरुद्ध यह वृद्ध अपनी समस्त आयु का अनुभव लिए गम्भीर खड़ा था। उसके समस्त इन्द्रिय शिथिल हो गए थे। लम्बे श्वेत कंचुक से उसका सारा शरीर ढका हुआ था। सिर पर और कान में के समस्त केश दूध के समान शुक्ल हो गए थे। यह कंचुकी था! इसी को देखकर मुझे चुप होने का इशारा किया गया था। वृद्ध को कुछ कहने का अवसर दिए बिना ही निपुणिका बोल उठी, "गाँव से नई आई है अज्ज, कोई रीति-नीति नहीं जानती!" फिर मुझे डाँटते हुए कहा, "प्रणाम कर, सुदक्षिणा! आर्य वाभ्रव्य हैं। अन्तःपुरिकाओं के पिता के समान पूज्य हैं।" मैंने धरती पर जानुपात करते हुए प्रणाम किया। वाभ्रव्य से सौभाग्यवती होने का आशीर्वाद पाकर हम दोनों विराट् अट्टालिका में धँस गए।

जिस नई बहू को प्रमद-वन में ले जाने के लिए छोटे महाराज ने रत्नहार का पुरस्कार घोषित किया था, वह वही राजकन्या थी, जिसके उद्धार के लिए मैं अन्तःपुर में चोरों की भाँति घुसा था। निपुणिका ने फुसफुसाते हुए मेरे कान में कहा, "महावराह निश्चय ही आज प्रसन्न हैं, नहीं तो छोटे महाराज यह घोषणा क्यों करते?" फिर नाना आलिन्दों और कुट्टिम-वीथियों से अग्रसर होते हुए हम उस राजकन्या के गृह में गए। उस समय वह सचमुच ही पूजा की वेदी पर बैठी हुई थी। उसकी पूजा में किसी प्रकार का विघ्न न हो, इसलिए निपुणिका ने मुझे चुपचाप एक ओर बैठने का इशारा किया और स्वयं भी धीरे-से बैठ गई। बैठकर मैंने एक बार सारे गृह को ध्यान से देखा। गृह के एक प्रान्त में एक नातिदीर्घ शय्या पड़ी हुई थी, जिसके दोनों सिरों पर दो उपधान रखे हुए थे। सारी शय्या

1. तु. 'रत्नावली', प्रथम अंक।

दुग्ध-धवल प्रच्छद-पट (चादर) से ढकी हुई थी। शय्या के सिरहाने की ओर कूर्च-स्थान पर महावराह की एक भावपूर्ण मूर्ति पुष्पमाल्य से विभूषित विराज रही थी। महावराह का विशाल दंष्ट्रा आकाश की ओर इस प्रकार उठा हुआ था मानो अभी वेगपूर्वक समुद्र से बाहर उठा है, उस पर धरित्री की भीतचकित मूर्ति बहुत ही मनोहारिणी दिख रही थी। महावराह की आँखें ठीक प्रस्फुटित पद्म के समान दिख रही थीं और सारा शरीर उत्पलपत्र के समान घन-चिक्कन नील वर्ण का दिख रहा था। वस्तुतः वह सारी मूर्ति एक ही नील प्रस्तर को काटकर बनाई गई थी। मन-ही-मन मैंने जीवन्त नीलाचल के समान स्फूर्जितवीर्य महावराह का ध्यान-मन्त्र-पाठ करते हुए प्रणाम किया।[1] इसी महावराह की मूर्ति के नीचे इस अन्तःपुर की 'नई बहू' और हमारी 'अशोक वनी सीता' ध्यानस्थ बैठी थी। उसकी बगल में एक वेदिका पर माल्य, चन्दन और अनेक प्रकार के उपलेपन रखे हुए थे। एक छोटी-सी स्फटिक-पीठिका पर सुगन्धित सिक्थ-करंडक (मोम की पिटारी) और सौगन्धिक पुटिका (इत्रदान) रखी हुई थी। ज़रा दूर हटके एक कांचन-पात्र में मातुलुंग की छाल और पान के अन्यान्य उपकरण रखे हुए थे। शय्या के पादाधान की ओर चाँदी का पतद्ग्रह (पीकदान) रखा हुआ था। ऊपर दीवार में हाथीदाँत की खूँटियों पर लाल कपड़े में लिपटी हुई एक वीणा रखी थी। दूसरी खूँटियाँ खाली पड़ी थीं, क्योंकि उन पर की विपंची उतरकर पूजापरायण राजबाला की गोद में पड़ी हुई थी। दीवार की दूसरी ओर श्वेत पट्ट लगे हुए थे, जो या तो हाथीदाँत के होंगे या वैसे ही किसी शुक्ल प्रस्तर के बने होंगे। उन पर चित्रफलक, तूलिका और रंग के डिब्बे और भूर्जपत्र पर लिखी हुई एक पुस्तक रखी हुई थी। यह पुस्तक इस देश में प्रचलित पोथियों से कुछ भिन्न थी। उसके पत्रे खुले हुए नहीं थे और पुट्ठे बँधे दिख रहे थे। एक अन्य नागदन्त (खूँटी) पर कुरंटकमाला बड़ी सुकुमार भंगी में लटकाई गई थी। शायद कुरंटकमाला का यह गुण कि वह बहुत देर तक सूखती नहीं, उसे यहाँ ले आने में समर्थ हुआ था।[2] गृह में सामान बहुत थोड़े थे; पर वह फिर भी अत्यन्त भरा-पूरा दिखता था।

इसी समय उस राजकन्या ने वीणा बजाना शुरू किया। धीरे-धीरे वह अत्यन्त तन्मय हो गई। मैंने इस बार स्वाभाविक संकोच छोड़कर इस कमनीयता की मूर्ति की ओर देखा। उसको देखकर अत्यन्त पतित व्यक्ति के हृदय में भी भक्ति उत्पन्न

1. तु. महावराह का ध्यान :

ततः समुत्क्षिप्य धरां स्वदंष्ट्रया महावराहः स्फुट-पद्म-लोचनः।
रसातलादुत्पल-पत्रसन्निभः समुत्थितो नील इवाचलो महान्॥

2. तु. वात्स्यायन के 'कामसूत्र' का नागरक गृह-वर्णन।

हुए बिना नहीं रह सकती। उसके सारे शरीर से स्वच्छ कान्ति प्रवाहित हो रही थी। अत्यन्त धवल प्रभापुंज से उसका शरीर एक प्रकार ढका हुआ-सा ही जान पड़ता था, मानो वह स्फटिक-गृह में आबद्ध हो, या दुग्ध-सलिल में निमग्न हो, या विमल चीनांशुक से समावृत हो, या दर्पण में प्रतिबिम्बित हो, या शरद्कालीन मेघपुंज में अन्तरित चन्द्रकला हो। उसकी धवल-कान्ति दर्शक के नयन-मार्ग से हृदय में प्रविष्ट होकर समस्त कलुष को धवलित कर देती थी, मानो स्वर्मन्दाकिनी की धवल धारा समस्त कलुषकालिमा का क्षालन कर रही हो। मेरे मन में बार-बार यह प्रश्न उठता रहा कि इतनी पवित्र रूप-राशि किस प्रकार इस कलुष धरित्री में सम्भव हुई। निश्चय ही यह धर्म से निकली हुई है। मानो विधाता ने शंख से खोदकर, मुक्ता से खींचकर, मृणाल से सँवारकर चन्द्रकिरणों के कूर्चक से प्रक्षालित कर, सुधाचूर्ण से धोकर, रजत-रज से पोंछकर, कुटज, कुन्द और सिन्धुवार पुष्पों की धवल कान्ति से सजाकर ही उसका निर्माण किया था। अहा, यह कैसी अपूर्व पवित्रता है! यहाँ क्या मुनियों की ध्यान-सम्पत्ति ही पूँजीभूत होकर वर्तमान है, या रावण के स्पर्श-भय से भागी हुई कैलास पर्वत की शोभा ही स्त्री-विग्रह धारण करके विराज रही है, या बलराम की दीप्ति ही उनकी मत्तावस्था में उन्हें छोड़कर भाग आई है, या मन्दाकिनी की धारा ने ही यह पवित्र रूप ग्रहण किया है।[1] वह भक्ति-गद्‌गद स्वर में गान करती हुई वीणा बजा रही थी। मैंने ऐसी वीणा पहले कभी नहीं सुनी थी। आबाल्य अभिनय देखने में ही काट दिया। हाय, सच्ची भक्ति तो हमने कभी देखी ही नहीं। शूद्रक के 'मृच्छकटिक' में अभिनय करते समय मैंने एक बार वीणा को असमुद्रोत्पन्न रत्न कहा जरूर था; पर समझा तो आज ही। उस दिन हमने वयस्यों से विनोद करते हुए शूद्रक के उस श्लोक का उपहास किया था। मुझे उस दिन यह समझ में नहीं आया था कि संकेत-स्थान में प्रतीक्षा करके ढाढ़स बाँधने और अनुरक्त व्यक्ति का रागवर्धन करने के सिवा वह और कौन-सी बात है, जिसे शूद्रक ने उत्कंठित की वयस्यता कहा है। उत्कंठित तो विरहातुर को ही कहते हैं और उसकी अनुगुणता तो रागवर्धन में ही समाप्त हो गई। मैंने उस दिन वह रहस्य नहीं समझा था! आज देखता हूँ कि सच्चा उत्कंठित क्या होता है। सचमुच ही वीणा असमुद्रोत्पन्न रत्न है। मैं शूद्रक की बात का रहस्य समझ रहा हूँ।[2]

1. तु. 'कादम्बरी' में महाश्वेता-वर्णन।
2. निम्नलिखित श्लोक से तात्पर्य होगा :

उत्कंठितस्य हृदयानुगुणा वयस्या सकेतके चिरयति प्रवरो विनोदः।
संस्थापना प्रियतमा विरहातुराणां रक्तस्य रागपरिवृद्धिकरः प्रमोदः॥–मृच्छकटिक, 3-4

धीरे-धीरे वीणा बन्द हुई। प्रमद-वन की ओर के गवाक्ष से प्रमद-वन के उत्सव का आभास मिल रहा था। नर्त्तकियों का एक दल चर्चरी ताल के साथ गान करता हुआ इसी ओर आता जान पड़ता था। उस सम्मिलित ध्वनि में कैसी-कैसी बुभुक्षा थी, पिपासा थी और मानो भूख-प्यास की कभी तृप्त न होनेवाली छटपटाहट थी। ईषत्-स्पष्ट ध्वनि में दूर से गान सुनाई दिया :

इह पढमं महुमासो जणस्स हिअआइँ कुणइ मिदुलाइँ।
पच्चा विद्धइ कामो लद्धप्पसरेहि कुसमबाणेहि॥[1]

और इसी राग-रुग्ण गान की पृष्ठभूमि में हमारी 'अशोक-वन की सीता' ने भक्तिकातर वाणी में महावराह की स्तुति की :

जलौघमग्ना सचराचरा धरा विषाणकोट्याऽखिलविश्वमूर्त्तिना।
समुद्धृता येन वराहरूपिणा स मे स्वयंभूर्भगवान् प्रसीदतु॥

फिर उसने अश्रुपूर्ण नयनों से एक बार महावराह की ओर देखा। अत्यन्त धीर पद-संचार से उसने अपने इष्टदेव की परिक्रमा की और शय्या की ओर अग्रसर हुई। शय्या पर बैठने के थोड़ी देर बाद तक भी उसकी आँखें भक्ति की मादकता से मुक्त नहीं हुईं। कुछ देर बाद हम दोनों की ओर उसने देखा। अहा, दृष्टि में इतनी पूतकारिता भी होती है! मानो वह दृष्टि पुण्य-रश्मियों से द्रष्टव्य को उद्भासित कर रही थी, तीर्थ-वारिधारा से प्लावित कर रही थी, तपस्या से पवित्र बना रही थी और सत्य के अन्तर्निहित ताप से हृदय के अशेष पाप-भावों को भस्म कर रही थी। मुझे ऐसा लगा कि वेदों की पवित्र वाणी विग्रहवती होकर मुझे आज ब्राह्मणत्व के वरण योग्य बना रही है। आज मेरी प्रतिज्ञा सफल होगी क्या?

निपुणिका ने भक्तिपूर्वक प्रणाम किया और मैंने भी उसी का अनुकरण किया। राजकन्या ने निपुणिका की ओर विश्वासपूर्वक देखा। निपुणिका के लिए वह पार्वती के समान वन्दनीया थी और उसके लिए निपुणिका सखी और वयस्या के समान दुख-संगिनी। एक बार अपनी बड़ी-बड़ी स्नेह-मेदुर आँखों से मेरी ओर देखा। उस दृष्टि में जिज्ञासा का भाव था। निपुणिका ने आगे जाकर बहुत धीरे-धीरे कुछ कहा। उसने मेरे विषय में कुछ गोपन नहीं रखा; क्योंकि एक क्षण में ही राजकन्या के नयनों में लज्जा का भाव उदय हुआ, उसके धवलायमान कपोलों पर लज्जा की लालिमा दौड़ गई। वह क्षण-भर के लिए कुछ म्लान भी हो गई। उस समय मुझे अपने अनधिकार प्रवेश पर बड़ा क्षोभ हुआ; लेकिन निपुणिका ने क्या जाने क्या कहकर उसे सँभाल लिया। राजकन्या ने बंकिम नेत्रपात से मेरी

---

1. तु. 'रत्नावली', प्रथम अंक।

ओर देखा और फिर एक बार महावराह की ओर कातर भाव से ताका। उसकी आँखों से धारा बह चली। स्पष्ट ही उस कातर दृष्टि का अभिप्राय यह था कि हे इष्टदेव, अभी और क्या-क्या दिखाओगे! निपुणिका, किन्तु, कान में कुछ कहती ही रही। एक घड़ी तक मैं ग्लान-लज्जित बैठा रहा और वह राज्यकन्या नाना चिन्ताओं में डूबी पड़ी रही। फिर वह धीरे-धीरे उठी। निपुणिका ने घर के बाहर बैठी हुई चामरधारिणी को पुकार के कहा, ''हञ्जे, आर्य वाभ्रव्य से कह दे कि नई बहू को प्रमद-वन में चलने को निपुणिका ने सम्मत कर लिया है। वे आ रही हैं।''

चामरवाहिनी को आश्चर्य हुआ। क्षण-भर तक वह इसे परिहास समझे रही। पर निपुणिका ने जब दुबारा कहा, तो वह उल्लासपूर्वक दौड़ी हुई बाहर निकल गई। ऐसा जान पड़ा कि क्षण-भर में यह संवाद समूचे अन्तःपुर में व्याप्त हो गया। प्रमद-वन के अन्यान्य बाजे बन्द हो गए, केवल मांगल्य-शंख रह-रहकर बज उठने लगा। आर्य वाभ्रव्य ने व्यस्त भाव से आकर जयनाद किया, ''भावी महादेवी की जय हो!'' निपुणिका ने जोर से दुहराते हुए कहा, ''जय हो!'' और वह राजकन्या, निपुणिका और मैं धीरे-धीरे राजभवन से प्रमद-वन की ओर चलने को उद्यत हुए। राजकन्या ने एक बार फिर महावराह को भक्तिपूर्वक देखा, उनके चरणों पर आँखें रगड़ीं और एक खंड-वस्त्र उनके चरण-तल से खींचकर निपुणिका को दिया। निपुणिका ने चुपचाप मेरी ओर उसे सरकाया और कहा, ''सँभालकर रख लो।'' महावराह के उस प्रसाद को मैंने बड़े यत्न से सँभाला।

प्रमद-वन के प्रवेश-द्वार पर जब हम तीनों पहुँचे, तो राजकुल की परिचारिकाओं की एक मंडली आनन्द-कोलाहल के साथ आती दिखाई दी। वे बारम्बार 'भावी महादेवी की जय हो!' कहकर उल्लास प्रकट कर रही थीं। उनका वेश अस्त-व्यस्त था और वाणी स्खलित-खंडित। 'भावी महादेवी' के गम्भीर मुखमंडल पर भाव-परिवर्तन का कोई चिह्न नहीं था। वह मेरी ओर एक बार देखकर रुक गई। निपुणिका से जनान्तिक में उसने कुछ कहा, पर इतने जोर से बोली कि मुझे सुनने में कोई बाधा नहीं हुई। वस्तुतः मुझे सुनाना ही उसे अभीष्ट था। बोली, ''निपुणिका, अन्तःपुर की मर्यादा भंग नहीं होनी चाहिए। कुमारियों और परिचारिकाओं का व्यवहार आज असंयत है।'' फिर मेरी ओर घूमकर धीरे-से बोली, ''भद्र, तुम हमारे अकारण बन्धु हो, बुरा न मानना; अन्तःपुर की एक मर्यादा होती है।'' मैं समझ गया। मैंने हाथ जोड़कर ग्रीवा झुकाकर बिना बोले ही उत्तर दे दिया कि उनकी प्रत्येक आज्ञा मुझे शिरोधार्य है। निपुणिका बड़ी चतुर स्त्री थी। वह तत्क्षण लौटकर आर्य वाभ्रव्य के पास चली गई और उन्हें साथ लेकर लौट आई। मैं कुछ समझ नहीं सका। आर्य वाभ्रव्य ने परिचारिकाओं की मुख्या

को बुलाके कहा, "भावी महादेवी आज अपनी इन दो सहचरियों के साथ ही प्रमद-वन का भ्रमण करना चाहती हैं। उनका आदेश है कि उनके किसी कार्य में तुम लोग अन्तराय न बनो।" परिचारिकाओं ने सम्भ्रम के साथ सुना और एक स्वर से 'भावी महादेवी की जय हो!' कहकर दूसरी ओर चली गईं।

'भावी महादेवी' प्रमद-वन के बाहर से घूमती हुई वृक्ष-वाटिका की ओर चल दीं। वाटिका के बीचोबीच एक विशाल वापी थी। सारी वापी कुमुद-कल्हारों से परिपूर्ण थी। चाँदनी की शुक्लता ने उसकी स्वच्छता को और भी गाढ़ बना दिया था। हम तीनों वहाँ पहुँचकर रुक गए। राजकन्या ने निपुणिका की ओर देखकर कहा, "अब!" और प्रस्तर-निर्मित घाट पर अवसन्न-सी होकर बैठ गई। निपुणिका ने कहा, "आर्ये, महावराह सहायक हैं। भगवान को साधुवाद दो कि दक्ष भट्ट जैसा साहसी और भद्र पुरुष हमें सहायक मिल गया है। झिझक छोड़ो। उठो।" राजकन्या ने मेरी ओर प्रश्नभरी दृष्टि से देखा। मैंने धीरे-धीरे किन्तु दृढ़ता से कहा, "आर्ये, अभागे दक्ष को एक पुण्य-कार्य करने का अवसर मिला है। साहस करो। यमराज भी तुम्हारा कोई अनिष्ट नहीं कर सकता।" निपुणिका ने एक बार मेरी ओर देखा और राजकन्या के उत्तर की प्रतीक्षा किए बिना मुझसे कहा, "भट्ट, नेपथ्य उतार दो। महावराह का प्रसाद-वस्त्र धारण करो और प्रान्त वृक्षों की शाखा के सहारे चहारदीवारी लाँघ जाओ। फाटक पर हमारी प्रतीक्षा करना।" मैं सब समझ गया। वाटिका के एक प्रान्त में जाकर मैंने पुरुष-वस्त्र धारण किया। निपुणिका की सखी का नेपथ्य उसे ही देकर मैं एक नातिदीर्घ शिरीष-वृक्ष पर चढ़ गया और बाहर आकर राजमार्ग पर खड़ा हो गया। नाग उस समय उनींदा था। मैं दूर खड़ा प्रतीक्षा करने लगा। उस समय चन्द्रमा मध्य आकाश में आ गया था, ऐसा जान पड़ता था कि वह शुक्ल-वसन-धारिणी धरित्री के ललाट का चन्दन-तिलक है। क्या आज धरित्री ने भी अपने उद्धारकर्त्ता महावराह की पूजा की है?

चतुर्थ उच्छ्‌वास

निपुणिका ने अपनी स्वामिनी को छिपा रखने के लिए जिस स्थान को चुना था, उसके दर्शन-मात्र से मेरा हृदय बैठ गया। वह एक देवी-मन्दिर से संलग्न छोटा-सा जीर्ण गृह था। जब निपुणिका के घर से कुछ आवश्यक सामग्री लेकर चोरों की भाँति हम नगर-प्रान्त में अवस्थित उस मन्दिर के पास पहुँचे, उस समय चन्द्रमा पश्चिमाकाश की ओर लटक गया था। सप्तर्षियों का मंडल मानसरोवर में स्नान करने की तैयारी में था और काल-पुरुष अस्तगिरि के शिखर को छूता दिखाई दे रहा था। चाँदनी उस समय भी दूध के समान श्वेत होकर धरित्री को ढके हुए थी। चंडी-मन्दिर के बाहर लोहे के मोटे छड़ों का बना हुआ एक विराट् कपाट था, जिसके भीतर से चंडी की मूर्ति स्पष्ट दिखाई दे रही थी। देवी के सामने एक लौह-वेदिका पर कज्जल के समान काला भैंसा स्थापित था,

जिसके सारे शरीर पर भक्तजनों ने लाल थापे दे रखे थे। ऐसा लगता था कि वह साक्षात् यमराज का वाहन है और यमराज ने रक्ताक्त हाथों से थप्पड़ मार-मारकर उसे चलाया है। देवी के चरणों के पास एक छोटी वेदी थी, जिस पर कोई लाल-लाल वस्तु दिख रही थी। बाद में मैंने देखा कि वह और कुछ नहीं, एक पीढ़े पर रखा हुआ महावर से रंगा वस्त्र-खंड था। मन्दिर के सामने एक खुला हुआ प्रांगण था, जिसके कुट्टिम विदीर्ण हो चुके थे और उन दरारों से हरिद्वर्ण के तृण निकलकर जीवनी-शक्ति की विजय-घोषणा कर रहे थे। इसी प्रांगण से सटा हुआ एक घर था, जो बाहर से गुफा-जैसा दिखाई दे रहा था। घर के सामने कुछ अत्यन्त परिवर्द्धित करवीर के झाड़ थे, जिनमें वन-कुक्कुटों ने रात को आश्रय ग्रहण किया था। निपुणिका ने बड़ी सावधानी से उस घर को खोला और जब हम तीनों उसमें प्रविष्ट हो गए तो उसी सावधानी के साथ भीतर से बन्द कर दिया। बन्द कर देने के बाद वह आँगन चारों ओर से घिर जाता था। आँगन में दो-तीन छोटी-छोटी कोठरियाँ थीं और एक जीर्णप्राय कुआँ था। इस भग्नप्राय प्रांगण-गृह को ज्योत्स्ना ने और भी भयंकर बना दिया था। आँगन में भीतों पर लाल रंग से चित्रित नाना प्रकार के चिह्न स्पष्ट दिखाई दे रहे थे। जान पड़ता था, किसी समय इस घर में कोई भैरव अपनी भैरवी के साथ वाममार्गी साधना किया करते थे; क्योंकि उन चिह्नों का यही अर्थ हो सकता था। निपुणिका ने इस कुसुम-सुकुमार राजकन्या को छिपाने के लिए इस भयंकर स्थान को चुनकर न तो बुद्धिमानी का परिचय दिया था और न सुहृदयता का ही। लेकिन वह लाचार थी। उसकी श्रेणी की दासी के लिए इससे उत्तम स्थान चुन सकना असम्भव था। उसने केवल एक बार मेरी ओर कातर-भाव से देखा। उस दृष्टि का स्पष्ट तात्पर्य यह था, 'इससे अधिक मेरे बस की बात न थी।' वह प्रसन्न नहीं थी। मेरा पौरुष-गर्व परास्त हो चुका था। एक दीर्घ निःश्वास द्वारा मैंने अपना असन्तोष प्रकट किया। मेरे प्राण हाँफ उठे थे। उस निसर्ग सुकुमार राजबाला की ओर आँख उठाकर देख सकने का साहस भी मुझमें नहीं रह गया था। मैं जिस समय अवसन्न होकर बैठ पड़ने जा रहा था, उसी समय राजबाला ने थके हुए स्वर में कहा, "भद्र, विलम्ब हो रहा है; करणीय हो, सो करो।" इस वाक्य ने विद्युत् की त्वरा के साथ मेरे समस्त अस्तित्व को झकझोरकर जगा दिया। मेरा जड़भाव जाता रहा। ऐसा लगा, जैसे किसी अमृत संजीवनी ने मेरे भीतर नए प्राण भर दिए हैं। विनीत भाव से मैंने कहा, "देवि, आज इसी स्थान पर विश्राम करें। कल मैं कोई और व्यवस्था करूँगा। मुझे इस स्थान पर आपको देखकर बड़ा कष्ट हो रहा है; पर विवश हूँ।" उत्तर मिला–"मुझे कोई कष्ट न होगा, करणीय कीजिए।" निपुणिका ने एक छोटी कोठरी की ओर

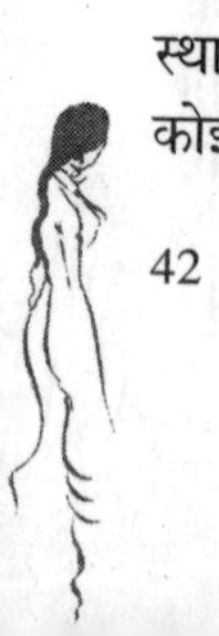

चलने का इशारा किया। उसके वचन रुद्ध हो गए थे, शायद वह रो रही थी। वह कोठरी अपेक्षाकृत साफ और मजबूत थी। वहाँ एक कम्बल पहले से ही बिछा हुआ था। हमने राजबाला को अँधेरे में वहीं विश्राम करने को कहा। राजबाला के बैठ जाने के बाद हम दोनों अन्यान्य कार्यों में जुट गए।

निपुणिका कुछ देर तक चुपचाप काम करती रही; पर उसकी प्रत्येक क्रिया से एक व्याकुल आशंका का भाव प्रकट होता रहा। मैंने उससे पूछा कि क्या बात है। पहले तो वह जबदी-सी खड़ी रही फिर धीरे-धीरे बोली कि किस प्रकार यहाँ के वृद्ध पुजारी को हाथ करके उसने यह घर हथियाया है। यद्यपि इस मन्दिर में बहुत कम लोग आया करते हैं, फिर भी यह स्थान सुरक्षित नहीं है, इस विषय में निपुणिका को कोई सन्देह नहीं था। उसने बताया कि दिन को इस घर का पूर्ण रूप से बन्द रहना ही उचित है। मुझे दिन-भर बाहर रहना होगा और रात को पुजारी के सो जाने के बाद ही निपुणिका से मिलना सम्भव होगा। पर वस्तुतः निपुणिका ने जो बात नहीं कही, वही उसका प्रधान वक्तव्य थी। वह डरी हुई थी। पहले उसने इस स्थान पर आने के परिणामों को जितना हल्का समझा था, अब उतना हल्का नहीं समझ रही थी, स्त्री-सुलभ भीरुता ने उसे अभिभूत कर दिया था। मैंने साहस बँधाते हुए कहा, "निउनिया, बाणभट्ट के साथ रहकर भी तू डरती है?" वह आँखें नीची ही किए रही और स्खलित भाव से 'नहीं' कहकर धीरे-धीरे भीतर चली गई। प्रभात होने में अब ज्यादा देर नहीं थी। मैं बाहर निकल आया। निपुणिका ने भीतर से घर बन्द कर लिया।

देखते-देखते चन्द्रमा पद्म-मधु से रँगे हुए वृद्ध कलहंस की भाँति आकाश-गंगा के पुलिन से उदास भाव से पश्चिम जलधि के तट पर उतर गया। समस्त दिङ्मंडल वृद्ध रंकुमृग की रोमराजि के समान पांडुर हो उठा। हाथी के रक्त से रंजित सिंह के सटाभार की भाँति किंवा लोहित वर्ण लाक्षारस के सूत्र के समान सूर्यकिरणें आकाश-रूपी वन-भूमि से नक्षत्र-रूपी फूलों को इस प्रकार झाड़ देने लगीं, मानो वे पद्मरागमणि की शलाकाओं से बनी हुई झाड़ू हों। तारिकाएँ लुप्त होने लगीं। दो-एक जो अब भी बच रही थीं, वे पश्चिमाकाश-रूपी समुद्र-तट पर सीपियों के उन्मुक्त मुख से बिखरे हुए मुक्ता-पटल की भाँति दिख रही थीं। पूर्व की ओर प्रकाश आविर्भूत होने लगा। धीरे-धीरे शिशिर-बिन्दु को वहन करता हुआ, पद्मवन को प्रकम्पित करता हुआ, परिश्रान्त नगर-रमणियों के धर्म-बिन्दु को विलुप्त करता हुआ, वन्य-महिषों के फेन-बिन्दु से सिंचा हुआ, कम्पमान पल्लवों और लता-समूहों को नृत्य की शिक्षा देता हुआ, प्रस्फुटित पद्मों का मधु बरसाकर, पुष्प-सौरभ से भ्रमरों को सन्तुष्ट करके मन्द-मन्द संचारी प्रभात-वात बहने लगा।

इस समय तक छोटे राजकुल में न जाने क्या घटा होगा! शायद सबसे अधिक आघात वृद्ध वाभ्रव्य को सहना पड़ेगा। अब तक शायद निपुणिका का घर जला दिया गया होगा। मैंने सन्तोष की साँस ली, क्योंकि मैं इस विपत्ति में निपुणिका के साथ था और सौभाग्यवश इस नगर में मुझे कोई पहचानता भी नहीं। निपुणिका के घर से जब हम आवश्यक सामग्री लेने गए थे, उस समय मैंने अपना शुक्ल वेश धारण कर लिया था। इस समय मैं निरीह ब्राह्मण था। यद्यपि रात-भर की क्लान्ति से मेरा शरीर कुछ अवसन्न हो आया था; पर इस समय आराम करने की प्रवृत्ति मेरे अन्दर नहीं थी। मैं यही सोच रहा था कि किसी अच्छे स्थान पर कैसे जाया जा सकता है। पास की टूटी पुष्करिणी में हाथ-मुँह धोकर मैं देवी के सामने जाकर स्तुति-पाठ करने लगा। अनतिपश्चात् एक वृद्ध ब्राह्मण चंडी-मन्दिर की ओर आते दिखाई दिए। उन्होंने भक्तिपूर्वक चंडी को प्रणाम किया और परिक्रमा करके प्रांगण में खड़े हो गए। मैंने भी परिक्रमा की और प्रणाम किया। वे मेरी ओर इस प्रकार ताक रहे थे, जैसे कुछ जानना चाहते हों। मैं उनके पास गया और प्रणाम किया। आशीर्वाद देते हुए उन्होंने बताया कि इसके पहले उन्होंने कभी मुझे नहीं देखा है और जानना चाहते हैं कि मैं कैसे इधर भटक पड़ा हूँ। मैंने विनीत भाव से कहा कि मैं परदेशी हूँ, रात को यहीं टिक गया था। वे थोड़ी देर तक हँसते रहे! बोले, "तो आप भाग्यवान् हैं, पुजारी बाबा से आपका साक्षात्कार नहीं हुआ?"

मैंने नम्रतापूर्वक उत्तर दिया, "पुजारी बाबा को मैं नहीं जानता।"

वे बोले, "जानते, तो यहाँ नहीं रुकते।"

मैंने इसका कारण पूछा। फिर वे हँसकर पुजारी बाबा का परिचय देने लगे। वृद्ध काफी सरस जान पड़ते थे। उन्होंने पुजारी की वर्णना बड़ी रसमयी भाषा में की। बताया कि पुजारी कोई वृद्ध द्रविड़ साधु हैं। उनके काले-काले शरीर में शिराएँ इस प्रकार फूटी दिखाई देती हैं, मानो उन्हें जला हुआ खम्भा समझकर गिरगिट चढ़े हुए हों। सारा शरीर घाव के दागों से इस प्रकार भरा है, मानो लक्ष्मी देवी ने शुभ लक्षणों को उस देह से काट-काटकर अलग कर लिया है। वे काफी शौकीन भी हैं। यद्यपि वृद्ध हैं, तो भी कानों में औंड्र-पुष्प का लटकाना नहीं भूलते। वे भक्त भी हैं, क्योंकि चंडी-मन्दिर की चौखट पर सिर ठुकराते-ठुकराते उनके ललाट में अर्बुद हो गया है। वे तान्त्रिक भी हैं; प्रायः ही वृद्धा तीर्थ-यात्रिणियों पर वशीकरण चूर्ण फेंका करते हैं। वे प्रयोग-कुशल भी हैं, क्योंकि एक बार गुप्त स्थानों की निधि दिखानेवाला कज्जल लगाकर एक आँख खो चुके हैं। वे चिकित्सक भी हैं, अपने आगेवाले लम्बे और ऊँचे दाँतों को समान बनाने के उद्योग

में अन्य दाँतों को खो चुके हैं; पर वे ऊँचे दाँत जहाँ के तहाँ हैं। वे विनोदी भी हैं, क्योंकि बालकों के पीछे एक बार ईंट लेकर दौड़ पड़े थे और लुढ़ककर गिर गए थे, जिससे होंठ कुछ कट गए हैं। उनकी विद्या का भंडार अक्षय है। समस्त दक्षिणापथ की सम्पत्ति प्राप्त करने की आशा से कपाल में तिलक धारण करते हैं। हरे वघरेंड़ के पत्तों के रस में श्मशान का कोयला पीसकर उससे एक सीपी को रँग रखा है। उनका विश्वास है कि उसे देखने-मात्र से धनियों के हृदयों में उच्चाटन होता है और वे अपनी सम्पत्ति छोड़कर चल देते हैं। माया-वशीकरण के ऊपर भी उनका विश्वास है। इस कार्य के लिए उन्होंने तालपत्र की एक पोथी पर महावर के रंग से एक लाख बार 'हुं फट्' लिख रखा है और उसे गुग्गुल-धूप से धूपित किया है। उनका विश्वास है कि इस पोथी को देखकर रमणियाँ उनकी चेरी हो रहेंगी। आँख यद्यपि एक ही है, पर उसमें एक चिक्कन शलाका द्वारा नित्य अंजन लगाया करते हैं। यद्यपि रात को रतौंधी के कारण देख नहीं सकते, परन्तु अप्सराओं के अप्रत्याशित आगमन की आशा से रात-भर प्रदीप जलाए रखते हैं। यद्यपि निद्रा में कुम्भकरण के प्रतिद्वन्द्वी हैं, पर स्वप्न में नूपुर-क्वणन निरन्तर सुना करते हैं। यद्यपि वानरों से स्पर्धा करके पेड़ पर से कूदकर एक पैर खो चुके हैं, पर मूलस्थानीय उपानहों को यत्नपूर्वक संग्रह कर रखा है। ब्राह्मणों से उनका निसर्ग-वैर है, और आप यदि अभी यहाँ से नहीं टल जाते तो एक टंटा ज़रूर खड़ा करेंगे। भगवान् की इतनी लोकानुकम्पा अवश्य है कि उन्हें काण, खंज और बधिर बना दिया है, नहीं तो यह स्थाण्वीश्वर अब तक उजाड़ हो गया होता!

वृद्ध के इस वर्णन को सुनकर मैं समझ गया कि निपुणिका ने किस प्रकार इन्हें हाथ किया होगा और अब वह डर क्यों रही है। परन्तु मुझे कुतूहल ही हुआ। मैंने हँसते हुए कहा, "ऐसे लोकोत्तर महात्मा के दर्शन बिना तो नहीं टला जाता!"

वृद्ध ने हँसते हुए कहा, "जरूर दर्शन कीजिए; पर सावधान रहकर। कब सिर पर डंडा बैठा देंगे, कुछ कहा नहीं जा सकता।" यह कहकर वृद्ध वहाँ से चलते बने। मैं भी प्रांगण से दूर हटकर वृद्ध पुजारी के आगमन की प्रतीक्षा करने लगा।[1]

कुछ देर बाद पुजारी निकले। चंडी-मन्दिर के गर्भ-गृह में ही सोए हुए थे। उनकी आँखें लाल थीं। वृद्ध ने उनका जैसा रूप वर्णन किया था, वे वैसे ही थे। चंडी-मंडप से निकलकर उन्होंने कुछ मन्त्र पढ़े। फिर हाथ के डिब्बे रो काला-सा चूर्ण निकालकर उस प्रांगण-गृह की ओर फेंका, जिसमें हम लोगों ने आश्रय लिया था। जल्दी-जल्दी वे उस घर की ओर बढ़े, दो-एक बार शीघ्रता के कारण लड़खड़ा

---

1. 'कादम्बरी' के जरद्द्रविड़ धार्मिक से तुलनीय।

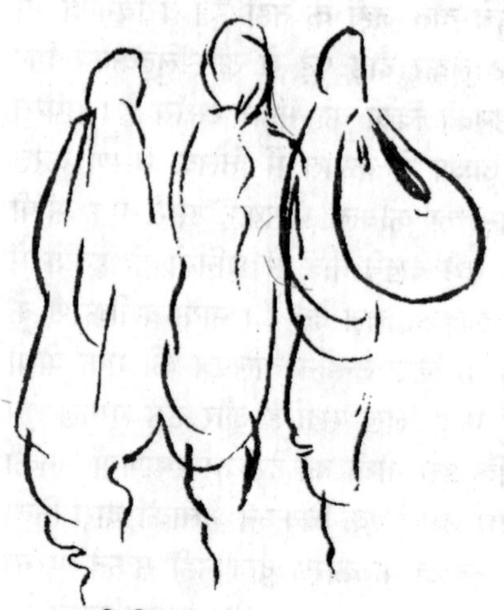

भी गए। प्रांगण-गृह के द्वार पर उन्होंने चूर्ण निक्षेप किया और सँभालकर बगल से तालपत्र की पोथी निकाल उसे सामने कर लिया। फिर उन्होंने जोर-जोर से द्वार पर धक्का मारा। निपुणिका सावधानी से बाहर आई और लीला-कटाक्ष से एक बार वृद्ध साधु की ओर देखा। फिर तो पुजारी के ऊपरवाले अर्धावशिष्ट दाँत बाहर निकल आए और सूखे हुए कपोलों पर अनुराग की हरीतिमा दौड़ गई। बहुत दिनों के बाद उनका तन्त्र सफल हुआ था। वे उस महावर-लिखित तालपत्र की पोथी को बराबर सामने लिए हुए थे। यद्यपि निपुणिका ने उस पोथी की ओर विशेष ध्यान नहीं दिया, तथापि यह तो स्पष्ट ही जान पड़ता था कि वे इस विजय को उस पोथी का ही सुपरिणाम समझ रहे थे। शायद उन्हें यह आशंका थी कि पोथी सामने से हटा लेने पर वशीकरण का प्रभाव जाता रहेगा। मैं दूर बैठा यह कौतुक देख रहा था; निपुणिका ने क्या कहा, यह तो मुझे नहीं मालूम; पर उसने एक बार मेरी ओर अँगुली उठाकर दिखाया। पुजारी मुझे देखते ही अग्नितप्त हो उठे। निपुणिका ने किवाड़ बन्द कर लिए और पुजारी मेरी ओर दौड़ पड़े। शायद निपुणिका ने मुझे दिखाकर यह बताया था कि इस समय निर्जनता नहीं है और पुजारी का उसके पास आना ठीक नहीं हुआ है। पुजारी ने मुझसे क्या-क्या कहा, यह मुझे ठीक नहीं मालूम, क्योंकि उनकी स्खलित वाणी का स्पष्ट सुनना सहज नहीं था; परन्तु वे बातें भले आदमियों के सुनने योग्य नहीं रही होंगी, इस विषय में मुझे लेशमात्र भी सन्देह नहीं। वे क्रोध की मूर्ति बने हुए थे। यद्यपि वे एक पैर से लँगड़े थे; पर दौड़ने में उन्होंने कोई बात उठा नहीं रखी। शीघ्रता के कारण उनके हाथ से कज्जल-चूर्ण का डिब्बा लुढ़क गया और करीब-करीब खाली हो गया। ऐसा जान पड़ा कि मुझे इस स्थान पर बैठने के पाप का प्रायश्चित्त अवश्य करना होगा। उन्होंने एक बड़ा-सा प्रस्तर-खंड मेरे ऊपर फेंका। लेकिन वहाँ के प्रस्तर-खंड भी पुजारी बाबा का परिहास करना चाहते थे। उनके उत्तरीय में उलझकर वह पत्थर उनकी पीठ पर आ गिरा। बाबा का क्रोध और भी उफन पड़ा। मैं उन्हें शान्त करने का कोई उपाय सोच नहीं पा रहा था; लेकिन पत्थर ने ठीक मौके पर मेरी सहायता की। उत्तरीय के उलझने से उनका

वक्षःस्थल खुल गया, शुक्रप्राय औंड्रपुष्प की माला बाहर निकल आई। काले धागे में बँधी हुई उच्चाटनवाली सीपी दिख गई। मुझे मेरा करणीय सूझ गया। अत्यन्त नम्रतापूर्वक मैंने प्रणिपात किया और हाथ जोड़कर कहा, "धन्य हो महान् धार्मिक, आश्चर्य है यह उच्चाटन-शुक्ति, अद्भुत है इसकी महिमा! मुझे नगर-श्रेष्ठी धनदत्त ने भेजा है। आपकी इस अद्भुत-शुक्ति को देखकर उनका मोह टूट गया है। धन-वैभव, कमल-पत्र के बुद्बुद के समान उन्हें निर्विकार छोड़कर अलग हो गए हैं। संसार से उन्हें वैराग्य हुआ है। वे अपनी समस्त सम्पत्ति आज ही आपके चरणों में समर्पण करना चाहते हैं। यदि आप उन्हें शिष्य बना लें, तो वे अभी सेवा करने को उपस्थित हो जाएँगे। मैं जब तक आपकी स्वीकृति का सन्देशा उनके पास न ले जाऊँगा, तब तक वे अन्न-जल नहीं ग्रहण करेंगे।" धार्मिक ने एक बार गर्व के साथ अपनी आश्चर्य-विभव-भूमि शुक्ति की ओर देखा, फिर धीरे-धीरे शान्त होकर बोले, "धनदत्त का कल्याण हो। बड़ा धार्मिक है। उससे कह दे कि वह सम्पत्ति दे जाए। शिष्य होना हो, तो सौगतों के सुगतभद्र के पास जाए। मैं शिष्य नहीं बनाता।" यह कहकर उन्होंने गर्व के साथ एक बार फिर सीपी को देखा। उस दृष्टि का तात्पर्य यह था कि 'बच्चू अब तो फँस गए हैं, जाएँगे कहाँ?' मुझे एक नई सूचना मिली। मैंने हाथ जोड़कर विनीत भाव से पूछा, "वे अपनी सम्पत्ति और किसी को नहीं देना चाहते। वे आपके चरणों में ही सबकुछ रख देने का संकल्प रखते हैं। आपकी अनुमति से वे सौगतों के शिष्य भी बन सकते हैं। अनुज्ञा दें, उन्हें इसी प्रकार का सन्देशा दे आऊँ।" पुजारी ने कहा, "हाँ, जा; अभी जा। कल मैं कुछ नहीं लेता। मैं आज ही यहाँ से कान्यकुब्ज की ओर चला जाऊँगा। स्थाण्वीश्वर के नागरिक असभ्य हैं, भाग्यहीन हैं, कुत्सित हैं। मैं उन पर थूकता हूँ।" और सचमुच ही धार्मिक ने थूक दिया। फिर बोले, "परिहास करना हो तो वे इधर आएँगे। मैं पूर्णिमा के दिन उनकी अभद्रता सह नहीं सकता।" मुझे इस बात का रहस्य बाद में मालूम हुआ था। बात यह थी कि फाल्गुनी पूर्णिमा को कई बार नागरिकों ने वृद्धा वेश्याओं से पुजारी बाबा का विवाह करा दिया था। इधर के लोग ऐसे परिहास में अधिक प्रगल्भ हैं। अब तक पुजारी बाबा को इस परिहास का ज्ञान हो गया था। वे आज ही स्थाण्वीश्वर त्याग करनेवाले थे। उनकी इच्छा शायद निपुणिका को साथ ले लेने की थी। मैंने उत्तम अवसर देखकर कहा, "तो क्यों न परम धार्मिक श्रीमान् श्रेष्ठी धनदत्त के महल की ओर चलें? नगर के प्रान्त-देश में जो ऊँचा महल है, वही उनका निवास-स्थान है।" पुजारी बाबा आज अपनी सफलता के मद में बेहोश थे। बोले, "नहीं जाता मैं किसी के महल की ओर। धनदत्त को पड़ेगी, तो सौ बार यहाँ आएगा। तू जा यहाँ से!

सौगतों के सुगतभद्र के पास जा। वह घर-घर भीख माँगता फिरता है। मैं चंडी के मन्दिर को छोड़कर कहीं नहीं जाता।" मैंने कहा, "साधु, परम धार्मिक साधु! तपस्या इसे कहते हैं, भक्ति इसका नाम है। भला वह सुगत भद्र कहाँ रहता है?" पुजारी ने अनति-दूर स्थित एक विहार की ओर उपेक्षापूर्वक उँगली उठाई। बोले, "वहाँ!" फिर मेरी ओर देखे बिना ही चंडी-मंडप की ओर चले गए। मैं क्षण-भर वहीं खड़ा रहा और सोचता रहा कि एक बार उधर का रंग भी क्यों न देख आऊँ। वस्तुतः मैं भूल ही गया था कि मुझे धनदत्त के पास पुजारी बाबा की अनुज्ञा ढो ले जाने का काम करना है। पुजारी ने एक बार मेरी ओर देखा। फिर तेजी से आकर बोले, "जा जल्दी यहाँ से, मार डालेगा बेचारे धनदत्त को। तू पाप-भृत्य है। वह अन्न-जल छोड़े बैठा है, तू यहाँ खड़ा है!" सचमुच ही तो मैं कैसा कुभृत्य हूँ!

मैं हाथ जोड़कर बोला, "हे परम धार्मिक, धनदत्त के महल तक आपका जाना आवश्यक है। वहाँ से वह आपके साथ गंगातट तक जाएँगे और गोधूलि के शुभ मुहूर्त में गंगाजल से वह संकल्प करके अपनी समस्त सम्पत्ति श्रीचरणों को सौंप देंगे। आप जब तक अनुज्ञा नहीं देते, तब तक मैं यहाँ से नहीं टल सकता।" पुजारी नर्म हुए। बोले, "तू बड़ा हठी है। भक्त जो न करा ले। मैं चलता हूँ; मगर तुझे साथ नहीं ले जा सकता। तू यहाँ से भाग जा।" शायद धार्मिक को यह सन्देह था कि मैं कुछ हिस्सा लेना चाहता हूँ। मैंने हाथ जोड़कर कहा, "सो कैसे होगा? आपने श्रेष्ठी धनदत्त का महल देखा है क्या?" मैंने तो कल्पना से श्रेष्ठी धनदत्त का सर्जन किया था और प्रान्त-भाग में कोई महल भी उसी शक्ति से खड़ा कर लिया था। पर कैसा आश्चर्य है, धार्मिक ने वह महल देख रखा था! बोले, "हाँ, हाँ, देखा है; वही न जिसके सामने विशाल अश्वत्थ-वृक्ष है!" मैंने कहा, "धन्य हो महाराज! ठीक उसी अश्वत्थवाले महल में श्रेष्ठी का निवास है। परन्तु आप यदि महल में न जाना चाहें, तो अश्वत्थ-वृक्ष के नीचे प्रतीक्षा करें। श्रेष्ठी को मैं सन्देशा देने जा रहा हूँ।" धार्मिक ने उपेक्षापूर्वक कहा, "जा, मैं अश्वत्थ-वृक्ष के नीचे प्रतीक्षा करता रहूँगा।" मैंने सिर झुकाकर प्रणाम किया और एक ओर चला गया। थोड़ी देर बाद पुजारी ने महावर के रंग से रँगा वस्त्र पहना, उत्तरीय सँभाल लिया और कज्जल-चूर्ण बगल में लेकर प्रस्थान किया। मैंने मन-ही-मन सोचा कि नगर के उस प्रान्त तक जाने में पुजारी के लँगड़े पैरों को कम-से-कम दो घटी समय लगेगा, दो घटी प्रतीक्षा करने में जाएगा और यदि उस अज्ञात महल में घुसना पड़े, तो लौटने में भी दो घटी का समय लग ही जाएगा। कम-से-कम छह घटी तक तो हम निश्चिन्त हैं। इसमें यदि कोई व्यवस्था सम्भव हो, तो कर लेनी

चाहिए। मैंने प्रांगण-गृह के पास जाकर निपुणिका को आवाज दी। वह पहले से ही मेरी प्रतीक्षा कर रही थी। मुझे देखते ही उसने हँसकर कहा, ''अभिनय सफल हुआ है, भट्ट! पुजारी आए थे। प्रचुर अन्न दे गए हैं। गोधूलि समय तक वे अश्वत्थ-वृक्ष के नीचे प्रतीक्षा करेंगे। तुमने जिस महल की कल्पना से रचना की है, वह सचमुच है और यहाँ से एक योजना दूर है। पुजारी आज रात को भी नहीं लौट सकता। वह रात्र्यन्ध है। इस बीच कोई अच्छी व्यवस्था कर सकते हो, तो करो। भट्टिनी बहुत उदास है।'' निपुणिका उस राजबाला को 'भट्टिनी' कहती थी। अन्तःपुर की परिचारिकाएँ रानी को इसी प्रकार सम्बोधन करती हैं। मैंने भी इसीलिए उन्हें 'भट्टिनी' कहना उचित समझा।

भट्टिनी की उदासी का समाचार सुनकर मुझे बड़ा कष्ट हुआ। मैंने ढाढ़स बँधाते हुए ज़रा जोर से ही कहा, ''भट्टिनी को उदास होने की कोई आवश्यकता नहीं। मैं अभी कोई व्यवस्था करने जा रहा हूँ। आसपास क्या है, मुझे बिलकुल पता नहीं। केवल पुजारी ने बताया है कि यहाँ से पास ही कोई बौद्ध-विहार है, जहाँ 'सुगतभद्र' नामक कोई भिक्षु रहते हैं। मैं एक बार उस तरफ जाकर पता लगाता हूँ कि क्या व्यवस्था सम्भव है। भिक्षु लोगों को बहुत-कुछ पता होता है।''

मेरी बात भट्टिनी ने सुन ली। वस्तुतः उनको सुनाना ही मेरा उद्देश्य था। उन्होंने मुझे बुलाकर कहा, ''क्या कहते हो, भट्ट! सुगतभद्र क्या वही हैं, जो तक्षशिला की ओर धर्मप्रचार करने गए थे? क्या वे नालन्दा के आचार्य शीलभद्र के गुरुभाई हैं?''

''मैं नहीं जानता, देवि! मैंने इतना ही सुना है कि कोई सुगतभद्र नामक भिक्षु पास के विहार में रहते हैं।''

''पता लगा लो, भद्र! यदि वे आचार्य शीलभद्र के सहपाठी तक्षशिला से लौटे हुए हैं, तो मेरा भाग्य आज प्रसन्न है। वे मेरे पिता के समान हैं, उन्हें मैं सन्देश भेजूँगी।''

मैंने विनीत भाव से कहा, ''भद्रे! मैं अभी पता लगाऊँगा। परन्तु यदि वही हों, तो मैं क्या सन्देशा ले जाऊँ?''

भट्टिनी ने कहा, ''कह देना, भद्र, कि देवपुत्र तुवरमिलिन्द की कन्या आपको प्रणाम कहती है और यदि प्रसाद हो तो दर्शन पाना चाहती है।''

मेरे हृदय में धक्-से लगा। बोला, ''तो देवि, क्या आप तत्रभवान् विषम समर-विजयी, वाह्लीक-विमर्दन, प्रत्यन्त-बाड़व देवपुत्र तुवरमिलिन्द की कन्या हैं?''

राजबाला की आँखें नीची हो गईं। बड़े-बड़े पुंडरीक-दल से नयनों में अश्रु भर

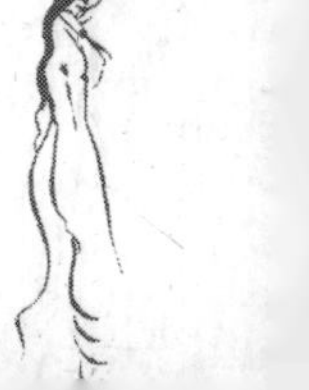

आए। भर्राई हुई आवाज में बोलीं, "हाँ, भद्र!"

मैं थोड़ी देर तक आश्चर्य में डूबता-उतराता खड़ा रहा। उचित स्थान पर विधाता का पक्षपात हुआ है। हिमालय के सिवा गंगा की धारा को कौन जन्म दे सकता है? महासमुद्र के सिवा कौस्तुभ-मणि को कौन उत्पन्न कर सकता है? धरित्री के सिवा और कौन है जो सीता को जन्म दे सके? मैं बड़भागी हूँ, जो इस महिमाशालिनी राजबाला की सेवा का अवसर पा सका। आहा! किस पाप-अभिसन्धि ने इस कुसुम-कलिका को तोड़ लिया था? किस दुर्वह भोग-लिप्सा ने इस पवित्र शरीर को कलुषित करने का संकल्प किया था? किस दुर्निवार पाप-भावना ने ज्योत्स्ना को मलिन करना चाहा था?

मेरे हृदय की भक्ति और भी बढ़ गई। मैं सम्भ्रमपूर्वक हाथ जोड़कर बोला, "हे राजनन्दिनी, आपकी आज्ञा शिरोधार्य है; पर आज तो इस सन्देश को ले जाना बुद्धिमानी का काम नहीं है। आप एक बार सोचें कि हम लोग कैसी परिस्थिति में हैं।"

भट्टिनी ने अवसन्न होकर कहा, "मैं नहीं जानती, भद्र! जो उचित हो, सो करो। यदि सुगतभद्र वही हैं, तो उनसे कुछ भी कहने में हानि की कोई आशंका नहीं है।" इतना कहकर वे रो पड़ीं।

निपुणिका ने रुँधे गले से कहा, "ना भट्टिनी, रोओ मत।" और उनके गले लिपट गई। मैं कर्तव्यमूढ़ बना खड़ा रहा। निपुणिका ने रुँधे गले से ही कहा, "भट्ट, जाओ।"

मैं तत्काल बाहर निकल आया। आते-आते देख आया कि भट्टिनी फफक-फफककर रो रही हैं। निश्चय ही मेरा हृदय उस समय काठ के समान संज्ञाहीन रहा होगा; नहीं तो इतनी बड़ी वेदना वह सह कैसे सका? निपुणिका ने भीतर से किवाड़ बन्द कर लिए। मैं बौद्ध-विहार की ओर अवश गति से चल पड़ा। मेरे पैरों में स्फूर्ति नहीं थी। क्या मैं देवपुत्र तुवरमिलिन्द की कन्या के उपयुक्त कोई आवास-स्थान खोज सकूँगा? क्या भदन्त सुगतभद्र आचार्य शीलभद्र के सहाध्यायी हैं? इन्हीं विचारों में निमग्न मैं विहार के द्वार पर आ गया। विहार दुतल्ला था; पर आजकल बौद्धों में विहार बनाने की जो नई शैली मान्य होती जा रही है, वह इसमें भी दिख रही थी। बाहर से सीधे दुतल्ले पर जाने की सीढ़ी थी। इकतल्ले पर आने का रास्ता भीतर की ओर था। बिना दुतल्ले पर गए कोई नीचे के तल्ले में नहीं जा सकता। मैं ठीक नहीं समझ पाता कि इस प्रकार का विहार बनाने से बौद्धों के सद्धर्म को क्या लाभ पहुँचता है। वे लोग अब सभी बातों को रहस्यमय बनाते जा रहे हैं, शायद यह शैली भी रहस्यमयता का परिणाम हो। खैर,

अपने को इन बातों से क्या मतलब! सामने बौद्ध-विहार है। मुझे जानना है कि सुगतभद्र कौन हैं। अपने काम लायक कोई बात मिल गई, तो ठीक है; नहीं तो समय नष्ट करने से अनर्थ हो जाएगा। विहार के द्वार पर एक सामनेर हाथ में कोई पोथी लिए रट रहा था। मैंने उसी से पूछा, ''क्यों भाई, भदन्त सुगतभद्र हैं?''

उसने बिना सिर उठाए ही जवाब दिया, ''हैं।''

''क्या आपसे एक बात पूछ सकता हूँ?''

''दो पूछ लीजिए।'' सामनेर ने हँसकर सिर उठाया।

''ये सुगतभद्र कौन हैं?''

सामनेर की आँखों में ज़रा क्रोध का भाव खेल आया। बोला, ''क्या आप आचार्य सुगतभद्र को भी नहीं जानते! स्वयं महाराजाधिराज श्रीहर्षवर्द्धन ने उन्हें तक्षशिला से यहाँ बुलाया है। जिनकी चरण-धूलि पाने के लिए महाराजाधिराज सर्वदा समुत्सुक रहते हैं, उन आचार्यप्रवर सुगतभद्र को भी आप नहीं जानते!''

मैंने टोककर कहा, ''परदेशी हूँ, भद्र!''

''कहाँ से आए हैं?''

''मैं मगध का निवासी हूँ!''

''भद्र, आपने मगध का नाम कलंकित किया है। नालन्दा के भुवन-विश्रुत आचार्य शीलभद्र के सहाध्यायी सुगतभद्र को आप नहीं जानते और फिर भी कहते हैं, मगध के निवासी हैं!''

मैंने अपनी अज्ञता स्वीकार की। बोला, ''भाई, अज्ञ जन पर दया होनी चाहिए। आपके इस सम्भाषण से मैं उपकृत हुआ हूँ। अच्छा, मैं आचार्य का दर्शन पा सकता हूँ?''

''आचार्य अवरोध में नहीं रहते। आप क्या चाहते हैं, मैं उनकी अनुज्ञा ले आ देता हूँ।''

''उनसे कहें कि मगध देश का निवासी दक्षभट्ट—जो लोक में बाणभट्ट नाम से प्रसिद्ध है—आचार्यपाद का दर्शन करना चाहता है। उसे कुछ निवेदन करना है।''

''आप क्या शास्त्रार्थ-विचार के लिए आए हैं?''

''मैं आचार्य से कुछ आवश्यक निवेदन करना चाहता हूँ!''

''मैं पूछ आता हूँ, आप यहीं रुकें।''

थोड़ी देर में सामनेर लौटा। उसके स्वर में इस बार मेरे प्रति थोड़ा आदर-भाव था। उसने आते ही पूछा, ''क्या आप मगध के महापंडित स्वर्गीय जयन्तभट्ट के कनिष्ठ पौत्र हैं? आचार्यपाद ने आपका नाम सुनकर यह पूछने का आदेश दिया

है।" मैं चौंका। तो आचार्यपाद मुझे जानते हैं! मेरे समस्त कलुष-जीवन का परिचय उन्हें मिल चुका है! क्षण-भर में मेरा सिर घूम गया। अपने को बलपूर्वक सँभालकर मैंने कहा, "हाँ, मैं महापंडित जयन्तभट्ट का ही अभागा पौत्र हूँ।" मेरे उत्तर की प्रतीक्षा किए बिना ही सामनेर चला गया और शीघ्र ही लौटकर बोला, "आचार्यपाद ने इसी समय आपको दर्शन देने का प्रसाद किया है। आप परम सौभाग्यशाली हैं। आइए।" मैं सामनेर के पीछे इस प्रकार चला, जैसे शूलीविद्ध होने जा रहा हूँ।

दुतल्ले पर उठकर हम नीचे की ओर आए और फिर एक पतले अलिन्द मार्ग से होते हुए नीचे के कुट्टिम प्रांगण में उपस्थित हुए। इस आँगन के ठीक केन्द्र में एक अश्वत्थ-वृक्ष था। नए किसलयों से वह लदा हुआ था। उसी की घनी छाया में आचार्य बैठे हुए थे। उनके पास दो-एक शिष्य वर्तमान थे। मैं जब वहाँ पहुँचा, उस समय आचार्य किसी शिष्य को कुछ समझा रहे थे। उन्होंने मेरा आना लक्ष्य नहीं किया। यह अच्छा ही हुआ, क्योंकि मैंने इस बीच अपने को सँभाल लिया। आचार्यपाद बहुत वृद्ध थे। उनका मस्तक मुंडित था; परन्तु कानों के गह्वर में दो-चार शुक्ल केश फिर भी दिखाई देते थे और वे बता रहे थे कि वार्द्धक्य ने आचार्य को किस प्रकार प्रभावित किया है। उनकी आँखें बहुत स्निग्ध और करुणार्द्र थीं। उनकी वाणी दृढ़ और मधुर थी। उनकी स्थापना-शैली युक्तिपूर्ण और प्रत्ययोत्पादिनी थी। मैं उन्हें थोड़ी देर तक एकटक देखता रहा। तपस्या भी कैसी महिमाशालिनी होती है; क्योंकि इसी तपस्या ने उनकी आकृति को तप्त कांचन के समान निर्मल बनाया है। उस कान्ति से एक अद्भुत शान्ति टपक रही थी। थोड़ी देर बाद आचार्य ने मेरी ओर देखा—जैसे हर-जटा से सहस्रधार होकर पड़ी निर्मल मन्दाकिनीधारा अशेष तापदग्ध धरित्री को शीतल करने चली हो, उसी प्रकार उनकी आँखों से एक अपार करुणा-स्रोतस्विनी बह गई। ग्रीवा को मेरी ओर फिराने में उन्हें थोड़ा आयास करना पड़ा। फिर मुझे देखकर बोले, "आ वत्स, तू जयन्त का कनिष्ठ पौत्र है न? देखूँ ज़रा। आहा, ठीक जयन्त-जैसा ही दिख रहा है! जयन्त मेरा गुरुभाई था, बेटा! हम दोनों में बड़ी प्रीति थी। वह अन्त तक मुझे अपना भाई ही मानता रहा। मैं जब से तक्षशिला की ओर चला गया तब से हम दोनों की देखा-देखी नहीं हुई। चालीस वर्ष बाद जब उधर से लौटकर नालन्दा गया, तो सबसे पहले जयन्त के बारे में खोज-पूछ की। मुझे उस समय मालूम हुआ कि वह इस लोक को छोड़ गया। उसी समय मैंने सुना था कि तू घर-द्वार छोड़कर कहाँ-कहाँ भटकता फिरता है। बहुत अच्छा हुआ वत्स, तू मुझसे मिल गया। क्यों बेटा, अभी घर जाने की रुचि नहीं है?"

वृद्ध आचार्य की आँखें भर आईं। मैं अपने को कुछ प्रीत, कुछ ग्लान, कुछ आश्वस्त और कुछ गौरवान्वित अनुभव करता रहा। वृद्ध ने जैसे मुझे स्नेह-रस में डुबो दिया। मैं कुछ कातर-भाव से ही बोला, ''देश जाने की रुचि तो है आर्य, पर एक विशेष कार्य में उलझ गया हूँ। आर्यपाद से अपने पितामह का सम्बन्ध जानकर आनन्दित हुआ हूँ। परन्तु इस समय जिस जंजाल में फँस गया हूँ, वह महान् होने पर भी मेरे वंश-गौरव के अनुकूल नहीं है, और आर्य, ऐसे ही विषय में आपकी सहायता-प्रार्थना करने आया हूँ जो आपको केवल कष्ट ही देगा। मैं अभागा हूँ, पर जिस कार्य के विषय में आपकी सहायता माँगने आया हूँ, उसे आप अन्यथा न समझें।''

आचार्य की आँखें विकच पुंडरीक के समान खिल गईं। बोले, ''बता न बेटा, क्या कार्य है?''

क्षण-भर इधर-उधर देखकर मैंने निवेदन किया, ''उस बात को कहने के लिए मैं निर्जन प्रदेश चाहता हूँ।''

आचार्य ने अपने शिष्यों की ओर देखा। वे आशय समझकर उठ गए। केवल एक शिष्य थोड़ी देर तक रुका रहा। शायद उसका पाठ समाप्त होना बाकी था। फिर आचार्य ने मेरी ओर देखकर कहा, ''क्षण-भर रुको वत्स, इस आयुष्मान् की एक शंका बीच में रुकी हुई है।'' और फिर उस शिष्य की ओर देखकर बोले, ''हाँ आयुष्मान्, तू पूछ रहा था कि आर्य असंग ने 'शून्यता' शब्द को ही इतना महत्त्व क्यों दिया? जो वस्तु है भी नहीं, नहीं भी नहीं, है और नहीं, दोनों भी नहीं और इन दोनों का अभाव भी नहीं, उसे शून्यता क्यों कहा? यही तेरा प्रश्न है न?

''हाँ, आर्य!''

''तो आयुष्मान्, तू कोई उचित शब्द चुन सकता है? शंका की कोई बात नहीं, बोल कोई शब्द।''

''हाँ आर्य, 'निरालम्ब' या 'परम तत्त्व' जैसे शब्दों के कहने में क्या दोष होता है?''

''साधु आयुष्मान्, आज सौगत पंडितों का एक सम्प्रदाय 'निरालम्ब' शब्द को बहुत महत्त्व देने लगा है; पर इन निषेधात्मक शब्द से तू उस वस्तु का बोध करा सकता है, जो 'नहीं' भी नहीं?''

''नहीं, आर्य!''

''और 'परम तत्त्व' कहने से 'तत्' वस्तु की सत्ता तो माननी पड़ेगी। फिर उसे 'है भी नहीं' कह सकता है?''

''नहीं, आर्य!''

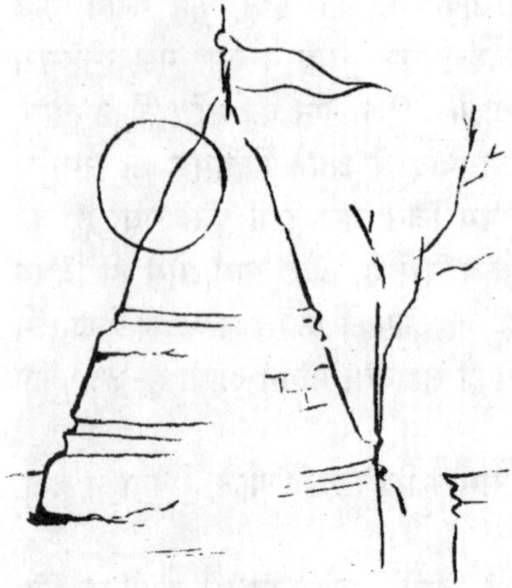

"साधु आयुष्मान्! तो तेरे दोनों शब्द निरर्थक हुए न?"

"ऐसा ही दिखता है, आर्य!"

"साधु वत्स! वस्तुस्थिति यह है आयुष्मान् की शून्यता या निरालम्ब या निर्वाण एक अनुभवगम्य वस्तु है। भाषा की कमजोरी है कि वह उस पदार्थ को कह नहीं सकती। यह तो केवल प्रज्ञप्ति के लिए एक कामचलाऊ शब्द व्यवहार किया गया है। तू उसके शब्दार्थ पर मत जा। मनन कर। यह गुह्य रहस्य है। केवल पुस्तक पढ़ने से तू इसे नहीं समझ पाएगा।"

"तो आचार्यों ने जो ग्रन्थ लिखे हैं, वे निरर्थक हैं आर्य!"

"नहीं आयुष्मान, आचार्यों ने ज्ञान का दीपक जलाया है। दीपक क्या है, इसकी ओर अगर ध्यान देना, तो उसके प्रकाश में उद्भासित वस्तुओं को नहीं देख सकेगा, तू दीपक की जाँच कर रहा है, उससे उद्भासित सत्य की नहीं।"

"तो दीपक के दोष से प्रकाश की क्षति नहीं होती, आर्य!"

"कुतर्क कर रहा है आयुष्मान्, उपमा एकांश में होती है। तद्गत भूयोधर्मवत्त्व ही सादृश्य है। धर्म की साधारणता की ओर देख, तो उपमा का तात्पर्य समझ में आएगा। सद्धर्म में कुतर्क का प्राबल्य बढ़ रहा है, आयुष्मान्! संयत बनकर आचार्यों के वाक्य का तात्पर्य अनुशीलन कर। कुतर्क सद्विचारों की दावाग्नि है, वत्स! अभी जा, मुझे जरूरी काम है, फिर आना। भिक्षुओं से कह दे कि जब तक मैं दक्षभट्ट से वार्तालाप करूँ, तब तक इधर कोई न आए।"

आदेश पाकर शिष्य वहाँ से उठ गया और आचार्य ने मेरी ओर जिज्ञासा के साथ देखा। मैं मुग्ध-भाव से आचार्य की प्रेमपूर्ण अध्यापन-शैली को देख रहा था। थोड़ी देर तक भूल ही गया कि मैं किस काम से आया हूँ। फिर बिना किसी भूमिका के ही मैंने कहा, "विषय-समर-विजयी वाह्लीक-विमर्दन प्रत्यन्त-बाड़व देवपुत्र तुवरमिलिन्द की कन्या आपका दर्शन पाना चाहती हैं।"

आचार्य को जैसे विस्मय का एक धक्का लगा, मानो उस धक्के से वे टल गए। ज़रा आगे झुककर आँखें फाड़कर देखते हुए बोले, "क्या कहा वत्स, देवपुत्र तुवरमिलिन्द की एकमात्र कन्या चन्द्रदीधति अभी जीवित है? वह कहाँ है, वत्स?

किस अवस्था में तुमने देखा है? वह कुशल से तो है? मैंने सुना था, प्रत्यन्त दस्युओं ने उसे हरण किया है। तुमने ठीक देखा है, वत्स! वह सुकुमारिता की मूर्ति है, पवित्रता की उत्स है, शोभा की खानि है, शुचिता की आश्रय-भूमि है, मूर्तिमती भक्ति है, कान्तिमती करुणा है! आहा, वह तुवरमिलिन्द की नयनतारा अभी जीवित है? बताओ वत्स, मैं उसे देखने को व्याकुल हूँ।''

मैंने उनका नाम पहली बार सुना। मैं हाथ जोड़कर बोला, ''पास ही हैं, आर्य! पर आप सारी कथा सुन लें, फिर जैसा उचित समझें, करें।'' यह कहकर मैं कल रात से लेकर इस समय तक की सारी कथा कह गया। आचार्यदेव के सहज-शान्त-कोमल मुखमंडल पर ज़रा-सी बंकिम रेखा उग आई। वे थोड़ी देर तक मेरा मुँह ताकते रहे। फिर बोले, ''साधु वत्स, तू जयन्त का उपयुक्त पौत्र है।'' फिर ज़रा भ्रू-कुंचित करके बोले, ''मौखरि-वंश का कल्याण हो, यह छोटा राजकुल समस्त मौखरि-गौरव पर कालिख पोत देगा। शान्तं पापम्! शान्तं पापम्!!'' मैं आचार्यपाद के मुख की ओर देखता रहा। उस पर कितने ही भाव आए और गए। मन-ही-मन वे किसी से बातें कर रहे थे। बोले कुछ नहीं। थोड़ी देर तक हम दोनों चुप बैठे रहे। फिर उन्होंने एक शिष्य को बुलाकर कहा, ''शीघ्र ही कुमार कृष्णवर्द्धन के पास चले जाओ। कहना कि आचार्यदेव अत्यन्त प्रयोजनीय कार्य से यथाशीघ्र मिलना चाहते हैं।''

शिष्य के चले जाने के बाद उन्होंने मेरी ओर देखकर कहा, ''राजदंड कठिन होता है, वत्स! तूने साहस का काम किया है। मैं तुझसे प्रसन्न हूँ; परन्तु अन्तःपुर में रात को प्रवेश करना धर्मतः निषिद्ध है। यहाँ रहने पर तुझे राजकोप का भाजन होना पड़ेगा। शीघ्र ही तू चन्द्रदीधिति और निपुणिका को लेकर मगध की ओर चला जा। मैं व्यवस्था किए देता हूँ। जा, चन्द्रदीधिति को मेरी ओर से आशीर्वाद कह। मैं उसके निरापद प्रस्थान की आयोजना कर रहा हूँ। जब तक कोई व्यवस्था नहीं हो जाती, तब तक उसके देखने की व्याकुलता को मैं दबा रहा हूँ। तू जाकर उसे आश्वस्त कर। मेरी ओर से उसे विश्वास दिला दे कि यहाँ कोई भी उसका कुछ बिगाड़ नहीं सकेगा। जा, जल्दी कर। पुजारी से सावधान रहना। वह मूर्ख और नीच है।''

मैंने भक्तिपूर्वक प्रणाम किया और तेजी से चंडी-मंडप की ओर बढ़ा।

पंचम उच्छ्वास

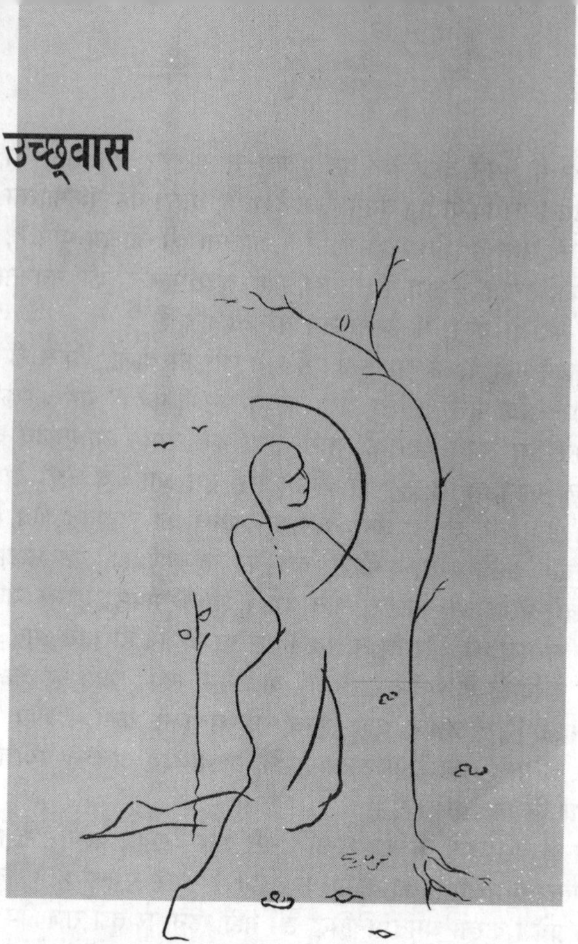

विहार से जब मैं बाहर निकला, तो चित्त प्रसन्न था। आती बार मैंने रास्ते की ओर दृष्टि ही नहीं दी थी। चिन्ता में निमग्न मनुष्य अन्धा होता है। इस समय मैंने लक्ष्य किया, वृक्षों और लताओं पर वसन्त का प्रभाव पूर्णरूप से व्याप्त हो गया था—विकसित मंजरियों के सौरभ से स्वयं आकृष्ट भ्रमरावली ने आम के वृक्षों को छा लिया था, पुष्प धूलि के केसर-चूर्ण सघन भाव से वर्षित होकर वनभूमि को पीत बालुकामय पुलिन के रूप में परिणत कर रहे थे; पुष्प-मधु के पान से आमत्त भ्रमरियाँ विह्वल-भाव से लता-रूप प्रेंखादोला पर झूला झूल रही थीं; मत्त कोकिल लवली के विकसित पल्लवों के अन्तराल में लुक्कायित होकर पुष्प-मधु निकाल रहे थे और इसलिए उन पेड़ों के नीचे मधु-वृष्टि-सी हो रही थी; किसी-किसी वृक्ष और लता से जीर्ण पुष्प गिर रहे थे और भ्रमर-भार से जर्जरित

उनके गर्भकेसरों से लतामंडप मनोरम हो उठे थे; और नाना भाँति के रंग-बिरंगे पक्षियों से वृक्ष-समूह अतिशप रमणीय दिखाई दे रहे थे। दूर, एक विशाल पर्कटीवृक्ष आपाद रक्त-किसलयों से लदा हुआ ऐसा जान पड़ता था मानो मेरु पर्वत पद्मरागमणि के आकस्मिक आविर्भाव से लाल हो गया है। प्रस्फुटित कांचनार-पुष्पों से नगरप्रान्त की वनस्थली लहक उठी थी और यत्र-तत्र अयत्नपरिपुष्ट भांडीरक गुल्मों के पुष्प-स्तवक अपनी सुगन्ध और मधुरिमा से पथिक के चित्त को अकारण उत्कंठित कर देते थे। कान्यकुब्जों का सबसे प्रिय वृक्ष आम है और इस समय आम की मस्ती समस्त कान्यकुब्ज-साम्राज्य की मस्ती का प्रतीक जान पड़ती थी।

इस भरे फागुन के भीतर मैं इस प्रकार चला जा रहा था, जैसे उड़ रहा होऊँ। मेरा उद्देश्य सिद्ध हुआ था। कुछ देर पहले आचार्य से मिलकर मेरे हृदय का भार बहुत-कुछ हल्का हो गया था। अब तक भट्टिनी को किसी भद्रतर स्थान में ले जाने की चिन्ता ही प्रबल थी। मैं भूल ही गया था कि उनके आहार और विश्राम की चिन्ता भी करनी है। मुझे याद आया कि कल रात से ही वे और निपुणिका निराहार हैं। मैं भी तथैव हूँ। उस समय तक एक प्रहर दिन चढ़ आया था। एक बार मैंने सोचा कि बाजार की ओर से होता चलूँ, और कुछ फल-मूल संग्रह कर लूँ; परन्तु उससे भी आवश्यक कार्य था भट्टिनी को आश्वस्त करना। इसलिए पहले उनसे मिलकर बाजार जाना ही उचित जँचा। चंडी-मन्दिर के पास उस समय कोई नहीं था। मैंने प्रांगण-गृह का द्वार खटखटाया। निपुणिका ने धीरे-से दरवाजा खोला और जब मैं भीतर चला गया तो सावधानी से उसे बन्द कर दिया। मेरे मन में इस समय सन्तोष था और प्रच्छन्न रूप से एक गर्व का भाव भी वर्तमान था। मैं न होता, तो इन बिचारियों को कितने कष्टों का सामना करना पड़ता! यह अच्छा ही हुआ कि मेरा गर्व उसी समय चूर्ण हो गया। मैंने निपुणिका से पूछा कि भट्टिनी कहाँ है। निपुणिका ने इशारे से मुझे चुप किया और आँगन के कोने की ओर अँगुली-निर्देश किया। भट्टिनी स्नान कर एक अत्यन्त मामूली वस्त्र धारण करके ध्यानस्थ बैठी थीं। सामने गीली मिट्टी की एक छोटी-सी वेदी थी और उस पर निपुणिका के उपास्य महावराह की छोटी मूर्ति विराजमान थी। मामूली वस्त्र की पृष्ठभूमि में उनकी शोभा-सम्पत्ति शतगुण समृद्धिशालिनी दिख रही थी। निश्चल ध्यानमग्न भट्टिनी के सामने अंजलिबद्ध सुकुमार करतलों की अँगुलियाँ इतनी अभिराम दिख रही थीं कि भ्रम होता था कि शिखान्त-पर्यन्त प्रफुल्ल मालती से आच्छादित तरुण अशोक के कोमल किसलय झलक रहे हैं। ध्यानस्तिमित नयनों को देखकर जान पड़ता था कि महावराह की अपूर्व शोभा से विस्मय-विमूढ़ होकर दो चपल खंजन-शावक चित्रलिखित-से स्थिर हो रहे हैं।

भट्टिनी के चारों ओर एक अनुभाव-राशि लहरा रही थी। मैं थोड़ी देर तक उस शोभा को देखता रहा। मन-ही-मन मैंने सोचा कि कैसा आश्चर्य है, विधाता का कैसा विरूप विधान है! कितनी कोमल देह-लता है और कैसी भारी अनुभाव-सम्पत्ति है! कितना मृदुल हृदय है और कितनी कठोर तपश्चर्या है! ऐसे ही रूप को देखकर महाकवि कालिदास के मन में कांचनपद्म-धर्मी शरीर की धारणा हुई होगी। ठीक ही है—'ध्रुवं वपुः कांचनपद्म-धर्मि यत् मृदु, प्रकृत्या च ससारमेव च।' इस चिन्ता में मैंने जरूर कुछ अनुचित विलम्ब किया होगा; क्योंकि निपुणिका ने मुझे धीरे-से दूसरी ओर हट जाने का संकेत किया। मुझे अपने इस आचरण पर अकारण पश्चात्ताप हुआ। पछताने की कोई बात नहीं थी। निपुणिका के साथ मैं दरवाजे के पास आया और धीरे-धीरे उसे विहार में हुई बातों को समझाने लगा। पूरी बात कहने के पहले मैंने थोड़ी भूमिका बाँधने का यत्न किया। निपुणिका इस समय कुछ प्रसन्न दिख रही थी। स्नान उसने भी कर लिया था और सारी रात की थकान को बहुत-कुछ धो चुकी थी। उसकी कोटरशायिनी आँखों में जागर-खेद अभी भी झलक रहा था; पर कोई दृढ़ विश्वास उस खेदराग को स्निग्ध कर चुका था। उन आँखों को देखकर मुझे ऐसा लग रहा था कि प्रफुल्ल कांचनार-कुसुम पर चन्द्रमा की धवल प्रभा पड़ी हुई है। निपुणिका की प्रसन्नता देखकर मुझे सन्तोष हुआ। मन में जो गर्व था, वह ज़रा और ऊपर उठकर धरातल पर आ गया। अपना महत्त्व प्रतिष्ठित करने के लिए ही मानो मैंने बातचीत शुरू की, "निउनिया, कल सौभाग्य से मुझसे तेरी मुलाकात हो गई।"

"हाँ, भट्ट!"

"मैं सोचता हूँ कि कहीं तू अकेली ही भट्टिनी को लेकर इधर आई होती, तो कितना कष्ट होता!"

"सो तो होता ही।"

"इस समय मैं जो कुछ कर रहा हूँ उस समय उतना भी तो नहीं हो पाता!"

"इतना तो हो जाता, भट्ट!"

"कौन करता भला?"

"पुजारी!"

"पुजारी? पर तू तो पुजारी से डरी हुई थी निउनिया!"

"पुजारी-जैसे मूर्ख रसिकों से डरती तो निउनिया आज से छह वर्ष पहले ही मर गई होती, भट्ट!"

"पर तू प्रत्यूष-काल में डरी हुई जरूर थी।"

"सो तो थी ही।"

"तो तू किससे डरी थी भला?"

"तुमसे!"

"मुझसे?"

"हाँ भट्ट, तुमसे!"

"तो मुझसे क्यों डरी थी, निउनिया?"

"क्या बताऊँ, भट्ट! मेरी-जैसी स्त्री तुम्हारे-जैसे पुरुष से क्यों डरती है, यह बात अगर आज तक तुम्हारी समझ में नहीं आई तो अब नहीं आएगी।"

मैं सचमुच हैरान था। निपुणिका को मुझसे डरने की क्या बात थी। निपुणिका ने ठीक ही कहा था। मैं आज तक उस अज्ञात कारण को ठीक-ठीक नहीं समझ सका। अनुमान से कुछ समझता जरूर हूँ; पर अब मुझे अपनी समझ पर भरोसा कम ही है। मैंने आश्चर्य के साथ निपुणिका को देखा और हारे हुए की तरह बोला, "तो निउनिया, मैं चला जाऊँ?"

निपुणिका हँसी। उसकी आँखों में जैसे एक प्रकार की चुहल थी। बोली, "यही तो डर की बात है भट्ट, कि कब तुम किस बात पर कह उठोगे कि मैं चला!"

अजीब पहेली है। मैंने कुछ देर चुप रहने के बाद कहा, "निउनिया, मैं हार मानता हूँ। मेरी कोई जरूरत भी नहीं थी, मुझसे तुम डरती भी हो और मेरा चला जाना ठीक भी नहीं है—मैं कुछ भी नहीं समझता।"

निपुणिका की आँखों में एक अद्भुत आनन्द खेल रहा था। बोली, "यही तो तुम नहीं समझते कि कौन हारता है। यदि तुम समझ लेते कि कौन हारता है, तो यह भी समझ लेते कि कौन डरता है। भट्ट, तुम भोले हो! तुम इस पृथ्वी पर शरीरधारी देवता हो।"

मैं और भी चक्कर में पड़ गया। भोला सही, देवता भी सही; पर इसमें डरने की बात क्या हो सकती है? मैंने सोचा कि अब अगर और कुछ बोलता हूँ, तो यह विदग्धा न जाने उसमें कौन-सी शाखा-प्रशाखा निकालकर मुझे एक बार फिर निरुत्तर कर देगी। बुद्धिमान की नीति मौन होती है। मैं हँसकर चुप हो रहा। निपुणिका हँसती रही—चुपचाप। मैं भी हँसने लगा। फिर प्रसंग बदलने के लिए मैंने कहा, "सुन निउनिया, भट्टिनी के लिए कोई अच्छी व्यवस्था आज ही हो जाएगी। परन्तु इस समय उनके आहारादि की चिन्ता करनी है। कल ही भट्टिनी ने राजभोग खाए हैं, आज एकाएक उन्हें रूखा-सूखा अन्न नहीं देना चाहिए।"

निपुणिका प्रसन्न थी। उसने मेरी बात को इस प्रकार सुना, मानो उसका कोई महत्त्व ही न हो। भट्टिनी के लिए कोई उत्तम व्यवस्था हो जाएगी, यह बात मानो

वह पहले से ही जानती थी। बोली, "व्यवस्था तो हो ही जाएगी, उसकी चिन्ता अभी छोड़ो। मैंने अन्न प्रस्तुत कर लिया है। भट्टिनी के लिए थोड़ा दूध और मधु मिल जाता, तो उत्तम होता; परन्तु इस समय देर करोगे, तो अनर्थ हो जाएगा। जाओ, जल्दी स्नान करके आ जाओ। भट्टिनी तुम्हें खिलाए बिना अन्न नहीं ग्रहण करेगी।"

मैं जैसे आकाश से गिरा। बोला, "सो क्या निउनिया, भट्टिनी जब तक आहार नहीं कर लेती, तब तक मैं कैसे भोजन कर सकता हूँ। मैं अकिंचन सेवक...!"

निपुणिका ने इशारा किया कि जोर से न बोलो। फिर धीरे-धीरे बोली, "भट्ट, इस छोटी गृहस्थी में तुम्हीं श्रेष्ठ व्यक्ति हो। तुम पुरुष हो, तुम ब्राह्मण हो, तुम पंडित हो, तुम देवता हो। तुम्हें भोजन कराए बिना भट्टिनी अन्न ग्रहण कर सकेगी भला! आओ, जल्दी करो। वह तुम्हारी सन्ध्या-पूजावाली आदत अब भी है न! देखो, ज़रा जल्दी करना। उठो।" मैं हतचेता स्थिर बना बैठा रहा। निउनिया ने फिर कहा, "उठो भी। भट्टिनी को असमय हो जाएगा।"

उठना पड़ा। स्नान और सन्ध्या-आह्निक करने में मैंने शीघ्रता की। लौटकर जब आया, तो भट्टिनी मेरे आहार का आयोजन कर रही थीं। उनकी आँखें इस समय प्रसन्न दिख रही थीं और शरीर में एक प्रकार का लाघव-भाव स्पष्ट ही लक्षित हो रहा था। वे यत्किंचित् आहार्य को बड़ी तन्मयता के साथ सजा रही थीं। निपुणिका ने मुझे बैठने का इशारा किया। मैं लाज से सिकुड़ा हुआ बैठ गया। मेरा सारा अस्तित्व संकुचित होकर गट्ठर-जैसा बनता जा रहा था। भोजन करने की इतनी बड़ी कीमत मैंने कभी नहीं चुकाई थी। भट्टिनी ने आँखें नीची किए हुए ही मन्दस्मित के साथ कहा, "संकोच करते हो, भट्ट?"

अब कोई उपाय नहीं रह गया। मैंने सिर झुकाकर हाथ जोड़कर कहा, "देवि, इस अकिंचन को आप अनुचित गौरव दे रही हैं। आपकी आज्ञा शिरोधार्य है; परन्तु निवेदन करना चाहता हूँ कि भविष्य में इस अकिंचन को ऐसे गौरव का अधिकारी न समझा जाए।"

भट्टिनी हँसीं। उनका आर्द्रार्द्र मुखमंडल प्रत्यूषकालीन दृष्टि से भीगे हुए पुंडरीक-कोरक के समान एकाएक विकसित हो गया। बोलीं, "मुझे इतना अधिकार मिलना चाहिए भट्ट, कि अपनी बुद्धि से निर्णय कर सकूँ कि कौन-सा गौरव किसे मिलना चाहिए।"

निपुणिका ज़रा दूर बैठी थी। हँसती हुई बोली, "भोजन का गौरव तो भट्ट को ही मिलना चाहिए।"

निपुणिका की बात पर मुझे भी हँसी आ गई, और इस हँसी ने सारे व्यापार पर से संकोच का पर्दा हटा दिया। पत्ते के पात्र में बहुत मामूली भोज्य सामग्री मेरे सामने आई; पर उसमें अपूर्व मिठास थी। मेरे मन में हर्ष और विषाद का द्वन्द्व चल रहा था। हर्ष अपने पाए हुए गौरव पर और विषाद इस बात पर कि यह मामूली अन्न भट्टिनी के गले कैसे उतरेगा। निपुणिका किन्तु निश्चिन्त थी। मैं जिसे अन्न समझ रहा था, वह उसकी दृष्टि में महावराह का प्रसाद था। उसको अच्छा या बुरा समझना भक्तिहीन चित्त का विकल्प था। भक्त के लिए तो वह अमृत से श्रेष्ठ था। भट्टिनी ने उस सामान्य अन्न के परिवेषण में असामान्य गरिमा भर दी थी। आज मैं पहली बार समझ सका कि 'प्रसाद' क्या वस्तु होता है। भट्टिनी ने इसी बीच पूछा, "सुगतभद्र वे ही हैं न, भट्ट!"

"हाँ देवि, वे ही हैं। उन्होंने आपसे मिलने की उत्कंठा प्रकट की है और आपको स्नेहपूर्वक आश्वासन भेजा है कि आज ही वे कोई भद्रतर व्यवस्था करके आपसे मिलेंगे। वे आपको बहुत स्नेह करते हैं।"

भट्टिनी की बड़ी-बड़ी आँखें वाष्पाकुल हो उठीं। उन्होंने संक्षेप में उत्तर दिया, "हाँ, भद्र!"

मैंने बात और आगे बढ़ाई, "आपको यह जानकर आश्चर्य होगा, देवि, कि वे मेरे पितामह के सतीर्थ हैं। मेरे ऊपर भी उनका सन्तान-जैसा ही प्रेम है। मैं यह बात बिलकुल नहीं जानता था।"

भट्टिनी आश्चर्य के कारण दीर्घ-दीर्घायित नयनों से मेरी ओर थोड़ी देर तक देखती रहीं। बोलीं, "आप एकदम नहीं जानते थे?"

"एकदम नहीं!"

"आश्चर्य है!"

मैं कुछ संकुचित हो गया। भट्टिनी की सरलता देखकर मैं भी कम आश्चर्यान्वित नहीं हुआ। बात को और किसी दिशा में मोड़ने के उद्देश्य से बोला, "उन्होंने कुमार कृष्णवर्द्धन को बुलवाया है। शायद वे ही कोई व्यवस्था करें।" सुनते ही भट्टिनी को जैसे काठ गार गया। क्षण-भर में स्फटिक प्रतिमा की भाँति हतचेष्ट हो गईं। निपुणिका कुछ शंकित हुई। मैं भी चौंका। बोला, "कुछ अनुचित हो गया है क्या, देवि?"

भट्टिनी सँभल गई। बोली, "मैं स्थाण्वीश्वर के राजवंश से घृणा करती हूँ। राजवंश से सम्बद्ध किसी व्यक्ति का आश्रय पाने से पहले मैं यमराज का आश्रय ग्रहण करूँगी। भद्र, आचार्यपाद ने मेरी कल्याण-कामना के भ्रम से मेरा सत्यानाश किया है।"

मैं धक्-से रह गया। लेकिन स्थिति सुकुमार थी। ज़रा-सी त्रुटि होने से इस महीयसी राजबाला का सर्वनाश हो जाएगा। मैंने दृढ़ता के साथ कहा, ''भद्रे, आप बाणभट्ट पर भरोसा रखें। समग्र कान्यकुब्ज की सैन्य-शक्ति भी आपकी इच्छा के विरुद्ध आपको कहीं नहीं ले जा सकती। कल तक यह अकिंचन पथभ्रान्त अकर्मा था। आज से इसे विषम-समर-विजयी, बाह्लीक-विमर्दन, प्रत्यन्त बाड़व, देवपुत्र तुवरमिलिन्द की प्राणाधिका कन्या का सेवक बनने का गौरव प्राप्त है। मैं कुमार कृष्ण से निपटने की मर्यादा जानता हूँ। दृढ़ रहो, राजनन्दिनी! सिंह-किशोरी का भीत होना अशोभन है। इधर देखिए, अपने सेवक पर भरोसा कीजिए।''

भट्टिनी आश्वस्त हो गईं। टोककर बोलीं, ''सेवक नहीं भट्ट, अभिभावक कहो।''

मैं देवपुत्र तुवरमिलिन्द की प्राणधिका कन्या की मर्यादा का पालन करना और कराना जानता हूँ। देवि, आप निश्चित मानें कि आपके एक इशारे पर बाणभट्ट सम्राटों का मुंडपात कर सकता है। जिन लोगों ने सिंह के सटाभार को पैरों से कुचलने का साहस किया था, वे उसका फल पाएँगे।''

भट्टिनी ने आँगन के कोने में रखी हुई महावराह की मूर्ति को विश्वास के साथ देखा। गम्भीर भाव से, किन्तु मृदुल स्वर में बोलीं, ''उत्तेजित मत होओ, भद्र! तुम्हारे ऊपर मेरा पूर्ण विश्वास है। जैसा उचित समझो, करो। केवल इतना स्मरण रखो कि मैं किसी राजवंश के अन्तःपुर में या उससे सम्बद्ध या संलग्न किसी गृह में नहीं जा सकती।''

मैं भी शान्त हो गया। केवल इतना ही कहा, ''बाणभट्ट इस बात को कभी नहीं भूलेगा।''

भोजन समाप्त करके मैं घर से बाहर चला आया और चंडी-मन्दिर के सामनेवाले प्रांगण में सुखासन बाँधकर बैठ रहा। न जाने कब मेरी आँखें लग गईं। थोड़ी देर में मुझे किसी के पैरों की आहट मिली। मैं सावधान होकर बैठ गया। देखा, बौद्ध-विहारवाला सामनेर आ रहा है। पास आकर उसने अपेक्षाकृत संयत स्वर में कहा, ''कल्याण हो भद्र, तत्रभवान् आचार्य सुगतभद्र ने आपको स्मरण किया है। कुमार कृष्णवर्द्धन स्वयं विहार में पधारे हैं और वह आपसे मिलने को उत्सुक हैं।''

मैं इस सन्देश के लिए तैयार था। सोचा, जाने के पहले एक बार भट्टिनी की आज्ञा ले लूँ; पर यह नहीं हो सका, क्योंकि सामनेर के पीछे-पीछे चार-पाँच अच्छे तगड़े तरुण आए और चंडी-मंडप के चारों ओर पृथक्-पृथक् खड़े हो गए।

मुझे उनके रंग-ढंग से सन्देह हुआ; परन्तु उनके वेश में कहीं राजपुरुषोचित चिह्न नहीं देखकर सोचा कि ये साधारण नागरिक ही होंगे। मैंने द्वार नहीं खुलवाया। बाहर से सामनेर को उद्देश्य करके ज़रा जोर से ही बोला, "कुमार कृष्णवर्द्धन का दर्शन करने अभी चल रहा हूँ।" मेरा उद्देश्य यह था कि भीतर बात को निपुणिका और भट्टिनी सुन लें और सावधान हो जाएँ। फिर मैंने सरोवर में मुँह-हाथ धोया, उत्तरीय ठीक किया और मन में नाना चिन्ताओं से उलझा हुआ सामनेर के साथ चल पड़ा। सामनेर वाचाल था। उसने थोड़ी देर बाद स्वयं वार्तालाप शुरू कर दिया–"कुमार बड़े उदार हैं। विद्वानों और गुणियों का सम्मान जानते हैं। यद्यपि तरुण हैं, पर चरित्र के उज्ज्वल और बुद्धि के परिपक्व हैं। आचार्यपाद के भक्त हैं और महाराज परमभट्टारक श्रीहर्षदेव के अन्तरंग हैं। कितने विद्वानों का उन्होंने राजकोप से उद्धार किया है, कितने गुणियों को विपज्जाल से बचाया है, इसकी इयत्ता नहीं है।" मैं उनकी बात सुन रहा था; पर कोई उत्तर नहीं दे रहा था। सामनेर, किन्तु, उत्साह के साथ कहता ही गया, "कान्यकुब्ज विचित्र देश है, भद्र! यहाँ ऊपरी आचार को बहुत महत्त्व दिया जाता है और भीतर के तत्त्व को समझने का प्रयत्न कम किया जाता है। क्या ब्राह्मण और क्या श्रमण, सभी बाह्य आचारों को ही बहुमान देते हैं। स्वयं महाराजाधिराज श्रीहर्षदेव भी इस बात से अस्पुष्ट नहीं कहे जा सकते। उनका सबसे अधिक सम्मान सौगत तार्किक वसुभूति पर है; पर आचार्य सुगतभद्र की तुलना में वह कितना छिछला है, इसे बुद्धिमान मात्र समझ सकते हैं। कुमार कृष्ण कान्यकुब्जों में रत्न हैं। वे खरा और खोटा पहचानते हैं।"

"तुम कहाँ से आए हो, ब्रह्मचारिन्?" मैंने प्रश्न किया।

"मैं सौवीर से आया हूँ। आचार्यपाद के साथ ही चला आया था। सौवीर में बाह्य आचारों की पूजा नहीं होती। वहाँ लोग तत्त्व जानना चाहते हैं।"

"परन्तु कान्यकुब्जों में तत्त्व-जिज्ञासु न होते, तो कुमार कृष्ण कैसे होते?"

"कुमार की बात और है। इतनी छोटी वय में इतना गाम्भीर्य दुर्लभ है।"

"वसुभूति कौन हैं, भाई?"

"वसुभूति इस देश के वाद-धुरन्धर सौगत तार्किक हैं। वे तर्क से सद्धर्म का प्रचार चाहते हैं। इस देश में यही हवा बहती है, भद्र! तर्क से ही मानो ये भगवान बुद्ध की करुणा को देशव्यापी बना देंगे। धिक्!"

"तुम्हारा मत क्या है, ब्रह्मचारिन्?"

"आचार्यपाद कहते हैं कि तर्क वस्तु ही गलत है। भगवान् ने जीवन में करुणा को प्रतिष्ठित करना चाहा था। जिसमें वह करुणा नहीं, वह सौगत नहीं, वह सद्धर्म

का सत्यानाश करता है। तर्क से विद्वेष बढ़ता है, विद्वेष से हिंसा पनपती है और हिंसा से मनुष्यता का विध्वंस होता है। वसुभूति को ये बातें थोथी जान पड़ती हैं, वह नित्य आचार्यदेव को शास्त्रार्थ के लिए ललकारता रहता है। पर आचार्यदेव क्षमा के निधि हैं। सारी दुनिया जानती है, और स्वयं महाराजाधिराज भी जानते हैं कि वाद-सभा में सुगतभद्र और वसुभूति का कोई जोड़ ही नहीं है। सुगतभद्र सिंह हैं, वसुभूति स्यार। परन्तु नंगा अपने को भगवान् से भी बड़ा मानता है। वसुभूति को हमारे विहार के कई पंडितों ने ललकारा है; पर वह तो आचार्यपाद से ही लड़ना चाहता है।''

सामनेर से मनोरंजक सूचना प्राप्त हो रही थी। मैंने जानने की इच्छा से थोड़ा और उकसाया, ''किन्तु महाराजाधिराज को तो यह बात मालूम होनी चाहिए थी। उन्होंने ऐसे मनुष्य को क्यों प्रश्रय दिया है?''

''कान्यकुब्ज ब्राह्मण-पंडितों की गढ़ी है। ऐसे तर्क-कुक्कुरों को ललकारकर ही यहाँ का राजा सौगत बना रह सकता है।''

''तो यह भी कम आवश्यक नहीं है, ब्रह्मचारिन्!''

''आचार्यपाद कहते हैं कि इस नीति का फल विपरीत होगा। यदि किसी दिन सद्धर्म को नीचा दिखाना पड़ा, तो कान्यकुब्ज से ही उस अशुभ दिन का प्रारम्भ होगा।''

इसी प्रकार की बातें करते-कराते हम विहार के द्वार पर उपस्थित हुए। सामनेर मुझे सीधे आचार्यपाद के गृह की ओर ले गया। आचार्यदेव कुशासन पर बैठे हुए थे। शायद वे मेरी प्रतीक्षा कर रहे थे। मुझे देखकर ज़रा स्मित हास्य के साथ बोले, ''आओ वत्स, कुमार कृष्णवर्द्धन तुमसे मिलने को उत्सुक हैं। उनसे मिलकर तुम आयुष्मती चन्द्रदीधिति के लिए कोई अच्छी व्यवस्था की बात सोचो। कुमार मेरे विश्वासपात्र शिष्य हैं, वत्स! उनसे कोई पर्दा रखने की आवश्यकता नहीं है। तुम उनसे सारी बातें खोलकर कह सकते हो। थोड़ा-बहुत मैंने भी बता रखा है।'' फिर उन्होंने सामनेर को बुलाकर आज्ञा दी, ''पंडितप्रवर बाणभट्ट को महासान्धिविग्रहिक कुमार कृष्णवर्द्धन के पास ले जाओ। वे पास के धर्मायतन में पंडित की प्रतीक्षा कर रहे हैं।''

मैंने प्रणतिपूर्वक विदा ली। सामनेर मुझे एक नातिदीर्घ गृह में ले गया। वहाँ कुमार एक तृणास्तरण पर बैठे मेरी प्रतीक्षा कर रहे थे। आचार्य की बात से मैंने पहली बार जाना कि कुमार महासान्धिविग्रहिक के महत्त्वपूर्ण पद पर अधिष्ठित हैं। मुझे देखते ही वे उठ खड़े हुए और बड़े प्रेम से अपने तृणास्तरण के आधे भाग पर बैठाया। मुझे उस समय कुमार की उदारता, विनय और शील देखकर बड़ा

आश्चर्य हुआ; परन्तु वास्तव में कुमार थे ही ऐसे। वे गुणियों के आश्रय, गुणों की जन्मभूमि, विद्वानों के रक्षक और विद्या के भांडागार थे। उनकी आँखें प्रेमरस से परिपूर्ण थीं; पर उनकी भृकुटि में से आतंक झर रहा था। यद्यपि वे इस समय विहारोचित वेश में थे; परन्तु राजकीय गरिमा सहज ही उनके मुखमंडल से प्रकट हो रही थी, जैसे अन्तर्मदावस्थ कोई तरुण गजराज हो। यद्यपि उनके हाथ में उस समय कोई शस्त्र नहीं था; पर एक सहज तेज से वे वलयित थे और विषधर-वेष्टित बाल चन्दन-तरु के समान भीषण-मनोरम दिखाई दे रहे थे। अवस्था बहुत कम थी; पर मुखमंडल पर अनाविल बुद्धि और द्रुत-विवेचना-शक्ति स्पष्ट दिखाई दे रही थी। क्षण-भर तक मैं उस तेज से अभिभूत हो गया था; पर भट्टिनी की याद आते ही मैंने अपने को सँभाल लिया। कुमार ने आवश्यक शिष्टाचार के बाद देवपुत्र तुवरमिलिन्द की कन्या के विषय में प्रश्न किया। मैंने आदि से अन्त तक सारी कथा संक्षेप में सुना दी। यह भी बताया कि कल उन्हीं का दर्शन करने जा रहा था और बीच में यह कार्य करना पड़ा। कुमार ने धैर्य के साथ सब सुना। एक बार भी उनके चेहरे पर कोई विकार नहीं आया, जिसमें मैं समझ सकूँ कि किस कार्य को वे अच्छा समझ रहे हैं और किसे बुरा। सबकुछ समाप्त होने के बाद मैंने उनकी ओर जिज्ञासा के भाव से देखा। वे शान्त थे। किसी बात पर कोई टिप्पणी किए बिना बोले, ''देवपुत्र की कन्या के लिए मेरा गृह प्रस्तुत है।''

मैंने विनीत भाव से कहा, ''देवपुत्र की कन्या स्थाण्वीश्वर के राजवंश से सम्बद्ध किसी व्यक्ति के घर नहीं जा सकेंगी। मेरा मत है कि स्थाण्वीश्वर ने अपने को सम्मानित के सम्मान देने के अयोग्य सिद्ध किया है।''

मेरी बात कुमार को लगी। उनकी भृकुटियाँ तन गईं। कुछ उद्धत स्वर में बोले, ''क्या कहते हो भट्ट, सोच-समझकर बोलो।''

''सोच लिया है, कुमार!''

कुमार के क्रोध-कषायित नयनों में थोड़ी और हलचल हुई। बोले, ''तुम्हें मालूम है, तुम किससे यह बात कह रहे हो?''

ज़रा भी अभिभूत हुए बिना मैंने कहा, ''मैं कान्यकुब्ज साम्राज्य के महासान्धिविग्रहिक कुमार कृष्णवर्द्धन से बातें कर रहा हूँ।''

''दुर्विनीत हो, भद्र!''

''कुमार से ऐसी बात सुनने की मुझे आशा नहीं थी।''

''तुम्हें ऐसी बात करते लज्जा मालूम होनी चाहिए।''

''लज्जा मुझे क्यों होगी, कुमार?''

''तो किसे होगी?''

"उस शक्तिशाली शासक वंश को जिसने छोटे राजकुल जैसे अत्याचारियों को प्रश्रय दिया है और अपने को कलंकित कर लिया है।"

कुमार की भृकुटियाँ तन गईं, "दुर्विनीत ब्राह्मण-वटु, तुम कल जिस व्यक्ति से भीख माँगने जा रहे थे, उससे बात करने की यही पद्धति है?"

"कल मैं राह का भिखारी था, कल मैं स्थाण्वीश्वर में राज्य करनेवाले राजवंश के कलंक से परिचित नहीं था।"

"और आज क्या हो?"

"आज मैं विषम समर-विजयी बाह्लीकविमर्दन प्रत्यंतबाड़व देवपुत्र तुवरमिलिन्द की प्राणाधिका कन्या का अभिभावक हूँ।"

"अभिभावक!"

"हाँ, अभिभावक।"

"मेरे एक इशारे पर तुम्हारी रक्षणीया देवपुत्र-कन्या का और तुम्हारा क्या हाल हो सकता है, तुम जानते हो?"

"जानता हूँ, परन्तु कुमार को शायद 'बाणभट्ट' का पूरा परिचय नहीं मालूम। उस इशारे के होने के बहुत पूर्व इशारा करनेवाली आँखें नहीं रहेंगी।"

कुमार ने उत्तेजित होकर कहा, "दुर्विनीत ब्राह्मण-वटु, भिक्षाजीवी, दम्भी!" मैंने हँस दिया। कुछ कहा नहीं। कुमार और भी उत्तेजित हो गए। बोले, "अन्तःपुर में चोर की तरह प्रवेश करनेवाले, अधार्मिक, तुम्हें लज्जा नहीं है!"

"मुझे स्थाण्वीश्वर के लम्पट राजकुल के अन्तःपुर के विषय में श्रद्धा नहीं है। जहाँ चौर्य-लब्ध अत्याचारिता वधुएँ वास करती हैं, उस अन्तःपुर की कोई मर्यादा नहीं होनी चाहिए। ऐसे अन्तःपुरों को प्रश्रय देनेवाले लज्जित होना चाहें तो हो लें, उन्हें शोभा दे सकता है। कुमार, साम्राज्य-गर्व में अन्धे न बनो। स्थाण्वीश्वर ने राजलक्ष्मी का अपमान किया है। और, ब्राह्मण पर तुम्हारा कोप व्यर्थ है। वह न भिखारी होता है, न महासान्धिविग्रहिक। वह धर्म का व्यवस्थापक होता है। मैंने जो कुछ किया है, उससे न मैं लज्जित हूँ, न मेरा ब्राह्मणत्व कलुषित हुआ है। मैं देवपुत्र तुवरमिलिन्द की मर्यादा का पूर्ण जानकार हूँ और निर्भय भाव से फिर कहता हूँ कि स्थाण्वीश्वर के राजवंश ने अपने को पूज्य-पूजन के अयोग्य सिद्ध किया है। देवपुत्र-नन्दिनी इस राजवंश से घृणा करती हैं।"

कुमार कुछ चिन्ता में पड़ गए। उन्हें मेरी बात में कुछ सार मालूम पड़ा होगा। थोड़ी देर के लिए वे भेदक दृष्टि से देखते रहे। इसी समय कुमार के उत्तेजित स्वर को सुनकर आचार्यपाद वहाँ आए। उन्हें देखकर हम दोनों उठ खड़े हुए। झगड़ते समय हम दोनों ही भूल गए थे कि वस्तुतः हम आचार्य की आज्ञापालन करने के

लिए नियुक्त हुए हैं। आचार्य ने आते ही पहले मुझसे कहा, "क्यों बेटा, तूने कुछ अनुचित कह दिया है क्या? कुमार कृष्ण जैसे सज्जन को तूने क्यों उत्तेजित किया? छिः, ऐसा भी करते हैं!" ऐसा कहकर उन्होंने मेरा माथा सहलाया और कुमार की ओर बढ़कर बोले, "कुमार, उत्तेजित क्यों होते हो? वत्स, बाणभट्ट नादान है, राजोचित सम्मान करना नहीं जानता। उसकी बात का अर्थ-भर समझो, शब्द-व्यवहार पर न जाओ।" फिर उन्होंने बड़े प्रेम से कुमार की पीठ पर थपकी दी। बोले, "बैठो।"

आचार्यदेव आसन पर और हम दोनों कुट्टिम-भूमि पर बैठ गए। कुमार ने ही पहले शुरू किया, "आर्य, बाणभट्ट स्थाण्वीश्वर के राजवंश से घृणा करते हैं।"

आचार्य ने आश्चर्य-मुद्रा में मेरी ओर ताका, "शान्तं पापम्! हाँ, बेटा, तूने यही कहा है?"

मैंने शान्त-भाव से कहा, "आर्य, देवपुत्र तुवरमिलिन्द की कन्या को अपमानित करनेवाले राजकुल को प्रश्रय देनेवाले राजवंश ने अपने को पूज्य-पूजन के अयोग्य सिद्ध किया है। मैं देवपुत्र-नन्दिनी को उस राजवंश से सम्बद्ध किसी व्यक्ति के गृह में आश्रय नहीं लेने दे सकता। यह बात मैं उनकी अनुमति पाकर ही कह रहा हूँ। मेरा अविनय क्षमा हो, किन्तु इस समय मैं अकिंचन बाणभट्ट के रूप में नहीं बोल रहा हूँ, बल्कि देवपुत्र तुवरमिलिन्द की प्राणाधिका कन्या की प्रतिष्ठा और मर्यादा के रक्षक के रूप में बोल रहा हूँ। बाणभट्ट कुमार का वंशवद है, पर देवपुत्र तुवरमिलिन्द के आहत अभिमान के प्रतिनिधि के रूप में आप उसके झुकने की आशा नहीं कर सकते।"

"साधु वत्स, तुमने देवपुत्र की मर्यादा के अनुकूल कहा है। और कुमार, तुम धीर हो, विवेकी हो, तुम्हें स्थाण्वीश्वर के कलंक-पंक को धो डालने का पवित्र कार्य करना है। तुम्हीं इस कार्य को कर सकते हो। दूध का जला मट्ठा फूँककर पिया करता है। ना कुमार, तुम्हें आयुष्मती चन्द्रदीधिति के सम्मान का ध्यान रखना होगा। एक बार प्रत्यन्त-देश की ओर देखो। यौधेयों ने सौवीर से गन्धार तक आतंक फैला रखा है, सम्राट् समुद्रगुप्त की कीर्ति आज तक चन्द्रकिरणों के समान धवल है। परन्तु रणदुर्मद यौधेयों का दमन न किया गया, तो सद्धर्म का विनाश अवश्यम्भावी है। इस कार्य में देवपुत्र को तुम्हें मित्र बनाना है। उस मित्रता के लिए तुम्हें आयुष्मती चन्द्रदीधिति का छन्दानुरोध करना पड़ेगा और उसकी विपत्ति के अकारण बन्धु बाणभट्ट की वाणी का उचित सम्मान करना होगा।"

कुमार निर्विकार रहे। शान्त-भाव से बोले, "तो क्या आज्ञा है, आर्य?"

आचार्य ने कहा, "आयुष्मती को उस स्थान से हटाना है, भद्रतर स्थान में

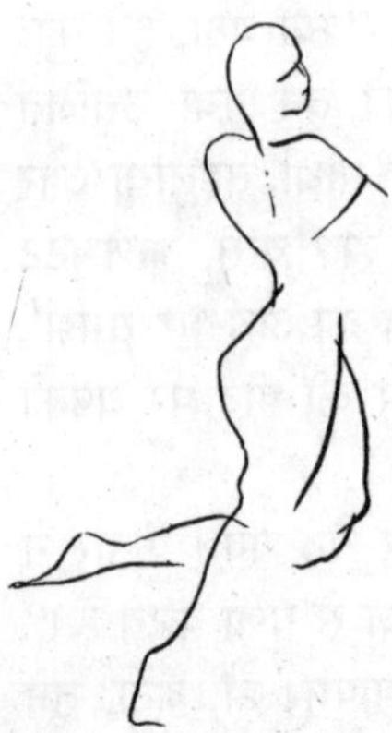

ले जाना है, स्थाण्वीश्वर के कलंक को धोकर उसका विश्वास अर्जन करना है और फिर देवपुत्र को सन्देश भेजना है। वत्स, मैं चंडी-मंडप के मूर्ख पुजारी से डरा हुआ हूँ। न जाने वह कब क्या कर बैठेगा। उसकी कोई व्यवस्था तुमने की है, कुमार?"

कुमार यथापूर्व निर्विकार बैठे रहे। केवल भीगे हुए स्वर में बोले, "नागरिक वेश में पाँच सशस्त्र सैनिक चंडी-मंडप की रखवाली कर रहे हैं।"

आचार्य ने साधुवाद दिया। फिर कुमार की ओर देखकर बोले, "क्या सोच रहे हो, बेटा! तुम्हारा क्रोध क्या अभी शान्त नहीं हुआ?"

अवसर देखकर मैंने विनीत भाव से कहा, "कुमार को उत्तेजित करने का अपराध मैंने किया है, आर्य! उसका दंड भी मुझे मिलना चाहिए। परन्तु मेरे औद्धत्य से देवपुत्र-नन्दिनी का कोई अनिष्ट नहीं होना चाहिए।"

कुमार ने मेरी ओर देखकर कहा, "मैं तुम्हारे साहस का प्रशंसक हूँ, भट्ट! मैंने आज से पहले तुम्हारे जैसे ब्राह्मण को क्यों नहीं देखा, यही सोच रहा हूँ।"

आचार्य ने प्रेम-भरे स्मित के साथ कहा, "कभी खोजा था, वत्स?"

"कुमार ने कहा, "नहीं, आर्य!"

आचार्य ने पुलकित होकर कहा, "क्या ब्राह्मण और क्या श्रमण, मनुष्यता दोनों ही जगह विरल है, कुमार!" फिर हँसकर कुमार की पीठ सहलाने लगे।

थोड़ी देर चुप रहने के बाद कुमार ने मेरी ओर देखा। वे कुछ सोच में पड़े हुए थे। फिर उन्होंने आँखें आचार्य की ओर फिराईं। बोले, "स्थाण्वीश्वर में मैं ऐसा गृह नहीं देख रहा हूँ, जो राजवंश से सम्बद्ध न हो। फिर धर्मतः मैं जो कुछ जानता हूँ उसे महाराजाधिराज को निवेदन करना आवश्यक है। धर्मतः बाणभट्ट भी राजकोप के भागी होंगे और उस हतकी निपुणिका का सर्वनाश तो निश्चित है। इसलिए मैं यह सोच रहा हूँ कि बाणभट्ट कल सायंकाल तक देवपुत्र-नन्दिनी और निपुणिका को लेकर मगध की ओर चले जाएँ। आज ही मैं एक बड़ी नौका की व्यवस्था कर देता हूँ। देवपुत्र-नन्दिनी आज रात को उसी में विश्राम करें। कल प्रस्थान के पूर्व बाणभट्ट मुझसे मिल लें। कल होलिकोत्सव है। कल शासन और धर्म के विभागों में छुट्टी होगी। मैं परसों मध्याह्न को महाराजाधिराज को सारी बात खोलकर समझाऊँगा। देवपुत्र-नन्दिनी को कोई कष्ट न हो, इसकी सारी व्यवस्था करूँगा और उनकी प्रीति प्राप्त करने का प्रयत्न भी।"

आचार्य ने उत्साह दिया, "साधु वत्स! यही कुमार के योग्य है।"

कुमार ने टोककर कहा, "परन्तु यह अनुताप मेरे चित्त में काँटे की तरह चुभा रह ही गया आर्य, कि देवपुत्र-नन्दिनी ने निर्दोष राजवंश पर कोप किया है। छोटा राजकुल जो पाप कर रहा है, उसका प्रायश्चित्त यदि हमें इस प्रकार करना पड़ा, तो अनर्थ हो जाएगा!" फिर वे मेरी ओर मुड़कर बोले, "मुझे देवपुत्र-नन्दिनी के सामने जाने में लज्जा हो रही है। भद्र, तुमने ठीक ही कहा है कि स्थाण्वीश्वर के राजवंश ने अपने को पूज्य-पूजन के अयोग्य सिद्ध किया है। पर यह सब अनजान में हुआ है। अनुकूल अवसर पर देवपुत्र-नन्दिनी को यह समझा देना कि उनकी इच्छा से पूज्य-पूजन का यह अवसर भी उस राजवंश के हाथ से निकल गया। यद्यपि साहस नहीं होता, पर मेरी ओर से तुम उन्हें शिविका पर नदी-तीर तक जाने को प्रस्तुत करना। देवपुत्र-नन्दिनी का जिन लोगों ने अपमान किया है, उन्होंने समस्त स्थाण्वीश्वर की राजलक्ष्मी को पैरों से ठुकराया है। उसका हिसाब उन्हें देना होगा, परन्तु हम किसी भी कार्य में तरलकर्मा होने को नीति-विरुद्ध मानते हैं। देखो भट्ट, तुमने देवपुत्र-नन्दिनी का विश्वास प्राप्त करने का सौभाग्य पाया है, इसीलिए यह भी आवश्यक है कि तुम तत्रभवती को ठीक-ठीक समझाओ कि आज ही जो उन अपराधियों के अपराध का दंड नहीं मिलता, सो राजनीति की जटिलता के कारण हुआ है। कुमार कृष्णवर्द्धन प्रतिज्ञा करता है कि अनीति का उच्छेद करके ही वह दम लेगा। देवपुत्र-नन्दिनी के अपमान को वह अपनी बहिन का ही अपमान समझता है।" आचार्य ने करुणार्द्र आँखों से एक बार कुमार की ओर देखा। उन्होंने फिर उत्साह दिया, "साधु वत्स, साधु! स्थाण्वीश्वर के प्रतापी राजवंश के उपयुक्त वचन हैं।" कुमार ने कहा, "किन्तु आर्य, मेरे हृदय में जो कंटक चुभा है वह जहाँ का तहाँ है। देवपुत्र-नन्दिनी की किसी इच्छा में बाधक बनना मेरी इच्छा के बाहर है। कुमार कृष्ण ने आज तक इतनी अधिक लज्जा कभी नहीं पाई। आज उस शीर्ण देवायतन के प्रांगण-गृह में कुसुम-सुकुमार राजकुमारी ने रूक्ष और कदन्न पर या शायद निरन्न रहकर जो समय व्यतीत किया, उसकी बात याद आती है, तो मेरा सम्पूर्ण क्षत्रियत्व उबल पड़ता है। मैंने बहुत प्रयत्नपूर्वक अपने को दबाया है। मुझे दुख है कि मैं इस विषय में कुछ कर नहीं सकता। मेरा प्रत्येक कार्य देवपुत्र-नन्दिनी के सन्देह को उद्रिक्त कर सकता है। मेरा रोष और भी उग्र हो जाता है, जब मैं सोचता हूँ कि यह उन देवपुत्र तुवरमिलिन्द की कन्या हैं, जिनके दोर्दंड के प्रताप से रोमकपत्तन के उत्तर के देश काँपते हैं, जिनकी खरतर असि-धारास्रोतस्विनी में शाक-पार्थिव जैसे नरेश फेन-बुद्बुद की भाँति बह गए, जिनकी प्रतापाग्नि ने उद्दंड वाह्लीकों को इस प्रकार तोड़ डाला जैसे क्रीड़ापरायण

शिशु छत्रक-दंड को तोड़ देते हैं और जिनकी स्फूर्जित-दीप्ति कीर्त्ति-वह्नि में प्रत्यन्त-दस्यु स्वयं पतंगायमान हो रहे हैं। उस विषम-समरविजयी अज्ञातप्रतिस्पर्धि-विकट देवपुत्र तुवरमिलिन्द की कन्या को दुर्दशापन्न देखकर भी मैं जो कुछ सहायता नहीं कर सकता, यही विशाल शल्य मेरे आहत चित्त से निकल नहीं रहा है। मेरा यह अनुरोध आप पालन करा दें आर्य, कि तत्रभवती नदी-तट तक जाते समय पैदल न जाएँ और मेरी भेजी हुई शिविका के व्यवहार में संकोच न करें। कुमार कृष्णवर्द्धन को तत्रभवती का भाई होने का गौरव मिलना चाहिए।''

कुमार के प्रभास्वर मुखमंडल से कभी रोष, कभी क्षोभ, कभी ग्लानि और कभी बेबसी के भाव टपकते रहे। दिनान्तकालीन मेघ-मंडल के समान उनके आर्द्रार्द्र मुखमंडल पर अनेक रंग आए और गए। आचार्यपाद ने मेरी ओर देखकर कहा, ''वत्स, मेरी ओर से कुमारी से अनुरोध पालन करने का प्रतिवेदन करना। मैं नदी-तीर पर उससे मिलूँगा। अब तुम जाओ।''

आचार्य के इंगित पर कुमार भी उठे और मैं भी उठ गया। बाहर निकलकर देखा तो मध्याह्नकालीन सूर्य अपनी सहस्र-सहस्र तप्त किरणों से अग्निस्फुलिंग की वर्षा कर रहा था। वातोद्धूत धूल से पटलित होकर आकाश धूसरायमान हो गया था। विहार का अंगण-कुट्टिम सूर्य-किरणों से तप्त होकर अग्नि के समान दाहक बना हुआ था और इस अंगारमय वातावरण में विहार के बीचवाला अश्वत्थ आपाद ताम्र किसलयों से लदा हुआ ऐसा जान पड़ता था कि धरती के भीतर से कोई ज्वलन्त आग्नेय-गिरि ज्वालमाला के रूप में धरती की अन्तःस्थित प्रचंड उष्णता को उगल रहा है। परन्तु वह क्या उष्णता थी? नहीं, अश्वत्थ की किसलय सम्पत्ति को उष्णता समझना केवल विकृत चिन्तन का परिणाम था। वास्तव में धरती के हृदय की रसराशि थी, जो प्रचंड ताप के भीतर भी अपनी शीतलता की घोषणा कर रही थी। कुमार कृष्णवर्द्धन की हृदय-स्थित शीतल प्रेम-धारा को भी मैंने जो उष्णता समझ लिया था, वह मेरे विकृत चिन्तन का ही परिणाम था। मैंने अपने पार्श्व-स्थित कुमार को एक बार क्षमा-याचना की दृष्टि से देखा। कुमार का मुखमंडल शान्त था। उससे एक स्निग्ध प्रभा निकल रही थी, जो दर्शन को अभय देती जान पड़ती थी। मेरी दृष्टि का अर्थ कुमार ने पहचाना। ज़रा स्मित के साथ कहा, ''देवपुत्र की मर्यादा के उचित जानकार हो, भट्ट! मैं तुमसे प्रसन्न हूँ।''

मैंने हाथ जोड़कर कुमार का प्रसाद मौन विनय के साथ ग्रहण किया।

सहृदय कुमार समझ सके कि कृतज्ञता के आतिशय्य ने मेरे वचन रुद्ध कर दिए थे। वे प्रसन्न हो गए।

षष्ठ उच्छ्वास

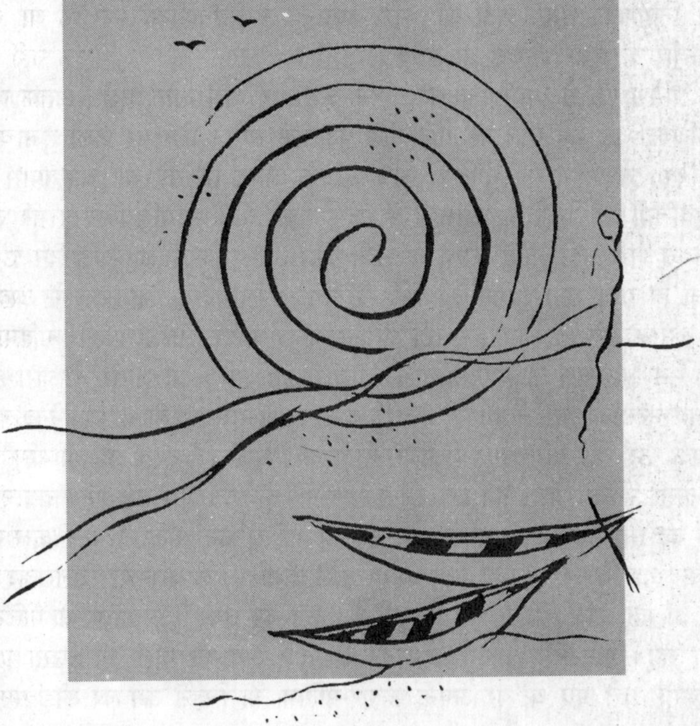

शिविकाओं के निकलते-निकलते गोधूलि-काल हो गया। विलम्ब का कारण मैं ही था। नदी-तट की नौका-व्यवस्था देखे बिना भट्टिनी को वहाँ भेजना मुझे ठीक नहीं जँचा। नदी-तीर से जब मैं लौटा, तो दिवस क्षीण हो आया था। सूर्यमंडल परिणत प्रियंगुमंजरी के केसर के समान पिंजरिमा से रँगा हुआ पश्चिम समुद्र की ओर लटक चुका था। अस्तकालीन धूप दिग्वधुओं के मुख पर पड़ी हुई एक ऐसी महीन चादर के समान दिख रही थी, जो कुसुम्भ-रस की अविरल वर्षा से लाल और कोमल हो गई हो। आकाश की नीलिमा बहुत-कुछ दूर हो गई थी और वह चकोर की नयन-तारिका के समान पिंगल-वर्ण की कान्ति से विलिप्त हो चुका था। कोकिल के विलोचनों के समान बभ्रु-वर्ण किरणें समस्त भुवन-मंडल को अरुणायित कर रही थीं। अधिक प्रकाशयुक्त एकाध नक्षत्र पूर्व-गगन में उन्मषित

होते-से दिख रहे थे और सारी सन्ध्या मोहन-वेशा गैरिकधारिणी किसी भैरवी के समान चंडी-मंडप में उतर रही थी। शिविकाएँ पहले से ही उपस्थित थीं। भट्टिनी और निपुणिका तैयार बैठी थीं। मेरे आते ही वे शिविकाओं पर बैठ गईं और नदी-तीर के लिए प्रस्थित हो गईं।

प्रांगण-गृह से बाहर निकलकर मैंने एक बार चारों ओर देखा। आकाश की अरुणिका धुल गई थी। वह गाढ़े नील पट्ट के समान सिर पर फैला हुआ दिख रहा था। मध्याह्न की नीलिमा अब अधिक सान्द्र हो गई थी। आसपास की वृक्षावलियों की हरीतिमा कालिमा में बदल चुकी थी। वनराजियाँ वन्य महिष के मलीमस शरीर की भाँति काली हो चली थीं। उन पर होनेवाला पक्षि-विराव अब शान्त हो गया था। सामने की टूटी दीर्घिका अपने शान्त वक्षःस्थल में आकाश की समस्त सम्पत्ति लिए हँस रही थी। सबकुछ शान्त, निस्तब्ध और महिमापूर्ण था। मैंने एक क्षण के लिए सोचा कि पुजारी इस समय आ जाता, तो ज़रा हृदय खोलकर ठठोली कर लेता। पर पुजारी न जाने इस समय कहाँ था। जाने के पहले मैं एक बार फिर प्रांगण-गृह में गया, मानो कोई भूली हुई वस्तु खोजनी थी। मोह भी कैसी विचित्र वस्तु है। इस टूटे प्रांगण-गृह के प्रति मेरा आकर्षण इस समय कुछ बढ़-सा गया था। सूना तो वह सदा से था; लेकिन भट्टिनी के निकल जाने के बाद वह विकट सूना हो गया था। उसकी दीवारें मानो बार-बार चिल्लाकर कह रही थीं कि आज हम यथार्थ में सूनी हैं। कुछ देर तक मैं अकारण वहाँ ठिठका खड़ा रहा। भट्टिनी की एक दिन की पूजावेदी अब भी गीली थी। उस पर के महावराह चले गए थे; पर अपनी उद्धार-महिमा का चिह्न उस पर छोड़ गए थे, थोड़ी देर तक मैं उस वेदी की ओर मुग्धभाव से देखता रहा और फिर एक बार उन तान्त्रिक चिह्नों की ओर भी स्थिर नयनों से देखा। मुझे भैरवी-चक्र के चिह्नों की पृष्ठभूमि में महावराह की वेदी ऐसी अद्भुत दिखाई पड़ी कि एक क्षण के लिए मैं उसे भविष्य का निमित्त-निर्देशक समझे बिना न रह सका। यह एक दिन के लिए जो परस्पर विरोधी प्रतीकों का समन्वय हुआ है, वह आकस्मिक हो सकता है; पर अकारण निश्चय ही नहीं है। इसमें किसी भावी विरोधाभास की सूचना है। हठात् मेरे मुँह से मेरी बनाई हुई एक पुरानी आर्या निकल पड़ी।

उन दिनों मैं वाराणसी के पास जनपद में पुराण-पाठ का अभिनय कर रहा था। मेरे हृदय में कहीं भी भक्ति का लेश भी नहीं था; पर स्वेद, अश्रु और रोमांस का मैंने इतना उत्तम आयोजन किया था कि सरल-हृदया जनपदवधुएँ और ग्राम-वृद्ध मेरी कथा पर मुग्ध बने हुए थे। एक सन्ध्या को मैं व्यासासन से उठा ही था कि एक अति कमनीय-मूर्ति वृद्ध महिला ने आकर मेरे चरण स्पर्श किए।

मैंने उसकी ओर देखा–उसका मुखमंडल मुरझाए हुए कमल-पुष्प के समान खिन्न था। कुंडलित केश अस्त-व्यस्त हो रहे थे। आँखों में एक प्रलयपूर का दृश्य था। अहा, कितनी भक्तिमती थी वह, कितनी विश्वास-परायण और कैसी सरल-हृदया! मैंने पूछा, "क्यों अम्ब, इतनी व्याकुल क्यों हैं? क्या हुआ? कल्याण हो मातः; अपनी व्यथा मुझसे बता। मैं क्या सहायता कर सकता हूँ?" वृद्धा ने रुद्ध कंठ से कहा, "तुम ब्राह्मण हो आर्य, पृथ्वी के देवता हो आर्य, तुम्हारे आशीर्वाद से मेरा कल्याण होगा। मेरा एकमात्र पुत्र घर-द्वार छोड़कर न जाने कहाँ चला गया है; कोई विधि बताओ कि मैं अपनी खोई हुई निधि पा सकूँ। कोई अनुष्ठान, कोई मांगल्यव्रत, कोई जप-होम बता दो कि मैं अपने लाल को पा सकूँ। हाय, उसकी बालिका-वधू को क्या कहकर सान्त्वना दूँ?" उस वृद्धा की बात से मैं क्षण-भर के लिए विचलित हुआ। मैं भी तो घर-द्वार छोड़कर भाग आया हूँ। पर दूसरे ही क्षण मैं सँभल गया; चलो मेरी कोई माता नहीं है, जो बिलख-बिलखकर धार्मिकता का ढोंग रचनेवालों से अनुष्ठान की विधि पूछती फिरेगी। फिर कोई बालिका या प्रौढा वधू भी नहीं है, जिसे सान्त्वना देने के लिए किसी को माथापच्ची करनी पड़ेगी। पर यह हतभाग्य कौन है, जो ऐसी माता और बहू को छोड़कर भाग गया है? वह कहाँ गया होगा? वृद्धा को धीरज बँधाते हुए मैंने कहा, "व्याकुल मत हो अम्ब, तेरी निधि तुझे मिलेगी।" और फिर कुछ व्रत और उपवास की विधियाँ बताकर अपना पिंड छुड़ाया। वृद्धा ने अपनी पुत्र-वधू का हाथ भी दिखाया था। अहा, कैसा अदनार मुख था उसका! मैंने चकित होकर उस बालिका की ओर देखा था। वह निराश जान पड़ती थी। वृद्धा चली गई; पर मेरे मानसपट में एक विशाल छेद करती गई। मेरा कोई नहीं है–न बिलखनेवाला, न सान्त्वना की आशा लगाए रहनेवाला। मैं अकेला हूँ, संगहीन हूँ, हतभाग्य हूँ, रह-रहकर मेरा मन मुझे अवश करने लगा। मुझे यह दुर्निमित्त-सा लगा। अब तक जिसके हृदय पर संसार की हँसी और रुलाई पद्म-पत्र के सलिल-बिन्दु के समान आई और गई, वह व्यक्ति आज व्याकुल क्यों है? क्या अरुण को देखकर सूर्योदय की सम्भावना नहीं होती? क्या पवन को देखकर जलागम का अनुमान संगत नहीं है? तो क्या मेरे चित्त का यह विकार किसी पूर्व-निदर्शन के उदय के समान है? मैंने सोच्छ्वास कहा,

अरुण इव पुरःसरो रविं पवन इवातिजवो जलागमम्।
शुभमशुभमथापि वा नृणां कथयति पूर्वनिदर्शनोदयः।[1]

तब से मैं उस घटना को भूल गया था। आज हठात् मेरे मुँह से यही आर्या

1. 'हर्षचरित', चतुर्थ उच्छ्वास।

निकल पड़ी। तो दुर्निमित्त अभी कटा नहीं है? कल सन्ध्या से लेकर आज की सन्ध्या तक घटनाओं के एक वात्याचक्र में बुरी तरह उलझ गया हूँ। क्या कोई अदृष्ट शक्ति किसी अचिन्तनीय विरोध-परिस्थान में मुझे घसीट रही है? क्या आज से बाणभट्ट का हृदय पद्म-पत्र की तरह अनासक्त नहीं रह सकेगा? कौन जाने!

इसी समय गृह के द्वार पर वन-कुक्कुटों के उड़ने के कारण भरभराहट की आवाज हुई। गृह-द्वार के एक पार्श्व में कुछ अयत्नवर्द्धित करवीर के झाड़ थे। सन्ध्या होते ही उन पर वन-कुक्कुटों की बस्ती बस जाती थी। उनके अचानक उड़ने से मुझे सन्देह हुआ कि कोई आ गया है। निश्चय ही पुजारी होगा। मैं जल्दी-जल्दी घर से बाहर निकला। द्वार पर मैंने जो कुछ देखा, वह अप्रत्याशित ही नहीं, अदृष्टपूर्व भी था। मैं इस प्रकार हतचेष्ट हो गया, जैसे बिजली मार गई हो। सामने एक गाढ़ गैरिक वस्त्रधारिणी स्त्री थी। उसके एक हाथ में त्रिशूल था और दूसरे में काला-सा कोई पात्र। खुले हुए पिंगल-वर्ण के केश गुल्फों तक लटके ऐसे लग रहे थे मानो सायंकालीन अरुण मेघ-मंडल में विद्युत् की शिखाएँ अचंचल होकर रुक गई हों। उसका सुनहरा मुखमंडल गैरिक वस्त्रों से इस प्रकार कुंडलित था, मानो धातुमयी अधित्यका में आरग्वध के झाड़ फूले हुए हों। उसकी आँखें विकच कांचनार-कुसुम के समान लाल-लाल और फटी हुई थीं और उनसे एक मन्द-मन्द रश्मि-सी निकल रही थी। उसकी मूर्ति मनोहर नहीं थी; पर वह भयंकर भी नहीं था। यदि कड़ककर उसने पहले ही मुझे डाँट न दिया होता, तो निस्सन्देह मैं उसे साक्षाद्विग्रहधारिणी चंडिका ही समझता। उसने भी मुझे वहाँ देखकर आश्चर्य का ही भाव दिखाया। फिर एक क्षण में ही उसके अधरोष्ठ काँपने लगे। छितराई हुई आँखें और भी छितरा गईं। नासाग्र में एक प्रकार की हलचल हुई और भ्रूलताएँ विकुंचित हो उठीं। उसके ललाट की वलियाँ स्पष्ट ही दिख पड़ीं। उसने कड़ककर पूछा, "इस साधना-गृह में चोर की भाँति घुसनेवाला तू कौन है?"

मैंने अभी तक अपने को सँभाला नहीं था। क्या कहना चाहिए, क्या नहीं कहना चाहिए, कुछ स्थिर न कर पाया था। केवल पथराई आँखों से उसे देखता रहा। वेश देखकर मैंने अनुमान किया कि यह कोई भैरवी होगी। फिर मुझे इस प्रांगण-गृह के भीतर के विचित्र चिह्नों की बात याद आई। मुझे ऐसा लगा कि क्षण-भर पूर्व मेरा मन जिस दुर्निमित्त की आशंका कर रहा था, वह सिर पर सवार है। इस समय भट्टिनी यहाँ से चली गई हैं, यह सोचकर मेरे मन में अपार सन्तोष हुआ। मैं अपने को सँभालने में समर्थ हो गया। हाथ जोड़कर बोला, "परदेशी हूँ मातः, अपराध क्षमा हो।"

भैरवी ने एक बार मुझे नीचे से ऊपर तक ध्यान से देखा। बोलीं, "तू ब्राह्मण है?"

"मेरा जन्म ब्राह्मण-वंश में ही हुआ है, मातः!"

"वैदिक क्रिया का अभ्यास है?"

"बहुत थोड़ा।"

"इस साधना-गृह में तूने क्या किया है?"

मैं ठीक समझ नहीं सका कि भैरवी मुझसे क्या जानना चाहती हैं। कोई वैदिक क्रिया मैंने यहाँ नहीं की है; पर प्रांगण-गृह में एक गीली मिट्टी की वेदी अब भी है, मुझे उसकी सफाई तो देनी ही होगी। फिर प्रसंगवश भट्टिनी की बात भी चल सकती है। इस समय तक वाममार्गी साधकों के सम्बन्ध में मेरे मन में श्रद्धा का भाव नहीं था। विशेषकर इन भैरवियों के सम्बन्ध में मैंने ऐसी बातें सुन रखी थीं, जिनसे उनके विषय में श्रद्धा नहीं बढ़ सकती। इसलिए मैंने अपने को दबाया। बोला, "इस गृह में मैं बहुत थोड़ी देर ही रहा हूँ, देवि! यहाँ मैंने कोई वैदिक या अवैदिक अनुष्ठान नहीं किया।"

भैरवी भी मेरे मुख को देखकर समझ गई कि मैं कुछ छिपा रहा हूँ। बोलीं, "ठीक-ठीक बता, नहीं तो अमंगल होगा।"

इस बार मैं डरा। इन भैरवियों से मंगल चाहे न हो, अमंगल अवश्य होता है। मेरा ऐसा विश्वास था। हाथ जोड़कर बोला, "अज्ञ जन के ऊपर दया होनी चाहिए, मातः!" भैरवी ने स्मित हास्य किया। यह हँसी नारी-जनोचित बिलकुल नहीं थी। उसमें किसी प्रकार के शील, विनय, लज्जा या माधुर्य का एकदम अभाव था। वह रूखी नहीं थी, रहस्यपूर्ण थी। उल्का के क्षणभंगुर प्रकाश की भाँति वह हँसी मेरे मन में आशंका को दीप्त कर गई। मैंने फिर भीत-भीत भाव से कहा, "अपराध क्षमा हो, मातः!"

भैरवी ने कहा, "इधर आओ।" और फिर ज़रा ज़ोर से पुकारकर कहा, "आर्य, यह देखो कौन है?"

भैरवी मुझे टूटी दीर्घिका (तालाब) के धाट पर ले गईं। यहाँ पहले से ही तीन व्यक्ति उपस्थित थे। दो तो कोई साधक भैरव और भैरवी थे, पर एक महात्मा उनमें विशेष थे। वे व्याघ्र-चर्म पर अर्द्धशायित अवस्था में लेटे हुए थे। उनके शरीर से एक प्रकार का तेज निकल रहा था। सिर पर केश नहीं के समान थे; पर कान की शष्कुलियाँ श्वेत केशों से आच्छादित थीं। ललाट-मंडल की सहज वलियाँ कूर्चप्रदेश तक व्याप्त हो गई थीं। आँखों के ऊपर की दोनों भ्रूलताएँ मिल गई थीं और सारा मुखमंडल छोटे-छोटे श्मश्रु-लोमों से परिव्याप्त था। उनकी आँखें बहुत

ही आकर्षक थीं। उन्हें देखकर बड़ी-बड़ी समुद्री कौड़ियों का भ्रम होता था। ऐसा जान पड़ता था कि वे आँखें पूरी-पूरी कभी खुली ही नहीं थीं। सदा आधी ही खुलती रहने के कारण उनके नीचे मांस-खंड फूल उठे थे और कोनों में एक प्रकार की स्थायी सिकुड़न आ गई थी। उनके वेश में कोई विशेष साम्प्रदायिक चिह्न नहीं था; केवल दाहिनी ओर रखा हुआ पान-पात्र देखकर अनुमान होता था कि वे कोई वाममार्गी अवधूत होंगे। उनके पहनावे में एक छोटा-सा वस्त्र-खंड था, जो लाल नहीं था और तन ढकने के लिए पर्याप्त तो किसी प्रकार नहीं था। उनकी तोंद कुछ ज्यादा निकली दिखती थी, यद्यपि वह उतनी अधिक निकली हुई थी नहीं। भैरवी ने उनके पास आकर कहा, ''बाबा, यह देखो, यह व्यक्ति साधना-गृह को भ्रष्ट कर आया है।'' बाबा की आँखें मुँदी हुई थीं। भैरवी की वाणी सुनकर वे ज़रा सचेत हुए और उन्होंने अपनी आधी खुली आँखों से क्षण-भर के लिए मेरी ओर ताका। वह दृष्टि बहुत ही पवित्र जान पड़ी। बाबा ने फिर आँखें बन्द कर लीं। थोड़ी देर तक उसी अवस्था में रहने के बाद बोले, ''मायाविनी! मायाविनी! मायाविनी!!'' मुझे ऐसा लगा, मानो वे प्रत्यक्ष सबकुछ देख रहे हैं, जैसे त्रिकाल उनके हाथ में आमलक फल के समान सुदर्श है। भैरवी ने फिर एक बार मेरे विरुद्ध अभियोग किया। बाबा ने बच्चे की भाँति हँसते हुए कहा, ''क्यों रे, वहाँ क्यों गया था? पगले, वह मायाविनी है, उसके जाल में फँस गया।'' यह कहकर उन्होंने चंडी मंडप की मूर्ति की ओर इशारा किया। फिर बोले, ''अकेला था?'' मुझे ऐसा लगा कि बाबा जान गए हैं, उनसे कुछ छिपाना व्यर्थ है। परन्तु बाबा का अभिप्राय कुछ और ही था। मैं समझ नहीं सका और गिड़गिड़ाकर बोल उठा, ''कल रात को दो दुखिनी स्त्रियों को लेकर इस गृह में आश्रय लिया था, बाबा! इस गृह में हमने खाया-पिया है और जूठन से इसे अपवित्र किया है। मैं जिस दुखिनी कन्या को आश्रय देने के लिए यहाँ ले आया था, उसने महावराह की पूजा भी की है—पर सबकुछ अनजान में हुआ है। अपराध क्षमा हो, आर्य!'' यह कहकर मैंने भयपूर्वक प्रणिपात किया। बाबा बोले, ''डरता है रे!'' मैंने संक्षेप में उत्तर दिया, ''हाँ बाबा!''

बाबा कुछ इस प्रकार सजग हो गए, जैसे किसी बच्चे को कोई तमाशा देखने को मिल गया हो। उठकर सीधे बैठ गए और कौतूहल के साथ बोले, ''इधर आ!'' मैं जब उनके पास गया, तो उन्होंने मेरा ललाट छू दिया। मेरे दोनों भ्रुओं के मध्यभाग को उन्होंने अपने अंगुष्ठ से दबाया और फिर हटा लिया। मेरा सिर चकरा गया। क्षण-भर में मेरे सामने एक भयंकर दृश्य उपस्थित हो गया। मैंने देखा कि भट्टिनी और निपुणिका नाव में बैठी पूरब की ओर जा रही हैं। उधर पूर्वी

आकाश काले बादलों से छा गया है। बादलों के आगे-आगे पिंगल वर्ण की धूलि दौड़ रही है और उसके भी आगे छोटे-छोटे तालचंचु पक्षियों का एक दल धूल और बादलों के साथ खेलता हुआ भागा जा रहा है। मैं किनारे पर खड़ा हूँ। बादल और घने हो गए। वायुमंडल में थोड़ी सर्दी का आभास मिला। फिर भयंकर प्रभंजन के साथ-ही-साथ आकाश-मंडल में विकट विद्युत्-स्फोट हुआ। गंगा की लहरें एक-दूसरे से क्रुद्ध भाव से भिड़ गईं। आकाश धूलि से, दिङ्मंडल अन्धकार से और गंगा का प्रवाह फेन-पुंज से आच्छादित हो गया। देखते-देखते भट्टिनी की नौका अन्धकार में अदृश्य हो गई। मेरे हृदय और मस्तिष्क निष्क्रिय-निश्चेष्ट हो गए। मुँह से आवाज नहीं निकली। पैरों के नीचे पृथ्वी कुम्भकार के चक्र की भाँति घूमने लगी। इसी समय बिजली चमकी। नाव धारा में बैठ गई। निपुणिका और भट्टिनी पानी में कूद पड़ीं। फिर अन्धकार, गर्जन, फूत्कार! मेरा मस्तक झनझना उठा। शिराएँ इस प्रकार स्फीत हो उठीं, जैसे वे रक्त के दबाव को अधिक नहीं सह सकेंगी। बादल फैलते गए, आँधी का वेग बढ़ता गया, गर्जन का शब्द ऊँचा होता गया, फूत्कार का विकट विराव दिङ्मंडल में व्याप्त होता गया। मैं चिल्ला उठा, "त्राहि आर्य, त्राहि!" इस समय मेरे ललाट में फिर एक बार अंगुलि-स्पर्श का अनुभव हुआ। गंगा की धारा शान्त हो गई, आकाश स्वच्छ हो गया और भुवन-मंडल प्रसन्न जान पड़ा। मैंने देखा, भट्टिनी नौका में आराम कर रही हैं। निपुणिका उनके पैरों के पास बैठी हुई कुछ कह रही है। भट्टिनी का मुख प्रसन्न है, आँखें उत्सुकता से भरी हैं और कपोलपालि विकसित है। फिर मैंने बाबा की ओर देखा, उनकी अधखुली आँखों में मीठी-मीठी हँसी है। मैंने भीत-भीत भाव से कहा, "बाबा, यह क्या देखा मैंने? ऐसा ही होनेवाला है क्या?" बाबा बच्चों के समान विनोद करते हुए बोले, "मैं क्या जानूँ?" फिर उनकी आँखें मुँद गईं। कुछ भावावेश की-सी अवस्था में बोले, "कितनी माया जानती है, पगली!" फिर मुझे लक्ष्य करके बोले, "क्यों रे, डरता है क्या?"

"मेरा अपराध क्षमा करें, आर्य!"

"तूने कोई अपराध किया है रे?"

"मैं साधारण मनुष्य हूँ, आर्य! अपराध करता ही रहता हूँ; किन्तु जान-बूझकर कभी किसी का अनिष्ट नहीं किया है। मैं अमंगल से डरता हूँ।"

"ब्राह्मण है?"

"हाँ, आर्य!"

"तेरी जाति ही डरपोक है। क्यों रे, महावराह पर तेरा विश्वास नहीं है?"

"है, आर्य!"

"झूठा! तेरी जाति ही झूठी है! क्यों रे, तू आत्मा को नित्य मानता है?"

"मानता हूँ, आर्य!"

"पाखंडी! तेरे सब शास्त्र पाखंड सिखाते हैं! क्यों रे, कर्मफल मानता है?"

बाबा के इस प्रश्न का उत्तर अब सहज ही मैं नहीं दे सका। फिर न जाने मेरी जाति पर कौन-सा विशेषण बैठा दिया जाए। ज़रा-सा वक्रभंगी से कतरा जाने की चेष्टा करते हुए मैंने कहा, "कैसे कहूँ बाबा!"

बाबा हँसे। बोले, "बता न, तू कर्मफल मानता है या नहीं?"

"मानता हूँ, आर्य!"

"तो अमंगल से क्यों डरता है? मिथ्याचारी है तू!"

"हाँ, आर्य, सो तो हूँ।"

"तो कुछ सच्ची बात सीख न!"

"क्या आर्य?"

"यही कि डरना नहीं चाहिए। जिस पर विश्वास करना चाहिए, उस पर पूरा विश्वास करना चाहिए, चाहे परिणाम जो हो। जिसे मानना चाहिए, उसे अन्त तक मानना चाहिए।"

"माया-पंक में डूबा हुआ संसार-कीट हूँ, आर्य! बहुत-कुछ समझता हूँ; पर कर नहीं पाता।"

"प्रपंची! तेरी जाति ही प्रपंची है। सौ बात क्यों समझता फिरता है? एक को समझ और उसी को कर। क्यों रे, उस लड़की पर तेरी ममता है न?"

यह अजीब प्रश्न है। क्या जवाब दूँ? चुप रहना ही ठीक समझा। बाबा ने इसी समय उस भैरवी से कहा, "महामाया! सब ठीक है न?"

भैरवी ने कहा, "अभी ठीक हो जाता है।" यह कहकर वे और दोनों अन्य साधक भी उठ पड़े। मैं अकेला रह गया। बाबा ने मुझसे फिर पूछा, "क्यों रे, बताता क्यों नहीं?"

मैंने हाथ जोड़कर कहा, "उस कन्या का सेवक होना गौरव का विषय है, आर्य! मैं उसके मंगल के लिए प्राण तक दे सकता हूँ।"

बाबा हँसते रहे। बोले, "ना रे पागल, प्राण मैं नहीं माँगता। मैं जानना चाहता हूँ कि उस कन्या पर तेरी ममता है या नहीं। सीधा क्यों नहीं कहता कि है। तेरी जाति ही टेढ़ी है। हाँ रे, और महावराह पर तेरी ममता है?"

"है आर्य!"

"मान ले कि एक निशाचर अचानक आकर तुझे धर दबाए और अपने बाएँ हाथ में तेरी स्वामिनी को और दाहिने हाथ में महावराह की मूर्ति को लेकर बोले

कि तू अपना प्राण देकर किसी एक को बचा सकता है, तो तू किसे बचाने के लिए प्राण देना पसन्द करेगा?"

बाबा बेढब जीव हैं। ऐसा भी प्रश्न किया जाता है! मैं चुप हो रहा। थोड़ी देर तक सोचकर बोला, "मैं दोनों को बचाना चाहूँगा।"

बाबा क्रोध से काँप उठे, "फिर झूठ बोलता है, जन्म का पातकी, कर्म का अभागा, मिथ्यावादी, पाषंड!! महावराह को बचाएगा तू, दम्भी!"

मैं हतचेष्ट, निर्वाक् स्तब्ध! बाबा का क्रोध वास्तविक नहीं था। मेरी परीक्षा लेने के लिए ही उन्होंने यह रूप धारण किया था। मैं विचलित हो गया। मेरी इच्छा के विरुद्ध जैसे किसी ने मुझसे कहलवा लिया, "प्राण देकर मैं भट्टिनी को बचाऊँगा।"

बाबा हँसने लगे। उनकी अर्द्धमुद्रित आँखें चमक उठीं। बोले, "अभागा, सारी जिन्दगी में तूने यही एक बात सच कही है। क्यों रे, लजाता है? दुत् पगले, उस मायाविनी के जाल में फँस रहा है? क्या बुरा है रे, त्रिपुर-सुन्दरी ने जिस रूप में तेरे मन को लुभाया है, उसे साहसपूर्वक स्वीकार क्यों नहीं करता? तू अभागा ही बना रहेगा, भोले! तेरे मन में महावराह से अधिक पूज्य भावना उस लड़की के प्रति है। है न रे? फिर झूठ बोलेगा भाग्यहीन?"

"ना बाबा, झूठ क्या मैं समझ-बूझकर बोल रहा हूँ, कोई बुलवा रहा है। भट्टिनी के प्रति मेरी पूज्य भावना है, यह ठीक बात है।"

"हाँ, तू अब ठीक कह रहा है। भुवनमोहिनी का साक्षात्कार पाकर भी तू भटकता फिर रहा है पागल! देख रे, तेरे शास्त्र तुझे धोखा देते हैं। जो तेरे भीतर सत्य है, उसे दबाने को कहते हैं; जो तेरे भीतर मोहन है, उसे भुलाने को कहते हैं; जिसे तू पूजता है, उसे छोड़ने को कहते हैं। मायाविनी है यह मायाविनी, तू इसके जाल में न फँस। समस्त पुरुषों को भरमा रही है, स्त्रियों को सता रही है, माया का दर्पण पसारे है। तू उसे नहीं देखता, मैं देख रहा हूँ। तुझे देखकर वह हँस रही है।"

मैं मुग्ध-सा बना बाबा की ओर देख रहा था। उनका प्रत्येक वाक्य मेरे अन्तस्तल में उथल-पुथल मचा देता था जैसे वर्षों की गन्दगी साफ हो रही हो।

बाबा की बातें जितनी विचित्र थीं, उतनी ही भेदक भी। थोड़ी देर तक अभिभूत-सा बना रहने के बाद मैंने हाथ जोड़कर पूछा, "क्यों बाबा, मैंने जो कुछ देखा है, वही घटनेवाला है क्या?"

बाबा ने निर्ममता के साथ कहा, "तो बुरा क्या है रे? इसके झाँसे में क्यों आता है? घटने न दे, कितना आनन्द आ जाएगा! तू भूलता है, पागल! इसे लीला

में रस मिलता है न! अच्छा, ठीक बता, तू उस लड़की को क्या समझता है?"

"मैं...मैं...मैं..."

"धिक् मूर्ख, कुछ बता न! जो बात तेरे मन में पहले आवे, वही कह जा।"

"वह पवित्रता की मूर्ति है, आर्य!"

"तू पशु नहीं है!"

मैं कुछ भी समझ न सका। इसी समय महामाया नामक भैरवी आईं। बाबा ने उनसे कहा, "महामाया, यह पशु नहीं जान पड़ता; किन्तु वीर भी नहीं है। अमंगल से डरा हुआ है। इसे आज का प्रसाद देना। अमंगल से इसका चित्त विक्षिप्त हो रहा है।"

महामाया क्षण-भर ठिठककर खड़ी रहीं। फिर विनीत भाव से बोलीं, "अधिकारी है, आर्य?"

बाबा फिर हँसे, "तुम भी अभी उसके जाल से नहीं निकलीं, महामाया! कह तो दिया, पशु नहीं है। अधिकारी नहीं होगा, तो क्या कर लेगा? तुम्हें बदनाम करता फिरेगा, यही न? डरती हो। दुत् पगली, तू भी डरती है?"

महामाया ने कहा, "जो आज्ञा, आर्य!"

बाबा ने कहा, "ठहरो महामाया, तुम्हें प्रत्यय दिला दूँ।"—यह कहकर उन्होंने मुझे पास बुलाया। न जाने क्या फिर देखने को मिले, यह सोचकर मैं डरता-डरता उनके पास गया। उन्होंने मेरा उत्तरीय हटा दिया और मेरु-दंड की धीरे-धीरे परीक्षा की। आधी पीठ तक आकर उन्होंने हाथ हटा लिया। बोले, "मैं ठीक कह रहा हूँ, महामाया! यह देखो, इसकी कुंडलिनी जाग्रत है।"

महामाया भैरवी ने भी हाथ से उस स्थान को छूकर देखा। आश्वस्त होकर बोलीं, "तो जैसी आज्ञा हो, बाबा!"

"इसे कुएँ के पास बैठा लेना!" फिर मेरी ओर देखकर बोले, "अमंगल दूर हो जाएगा, पर तू अमंगल को मंगल क्यों नहीं मान लेता? आज पूर्णिमा लगते ही इन लोगों की गोपन साधना होगी। महामाया तुझे प्रसाद देंगी। उसे तू निष्ठा के साथ ग्रहण कर और देख बाबा, भटकता न फिर। इस ब्रह्मांड का प्रत्येक अणु देवता है। देवता ने जिस रूप में तुझे सबसे अधिक मोहित किया है, उसी की पूजा कर। आ, तुझे मन्त्र बता दूँ।" मैं बाबा के पास इस प्रकार खिंच गया, जैसे लोहा चुम्बक से खिंच जाता है। उन्होंने मुझे एक मन्त्र बताया और कहा, "जब तेरे चित्त में भय, लोभ और मोह का संचार हो, तो तू इसे ही जपा कर।"

मैंने भक्तिपूर्वक बाबा की बात स्वीकार की। थोड़ी देर तक बाबा निश्चल-से बैठे रहे। फिर किसी के पैरों की आहट सुनकर उन्होंने आँखें खोलीं। बोले,

"कौन है?"

"विरतिवज्र हूँ, आर्य!"

"आओ।"

विरतिवज्र की अवस्था पच्चीस के नीचे ही जान पड़ती थी। उनका मुखमंडल स्वच्छ, मोहनीय और आकर्षक था। उन्होंने बौद्ध भिक्षुओं के समान चीवर धारण किया था; पर चीवर का रंग पीला न होकर लाल था। चाँदनी में वह रंग और भी खिल उठा था। उनका कंठ-स्वर भी कोमल और बालकोचित था। बाबा को भूमिष्ठ होकर प्रणाम करके वे एक स्थान पर शान्त-भाव से बैठे रहे। बाबा उसी प्रकार झीमते-से रहे। फिर थोड़ी देर बाद उन्होंने पूछा, "क्या निश्चय किया है, विरति?"

"कुछ समझ नहीं सका, आर्य! मेरे आदिगुरु अमोघवज्र ने मुझे ऐसा कुछ करने को नहीं कहा था। उन्होंने केवल नैरात्म्य की भावना में स्थिर रहने का उपदेश दिया था। एक बार मेरा चित्त जब बहुत उत्क्षिप्त हो गया था तब गुरु भी चिन्तित हुए। अपने मानसिक उत्क्षेप का कारण तो आपसे निवेदन कर ही चुका हूँ। एक दिन अचानक उन्होंने मुझे बुलाकर कहा, 'आयुष्मान, मैं अब अधिक दिन नहीं रह सकूँगा। तू कौलाचार्य अघोर भैरव के पास जा। वे ही तेरी व्यवस्था कर देंगे।' उसी दिन से मैं आर्य की खोज में था। पर मैं अपने आदिगुरु की बात ठीक नहीं समझ सका कि क्यों उन्होंने मुझे आपके पास भेजा!"

"नैरात्म्य-भावना तुम्हारी समझ में आई है?"

"नहीं, आर्य!"

"तुम्हारे ऊपर कोई विश्वास करे, तो उसे छोड़ सकने का साहस है तुममें?"

"नहीं, आर्य!"

"तुम और मैं का भेद भूलने में तुम्हें रस मिलता है?"

"हाँ, आर्य!"

"पुरुष और स्त्री का भेद तुम भूल सकते हो?"

"नहीं, आर्य!"

"बुद्ध और बद्ध का भेद तुम्हें अच्छा लगता है या बुरा?"

"अच्छा, आर्य!"

"साधु आयुष्मान्, तुम सत्यवादी हो। अमोघवज्र ने समझ-बूझकर ही तुम्हें मेरे पास भेजा है। तुम सौगत-तन्त्र के अधिकारी नहीं हो, तुम कौल-मार्ग में विचर सकते हो। पर आयुष्मान्, बिना शक्ति के साधना तो इस मार्ग में नहीं चल सकती। इस बात का एक निश्चय तो तुम्हें करना ही पड़ेगा।"

"यही मैं नहीं समझ सकता, आर्य!"

"जब तक तुम पुरुष और स्त्री का भेद नहीं भूल जाते, तब तक तुम अधूरे हो, अपूर्ण हो, आसक्त हो। तुम और मैं का भेद तब तक तुमसे निरन्तर चिपटा रहेगा। अगर तुममें नैरात्म्य-भावना की प्रवृत्ति होती, तो शक्ति के बिना भी साधना चल सकती। तुममें वह प्रवृत्ति नहीं है। पर मैं अपनी ओर से यह साधना तुम्हारे सिर लादना नहीं चाहता। तुम्हारी रुचि हो तो स्वीकार करो। देखो, न तो प्रवृत्तियों को छिपाना उचित है, न उनसे डरना कर्तव्य है और न लज्जित होना युक्तियुक्त है। इतनी बात गाँठ बाँध लो, फिर गुरु के उपदेश पर चलते रहो। आज तुम चक्र में एकत्र बैठ सकते हो।"

विरतिवज्र ने साष्टांग प्रणति के साथ आदेश अंगीकार किया। उनके चेहरे से स्पष्ट ही लक्षित हो रहा था कि उनके भीतर अशान्ति है, वे उसे अपनी शक्ति-भर दबा रहे हैं। गुरु को प्रणाम करने के बाद वे मेरी ओर फिरे। अबकी बार चाँदनी ठीक उनके मुख पर पड़ी। अहा, कैसा कमनीय मुख है! क्षण-भर के लिए लाल चीवर से लिपटे विरतिवज्र को देखकर मेरे मन में धूर्जटि की नयनाग्निशिखा में वलयित मदन देवता का स्मरण हो आया। अस्थान में वैराग्य का उदय हुआ है। विद्युल्लता में चन्द्रमंडल उलझ गया है। सान्ध्य-किरणों में पुंडरीक पुष्प फँस गया है। उषःकालीन आकाश-मंडल में शुक्रग्रह स्थिर हो गया है। मदन-शोक से व्याकुल वसन्त ने वैराग्य ग्रहण किया है। अहा, ऐसा भी क्या सम्भव है? विरतिवज्र ने जिज्ञासा-भरी दृष्टि से मुझे देखा। उन्हें मेरा वेश इस समाज का विरोधी जान पड़ा और मुझे उनका रूप। बाबा ने ही मध्यस्थता की, "परदेशी ब्राह्मण हैं, विरति! साधना-गृह में आश्रय लिया था। महामाया इनसे अप्रसन्न हैं। अभी वे जाल से निकल नहीं सकी हैं। विकट है उस मायाविनी का जाल, दुरतिक्रम्य है उसका विधान। महामाया अभी उलझी हुई हैं। ये अमंगल से डरते हैं; मोह है अभी, शीघ्र ही कट जाएगा। जन्म-जन्मान्तर का संस्कार है, मिटते-मिटते वर्षों लग जाएँगे। पशु नहीं हैं, निकल चलेंगे। महामाया प्रसाद देंगी इन्हें। वे भी प्रसन्न होंगी, ये भी अभीत होंगे।" इतना कहने के बाद बाबा ने आकाश की ओर देखा। बोले, "समय हो आया है, विरति, सुधापात्र देना ज़रा!" विरति ने पात्र बढ़ा दिया। बाबा ने ऊपर मुँह करके पुकारा, "मायाविनी, मायाविनी।" और फिर गट-गट करके पी गए। थोड़ी देर तक एक अद्‌भुत मस्ती की दशा में झूमते रहे और फिर उठ खड़े हुए। हम दोनों भी उठ गए। विरति के साथ वे साधना-गृह में चले गए और मुझे थोड़ी देर बाद आने का आदेश दिया। चलते-चलते कहते गए, "किसी से न डरना, गुरु से भी नहीं, मन्त्र से भी नहीं,

लोक से भी नहीं, वेद से भी नहीं। मन्त्र याद है न?''

''हाँ, आर्य!''

''थोड़ी देर बाद बिना किसी के बुलाए निडर होकर आ जाना, भला!''

''हाँ, आर्य!''

बाबा के चले जाने के बाद मैंने सोचने का अवसर पाया। यह कहाँ आ फँसा है। बाबा की बातों का मतलब क्या है? महामाया यदि स्वयं उलझी हुई हैं तो उनके प्रसाद को निष्ठापूर्वक क्यों ग्रहण करूँ? पर बाबा ने तो ऐसा ही आदेश दिया है। बाबा के प्रभाव से मैंने जो कुछ देखा, वह क्या सत्य है? भट्टिनी इस समय निरापद हैं न? निपुणिका की क्या अवस्था है? क्या मैं भट्टिनी की ही पूजा का अधिकारी हूँ? कैसा आश्चर्य है! इतनी सीधी बात मेरे मन में इतनी हलचल क्यों पैदा कर रही है? मुझे फिर एक बार ऐसा लगा कि चक्कर आ जाएगा। बाबा का मन्त्र थोड़ी देर तक जपते रहने में ही कल्याण था। मैं निष्ठापूर्वक जपने लगा। एक मुहूर्त के बाद मुझे अकारण ऐसा प्रतीत हुआ कि बाबा बुला रहे हैं। मैं साधना-गृह की ओर अभिभूत की भाँति चल पड़ा। प्रांगण-गृह के द्वार पर से ही मैंने अत्यन्त शान्त और मृदु कंठ से यह श्लोक उच्चरित होते सुना :

आदाय दक्षिणकरेण सुवर्णदर्वीन्दुग्धान्नपूर्णमितरेण च रत्नपात्रम्।
भिक्षान्नदाननिरतां नवहेमवर्णामम्बां भजे सकलभूषणभूषितांगीम्।

कंठ महामाया का था। मैंने अनुमान से समझा कि जब अन्नपूर्णा का ध्यान-मन्त्र पढ़ा जा रहा है, तो निश्चय ही कुछ भोजन का व्यापार चल रहा है। परन्तु भीतर जाने पर जो कुछ देखा, उसका भोजन से केवल दूर का ही सम्बन्ध था। एक चक्राकार मंडल में पाँच व्यक्ति बैठे हुए थे। कौलाचार्य अघोरभैरव के पास महामाया भैरवी प्रायः सटकर बैठी थीं। साधक भैरवों की दूसरी जोड़ी भी ज़रा दूर हटकर उसी प्रकार बैठी हुई थी। विरतिवज्र अकेले ही एक सिरे पर पद्मासन बाँधे विराजमान थे। कुएँ के पास अपने निर्दिष्ट स्थान पर मैं बैठ गया। वहाँ से बाबा और महामाया बिलकुल सामने पड़ते थे। सभी साधकों के पास एक-एक पान-पात्र था और सभी साधक लाल वस्त्र से ढँके हुए थे। किन्तु शरीर पर कोई वस्त्र नहीं था। पहले जो छोटा-सा चिथड़ा था, वह भी न जाने कब खिसक पड़ा था। केन्द्रस्थल में लाल कपड़े से ढँका हुआ कारण (मदिरा) से भरा पात्र था और उसके ऊपर अष्टदल कमल के आकार का कोई पात्र रखा हुआ था। साधक लोग जप में व्यस्त थे। बाबा कुछ भी नहीं कर रहे थे। एक अद्भुत आत्मविस्मृति की-सी अवस्था में दिखाई दे रहे थे। उनका सारा शरीर निर्वातनिष्कम्प दीपशिखा की भाँति स्थिर और प्रशान्त था। उनके मुखमंडल पर

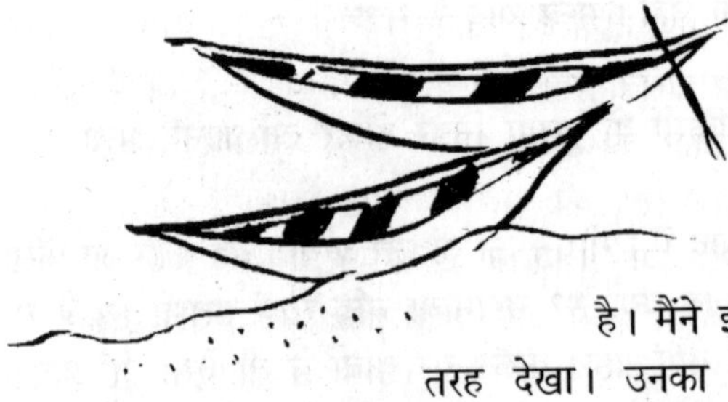

ज्योत्स्ना बरस रही थी। ऐसा जान पड़ता था कि समाधिस्थ शिव के उत्तमांग पर गंगा की धवल धारा सहस्र-धार होकर झर रही है। मैंने इस बार महामाया को अच्छी तरह देखा। उनका मुखमंडल कमल-कोरक के समान लम्बा-सा था। उस पर ललाटपट्ट अष्टमी के चन्द्र के समान आयत और स्वच्छ विराज रहा था। ज्योत्स्ना के प्रतिफलन से उस मुखमंडल की स्निग्धता बढ़ गई थी। प्रथम बार मैंने उन्हें ठीक नहीं समझा था। उनकी छितराई और तनी भृकुटियों ने मेरे मन में अश्रद्धा का भाव ला दिया था। इस बार मैंने पार्वती-प्रतिमा के समान निश्चल गौर मुखमंडल को देखकर अपनी गलती समझी। अघोरभैरव के पार्श्वदेश में शान्त भाव से बैठी हुई महामाया भगवान शंकर की पार्श्ववर्त्तिनी उमा के समान शान्त-मनोरम दिख रही थीं। अनुष्ठान की विधियों के सम्पादन का भार उन्हीं पर था। बाबा शान्त निःस्पन्द बैठे थे। महामाया कारण-घट से पात्र पूर्ण कर रही थीं और अस्फुट ध्वनि में कुछ मन्त्र पढ़ती जा रही थीं। सभी साधकों के पास भरे गए। महामाया ने पहले बाबा अघोरभैरव के हाथ में पात्र दिया। देने के पूर्व उन्होंने कुछ मन्त्र पढ़े। सम्भवतः वह सुधादेवी का ध्यान-मन्त्र था। फिर कई बार दोनों हाथों के सहयोग से कुछ विशेष मुद्राओं से पास को मुद्रायित किया। फिर एक बार अपने चारों ओर चुटकी बजाकर न जाने कौन-सा अनुष्ठान किया। शायद वह दिग्बन्धन की विधि थी। बाबा ने ज्यों ही हाथ में पात्र लिया, त्यों ही साधकों ने भी अपने-अपने पात्र उठा लिए। अत्यन्त मृदुमन्द कंठ से विरतिवज्र ने प्रथम पात्र की वन्दना-स्तुति पढ़ी :

श्रीमद्भैरवशेखर प्रविचलच्चन्द्रामृताप्लावितम्
क्षेत्राधीश्वरयोगिनीगण-महासिद्धैः समासेवितम्
आनन्दार्णवकं महात्मकमिदं साक्षात्त्रिखंडामृतम्
वन्दे श्री प्रथमं कराम्बुजगतं पात्रं विशुद्धिप्रदम्।[1]

मन्त्र समाप्त होते ही बाबा ने महामाया के अधरोष्ठों से पात्र स्पर्श कराया और फिर धीरे-धीरे बिना किसी प्रकार का शब्द किए पी गए। साधकों ने भी वैसा ही किया। थोड़ी देर तक करवीर-पुष्पों के सौरभ और गुग्गुल-धूम के साथ मिलकर

---

1. तु. 'कौलावलिनिर्णय', अष्टम उल्लास।

कारण-सौरभ ने मेरे मन और प्राण दोनों को व्याकुल कर दिया। साधकों में कोई भी विचलित नहीं हुआ। जप चलता रहा। अन्यान्य साधकों ने पान के समय दाहिने हाथ से कुछ विशेष प्रकार की मुद्राएँ धारण कीं; पर बाबा यथापूर्व रहे। उन्होंने न मन्त्र पढ़ा, न मुद्रा धारण की और न कोई अनुष्ठान ही किया। वे कैलास-शिखर पर समाधिस्थ भगवान् त्रिनयन के समान शान्तनिश्चल बैठे रहे। साधकों ने क्रमशः द्वितीय, तृतीय पात्रों का आवाहन किया। सात बार यों ही हुआ। पान-मुद्रा-जप, पान-मुद्रा-जप, पान-मुद्रा-जप! दूसरे भैरव-युगल कुछ चंचल दिखाई दिए। महामाया और विरतिवज्र यथापूर्वक अनुष्ठान में लगे रहे। मेरा सिर भन्नाने लगा। इस बार बाबा ने आँखें खोलीं। उनके मानस में कोई चांचल्य नहीं था, सिर्फ एक बार ताककर उन्होंने फिर समाधि ली। भैरव-युगल कुछ अधिक चंचल हुए। बाबा अघोरभैरव ने प्रथम बार शान्त-स्फुट स्वर में आदेश दिया, "शान्तिमन्त्र पाठ करो।" महामाया और विरतिवज्र ने बड़े मनोहर कंठ से शान्ति-पाठ किया। मुझे सभी मन्त्र याद नहीं हैं; पर भाव उनके बड़े ही मनोरम थे। प्रत्येक मन्त्र के बाद विरतिवज्र अकेले ही एक श्लोक पढ़ते थे। बार-बार सुनने के कारण वह मुझे अब भी स्मरण है :

शिवमस्तु सर्वजगतः परहितनिरता भवन्तु भूतगणाः ॥
दोषाः प्रयान्तु शान्ति सर्वो लोकः सुखी भवतु ॥
सर्वो लोकः सुखी भवतु॥ [1]

भैरव-युगल प्रकृतिस्थ हुए। अनुष्ठान फिर आगे बढ़ा। ग्यारहवें पात्र की समाप्ति के बाद साधकों के हाथों में विशेष प्रकार की आकृतियाँ दिखाई देने लगीं। चन्द्रमा की ज्योत्स्ना हट चुकी थी। आँगन का कुट्टिम अन्धकार से, वायुमंडल मदिर-गन्ध से और नभोमंडल गुग्गुल-धूम से परिपूर्ण था। मेरा मस्तिष्क यह सब सहने का एकदम अभ्यस्त नहीं था। मुझे ऐसा लगा कि आकाश से विकटाकार भूत-वैताल उतर रहे हैं और घट के चारों ओर खड़े हो रहे हैं। साधकों की चक्राकार मंडली कुछ छाया-चित्रों-सी दिखने लगी। रह-रहकर उन छाया-चित्रों में विक्षोभ और आन्दोलन होते रहे। मैं अपने को अधिक नहीं सँभाल सका। सिर घूग गया और मैं निःसंज्ञ होकर कब लुढ़क गया, इसका मुझे कुछ भी पता नहीं चला।

थोड़ी देर बाद मेरी चेतना लौट आई। मुझे मस्तक की ओर से कुछ शीतलता का अनुभव हुआ। यद्यपि मेरी आँखें उस समय भी बन्द थीं, तो भी मैंने प्रत्यक्ष

---

1. नागानन्द का अन्तिम श्लोक भी प्रायः ज्यों-का-त्यों ऐसा ही है।

देखा कि नभोमंडल के मध्य-भाग से आनन्दभैरव उतर रहे हैं। उनके शरीर में कोटि-कोटि सूर्यों की प्रभा है और फिर भी वे कोटि-कोटि चन्द्रमा से अधिक शीतल लग रहे हैं। अमृत-समुद्र में उद्भूत ब्रह्मा के कमल पर से उठकर वे सुधा-धवल वृषभ पर आरूढ़ हुए। उनके कंठ की नीलिमा इस समस्त श्वेत पृष्ठभूमि में ऐसी लग रही थी, मानो कर्पूरगिरि पर नीलमणि का छोटा अंकुर निकल आया हो। वे अपने अठारह हाथों में घंटा, डमरू, पाश, अंकुश, खट्वा आदि विविध शस्त्रों को और एक हाथ में अभय मुद्रा को धारण किए हुए थे। आनन्दभैरव के साथ ही आनन्दभैरवी सुरादेवी का पदार्पण हुआ। आनन्दभैरव के समान इनके भी पाँच मुख, तीन नेत्र और अठारह भुजाएँ थीं। उनका रंग हिम, कुन्द और चन्द्र की भाँति धवल था। आँखें चंचल खंजरीट की भाँति लीला-परायण थीं। प्रवाल के समान आरक्त ओष्ठपुटों में मन्द-मन्द स्मित सदा विराजमान था। वे आनन्द की मूर्ति, मस्ती की प्रभव-भूमि, सौन्दर्य का विश्रान्ति स्थल, आभा का आवास-गृह और यौवन का मूर्त्त विग्रह दिखाई दे रही थीं। आनन्दभैरव के इशारे पर उन्होंने मेरा मस्तक स्पर्श किया। मुझे ऐसा लगा, मानो अमृत-तूलिका से किसी ने मेरे सारे शरीर को विलिप्त कर दिया हो। आनन्दभैरवी ने मेरा सिर धीरे-धीरे अपने उत्संग में ले लिया। मेरी सारी जड़िमा क्षण-भर में विलुप्त हो गई। आनन्दभैरवी ने मन्द स्मितपूर्वक मेरे नयनों और कपोल-प्रान्तों को अपने अमृतार्द्र हाथों से पोंछ दिया। मेरी आँखें खुल गईं। तब भी मेरा मस्तक भैरवी की गोद में था। मैंने अभिभूत की भाँति कहा, "अपराध क्षमा हो, अम्ब! आज मैं कृतार्थ हूँ।" भैरवी के मुख पर आनन्द की धारा बह गई। उन्होंने फिर एक बार भैरव और सुरादेवी का ध्यान-मन्त्र पढ़ा। अब मैंने समझा कि मेरा मस्तक महामाया की गोद में है। उनका कंठ-स्वर स्पष्ट, मधुर और करुण था। उनकी आँखों में मातृ-स्नेह झलक रहा था। उनके मुखमंडल से एक प्रकार की स्निग्ध प्रभा निकल रही थी। वे कुछ परिवर्तित हो गई थीं। मैंने कृतज्ञ भाव से कहा, "मातः, आज मैं कृतार्थ हुआ। अत्यन्त बाल्य वयस में मैंने अपनी माता खो दी थी। पिता का सुख भी मैं बहुत दिनों तक नहीं देख सका। मातृ-पितृहीन अभागा बाणभट्ट वात्स्यायन-वंश का कलंक ही सिद्ध हुआ है। आज मेरा जन्म सफल है, जो मैं आनन्दभैरवी का अमृतायमान स्नेहस्पर्श पा रहा हूँ। मातः, मेरा अपराध क्षमा हो, अमंगल अपगत हो, कल्याण प्राप्त हो।" भैरवी ने स्नेहपूर्वक कहा, "कल्याण हो, वत्स! महामाया का प्रसाद ग्रहण करो।" इस बार मैंने अच्छी तरह से आँखें खोलीं। महामाया ही तो हैं। धारासार वर्षा के बाद शिथिल-वृन्त अशोक-पुष्प के समान उनके नयन रक्त होने पर भी आर्द्र थे, शेफालिका-कुसुमनाल के समान उनका नासावंश पिंगल होकर भी मनोरम था,

विद्युत्-शिखा-संवलित मेघ-मंडल से आच्छादित चन्द्र-मंडल की भाँति उनका कपिशवर्ण मुखमंडल अस्त-व्यस्त चिकुर राशि से आच्छन्न होकर भी अभिराम था। आँधी-पानी से उद्धत फूले हुए कोविदार-वृक्षों के समान उनका परिधेय वस्त्र श्लभ-कुंचित होकर भी सुन्दर था और कारण-घट पर स्थापित जपा-पुष्प के समान उनका सिन्दूर-तिलक छिन्न-भिन्न होकर भी पवित्र था। उनकी आज्ञा से मैं उठ बैठा। बड़े स्नेह और आदर के साथ उन्होंने प्रसाद दिया। प्रसाद में मधु, अदरख, भुना हुआ कन्द तथा अपराजिता-पुष्प के कुछ दल थे। मैंने भक्तिपूर्वक उस प्रसाद को ग्रहण किया। महामाया भैरवी मेरी ओर उत्सुकताभरी दृष्टि से देखती रहीं। मैंने अपने चारों ओर एक बार ध्यान से देखा। महामाया के अतिरिक्त वहाँ और कोई नहीं था, यहाँ तक कि कारण-पात्र और करवीर-पुष्प का एक छोटा दल भी वहाँ नहीं था। मैंने विनीत भाव से पूछा, "मातः, आर्य अघोरभैरव कहाँ गए? और वे दोनों साधक कहाँ चले गए?"

महामाया ने संक्षेप में उत्तर दिया, "सब लोग अपने-अपने आश्रमों में चले गए। मैं भी जाऊँगी। बाबा की आज्ञा थी कि तुम्हें प्रसाद दे लूँ, इसीलिए अब तक रुकी हुई थी।"

"वे लोग अब इधर नहीं आएँगे क्या?"

"वैशाख की अमावस्या से पहले नहीं।"

"बाबा भी नहीं।"

"बाबा सिद्ध अवधूत हैं, उनका कुछ ठीक-ठिकाना नहीं है। आ भी सकते हैं, नहीं भी आ सकते हैं। उनका पाना तुम्हारे परम पुण्यों का परिणाम है।"

"एक बात पूछूँ, माता?"

"पूछो।"

"बाबा ने कल मुझसे जो कुछ कहा, उसका क्या अभिप्राय है?"

"बाबा से अधिक मैं क्या बता सकती हूँ।"

"प्रवृत्तियों की पूजा करने का क्या तात्पर्य हो सकता है?"

"बाबा ने क्या कहा है?"

"बाबा ने कहा है कि प्रवृत्तियों से डरना भी गलत है, उन्हें छिपाना भी ठीक नहीं और उनसे लज्जित होना बालिशता है। फिर उन्होंने कहा है कि त्रिभुवन-मोहिनी ने जिस रूप में तुझे मोह लिया है, उसी रूप की पूजा कर, वही तेरा देवता है। फिर विरतिवज्र से उन्होंने कहा–इस मार्ग में शक्ति के बिना साधना नहीं चल सकती। ऐसी बहुत-सी बातें उन्होंने बताईं जो अश्रुतपूर्व थीं। क्यों अम्ब, शक्ति क्या स्त्री को कहते हैं? और स्त्री में क्या सचमुच त्रिभुवन-मोहिनी का वास

होता है?"

"देख बाबा, तू व्यर्थ की बहस करने जा रहा है। बाबा ने जो कुछ कहा है वह पुरुष का सत्य है। स्त्री का सत्य ठीक वैसा ही नहीं है।"

"उसका विरोधी है, मातः?"

"पूरक है रे! पूरक अविरोधी हुआ करता है!"

"मैं समझ नहीं सका।"

"समझ जाएगा, तेरे गुरु प्रसन्न हैं, तेरी कुंडलिनी जाग्रत है, तुझे कौल-अवधूत का प्रसाद प्राप्त है, उतावला न हो। इतना याद रख कि पुरुष वस्तु-विच्छिन्न भावरूप सत्य में आनन्द का साक्षात्कार करता है, स्त्री वस्तु-परिगृहीत रूप में रस पाती है। पुरुष निःसंग है, स्त्री आसक्त; पुरुष निर्द्वन्द्व है, स्त्री द्वन्द्वोन्मुखी; पुरुष मुक्त है, स्त्री बद्ध। पुरुष स्त्री को शक्ति समझकर ही पूर्ण हो सकता है; पर स्त्री, स्त्री को शक्ति समझकर अधूरी रह जाती है।"

"तो स्त्री की पूर्णता के लिए पुरुष को शक्तिमान मानने की आवश्यकता है न, अम्ब?"

"ना। उससे स्त्री अपना कोई उपकार नहीं कर सकती, पुरुष का अपकार कर सकती है। स्त्री प्रकृति है। वत्स, उसकी सफलता पुरुष को बाँधने में है, किन्तु सार्थकता पुरुष की मुक्ति में है।" मैं कुछ भी नहीं समझ सका। केवल आँखें फाड़-फाड़कर महामाया की ओर देखता रहा। वे समझ गईं कि मैंने कहीं मूल में ही प्रमाद किया है। बोलीं, "नहीं समझ सका न? मूल में ही प्रमाद कर रहा है, भोले! तू क्या अपने को पुरुष समझ रहा है और मुझे स्त्री? यही प्रमाद है। मुझमें पुरुष की अपेक्षा प्रकृति की अभिव्यक्ति की मात्रा अधिक है, इसलिए मैं स्त्री हूँ। तुझमें प्रकृति की अपेक्षा पुरुष की अभिव्यक्ति अधिक है, इसलिए तू पुरुष है। यह लोक की प्रज्ञप्तिप्रज्ञा है, वास्तव सत्य नहीं। ऐसी स्त्री प्रकृति नहीं है, प्रकृति का अपेक्षाकृत निकटस्थ प्रतिनिधि है और ऐसा पुरुष प्रकृति का दूरस्थ प्रतिनिधि है। यद्यपि तुझमें तेरे ही भीतर के प्रकृति-तत्त्व की अपेक्षा पुरुष-तत्त्व अधिक है; पर वह पुरुष-तत्त्व मेरे भीतर के पुरुष-तत्त्व की अपेक्षा अधिक नहीं है। मैं तुझसे अधिक निःसंग, अधिक निर्द्वन्द्व और अधिक मुक्त हूँ। मैं अपने भीतर की अधिक मात्रावाली प्रकृति को अपने ही भीतरवाले पुरुष-तत्त्व से अभिभूत नहीं कर सकती। इसलिए मुझे अघोरभैरव की आवश्यकता है। जो कोई भी 'पुरुष' प्रज्ञप्तिवाला मनुष्य मेरे विकास का साधन नहीं हो सकता।"

"और अघोरभैरव को आपकी क्या आवश्यकता है?"

"मुझे मेरी ही अन्तःस्थिता प्रकृति रूप में सार्थकता देना। वे गुरु हैं, वे महान्

हैं, वे मुक्त हैं, वे सिद्ध हैं। उनकी बात अलग है।"

"किन्तु यह कारण-द्रव्य इस तत्त्व में क्या सहायता पहुँचाता है?"

"तू नहीं समझ सकेगा। मदिरा प्रकृति की सुव्यक्ति का कारण है। वह उसे छिपी नहीं रहने देती। यह गोपन रहस्य है!"

"होगा।" मैंने मन-ही-मन महामाया भैरवी की अपूर्व चिन्तन-शक्ति पर आश्चर्य किया। वे थोड़ी देर तक खड़ी रहीं, जैसे कुछ याद कर रही हों। उनके रक्तिम नयन-कोरकों में अश्रुकण दिखाई दिए। वे कुछ व्याकुल-सी लगीं। फिर बोलीं, "जा, जहाँ जाना था, वहाँ जा। मुझे दूर जाना है।" और फिर बिना प्रतीक्षा किए चलने को प्रस्तुत हो गईं। मैंने हड़बड़ाकर प्रणाम किया और आग्रहपूर्वक पूछा, "मातः, ये विरतिवज्र कौन हैं?"

"उनका आश्रम कहीं हिमालय के पाददेश में है। वे सौगत अवधूत अमोघवज्र के शिष्य हैं; पर सौगत-तन्त्र में अनधिकारी समझकर गुरु ने उन्हें हमारे सम्प्रदाय में भेज दिया है।"

"अनधिकारी क्यों हैं, मातः?"

"त्रिभुवनमोहिनी की माया है। वे शक्ति-हीन हैं। उनकी शक्ति उनकी प्रतीक्षा कर रही है। वाराणसी के जनपद में उनका जन्म है, उनकी वह शक्ति भी वहीं कहीं होगी।"

महामाया भैरवी की बात सुनते ही मुझे वाराणसी-जनपद की वह वृद्धा याद आ गई। विरतिवज्र का मुख उससे मिलता-जुलता था। अहा, यही क्या उस बुढ़िया का लाल था? फिर क्या इस साधक से साक्षात्कार नहीं होगा? मैं चिन्तामग्न थोड़ी देर तक खड़ा रहा। महामाया तब तक दूर निकल गई थीं। मैं भी तेजी से बाहर निकल आया। उस समय आकाश वृद्ध कपोत के पक्ष के समान धूम्र हो गया था। चन्द्रमा कटी हुई पतंग की भाँति अस्तशिखर पर ढल चुका था। तरुण अरुण की पीताभ रश्मियाँ स्वर्ण-शलाका की बनी झाड़ू के समान पूर्व-गगन के नक्षत्रों को झाड़ रही थीं। महारुद्र के पिनाक की भाँति धनुराशि आकाश के पश्चिम-मंडलार्द्ध में प्रत्यंचित हो चुकी थी और क्षीणभूयिष्ठा रजनी संन्यास लेने के लिए एक-एक करके अपने नक्षत्रालंकारों को खोल रही थी। चंडी-मंडप तुहिनसिक्त हो गया था और सामने के मैदान की दूर्वावलियाँ अलसशिथिल भाव से पड़ी दिख रही थीं। मैं नदी-तट की ओर चल पड़ा।

सप्तम उच्छ्वास

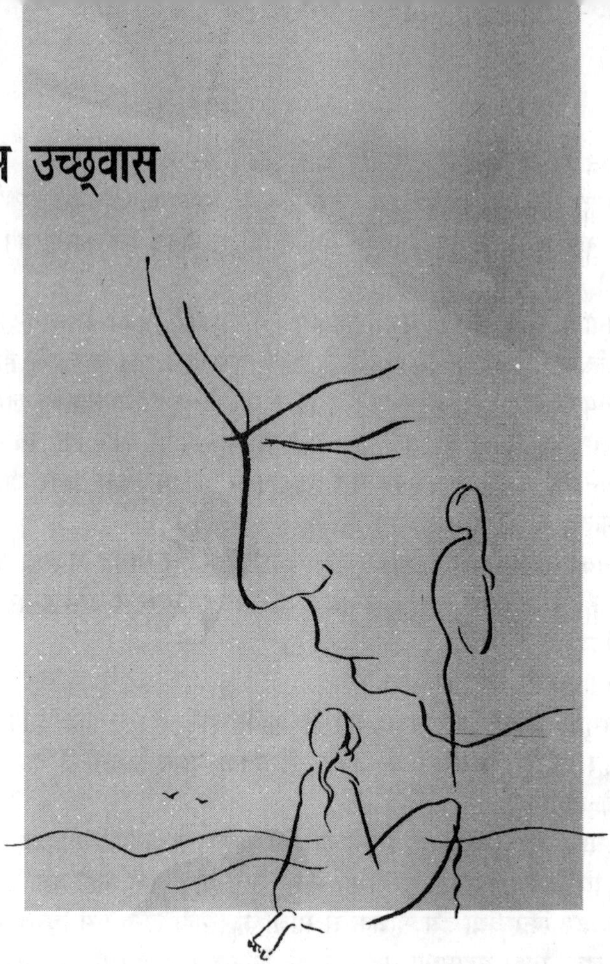

नदी-तट पर पहुँचा, तो सवेरा हो चुका था। मैंने बिलकुल ही नहीं सोचा था कि मेरे आने में विलम्ब होने से भट्टिनी और निपुणिका इतनी चिन्तित हो जाएँगी कि उन्हें रात-भर नींद ही न आएगी। भट्टिनी की जागर-खिन्न आँखें आषाढ़ की प्रथम वृष्टि के वाष्प से परिग्लान बन्धुजीव-कुसुम के समान दयनीय दिखाई देती थीं। उन आँखों को देखकर मेरा हृदय अज्ञात आनन्द से भर गया। अभागे बाण की इतनी चिन्ता भी किसी को हो सकती है, यह बात मेरी बिलकुल जानी हुई नहीं थी। मैं अपने हर्ष का कारण ठीक-ठीक समझ रहा हूँ, ऐसा ही मेरा विश्वास है; परन्तु मैं इस समय बिलकुल ही नहीं समझ पाया कि भट्टिनी की खिन्न-मनोहर आँखें मुझे देखकर क्यों अश्रु से भर गईं। उन्होंने कातरता के साथ मुझे देखा और बिना कुछ कहे ही भीतर चली गईं। नौका बड़ी थी। कुमार

कृष्णवर्द्धन ने उसमें सभी आवश्यक सामग्री रखवा दी थी। नागरिक वेश में कुछ सैनिक भी साथ में एक अलग नौका पर थे। मैं भट्टिनी की अप्रसन्नता का कारण नहीं समझ सका। केवल अपराधी की भाँति सिर नीचा किए खड़ा रहा। निपुणिका मुझे थोड़ी देर तक इसी अवस्था में देखती रही। उसे शायद मेरा उस प्रकार दुखी होना अच्छा लग रहा था। मेरे मन में एक ही साथ सैकड़ों प्रकार की चिन्ताएँ टकराने लगीं। मैंने सारा जीवन ही तो अनुत्तरदायी ढंग पर समय काटकर बिताया है। कितनी रात्रियाँ और कितने दिन न जाने कहाँ-कहाँ बिताए हैं; पर अपराधी तो आज ही बनना पड़ा है। मैंने स्वेच्छा से यह कैसा बन्धन अपने लिए तैयार कर लिया है। कल तक मैं स्वतन्त्र था, आज पराधीन हूँ। मेरी रात अपनी नहीं है, मेरे दिन अपने नहीं हैं, मेरी गति अपनी नहीं है, मेरा मन अपना नहीं है। क्यों ऐसा हुआ? आजीवन फक्कड़ की जिन्दगी बितानेवाला बाणभट्ट आज अपने को इतना पराधीन क्यों समझ रहा है? कौन कहता है कि तुम नौकरी कर रहे हो, तुम्हें नौकरों की भाँति रहना होगा? कोई तो नहीं कहता है। यह पराधीनता तो तुमने स्वयं मोल ली है। मुझे सबसे अधिक आश्चर्य इस बात पर हुआ कि एक बार भी मेरे मन ने विद्रोह नहीं किया। एक बार भी उसने नहीं कहा कि यह मुझसे नहीं होगा। उलटे वह यही समझने में उल्लसित होता रहा कि वह अपराधी है, भयंकर दोषी है, उसे दंड मिलना चाहिए। अपराध क्या है, पता नहीं; पर अपराधी होने में मानो एक पुरस्कार मिल रहा है। निपुणिका ने मेरी चिन्ता के स्रोत को अधिक नहीं बहने दिया, बोली, "तुम्हें इस तरह भट्टिनी को नहीं छोड़ देना चाहिए, भट्ट!" अब मैं थोड़ा-थोड़ा उस अपराध का रूप समझ सका। पर मैंने तो भट्टिनी के कल्याण के लिए ही उन्हें छोड़ा था। मैंने रात की सारी बातें संक्षेप में निपुणिका को सुना दीं। सुनकर निपुणिका को न आश्चर्य हुआ और न खेद। उसने एक दीर्घ निःश्वास लिया और थोड़ी देर तक पैर की अँगुलियों से नाव के पट्टे को कुरेदती-सी सोचती रही। थोड़ी देर बाद जब उसने आँखें उठाईं, तो उनमें एक अद्‌भुत अवसाद का भाव देखकर मैं चिन्तित हो उठा। मैंने शिथिल भाव से कहा, "निउनिया, तू भी उदास हो गई!"

निपुणिका सँभल गई। उसने अपने मुख पर प्रसन्नता का भाव ले आने का प्रयत्न किया; पर उस प्रयत्न में जो एक प्रकार का मानसिक क्लेश वह अनुभव कर रही थी, वह मुझसे छिपा भी नहीं और उसने छिपाने का यत्न भी नहीं किया। मैंने आग्रहपूर्वक पूछा, "निउनिया, तू क्यों उदास हो रही है?" निपुणिका ने सहज भाव से ही उत्तर दिया, "कुछ नहीं भट्ट, मैं सोच रही थी कि महामाया ने जो कुछ कहा है वह कितना गम्भीर सत्य है! पुरुष का सत्य और है, नारी का सत्य

और। मैंने नारी का शरीर पाया है, पर न उसे सफल बना सकी, न सार्थक। क्यों भट्ट, महामाया ने क्या यह भी कुछ बताया है कि नारी-जन्म को सार्थक बनाने का क्या उपाय है?'' मैंने चिन्तित होकर कहा, ''मुझे महामाया ने कुछ विशेष पूछने का अवसर नहीं दिया। पर अवधूत की बात को यदि तुम्हारे प्रश्न के लिए प्रमाण माना जाए, तो मेरा अनुमान है कि उसका उत्तर यह होगा कि प्रवृत्तियों को दबाना भी नहीं चाहिए और उनसे दबना भी नहीं चाहिए। प्रत्येक व्यक्ति का देवता अलग होता है। देवता का परिचय शायद प्रवृत्तियाँ ही कराती हैं। हम बहुत बार अपने देवता को मन-ही-मन भी पूजते तो रहते हैं, पर हमें पता नहीं होता। मैं सच कहता हूँ, निउनिया, मैं इन बातों को समझ नहीं सका हूँ; परन्तु मन के किसी कोने से बार-बार प्रतिध्वनि हो रही है कि इस बात में सच्चाई है।'' निपुणिका ने बात ध्यान से सुनी। लगता था कि उसके प्रत्येक अक्षर को वह समझ लेना चाहती है। उसने फिर एक दीर्घ निःश्वास लिया। बोली, ''भट्ट, जल्दी स्नान कर लो, आचार्यदेव तुम्हें कुमार के पास जाने को कह गए हैं। वह कल सन्ध्या को आए थे।'' यह कहकर वह भट्टिनी के पास चली गई। उसने विशेष कुछ कहा भी नहीं और पूछने का अवसर भी नहीं दिया। मेरे मन में आचार्य देव और भट्टिनी के बीच क्या बातें हुईं यह जानने की उत्सुकता थी; पर उपयुक्त अवसर के लिए उसे छोड़ देना ही अच्छा जान पड़ा।

मैं स्नानादि से निवृत्त होकर कुमार कृष्णवर्द्धन के महल की ओर जाने को प्रस्तुत हो गया। नौका से नीचे उतरा ही था कि आहट पाकर पीछे की ओर मुड़ा। देखा, भट्टिनी खड़ी हैं। उनका मुखमंडल मेघमुक्त शरच्चन्द्र के समान प्रसन्न-मनोहर जान पड़ता था। उन्होंने तत्काल ही स्नान कर कुसुम्भ-वस्त्र धारण किया था। प्रत्यग्र स्नान ने उनकी कुंकुम-गौर कान्ति को निखार दिया था। उनका रुचिर अंशुकान्त (आँचल) मन्द-मन्द वायु के आश्लेष से चंचल हो रहा था। वे काठ की नौका में से सद्यः-समुपजात चल-किसलयवती मधुमालतीलता के समान फुल्ल कमनीय दिख रही थीं। उनकी खुली हुई कवरी के छितराए हुए सुवर्णाभ केश, कुसुम्भ की आभा से ऐसे मनोहर दिखाई दे रहे थे कि उन्हें देखकर सौवर्णशिरीष के सुकुमार तन्तुओं के पराग-पिंजर जाल का ध्यान हो आता था। वे आनन्द से प्रदीप्त दिखाई दे रही थीं। भट्टिनी को प्रसन्न देखकर मेरा चित्त आनन्द-गद्‌गद हो गया। मैं बिना कुछ बोले ही उनकी आज्ञा की प्रतीक्षा में खड़ा हो गया। उन्होंने धीरे-धीरे कहा, ''जल्दी ही लौटना, भट्ट!'' मैंने सिर झुकाकर कातर-भाव से कहा, ''शीघ्र ही लौटूँगा।'' परन्तु मेरी वाणी का वाच्यार्थ जो-कुछ भी क्यों न हो रहा हो, मेरा हृदय जानता है कि उसका असली अर्थ क्या था। उसका वास्तविक अर्थ

यह था कि, ''देवि, अपराध क्षमा हो, भविष्य में ऐसी गलती फिर न होगी।'' मैं मानो अपने वाक्य की व्यंजना समझकर ही लज्जित हो रहा। भट्टिनी ने स्नेह-मेदुर स्वर में कहा, ''हाँ।'' फिर लौट गईं। मैं नगर की ओर बढ़ गया।

आज फाल्गुन की पूर्णिमा थी। आज कान्यकुब्जों के प्रमत्त मदनोत्सव का दिन था। मैं भूल ही गया था कि आज नगर में धँसना कितने साहस का काम है। सारा नगर पुरवासियों की करतल-ध्वनि, मधुर संगीत और मृदंग के घोष से गूँज उठा था। मधुमत्त नगर-विलासिनियों के सामने जो भी पुरुष पड़ जाता था, उस पर शृंगक (पिचकारी) के रंगीन जल की बौछार हो जाती थी। बड़े-बड़े चौराहे मर्दल के गम्भीर घोष से और चर्चरी-ध्वनि से शब्दायमान हो रहे थे। ढेर-का-ढेर सुगन्धित अबीर दसों दिशाओं में ऐसा उड़ा था कि दिशाएँ रंगीन हो उठी थीं और नगरी के राजपथ केसर-मिश्रित पिष्टातक (अबीर) से इस प्रकार भर गए थे, जैसे उन पर उषा की छाया पड़ी हुई हो। पौरजनों के शरीर पर शोभमान अलंकार और सिर पर धारण किए हुए अशोक के लाल फूल इस लाल-पीले सौन्दर्य को और भी बढ़ा रहे थे। ऐसा जान पड़ता था, नगरी के सभी लोग सुनहरे रंग में डुबो दिए गए हैं। समृद्धिशाली भवनों के सामनेवाले आँगन में धारायन्त्रों (फव्वारों) से पानी उत्क्षिप्त हो रहा था और उसमें अपनी-अपनी पिचकारी भरने की होड़-सी मची हुई थी। इन स्थानों पर पौरविलासिनियों के निरन्तर आते रहने से उनके सीमन्त के सिन्दूर और कपोल के अबीर झरते रहते थे और सारे कुट्टिम (फ़र्श) लाल पिष्टातक-पंक से भरकर सिन्दूरमय हो उठे थे।[1] इस प्रमत्त रंगवर्षा से बचने के लिए मैंने अनेक कौशल किए, रास्ता छोड़कर सँकरी गलियों में धँस गया और उल्टा-सीधा चक्कर काटता हुआ राजमार्ग से कुछ दूर चला गया। यहाँ का उत्सव जितना ही मादक था, उतना ही मनोहर। स्थान-स्थान पर पण्य-विलासिनियों का नृत्य हो रहा था। मन्द-मन्द भाव से आस्फाल्यमान आलिंग्यक नामक वाद्य से, मधुर शिंजनकारी मंजुल वेणु-नाद से, झनझनाती हुई झल्लरी की ध्वनि से, कलकांस्य और कोशी (काँसे का दंड और जोड़ी) के मनोरम क्वणन से, साथ-साथ दिए जानेवाले उत्ताल ताल से, निरन्तर ताड़न पाते हुए तन्त्रीपटह की गुंजार से और मृदु-मन्द झंकार से झंकृत अलावुवीणा की मनोरम ध्वनि से वे नृत्य जितने ही आकर्षक थे, उतने ही अश्लील रासक पदों के रुग्ण शृंगार के कारण विकर्षक जान पड़ते थे। विटों के कर्णकुहर में मानो ये अश्लील पद अमृत-संचार कर रहे थे। कैसा आश्चर्य है, एक ही वस्तु भिन्न-भिन्न श्रोताओं को कितने विपरीत ढंग से प्रभावित कर रही थी। सौन्दर्य को भी विधाता ने कहाँ ला पटका है। इन

1. तु. 'रत्नावली', प्रथम अंक।

युवतियों के कणों में नवकर्णिकार के पुष्प झूल रहे थे, चल-नील अलकों में अशोक-स्तवक विराजमान थे और कपोल-पालि पर वेपथु-विहीन अँगुलियों की अंकित सुडौल मंजरियाँ झलक रही थीं। ललाट के कुंकुम की गौर कान्ति से वलयित वे काश्मीर-किशोरियों-सी दिख रही थीं। नृत्य के नाना करणों में जब वे अपनी बाहुलता का आकाश में उत्क्षेप करती थीं, तो ऐसा लगता था कि उनके समुत्सुक वलय उछलकर सूर्यमंडल को बन्दी बना लेंगे। उनकी कनक-मेखला की किंकिणियों से उछली हुई कुरंटक-माला उनके मध्यदेश को घेरती हुई ऐसी शोभित हो रही थी, मानो रागाग्नि ही प्रदीप्त होकर उन्हें वलयित किए है। उनके मुखमंडल से अबीर और सिन्दूर की छटा विच्छुरित हो रही थी और उस लाल-लाल कान्ति से अरुणायित कुंडल-पत्र इस प्रकार शोभ रहे थे, मानो मदन चन्दनद्रुम की सुकुमार लताओं के विलुलित किसलय हों। उनके नीले, वासन्ती चित्रक और कौसुम्भ-वस्त्रों के उत्तरीय जब नृत्यवेग के घूर्णन से तरंगायित हो उठते थे, तो वे शृंगार-रस की चटुल वीचियों के समान उल्लसित हो उठती थीं। घनपटह-ध्वनि की पृष्ठभूमि में सात्विक अभिनय से जब वे रोमांचित हो उठती थीं, तब सहृदय के चित्त में दुर्दिन के गर्जन-मुखर मेघों की छाया में कुसुम-धूलि की उद्गिरण करनेवाली केतकी लता का स्मरण हो आता था। वे मद को भी मदमत्त बना रही थीं, राग को भी रँग रही थीं, आनन्द को भी आनन्दित कर रही थीं, नृत्य को भी नचा रही थीं और उत्सव को भी उत्सुक कर रही थीं।[1] उनमें नारी-सुलभ सुकुमार भावना का लोप हो चुका था। वे उजड़े हुए देव-मन्दिर की भाँति, रास्ते में फेंकी हुई प्रतिमा की भाँति, कीचड़ में धँसी हुई मालती-माला की भाँति अपनी प्रतिष्ठा खो चुकी थीं, अपना सम्मान भूल चुकी थीं और अपनी शुचिता म्लान कर चुकी थीं। मैं नारी-सौन्दर्य को संचार की सबसे अधिक प्रभावोत्पादिनी शक्ति मानता रहा हूँ; परन्तु यह क्या देख रहा हूँ? महामाया ने कहा था : नारी की सफलता पुरुष को बाँधने में है, सार्थकता उसे मुक्ति देने में। यह सफलता है या सार्थकता? मेरे मन में रह-रहकर यही ध्वनि निकलती रही कि नारी-सौन्दर्य यहाँ बन्ध्य है, निष्फल है, ऊसर है। क्यों ऐसा हुआ? इस महान् शक्तिशाली तत्त्व से बड़ी भी कोई शक्ति है क्या, जिसने इसे इस तरह हीनदर्प बना दिया है? अवश्य होगी। मेरा अनुमान है, वह शक्ति सम्पत्ति ही हो सकती है।

मैं नाना गलियों में भटकता हुआ छोटे राजकुल के सामने आ उपस्थित हुआ। द्वार पर नाग नहीं था, मेरा हृदय धक्-से धड़क गया। क्या उस रात्रि की असावधानी के अपराध में नाग को बन्दी बना लिया गया है? या वह शूली-विद्ध

1. तु. 'हर्षचरित', चतुर्थ उच्छ्वास।

हो गया? छोटे राजकुल में उत्सव का कोई समारोह नहीं दिखाई दिया। एक मृत्यु का सन्नाटा समस्त वायुमंडल को अभिभूत कर रहा था। इस समय मुझे वह शुक्ल-केश वृद्ध वाभ्रव्य याद आया। बेचारे की न जाने क्या गति हुई होगी। भट्टिनी के निकल जाने में उसे जरूर सहायक माना गया होगा। छोटे महाराज ने उस वृद्ध की खाल खिंचवा ली होगी। मेरा चित्त ग्लानि और दुख से अभिभूत हो गया। मुझमें अगर पक्षी बनने की शक्ति होती, तो निश्चय ही उड़कर अन्तःपुर में धँस जाता और वहाँ की बातें जान आता। राजपथ के एक स्थान पर, जहाँ राजकुल का विशाल उद्यान समाप्त होता था, मैं ठिठककर खड़ा हो गया। वहाँ एक विशाल वकुल वृक्ष था, जो अपने मद्यगन्धी सौरभ से मस्तिष्क को व्याकुल बना रहा था। मुझे ऐसा लगा कि राजकुल का भीतरी समाचार जाने बिना आगे बढ़ना पाप है; पर समाचार पाना असम्भव था। मैं थोड़ी देर तक खड़ा रहा। चित्त ग्लान, लज्जित और खिन्न था। इसी समय अत्यन्त मृदु और स्पष्ट ध्वनि में एक सारिका कुछ बोलती हुई सुनाई दी। मुझे उलझे हुए अक्षरोंवाले वाक्य को समझने में क्षण-भर का भी विलम्ब नहीं हुआ। वह बहुत मीठे सुर में बोल रही थी, "स मे स्वयंभूर्भगवान् प्रसीदतु।" मेरे हृदय में विद्युत की धारा-सी बह गई। एक नवीन शक्ति ने समस्त शिराओं को उत्तेजित कर दिया। मैं अपने-आपसे ही बोल उठा, "निश्चय ही यह भट्टिनी की सारिका है।" मैंने इधर-उधर ताका और अपनी मूर्खता पर पछताकर रह गया। कोई सुनता, तो न जाने क्या कहता। सारिका ने थोड़ी देर चुप रहने के बाद फिर सुनाया, "जा अभागी, भाग जा इस पाप अन्तःपुर से। तेरी भट्टिनी भाग गई, मैं मरने जा रहा हूँ!" हाय, ये तो वाभ्रव्य के वाक्य जान पड़ते हैं। मुखरा सारिका ने अपनी मुक्ति का घोषणा-पत्र कंठस्थ कर लिया है। मैं चुपचाप साँस रोककर खड़ा हो गया। जाने अब क्या सुनने को मिले। सारिका एक क्षण चुप रहकर फिर सुरीली आवाज में गाने लगी 'स मे स्वयंभूर्भगवान् प्रसीदतु' और फिर उड़कर राजकुल के वृक्षसंकुल उद्यान में अन्तर्धान हो गई।[1] मेरा चित्त उद्वेग से व्याकुल हो गया। साहित्यशास्त्र में पढ़ा था कि शुक-सारिका और शिशु के मुख से अन्तःपुर की कहानी सुनना भाग्यवानों को ही प्राप्त होता है।[2] शास्त्र का यह कैसा निष्ठुर परिहास है! अन्तःपुर की इस

1. रत्नावली, द्वितीय अंक की घटना से तुलनीय।
2. दुर्वारां कुसुम-शर-व्यथां वहन्त्या,
   कामिन्या यदभिहितं पुरः सखीनां।
   तद्भूयः शुक-शिशु-सारिकाभिरुक्तं,
   धन्यानां श्रवणापथतिथित्वमेति ('रत्नावली', 2/33)

कहानी को सुनाकर सारिका ने मेरे भाग्य की कैसी विडम्बना दिखाई है! हा निर्दोष वाभ्रव्य, तुम्हारा प्राणान्त हो गया और दोषी बाण अभी जीता है! भट्टिनी ने क्या कभी इन गरीबों की चिन्ता की है। वे जब सुनेंगी कि अन्तःपुरिकाओं के पिता के समान पूज्य वाभ्रव्य ने किस परिताप के साथ उनकी सारिका का बन्धन-मोचन किया था, तो उनका कुसुम-कोमल हृदय क्या सूख नहीं जाएगा?

आज छोटे राजकुल का अन्तःपुर मौन है। आज उसके क्रीड़ापर्वत पर सुन्दरियाँ अपनी वलय-ध्वनि से उन्मद मयूरों को नहीं नचा रही होंगी। आज उसके क्रीड़ा-सरोवर के मृदंग ने चक्रवाक-दम्पती को अकारण उत्कंठित नहीं किया होगा। आज अन्तःपुर की कुट्टिमभूमि पादालक्तकों से लाल नहीं बन सकी होगी। आज 'मित्तियाओं' के अंगहारों ने महोत्सव को मंगल कलश से सुसज्जित-सा नहीं कर दिया होगा। आज चंचल चक्षुओं की किरणों से सारा दिन कृष्ण-सार मृगों से परिपूर्ण की भाँति नहीं दिखेगा, भुज-लताओं के विक्षेप से जीवलोक मृणाल-वलय से वलयित नहीं जान पड़ेगा, शिरीष-कुसुम से स्तवकों के कर्णपूरों से अन्तःपुर की धूप शुक-पिच्छ के रंग में नहीं रँगी होगी, शिथिल धम्मिल्ल से चुए हुए तमाल-पत्रों ने अन्तरिक्ष को कज्जलायमान नहीं किया होगा, आभरणों के रणत्कार ने दिशाओं में किंकणी नहीं बाँध दी होगी। छोटे राजकुल का अन्तःपुर आज न जाने कैसी भीति और आशंका का शिकार बना होगा। नाना देशों की अपहृता, लांछिता अन्तःपुरिकाएँ वर्ष में एक दिन आनन्द का उत्सव मनाती हैं; हाय, आज वह भी बन्द होगा। मैंने एक भट्टिनी का उद्धार किया है सही; पर मुझे क्या मालूम है कि इस अन्तःपुर में और कितनी भट्टिनियाँ हैं। और ऐसे अन्तःपुरों की संख्या यहीं तो समाप्त नहीं हो जाती। अभी जो उच्छृंखल नृत्य देख आया हूँ और यहाँ जो भयंकर भीति-भाव लक्ष्य कर रहा हूँ, इन दोनों ही दशाओं में आपाततः कितना प्रभेद है; पर सत्य यह है कि दोनों ही जगह इस सृष्टि की सबसे बहुमूल्य वस्तु अपमानित हो रही है। क्यों ऐसा हो रहा है? क्या स्त्रियों ने स्वयं यह जाल बुना है और अब स्वयं उलझ गई हैं? मैं जिस रास्ते पर जा

रहा हूँ, वहाँ से कोई मदोन्मत्त उत्सवकारी दल निकल गया है। कालिदास ने उज्जयिनी में प्रातःकाल जो दृश्य देखा था, वह मैं स्थाण्वीश्वर में मध्याह्न को देख रहा हूँ। ठीक उसी प्रकार गमन के उत्कम्पवश यहाँ भी सुन्दरियों के केश से मन्दार-पुष्प झड़े हुए हैं, कान से सुनहरे कमल खिसककर भू-लुंठित हो रहे हैं; हृदय-देश पर बार-बार आघात करनेवाले हारों से बड़े-बड़े गन्धराज-कुसुम टूटकर गिर गए हैं; परन्तु फिर भी मैं इसे प्रेमाभिसार का मार्ग नहीं समझ रहा हूँ।[1] इस रास्ते से उल्लास और उन्माद चाहे गए हों, अनुराग और औत्सुक्य नहीं गए। यह सब क्यों हो रहा है? यह क्या धर्म है? क्या न्याय है? मेरा चित्त कहता है कि कहीं-न-कहीं मनुष्य-समाज ने अवश्य गलती की है। यह उन्मत्त उत्सव, ये रसिक गान, ये शृंगक-सीत्कार, ये अबीर-गुलाल, ये चर्चरी और पटह मनुष्य की किसी मानसिक दुर्बलता को छिपाने के लिए हैं, ये दुख भुलानेवाली मदिरा हैं, ये हमारी मानसिक दुर्बलता के पर्दे हैं। इनका अस्तित्व सिद्ध करता है कि मनुष्य का मन रोगी है, उसकी चिन्ताधारा आविल है, उसका पारस्परिक सम्बन्ध दुखपूर्ण है। मेरा मन इस दुर्वह चिन्ताभार को ढोने में असमर्थ होता जा रहा था। शायद और थोड़ी देर रुकता, तो मैं चिल्ला उठता। चिन्ता के उत्कट वेग ने मेरे पैरों में चंचलता ला दी। मैं क्षिप्र गति से आगे बढ़ने लगा। नगर के राजपथ में उत्सव का वेग मन्द पड़ गया था। सौध-वातायनों से अवसाद की हवा निकल रही थी। नागरक-गृहों की परिचारिकाएँ शिथिल गति से गृह-कार्य में जुट गई थीं और विश्राम-गृहों की सुगन्धित धूपवर्त्तिकाएँ दिङ्मंडल को सौरभसिक्त कर रही थीं। मैं जब कुमार कृष्णवर्द्धन के द्वार पर पहुँचा, तो मध्याह्न हो चुका था, सूर्यातप तीक्ष्ण हो चुका था और आकाश-मंडल भी थककर शिथिल-गात्र हो चुका था। कुमार मेरी प्रतीक्षा कर रहे थे। मैंने जब उन्हें अपने आने का संवाद दिया तो वे स्वयं बाहर आ गए और प्रेमपूर्वक भीतर ले गए।

कुमार का गृह बहुत स्वच्छ और सुन्दर था। दीवारें स्फटिक-मणि के समान स्वच्छ थीं। उनके ऊपरी हिस्से में बहुत उत्तम अलंकरण चित्र बने थे। उत्फुल्ल कमलों का एक अविरल प्रवाही स्रोत-सा अंकित था, जिसके बिन्दु-बिन्दु पर हंस, मत्स्य, गज और शार्दूल स्रोत की अभिमुख दिशा में लपकते हुए चित्रित थे। सारा

---

1. कालिदास के निम्नांकित श्लोक से तुलनीयः

गत्युत्कम्पादलकपतितैर्यत्र मन्दरा-पुष्पैः
पत्रच्छेद्यैः कनककमलैः कर्ण-विभ्रं शिभिश्च।
मुक्ताजालैः स्तनपरिचितच्छिन्नसूत्रैश्च हारैः
नैशो मार्गः सवितुरुदये सूच्यते कामिनीनान्॥ ('मेघदूत', 68)

ऊपरी हिस्सा एक सुलझी हुई कमलिनी-लता की धारा थी, जिसके प्रत्येक पत्ते में कोई-न-कोई जीवाकृति बन जाती थी। दरवाजे के सामने वेस्सन्तर जातक का भावपूर्ण चित्र था। जो ब्राह्मण राजकुमार के पुत्र को दानरूप में माँग रहा था, उसकी कातर मुखमुद्रा स्पष्ट ही फूट उठी थी; परन्तु राजकुमार और उनके पुत्र में जो सहज दानवीर भाव था, वह देखने ही लायक था। बड़ी देर तक मैं उस चित्र के लेखक की कला पर मुग्ध बना उसे देखता रहा। आजकल दीवार को चूने से पाटकर, महिष-चर्म को घोंटकर लेप लगाने की जो प्रथा है, वह इस चित्र में नहीं दिखाई देती थी; क्योंकि ऐसे भित्तिपट्टों के लिए वज्रलेप के लगाने की प्रथा है जो हवा में ठंडा होकर सूखता है। ऐसे पट्ट बाँस की नाली में लगे हुए ताम्र-तिन्दुकों के उन तूली-कूर्चकों के योग्य ही होते हैं, जो बछड़ों के कान के रोमों से बनते हैं।[1] इस चित्र में स्पष्ट ही ऐसी रोम-तूलिकाएँ व्यवहृत नहीं हुई थीं, फिर भी भाव-प्रकाश की कैसी मनोहर कला थी! राजकुमार के पुत्र की कोमलकान्त मुखभंगिमा में आत्मदान का कैसा दृढ़ भाव था। मैं चकित होकर सोचता रहा कि मोम और भात में काजल रगड़कर बनाए हुए रंगों से कैसा स्वर्गीय भाव फूट उठा है। क्या काजल, मोम और भात ऐसे स्वर्गीय भावों के उत्पादक हैं? मेरा दृढ़ विश्वास है कि मनुष्य का भक्ति-भरा चित्त ही वह वास्तविक उपादान है, जिसने इस मनोहर दृश्य को प्रत्यक्ष कराया है। इस एक चित्र के अतिरिक्त और कोई भी चित्र उस गृह में नहीं था। कुमार के आसन के लिए एक छोटा-सा स्फटिक-पीठ था, जिस पर बहुत कोमल शय्या और उपधान रखे हुए थे। चन्दन की कुछ और चौकियाँ भी उसी प्रकार सजी हुई थीं। ये पंडितों और महात्माओं के बैठने के लिए थीं। कुमार ने आग्रहपूर्वक मुझे एक चन्दनपीठिका पर बैठाया। जब तक मैं बैठ नहीं गया, उन्होंने स्वयं आसन नहीं ग्रहण किया।

आसन ग्रहण करने के बाद कुमार ने भट्टिनी का कुशल-संवाद पूछा। मैंने संक्षेप में उत्तर दिया कि वे प्रसन्न हैं; परन्तु कुमार अधिक सुनना चाहते थे। वे यथासम्भव प्रत्येक मनोभाव को जान लेने के लिए उत्सुक थे, जो कल से लेकर आज तक भट्टिनी के चेहरे से प्रकट हुए हों। कुमार को क्या पता था कि मैं भट्टिनी को कितना कम जानता हूँ। परन्तु मुझे मन-ही-मन यह गर्व अवश्य हो रहा था कि भट्टिनी-विषयक जिज्ञासा का आप्त व्यक्ति मैं ही माना जा रहा हूँ। मैंने कुमार से अपनी जानी हुई कोई भी बात छिपाई नहीं, क्योंकि मुझे पूर्ण विश्वास था कि कुमार हमारे अकृत्रिम मित्र हैं। मैंने बताया कि जब कुमार से

1. तु. 'अभिलषितार्थ चिन्तामणि', 3

मिलकर मैं भट्टिनी के पास लौट आया तो क्या-क्या हुआ। भट्टिनी उत्सुकतापूर्वक मेरी प्रतीक्षा कर रही थीं और बेतरह चिन्तित हो गई थीं। जब मैंने उनसे कहा कि कुमार कृष्णवर्द्धन ने कहा है, देवपुत्र-नन्दिनी को अपने भाई का वह अनुरोध तो पालन करना ही होगा कि वे शिविका से गंगातट तक जाएँ, तो भट्टिनी की नीलोत्पल के समान बड़ी-बड़ी आँखों से अत्यन्त निर्मल बड़े-बड़े अश्रु-बिन्दु झर पड़े। उन स्थूल अश्रु-बिन्दुओं को देखकर ऐसा भान होता था, मानो उनके अन्तस्तल की चित्त-शुद्धि को लेकर ही ये बाहर आ रहे हैं, इन्द्रिय-समूह के प्रसाद ही मानो वर्षित हो रहे हैं, तपस्या के रस ही स्रवित हो रहे हैं, आँखों की धवल प्रभा ही मानो द्रवित होकर गिर रही है, पवित्रता की मेघमाल ही मानो बरस रही है और कृतज्ञता की मुक्तामाला ही मानो छिन्न होकर मोतियों के रूप में बिखर रही है। वे देर तक पृथ्वी की ओर मुख करके बैठी रहीं। फिर थोड़ी देर के लिए आत्म-विस्मृत-सी मेरी ओर देखती रहीं। जैसे उन्हें मेरी बात पर विश्वास ही नहीं हुआ हो, जैसे मैं कुमार की बात न कहकर किसी स्वर्गीय देवता की बात कर रहा होऊँ और फिर शान्त भाव से ही बोलीं–शिविका मँगा लो।

मेरी बात कुमार ने आग्रहपूर्वक सुनी। कल उनके चेहरे पर जो कूट चतुरता थी, वह आज नहीं थी। कल वे महासान्धिविग्रहिक थे, आज किसी अनजानी बहिन के भाई थे। आज उनका कोई भी मनोविकार दब नहीं रहा था, उनके चटुल मत्स्य के समान चंचल नयनों ने तैरने में ही रस लिया। मेरे पास कहने को बहुत कम था, वे सुनना बहुत अधिक चाहते थे। मुझे देखकर उन्होंने अपने आग्रह को दबाया। बोले, "भट्ट, देवपुत्र-नन्दिनी के उपयुक्त वचन हैं। मेरी प्रार्थना उन्होंने स्वीकार कर ली है, कुमार कृष्ण आज अपने को धन्य मानता है। मैं उनके हृदय की गम्भीरता देखकर मुग्ध हूँ। परन्तु सच बताऊँ, भट्ट, तुम बहुत भोले हो। तुमने देवपुत्र-नन्दिनी के मर्म की व्यथा नहीं देखी है। निपुणिका समझती है। उससे पूछकर तुम उनका मन पा सकते हो।" मुझे आश्चर्य हुआ। कुमार ने ऐसी क्या बात देख ली, जो मैं नहीं देख सका। निपुणिका जरूर मुझसे ज्यादा समझती है; पर कुमार ने क्या ऐसा समझ लिया कि मुझे भोला कह दिया। जनम का आवारा बाणभट्ट कल से बराबर यही सुन रहा है कि वह बहुत भोला है। कुछ लोगों को दूसरों को भोला समझने में आनन्द आता है। कुमार भी क्या ऐसे ही हैं? अत्यन्त खिन्न-विनीत स्वर में मैंने प्रश्न किया, "कुमार ने मुझमें क्या भोलापन देखा है?" कुमार हँसे। बोले, "तुम जितना कवित्व करते हो, उतना वस्तुस्थिति का ज्ञान नहीं प्राप्त करते। तुमने भट्टिनी से उनके हृदय की बात कभी पूछी है? तुम क्या समझते हो कि भट्टिनी की अन्तर्गूढ़ वेदना दिन-रात उनकी जिह्वा पर बनी

रहेगी? भट्ट, कवित्व बुरी चीज नहीं है, पर तुमने जो सेवा का गुरु भार लिया है, वह वास्तविकता चाहता है। भट्टिनी वाभ्रव्य के लिए कितनी व्याकुल हैं, यह तुम्हें मालूम है?" कुमार के मुख से वाभ्रव्य का नाम सुनकर मैं चौंक पड़ा। मुझे भी वाभ्रव्य की चिन्ता हो रही है; परन्तु भट्टिनी ने तो मुझसे कुछ भी नहीं कहा और कुमार को कैसे मालूम हुआ कि भट्टिनी उस वृद्ध ब्राह्मण के लिए व्याकुल हैं। मैं कुमार को नम्रतापूर्वक वाभ्रव्य-विषयक अपनी चिन्ता की बात कह गया और पूछा कि भट्टिनी की व्याकुलता की बात उनसे किसने बताई। कुमार हँसे। बोले, "भट्टिनी ने कल आचार्यपाद से कहा है और उन्होंने मुझे बताया है।" रहस्य समझने के बाद मेरा मुख मुरझा गया, कान तक की शिराएँ रक्त के वेगाधिक्य से झनझना उठीं, पैरों के नीचे की आधार-भूमि खिसकती-सी जान पड़ी और दिङ्मंडल कुलाल चक्र की भाँति घूम गया। मैं मूर्ख हूँ। भट्टिनी को मुझ पर भरोसा नहीं है। क्यों नहीं उन्होंने मुझसे यह बात कही? क्या मैं भट्टिनी के एक इंगित पर अपने प्राण दे देने की प्रतिज्ञा नहीं कर चुका हूँ? भट्टिनी मेरे ऊपर विश्वास भले ही करती हों, भरोसा नहीं रखतीं। अभागा बाण आज भी अभागा ही है। उस समय कुमार मेरे भोलेपन का आनन्द ले रहे थे। उनकी क्रीड़ा-चपल नयनताराएँ मेरे गिरते-पड़ते मनोभावों के भीतर घूमने की चेष्टा कर रही थीं। उनका स्मयमान मुखमंडल मध्याह्नकालीन नवमल्लिका की भाँति स्थिर और उत्फुल्ल दिखाई दे रहा था। उनके वक्रिम प्रेक्षित से विकुंचित गंड-मंडल विकचमान पद्म-कोरक के पार्श्वपालि की भाँति प्रसन्न दिख रहा था—उन्हें मेरे मनःक्लेश में रस मिल रहा था। कुमार के मनोभाव को मैं समझ गया और अधिक देर तक बैठना उचित नहीं समझा।

आज विचार करके देखता हूँ, तो मुझे अपने उस दिन कि मनोभाव पर आश्चर्य हो रहा है। कुमार ने जो बात बताई थी, उसमें इतना अधिक लज्जित और खिन्न होने की तो कोई बात नहीं थी। कुमार से चलने की आज्ञा माँगते ही वे हँस पड़े। बोले, "बैठो, भट्ट, तुमने बिलकुल नहीं समझा। देवपुत्र-नन्दिनी तुम्हारी कृतज्ञता के बोझ से दबी हुई हैं। वे ऐसा धन संसार में खोजे नहीं पा रही हैं, जिसे देकर तुम्हारे उपकार का किंचिन्मात्र भी ऋण कम कर सकें। वे क्या तुमसे क्षण-क्षण पर नए-नए आदेश पालन कराती रहेंगी! तुम ही अगर कौशलपूर्वक उनकी मनोव्यथा जान लो, तो उनकी सेवा करने का अवसर पा सकते हो। वे हिमालय से भी अधिक महीयसी और समुद्र से भी अधिक गम्भीर हैं। कुमार कृष्णवर्द्धन ऐसी बहिन का भाई होने से गौरवान्वित है।" निस्सन्देह इस वाक्य से चित्त कुछ हल्का हुआ, पर एक अभिमान का ऐसा बोझ हृदय पर पड़ा हुआ

था कि मैं उससे शीघ्र ही अपने को मुक्त नहीं कर सका। मुझे असह्य मालूम हो रहा था कि भट्टिनी की महत्ता और गम्भीरता के विषय में मुझे कोई उपदेश दे। मैंने फिर कुमार से चलने की आज्ञा माँगी।

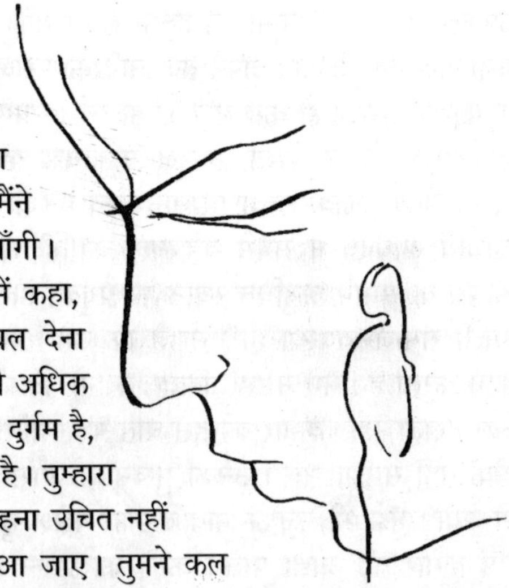

कुमार ने ज़रा व्यथित स्वर में कहा, "आज सायंकाल तुम्हें यहाँ से चल देना होगा, भट्ट! राजनीति भुजंग से भी अधिक कुटिल है, असिधारा से भी अधिक दुर्गम है, विद्युत-शिखा से भी अधिक चंचल है। तुम्हारा और भट्टिनी का यहाँ तब तक रहना उचित नहीं है, जब तक अनुकूल अवसर न आ जाए। तुमने कल अपने को देवपुत्र-नन्दिनी का अभिभावक कहा था। तुम निश्चय ही इस महान् उत्तरदायित्व के योग्य हो; परन्तु तुम्हें मालूम नहीं कि इस पद को पाकर तुमने अपने को राजनीति के कैसे आवर्त्त-संकुल तरंग में छोड़ दिया है। तुम्हारे मनोविकार बहुत स्पष्ट होते हैं, क्योंकि तुममें अशुचि कूटनीति का लेश भी नहीं है; पर तुम्हें अपने को देवपुत्र-नन्दिनी का उत्तम अभिभावक बनाना है। तुम झूठ से शायद घृणा करते हो, मैं भी करता हूँ; परन्तु जो समाज-व्यवस्था झूठ को प्रश्रय देने के लिए ही तैयार की गई है, उसे मानकर अगर कोई कल्याण-कार्य करना चाहो, तो तुम्हें झूठ का ही आश्रय लेना पड़ेगा। सत्य इस समाज-व्यवस्था में प्रच्छन्न होकर वास कर रहा है। तुम उसे पहचानने में भूल न करना। इतिहास साक्षी है कि देखी-सुनी बात को ज्यों-का-त्यों कह देना या मान लेना सत्य नहीं है। सत्य वह है जिससे लोक का आत्यन्तिक कल्याण होता है। ऊपर से वह जैसा भी झूठ क्यों न दिखाई देता हो, वही सत्य है।[1] तुम्हें देवपुत्र-नन्दिनी की सेवा इसलिए नहीं करनी है कि देवपुत्र-नन्दिनी तुम्हारी दृष्टि में पूज्य और सेव्य हैं, बल्कि इसलिए कि उनकी सेवा द्वारा तुम लोक का आत्यन्तिक कल्याण करने जा रहे हो। मैं तुमसे आशा रखता हूँ कि उचित अवसर पर तुम न तो झूठ से झल्ला उठोगे और न ऐसे झूठ के बोलने में हिचकोगे ही, जिससे समग्र मनुष्य जाति

---

1. तु. सत्यस्य वचनं श्रेयः सतयादपि हितं वदेत्।
   यद् भूतहितमप्यन्तमेतत्सत्यं मतं मम॥
   (महाभारत, शान्ति, 229-13)

उपकृत होती हो।'' कुमार ने इतना लम्बा उपदेश देने के बाद एक बार खाँसकर गला साफ कर लिया। अपने को इस प्रकार श्रेष्ठ ज्ञानी के रूप में उपस्थित करने के कारण वे स्वयं ही कुछ लज्जित हो गए। मानो अपनी लज्जा को कुछ धो डालने के लिए ही वे फिर बोले, ''मैं जो कुछ कह रहा हूँ, उसको ठीक-ठीक समझ रहे हो न, भट्ट? लोक-कल्याण प्रधान वस्तु है। वह जिससे सधता हो, वही सत्य है। आचार्य आर्यदेव ने सबसे बड़े सत्य को भी सर्वत्र बोलने का निषेध किया है। औषध के समान अनुचित स्थान पर प्रयुक्त होने पर सत्य भी विष हो जाता है।[1] हमारी समाज-व्यवस्था ही ऐसी है कि उसमें सत्य अधिकतर स्थानों में विष का काम करता है। मैंने न 'हाँ' किया, न 'ना' किया। केवल आश्चर्य के साथ उनकी ओर देखता रहा। कुमार को इस बात पर ग्लानि हुई कि वे मुझे अपनी बात ठीक-ठीक नहीं समझा सके। उनका मुखमंडल उपरागग्रस्त चन्द्र-मंडल की भाँति म्लान हो गया। मुझे भी उनका भाव देखकर क्लेश हुआ। मैंने नम्रतापूर्वक उत्तर दिया, ''मैं कुमार की आज्ञा पालन करने का प्रयत्न करूँगा।''

कुमार उठे और बोले, ''तुम्हें ये दो उपहार भट्टिनी को देने हैं।'' उन्होंने कोने में रखे हुए चन्दन-काष्ठ के विशाल पिटक से एक मूर्ति निकाली। मूर्ति एक काले पत्थर को काटकर बनाई गई बुद्ध-प्रतिमा थी। वितस्तिमात्र की इस मूर्ति में कलाकार ने एक विचित्र चारुता भर दी थी। शक नरपतियों ने अपनी बुद्ध-भक्ति के आवेश में इस देश में भारतीय और यावनी शिल्प की जो गंगा-यमुनी मूर्तियाँ तैयार कराई हैं, उन्हें मैं बिलकुल पसन्द नहीं करता। वे न तो मूर्ति के अर्थ-पुरुष की गहराई में जाती हैं, न प्रमेय-पाटव में। एक तरफ उनमें यावनी प्रतिमाओं की भाँति अंग-प्रमाण की ओर बेतरह ध्यान दिया गया होता है, दूसरी तरफ हाथ और पैर की मुद्राओं में वाच्यार्थ की अपेक्षा व्यंग्यार्थ को प्रधानता दे दी गई होती है। जो छोटी-सी मूर्ति इस समय कुमार कृष्ण के हाथ में थी, उसकी छटा अजब थी। पहली बार मैंने ऐसा पद्मासन देखा, जिसमें चरणतल उसी प्रकार बने थे, जैसे वे वास्तव में होते हैं। भारतीय शिल्पियों के अनुकरण पर कुषाण-नरपतियों ने ऊर्ध्वमुख चरणतलवाले पद्मासन ही बँधाए हैं। प्रमाण-पाटव वाली यावनी मूर्तियों में ऐसे पद्मासन ऊर्णातन्तु से सिले हुए चीनांशुक के समान बेखाप लगते हैं। इस मूर्ति में बुद्ध का मस्तक मुंडित बनाया गया था, जबकि शक नरपतियों की मूर्तियों में दक्षिणावर्त्त कुंचित केश कुछ जँचते नहीं दिखते। मूर्तिकार ने ऐसी मूर्ति बनाई

---

1. तु. शून्यता पुण्यकामेन वक्तव्या नैव सर्वदा।
   औषधं युक्तामस्थाने गरलं ननु जायते॥
   (चतुःशतक, 8-18)

थी, जिसे देखकर भान होता था कि सचमुच ही बुद्ध बैठे हैं। उनके अर्द्धस्तिमित नयन के ऊपर भ्रू-लताएँ धारायन्त्र की ऊर्ध्वविक्षिप्त पयोरेखाओं की वक्रिमता लिए हुए नहीं थीं, बल्कि इस प्रकार छाई हुई थीं कि वे नासावंश के क्षत्र का काम दे रही थीं। हाथ की अँगुलियाँ स्वाभाविक थीं। गुप्तों की मूर्ति-कला के साथ उनका कोई दूर का सम्बन्ध भी नहीं था। समाधि और निद्रा में एक भेद होता है। अधिकांश कुषाण-मूर्तियाँ उस भेद को स्मरण भी नहीं होने देतीं, पर यह मूर्ति ऐसा ओज लिए हुए थी कि उसके रोम-रोम से जागरूकता प्रकट हो रही थी। कुमार ने कहा कि यह मूर्ति तत्रभवती को देना और कहना कि आपके भाई की यह श्रद्धापूर्वक दी हुई भेंट है। फिर उन्होंने एक और मूर्ति निकाली। मैं देखकर एक ही साथ उल्लास, आश्चर्य और औत्सुक्य से झुक पड़ा। यह भट्टिनी के उपास्य महावराह की मूर्ति थी। मूर्ति को हाथ में लेकर उसे बड़े आग्रह के साथ देखते हुए उन्होंने कहा, ''इसे तुम अपनी ओर से देना।'' फिर कुमार ने एक छोटा-सा चन्दन काष्ठ का खटोला निकाला। उसके चारों कोनों में चार श्वेत हस्ती थे। इन्हीं की पीठ पर यह खटोला बना हुआ था। दोनों मूर्तियों को उन्होंने उस खटोले पर आमने-सामने बैठा दिया और मुझसे कहा, ''दो आदमी इसे लेकर तुम्हारे साथ जाएँगे। उन्हें तुम तीर पर से लौटा देना। इसे तुम स्वयं नाव में चढ़ा देना। देवपुत्र-नन्दिनी से कह देना कि वाभ्रव्य पर कोई विपत्ति नहीं आएगी, वह मेरे पास हैं।'' मैंने कुमार को आश्चर्य के साथ देखा। कैसे वाभ्रव्य बचा, वह कहाँ है, अन्यान्य अन्तःपुरिकाओं का क्या समाचार है, नाग का क्या हुआ, इत्यादि प्रश्न मेरे मन में उठने लगे। कुमार ने समझ लिया। बोले, ''उचित अवसर पर सब मालूम हो जाएगा, भट्ट! इस समय इतना याद रखो कि झूठ बोलना सर्वदा अनुचित नहीं होता।'' मैंने कृतज्ञतापूर्वक सिर झुका लिया और विदा हुआ।

उस समय भगवान् मरीचिमाली मध्य-गगन से पश्चिम की ओर लटक रहे थे, मानो प्रकृति-सुन्दरी के सीमन्त की टीका-मणि उसकी श्रान्त अवस्था में शिथिल होकर स्थानच्युत हो गई हो। छाया पूर्व की ओर इस तेजी से बढ़ती जा रही थी, मानो पूर्व प्रान्त के उदयगिरि को कोई सन्देश पहुँचाने जा रही हो। मैं अपने दो साथियों के साथ उन्हीं के दिखाए मार्ग से बढ़ता जा रहा था। रास्ते में एक मन्दिर के सामने अनेक प्रकार के तोरण, कलश और बन्दनवार देखकर मैंने अपने साथियों से पूछा कि यहाँ क्या होने जा रहा है। उन्होंने बताया कि वह सरस्वती-मन्दिर है। प्रतिवर्ष मदनोत्सव के अवसर पर यहाँ समाज बैठा करता है, उसी की तैयारी हो रही है। 'समाज' में नगर की लक्ष्मी, शोभा की खानि, कला की स्रोतस्विनी, परम शीलगुणान्विता गणिका चारुस्मिता का मयूर और पद्म-नृत्य

होनेवाला है। प्रतिवर्ष 'समाज' की व्यवस्था 'छोटे महाराज' की ओर से होती थी। नाना दिग्देश से समागत कवि, कलाकार और गणिकाएँ, नृत्य-गीत की प्रतियोगिता में उतरती थीं। नानाविधि काव्य-समस्याएँ, मानसी काव्य-क्रिया, पुस्तक-वाचन, दुर्वाचकयोग, अक्षरमुष्टिक, पद्मविन्दुमती आदि कलाओं से समस्त नागरिकों का मनोविनोद होता था। पर कल न जाने क्यों छोटे महाराज ने 'समाज' बन्द करा दिया है। अनेक गुणी लौटने लगे थे। स्थाण्वीश्वर की कीर्ति को मलिन होते देख कुमार कृष्णवर्द्धन ने स्वयं इन समाज की व्यवस्था कराई है। आज इसीलिए जल्दी-जल्दी में तैयारी हो रही है। प्रदोष-काल में चारुस्मिता का मयूर और पद्म नृत्य होगा। आज तक उसने यह नृत्य राजपुरुषों के अतिरिक्त और किसी को नहीं दिखाया था, पर आज प्रथम बार नागरिक इस दुर्लभ नृत्य को देखेंगे। इसीलिए आज नगर में बड़ा समारोह है। कान्यकुब्ज की सबसे श्रेष्ठ गौरवभूता गणिका के अपूर्व नृत्य-कौशल को देखने के लिए आज नागरिकों के जनस्रोत की बाढ़ आ जाएगी। मैंने सरस्वती मन्दिर के सामने बनी हुई इस विशाल प्रेक्षाशाला को देखा। विराट पटवास शाल-प्रांशु सोलह खम्भों पर टिका हुआ था। वह क्रमशः नतोदर भूमि को छाए हुए था। सभापति का आसन प्रफुल्ल शतदलों से सजाया गया था। सभापति की दाहिनी ओर संस्कृत के कवियों के लिए आसन निर्दिष्ट थे और बाईं ओर प्राकृत और अपभ्रंश के कवियों के लिए। सभापति के पीछे करणाधिपों (अफसरों) के लिए स्थान निर्दिष्ट था और दाहिनी ओर के एक पार्श्व में तिरस्करिणी (परदा) के पीछे सम्भ्रान्त महिलाओं के लिए स्थान बनाया गया था। सभापति के सामने और वाम ओर के पार्श्व में समस्त नागरिकों के लिए स्थान निर्दिष्ट था। रंगभूमि ठीक बीच में थी। उसमें अभ्रक से मिला हुआ पिष्टातक चूर्ण बिछा हुआ था। मैं उसका मतलब समझ गया। वह मयूर-नृत्य या पद्म-नृत्य का आधार था। कान्यकुब्ज के लोग बड़े रूढ़िप्रिय और चित्रप्रवण हैं। वे मयूर और पद्म-नृत्य जैसी कला को अब भी जिलाए हुए हैं, और उनका सम्मान करते हैं। मगध में मयूर-नृत्य देखने की इतनी चंचलता नहीं हो सकती। मगध इन बातों को कब का छोड़ चुका है। मेरा अपना मत तो यह है कि मयूर-नृत्य तांडव का सबसे घटिया भेद है। ताल ही इसमें प्रधान है। पैरों को इस वेग से ताल देते-देते संचालित किया गया कि उससे कुट्टिम-भूमि के अबीर में पद्म का चित्र बन गया या मयूर का चित्र बन गया, तो कौन-सी बड़ी रस-सिद्धि हो गई? मैं रस को नृत्य का प्रधान रहस्य मानता हूँ। पर कान्यकुब्ज के लोग विचित्र हैं। वे लास्य की अपेक्षा तांडव में अधिक रुचि रखते हैं। वे मनुष्य के मनोभावों की अपेक्षा उसके करण-कौशल को अधिक महत्त्व देते हैं। मैं उनकी दृष्टि को

ठीक-ठीक नहीं समझ पाता। फिर भी यदि मुझे समय होता, तो इस नृत्य को देखता जरूर। मैंने चारुस्मिता का नाम-यश बहुत सुना था और उसके अभिराम पद-संचार की अनेक कहानियाँ भी सुन रखी थीं। मेरी प्रवृत्ति उससे बने हुए मयूर या पद्म के चित्रों की ओर बिलकुल नहीं थी, पर उसके ताल-लयान्वित पद-संचार को देखने की उत्कंठा अवश्य थी। मैं रुक नहीं सकता था। मुझे जाना था, पर मेरा आवारा मन मुँहजोर घोड़े की तरह बाग नहीं मान रहा था। प्रेक्षाशाला अब भी पूर्ण नहीं हुई थी। कारीगर फुर्ती से काम में जुटे हुए थे। बाहर दिव्य गायकों की एक स्रोतस्विनी कमल के फूलों से बनाई जा रही थी। इन कारीगरों की शिल्पपटुता आश्चर्यजनक थी। मैंने बड़े प्रयत्न से अपने मन को इस शिल्पजाल से मुक्त किया और शीघ्रता के साथ नदी-तट की ओर बढ़ा।

छोटी नौका से यमुना पार करने के बाद गंगा-तट तक पहुँचने के लिए शिविकाओं और घोड़ों की व्यवस्था कुमार ने ही करा दी थी। दूसरे दिन सन्ध्या समय हम गंगा-तट पर पहुँच गए।

तीर के पास तक अद्‌भुत शान्ति अनुभूत हुई। दूसरे, सीकर-सिक्त वीचि-वायु मेरे चित्त को परितृप्त कर रही थी। और श्वेत पंकजों की माला की भाँति दिगन्त के छोर तक फैली हुई धारा नयनों के अपूर्व शायक शोभा से स्निग्ध कर रही थी। गंगा कैलास की समस्त धवलिमा की मूर्तिमती धारा है, हर-जटा से चुई हुई चन्द्रमा के पीयूष का स्रोत है, ब्रह्मा के कमंडलु से ढुलकी हुई वेदविद्या का प्रवाह है आर्यावृत्त के जनगण मातृत्व का चिरन्तन आश्रय है। सामने जो स्फटिक-स्वच्छ जलराशि लहरा रही है, वह कितनी पवित्र है, कितनी शीतल है, कितनी मनोहर है! अहा, यहाँ गगन-तल ही जल-रूप में मानो अवतरित हो गया है, तुषार-गिरि ही द्रवीभूत होकर मानो वर्तमान है, चन्द्रातप ही मानो रस-रूप में परिणत हो गया है, शिव का पवित्र स्मित ही मानो जल-धारा बन गया है, पार्वती का अपांगवीक्षण ही मानो तरलित हो रहा है, त्रिभुवन की पुण्य-राशि ही मानो पिघल गई है, शरद्‌कालीन मेघमाला ही मानो ठिठक गई है, सरस्वती की कर्पूर-धवल कान्ति ही मानो द्रवित हुई है। चारुता का यह आश्रय है, शुचिता का प्रवाह है, महिमा का स्रोत है। तट पर क्रौंचों और कलहंसों का कल-स्वन सुनाई दे रहा था। तीर-द्रुमों के पुष्प के सौरभ से नभोमंडल व्याप्त हो गया था, सारसों के क्रेंकार से पुलिन-भूमि मुखरित थी, धवलायमान वक-पंक्ति शुभ्र मालतीमाला के समान ध्यान आकर्षित कर रही थी और सूर्य की किरणें निर्मल वारि-धारा से टकराकर सौ-सौ रंगों में फूट रही थीं। मैंने नौका के पास आकर चन्दन का खटोला ले लिया और अपने दोनों साथियों को सप्रेम विदा किया।

अष्टम उच्छ्वास

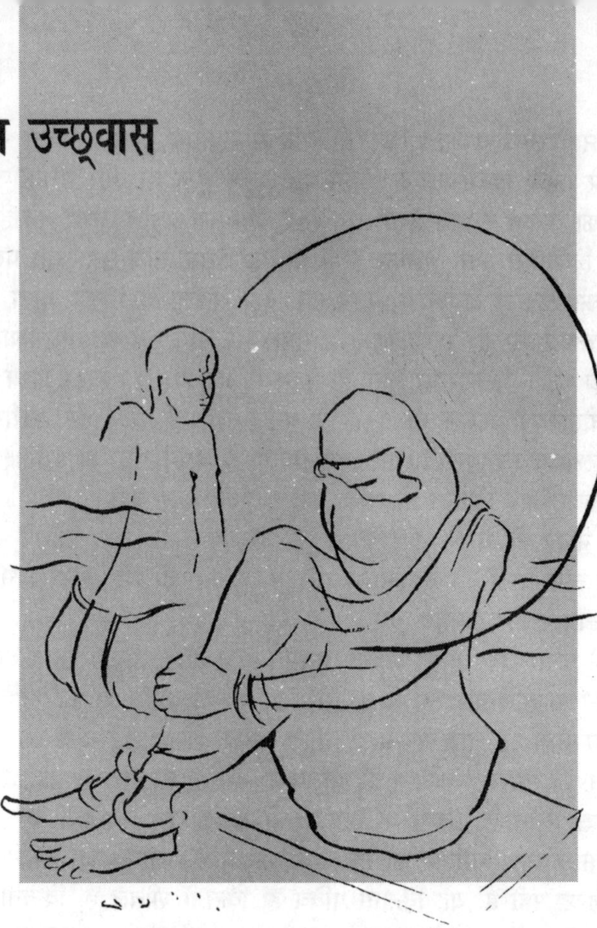

गोधूलि-वेला में मल्लाहों ने नाव खोल दी। इसके थोड़ी देर पहले ही आचार्य सुगतभद्र भट्टिनी को स्नेहपूर्वक आशीर्वाद देकर और उनके पिता के पास पहुँचाने का आश्वासन देकर चले गए थे। भट्टिनी बड़ी देर तक उसी ओर उदास भाव से ताकती रहीं, जिस ओर आचार्य गए थे। उनकी धन-चिक्कन चिकुर-राशि अस्त-व्यस्त होकर मुख पर पड़ी हुई थी, जिसे देखकर शैवाल-जाल में उलझे हुए पद्मपुष्प का भ्रम होता था। धीरे-धीरे नदी की धारा में लाल चन्द्रमा का बिम्ब प्रकट हुआ और देखते-देखते सौ-सौ रूपों में बिखरकर अवगाहन करने लगा, मानो दिन-रात फाग खेल लेने के बाद अब अपने शरीर पर लिपटे हुए पिष्टातक चूर्ण (अबीर) को धो डालना चाहता हो। रात की लालिमा घनी होती गई, ज्योत्स्ना धवलतर होकर सारे गंगा-पुलिन को दुग्ध-धौत-सी बनाने लगी और गंगा की चटुल

वीचियों पर चन्द्रमा तथा नक्षत्रमंडल का नृत्य होने लगा, पर भट्टिनी वैसी ही उदास बैठी रहीं। मुझसे अधिक न देखा गया। व्यथित होकर बोला, "देवि, चिन्ता छोड़ो, बाणभट्ट पर विश्वास रखो, आचार्यपाद का आशीर्वाद सफल होगा। मैं जैसे भी हो, अत्रभवती को विषम-समर-विजयी बाह्लीक-विमर्दन, प्रत्यन्त-बाड़व, अज्ञातप्रतिस्पर्धि-विकट देवपुत्र तुवरमिलिन्द के पास पहुँचा दूँगा। मगध तो मैं केवल आचार्यपाद की आज्ञापालन के निमित्त जा रहा हूँ। मैं ठीक नहीं कह सकता कि मुझे मगध ले जाने की आज्ञा उन्होंने क्यों दी है; देर से सही, मैं अपनी प्रतिज्ञा का पालन अवश्य करूँगा।"

भट्टिनी ने मेरी प्रार्थना सुन ली। अपनी मृणाल-कोमल अँगुलियों से उन्होंने अस्त-व्यस्त अलक-जाल को संयत किया और मन्द स्मितपूर्वक मेरी ओर देखा। क्षण-भर में नौका में एक स्वच्छ प्रभा बह गई। मैंने मन-ही-मन उस अपूर्व कल्पकवि कालिदास को याद किया। अहा, महाकवि ने जब चन्द्रमा की उदयगूढ़ किरणों से अन्धकार को दूर तक हटते देखकर अलक-संयमनपूर्वक नयनों को हरण करनेवाली प्राची दिग्वधू की कल्पना की थी[1] तो क्या लेशमात्र भी सोचा था कि उनके उस कथन के 200 वर्ष बाद गंगा की पवित्र धारा पर द्युलोक और भूलोक में एक ही साथ यह अद्भुत दृश्य दिखाई देगा? उन्हें क्या पता था कि एक दिन जब बाह्य जगत् को चन्द्रमा सुधा-सलिल से प्लावित करता रहेगा, चन्दन-रस के अविरल स्रावी निर्झर से रसमय बना देगा, अमृत-सागर की बाढ़ से भुवनान्तराल को भरता होगा, श्वेत गंगा के सहस्र-सहस्र प्रवाहों को ढरकाता रहेगा और महावराह के संष्ट्रा-मंडल की शोभा बिखेरता रहेगा, उस समय गंगा के प्रवाह पर गंगा के ही समान ज्योत्स्ना-स्वच्छरूपा एक राजबाला अपने मन्द स्मित से अन्तर्जगत् को भी उसी प्रकार पवित्र, निर्मल और उत्फुल्ल बना देगी! भट्टिनी को प्रसन्न देखकर मेरा हृदय आनन्द-गद्गद हो गया। मैंने उत्साहपूर्वक कहा, "देवि, महावराह सहायक हैं, आप अपने सेवक पर भरोसा रखें। जिन लोगों ने सिंह के सटाभार को पैरों से कुचलने की चेष्टा की थी, वे फल पाएँगे। अकिंचन बाणभट्ट को आप उपेक्षा योग्य न समझें। आज भी आर्यावर्त्त में कृतज्ञता का एकदम अभाव नहीं हो गया है और बाह्लीक और प्रत्यन्त से बर्बर हूणों को उखाड़ फेंकनेवाले परम भागवत, परम सौगत देवपुत्र के प्रति इस देश में भक्ति का स्रोत भी सूख नहीं गया है। जिस दिन देवपुत्र को पता लग जाएगा कि आप कहाँ हैं,

1. विक्रमोर्वशीय के निम्नलिखित श्लोक का तात्पर्य होगा :
उदयगूढ़-शशांक-मरीचिभिस्तमसि दूरतरे प्रतिसारिते।
अलकसंयमनादिव लोचने हरित मे हरिवाहन-दिङ्मुखम्॥

उस दिन यमराज भी उनका मार्ग नहीं रोक सकेगा। आज दुर्भाग्य-विडम्बित देवपुत्र शोक से हतबुद्धि होकर न जाने कहाँ पड़े हुए हैं, परन्तु विश्वास रखिए, एक-न-एक दिन ऐसा अवश्य आएगा, जब ब्राह्मणों और श्रमणों के रक्षक, मन्दिरों और देवमूर्तियों की आशाभूमि, तरुणियों और वृद्धाओं के प्रतिष्ठा-रक्षक देवपुत्र आपका संवाद पाएँगे। उस दिन मार्ग की बड़ी-से-बड़ी बाधा छत्रक-दंड की भाँति टूट जाएगी, भयंकर-से-भयंकर व्यूह कच्चे कलश की भाँति छितरा जाएँगे। उस दिन फिर एक बार समुद्र की भाँति अप्रमेय देवपुत्र-वाहिनी विक्षोभ से कलमला उठेगी और आज चोर की भाँति भागनेवाला बाणभट्ट उस दिन प्रलय-पूर का बाँध बनेगा। देवि, बाणभट्ट कर्तव्य से कभी नहीं चूकेगा, आप आश्वस्त हों।''

भट्टिनी की आँखों में आँसू आ गए। उन्होंने छिपाने के लिए मुँह फेर लिया। फिर आँचल से आँखें पोंछकर मेरी ओर देखने लगीं। उनके मुख पर तब भी गीली-गीली हँसी सटी हुई थी। उस हँसी का अर्थ मैंने समझा। उसमें कृतज्ञता थी; पर भरोसा नहीं था। मानो वह हँसी ही उच्च स्वर से भट्टिनी के निगूढ़ मनोभावों को प्रकट कर रही थी, 'आश्वासन दे रहे हो, इसके लिए कृतज्ञ हूँ; पर तुम्हारी प्रतिज्ञा की रक्षा दुःशक्य है।' मैं क्षण-भर तक हतचेता होकर भट्टिनी की करुण गम्भीर मुख-भंगिमा को देखता रहा। मैं उनके मर्म की व्यथा जान लेना चाहता था; परन्तु एक सहज अनुभाव से उनका पवित्र मुखमंडल कुछ इस प्रकार आच्छादित था कि न तो मैं उसे अतिक्रम कर उनके मर्म के भीतर देख ही सकता था और न साहसपूर्वक कुछ पूछ ही सकता था। निपुणिका ने मेरी सहायता की। उसने वेदना-भरी कातरता के साथ कहा, ''भट्ट, तुम बहुत ऊपर-ऊपर चक्कर काटते हो। कविता छोड़ो, भट्टिनी की मर्मवेदना गम्भीर है। सेवक उनके पहले भी थे; पर वे उनकी रक्षा न कर सके। देवपुत्र की अप्रमेय वाहिनी तब भी थी और अब भी है; पर भट्टिनी को वह नहीं बचा सकी। तुम अकेले क्या कर लोगे? सोच-समझकर प्रतिज्ञा करो।''

निपुणिका ने एक बार फिर मेरे अभिमान को धक्का मारा। मैं इसके लिए बिलकुल तैयार नहीं था। किसी दुखी मनुष्य को आश्वासन देते समय मनुष्य कुछ बढ़ाकर बोलता ही है। मैं भी शायद मर्यादा अतिक्रम कर गया था; पर निपुणिका को इस प्रकार आघात नहीं पहुँचाना चाहिए था। मैं क्षण-भर के लिए ग्लान हो गया। मैं अपनी ही दृष्टि में कुछ गिर गया। सायंकालीन शिरीषपत्र के समान मेरी आँखें अपने-आप झपक गईं, धक्का खाए हुए शम्बूक (घोंघे) की भाँति मेरा मुख अपने-आपमें ही सिकुड़कर मानो छिप गया। पर यह अवस्था अधिक देर तक नहीं रही। मेरे आहत अभिमान ने मुझे उद्धत बना दिया। मैं कुछ उत्तेजित होकर कहना

ही चाहता था कि भट्टिनी बीच ही में बोल उठीं। मेरा ग्लान मुख देखकर उन्हें मेरे ऊपर दया आई होगी। उन्होंने निपुणिका को मृदु भाव से डाँटते हुए कहा, "छिः निउनिया, तू क्यों ऐसा कह रही है? भट्ट पर मेरा पूर्ण विश्वास है। कवित्व की शक्ति तू नहीं जानती। भट्ट कवि हैं। वे स्वयं नहीं जानते कि वे क्या हैं! तो क्या हमें भी भूल जाना चाहिए कि वे कितने महान् हैं? सेवक मेरे पहले भी थे; पर ऐसा देवोपम अभिभावक मुझे पहले नहीं मिला था। तू शायद प्रतिज्ञा के सफल होने की बड़ी चीज समझती है। ना बहिन, प्रतिज्ञा करना ही बड़ी चीज है। और देखो, भट्ट, महावराह की ही मुझे आशा है। महावराह ने ही तुम्हें मेरे पास भेजा है। महावराह ही चाहेंगे, तो वे मेरे पिता से भी मुझे मिला देंगे। उनकी ही इच्छा प्रधान है, हम-तुम तो यन्त्र-मात्र हैं। वे जो चाहेंगे, वही होगा। उदासी और प्रसन्नता, हँसी और रुलाई, सब उन्हीं का प्रसाद है। मनुष्य क्या कर सकता है!"

क्षणभर रुककर भट्टिनी बोलीं, "भट्ट, मुझे बहुत पहले मर जाना चाहिए था। जिस दिन नगरहार के मार्ग में प्रत्यन्त दस्युओं ने मुझ पर आक्रमण किया था, उस दिन चुने हुए दो सौ विश्वस्त सेवक मेरी पालकी के साथ थे। पितामह के समान पूज्य और प्रबल पराक्रान्त आदित्यसेन का विश्वासभाजन सेवक धीर नापित मेरे साथ था। डाकुओं ने एकाएक आक्रमण किया था। धीर अन्त तक मेरे ऊपर छत्र की भाँति छाया रहा। मेरे दो सौ वीर देवपुत्र का नाम ले-लेकर खेत रहे। एक प्रहर तक वे लड़ते रहे। जब तक उनके शरीर में एक बूँद भी रक्त बचा था, तब तक किसी दस्यु को उन्होंने मेरी पालकी के पास नहीं आने दिया। मैं कम्पमान वक्षःस्थल पर पत्थर रखकर त्राहि-त्राहि करती हुई अपने विश्वस्त सेवकों का मरण-दृश्य देखती रही। धीर तब भी गला फाड़कर देवपुत्र का जय-निनाद करता रहा। मरते समय तक वह यही कहता रहा कि निर्भय रहो बेटी, ये पापी तुम्हारी छाया नहीं छू सकेंगे। पचासों दस्यु उस पर चींटी की तरह चढ़ दौड़े। उन्होंने उसके वस्त्र और केश नोच डाले; पर वह पालकी पर से नहीं हटा, नहीं हटा। उसके रक्त से मेरी पालकी भीग गई। जब उसने अन्तिम बार चिल्लाकर कहा कि निर्भय रहो बेटी, उस समय मैं अपने को सँभाल न सकी। पालकी से निकलकर मैंने वृद्ध को पालकी के भीतर खींच लेना चाहा तब तक उसके तीन खंड हो चुके थे। मुझ अभागी को उसके चरण ही मिले। मैं कटे रूख की तरह गिर पड़ी। क्यों भट्ट, मैं उसी समय क्यों नहीं मर गई?"

थोड़ी देर चुप रहने के बाद भट्टिनी निपुणिका की ओर फिरीं। उसकी आँखों से आँसू का निर्झर बह रहा था। भट्टिनी बोलीं, "रो मत निउनिया, मैं बहुत रो चुकी हूँ। नगरहार से पुरुषपुर, पुरुषपुर से जालन्धर और फिर न जाने कहाँ-कहाँ

मुझे दस्युओं के साथ घूमना पड़ा और अन्त में स्थाण्वीश्वर के छोटे राजकुल में आश्रय मिला। जिस दिन नगरहार के मार्ग में दस्युओं ने इस अभागे शरीर का स्पर्श किया, उस दिन तक मुझे देवपुत्र की कन्या होने का अभिमान था। मैं एक मास तक अपने पिता का नाम ले-लेकर रोती रही। बाद में मुझमें से वह अभिमान चला गया। आज भगवान् की बनाई और लाखों कन्याओं की भाँति मैं भी एक मनुष्य-कन्या हूँ। उन्हीं की भाँति सुख-दुख का पात्र मैं भी हूँ। उन्हीं की भाँति मेरा जन्म भी अपनी सार्थकता के लिए नहीं है। मेरा अहंकार मर चुका है। अभिमान नष्ट हो गया है, कौलीन्यगर्व विलुप्त हो चुका है। मैं घर्षिता, अपमानिता, कलंकिनी, सौ-सौ मानवियों की भाँति सामान्य नारी हूँ। जगत् के दुख प्रवाह में फेन-बुद्बुद के समान मैं भी नष्ट हो जाऊँगी और प्रवाह अपनी मस्तानी चाल से चलता जाएगा। माता से मैंने बौद्ध दुखवाद का भाव पाया है और पिता से भागवत अनुकम्पा का। मेरे ऊपर महावराह की करुणा है, यही एकमात्र सुख है, और इसी करुणा ने मुझे तुमसे और भट्ट से मिलाया है। ना निउनिया, रोने से क्या होता है! मैं आज भी अपनी रुलाई रोक नहीं सकती; परन्तु तू उसे सामयिक आवेग समझ। मैं सबकुछ भूल जाने की साधना कर रही हूँ। पिता से क्या फिर मिलना होगा? महावराह ही जानें, हम क्यों चिन्ता करें?"

मैं अधिक नहीं सुन सका। उत्तेजित होकर बोला, "कौन कहता है देवि, कि आप कलंकिनी सामान्य नारी हैं? पार्वती के समान निर्मल अन्तःकरण, गंगा के समान पूतकारी विचारधारा, कैलास के समान शुभ्र चरित्र और मानसरोवर के समान सकरुण-हृदय ने जिस देवी को अशेष लोक की पूजनीय बनाया है, उसे कलंकिनी समझनेवाला नरक-भोगी होगा। देवि, पावक को कभी कलंक स्पर्श नहीं करता, दीपशिखा को अन्धकार की कालिमा नहीं लगती, चन्द्र-मंडल को आकाश की नीलिमा कलंकित नहीं करती और जाह्नवी की वारि-धारा को धरती का कलुष स्पर्श भी नहीं करता। आपके अवसादयुक्त वाक्य आपके योग्य नहीं हैं, देवि! स्यारों के स्पर्श से सिंह-किशोरी कलुषित नहीं होती। असुरों के गृह में जाने से लक्ष्मी घर्षिता नहीं होती। चींटियों के स्पर्श से कामधेनु अपमानित नहीं होती। चरित्रहीनों के बीच वास करने से सरस्वती कलंकित नहीं होती। आश्वस्त हों देवि, तुम पवित्रता की मूर्ति हो, कल्याण की खानि हो। समग्र आर्यावर्त्त के ब्राह्मण और श्रमण, देव-मन्दिर और शस्य-क्षेत्र, अनाथ और नारी, पौर और जानपद जिस दिन अपने रक्षक देवपुत्र तुवरमिलिन्द की नयनतारा को पहचान लेंगे उस दिन वे मन्दिरों में तुम्हारी मूर्तियाँ बनाकर पूजेंगे, और यदि कहीं भी इस चिरदृप्त देश में प्राण-कण का लेश-मात्र भी अवशिष्ट होगा, तो प्रत्यन्त दस्युओं को अपने किए

का कठोर प्रायश्चित्त करना होगा। देवि, मैं सचमुच नहीं जानता कि मैं कवि हूँ। मुझे एक-एक श्लोक लिखने में घटियों तक माथापच्ची करनी होती है; परन्तु मैं यदि कवि होता, तो क्या करता, आप जानती हैं? मैं ऐसा गान लिखता कि आर्यावर्त के इस कोने से उस कोने तक देवपुत्र की नयनतारा का धवल यश फैल जाता। मैं ऐसा काव्य लिखता कि युग-युग तक इस पवित्र आर्यभूमि में नारी-सौन्दर्य की पूजा होती रहती और इस पवित्र देव-प्रतिमा को अपमानित करने का साहस किसी को न होता। पर देवि, मैं कवि नहीं हूँ।''

भट्टिनी का मुखमंडल प्रभातकालीन नवमल्लिका की भाँति खिल गया। स्मयमान मुख की कपोल-पालि विकसित हो गई। नयन-कोरकों में वंकिम आनन्द-रेखा विद्युत की भाँति खेल गई। ललाटपट्ट की वलियाँ हो गईं और वह अष्टमी के चन्द्रमा के समान मनोहर हो गया। उनके अशोक-किसलय के समान आताम्र अधरोष्ठ चंचल हो उठे। धीर-प्रसन्न भाव से बोलीं, ''कौन कहता है भट्ट, कि तुम कवि नहीं हो? श्लोक बनाना ही तो कविता नहीं है। निरन्तर पवित्र चिन्तन के कारण तुम्हारा चित्त विगत-कल्मष हो गया है। तुम्हारे चारित्र्यपूत हृदय में सरस्वती का निवास है। तुम्हारे अधरों से विमलधारा की भाँति वाणी का स्रोत झरता रहता है। कौन कहता है कि तुम कवि नहीं हो? जिस दिन तुम्हारी शक्तिशाली वाक्-स्रोतस्विनी से इस धरा का कल्मष धुल जाएगा, उस दिन लोगों को सचमुच शान्ति मिलेगी। भट्ट, कविता श्लोक को नहीं कहते। हमारे यवन साहित्य में गद्य को काव्य की 'निकषा' कहा है। छन्द, तुक और अलंकार तो कविता के प्राण नहीं हैं। प्राण हैं रस, विशुद्ध सात्विक रस। तुम सच्चे कवि हो। मेरी बात गाँठ बाँध लो, तुम इस आर्यावर्त के द्वितीय कालिदास हो।'' इतना कह लेने के बाद भट्टिनी ने अचानक अपने को रोक लिया, मानो जितना कहना चाहिए, उससे अधिक कह गई हो; मानो रुक जाना उचित था, उससे बहुत दूर आगे बढ़ गई हों। फिर उनका मुख कुछ लाल भी हो गया। बड़े-बड़े खंजन-शावक-से चपल नयन झुक गए और अधरोष्ठों का मन्द स्मित जल्दी-जल्दी भीतर भाग जाने की चेष्टा करने लगा। लेकिन भट्टिनी का आनन्द छिपाया नहीं जा सका। रह-रहकर कपोल-पालि विकसित हो उठती थी और नयन-कोरक विस्फारित हो उठते थे। भट्टिनी का मुख आनन्द, ब्रीड़ा और मन्द स्मित रो मनोहर हो उठा।

मैं मुहूर्त-भर तक शिथिल भाव से सोचता रहा। भट्टिनी कह रही हैं, मैं आर्यावर्त का द्वितीय कालिदास हूँ। कालिदास आर्यावर्त के गौरव थे। मुझे एक बार याद आया मालिनी-तट का वह आश्रम, जिसके पत्ते हूत होम-धूम से मलिन

हो गए हैं, जहाँ सकत पुलिन में हंस-मिथुन लीन हो रहे हैं, जलाशय के मार्ग मुनियों के वल्कल-क्षरित जलधारा की पंक्ति से सिक्त हैं, जहाँ के शान्त-विश्वस्त मृगयूथ ज्यानिर्घोष से एकदम अपरिचित हैं, जहाँ लोल अपांग का दर्शन किसी ने नहीं किया, जहाँ सरल ऋषि-कन्याएँ कृतक पुत्रों की गृहस्थी का रस ले रही हैं। इस शान्त वातावरण में याद आई वह सौन्दर्य की मूर्ति, सुकुमारता की खानि, शैवालानुविद्ध कमलिनी के समान वल्कलपिहिता शकुन्तला। फिर याद आई नवोदित वसन्तश्री, नगाधिराज हिमालय की शोभा-सम्पत्ति और शिव का ध्यान। उस दिन कैलास की देवदारु-द्रुम-वेदिका पर निर्वात-निष्कम्प प्रदीप की भाँति स्थिर भाव से आसीन महादेव के सामने अपने ही यौवन-भार से दबी हुई, वसन्त-पुष्पों की आभरण-धारिणी पार्वती जब पुष्प-स्तवक के भार से झुकी हुई संचारिणी पल्लविनी लता की भाँति उपस्थित हुई थीं और अपने नील अलकों में शोभमान कर्णिकार तथा कानों में विराजमान नव-किसलय दल को असावधानी से विस्रस्त करती हुई उस तपस्वी के पाद-प्रान्त में झुकी थीं तो योगी क्षण-भर के लिए चंचल हो उठा था। उसने बरबस अपने नयनों को पार्वती के सुन्दर मुख की ओर व्यापारित किया था; क्षणभर के लिए उसे सारा संसार मधुमय दिख गया था—अशोक कन्धे पर से फूट पड़ा था, वकुल कंटकित हो गया था; न उसने सुन्दरियों के आसिंजित नूपुरों की प्रतीक्षा की थी, न इसने गंडूषसेक की! किन्तु एक ही क्षण में योगी सँभल गया। उसे अपदेवता का अनधिकार हस्तक्षेप—कुसुमबाण-सन्धान—उचित नहीं जान पड़ा। जब तक आकाश से मरुद्गण उससे क्रोध-शमन करने की पुकार करते रहे, तब तक कामदेव कपोत-कर्बुर भस्म में परिणत हो गया। किशोरी पार्वती का कोमल हृदय अपने सौन्दर्य के इस बाँझपन को देखकर झुँझला उठा और उन्होंने तपस्या के इस रूप की वन्ध्यता को दूर करना चाहा। प्रथम दर्शन के प्रेम पर, बाह्य रूप के आकर्षण पर क्षणभर में वज्रपात कराकर, समस्त हिमालय के सौन्दर्य को इस प्रकार असफल बनाकर कालिदास त्याग और तपस्या का आयोजन इस मस्ती के साथ करने में जुट गए, मानो कुछ हुआ ही नहीं; मानो 'कुमारसम्भव' के प्रथम तीन सर्ग माया थे, कवि का उन पर कोई मोह नहीं, कोई ममता नहीं, क्योंकि वे मनुष्य को और उसकी इस दुनिया को ही सबकुछ नहीं मानते थे। कुछ और भी है। इस दृश्यमान सौन्दर्य के उस पार, इस भासमान जगत् के अन्तराल में कोई एक शाश्वत सत्ता है, जो इसे मंगल की ओर ले जाने का संकल्प किए हुए हैं।

कालिदास ने भुवनमोहिनी के गौरव को हृदयंगम किया था। वे उच्छृंखल पौरुष की निर्मर्याद महत्त्वाकांक्षा के दोष पहचानते थे। राज्य-गठन, सैन्य-संचालन,

मठ-स्थापन और निर्जन-वास पुरुष की समताहीन, मर्यादाहीन, शृंखलाहीन महत्त्वाकांक्षा के परिणाम हैं। इनको नियन्त्रित कर सकने की एकमात्र शक्ति नारी है। कालिदास ने इस रहस्य को पहचाना था। इतिहास साक्षी है कि इस महिमामयी शक्ति की उपेक्षा करनेवाले साम्राज्य नष्ट हो गए हैं, मठ विध्वस्त हो गए हैं, ज्ञान और वैराग्य के जंजाल फेन-बुद्बुद की भाँति क्षणभर में विलुप्त हो गए हैं। कहाँ कालिदास और कहाँ मैं अभागा बंड! भट्टिनी या तो जान-बूझकर मुझे केवल आश्वस्त करने के लिए यह बात कह रही हैं, या फिर वे कालिदास को ठीक-ठीक जानती ही नहीं। कालिदास ने जिस महासत्य का साक्षात्कार किया था, उसे वे ही प्रकाशित कर सकते थे। सरस्वती स्वयं उनके कंठ में वास करती थीं। वे वाग्देवता के दुलारे थे। मैं पथभ्रान्त, अकर्मा उनकी तुलना में कैसे रखा जा सकता हूँ? फिर भी भट्टिनी का मेरे प्रति आदर-भाव तो है ही। क्षणभर के लिए मैं सोचना-विचारना छोड़कर भट्टिनी के मनोहर मुख को देखने लगा। वह पाटल-प्रसून के समान लाल हो गया था; पर उस लाली ने उसके सौन्दर्य को सौगुना बढ़ा दिया था। भट्टिनी ने मेरी ओर से मुख हटा लिया। वे निपुणिका की ओर देखने लगीं। निपुणिका का चेहरा उतर गया था। जान पड़ता था, किसी अज्ञात आशंका से वह भयभीत हो उठी थी। निदाघान्त में ग्लपित आरग्वध कुसुम के समान उसका पीला मुख मुरझा गया था। उसकी आँखों के नीचे की नीली रेखा और भी नीली हो गई थी। मैंने भयपूर्वक पुकारा, "निउनिया, तुझे क्या हो गया है?" निउनिया कुछ बोली नहीं। भट्टिनी के आग्रह पर भी वह चुप ही रही और धीरे-धीरे उठकर भीतर चली गई। भट्टिनी ने उसका अनुगमन किया। मैं नाव की छत पर चला आया।

गंगा का स्वच्छ सैकत-पुलिन चाँदनी में चमक रहा था और उसके बीचोबीच गंगा की धारा दूर तक फैली हुई रजत-चूर्ण से समावृत पारद-प्रवाह की भाँति दिखाई दे रही थी। दिगन्त के एक छोर से एक क्षीण नीली रेखा के रूप में इस धारा का आविर्भाव हुआ था और दूसरे दिगन्त के छोर में उसी प्रकार एक पतली नीली रेखा के रूप में वह विलुप्त हो गई थी। बीच में उसकी चटुल लहरें एक पर एक सोपान-श्रेणी की भाँति सजी हुई थीं और चन्द्रमा का प्रतिबिम्ब बार-बार उनसे टकराकर खंड-खंड हो जाता था। सबकुछ शान्त, स्निग्ध और मनोरम था। आकाश में ताराओं की सभा में चन्द्रमा राजा की भाँति विराजमान था और गंगा की धारा में निपुण मल्ल की भाँति विविध व्यायाम का अभ्यास कर रहा था। मेरे सामने इस निःशब्द प्रकृति के अन्तराल में एक कोलाहलपूर्ण युद्ध चल रहा था। भट्टिनी की पालकी चली जा रही है। सबकुछ शान्त, गम्भीर और गुरुता लिए

हुए है। अचानक प्रत्यन्त-दस्युओं का दल उस पर टूट पड़ता है। दो सौ विश्वस्त सैनिक एक-एक करके मर रहे हैं। उनके श्रम-बिन्दु से सुसज्जित भाल-पट्ट पर कभी न झुकनेवाला निश्चय है। उनके हाथों में नंगी तलवारें हैं, कन्धों पर तीक्ष्ण-फलक कुन्त हैं, हृदयों में मर-मिटने की साध है और मनों में भट्टिनी को न बचा सकने का पश्चात्ताप है। उनकी शिराओं से रक्त की धारा छूट रही है। मांसखंड लटककर टूट रहे हैं, परन्तु वे चट्टान की भाँति अपने स्थान पर दृढ़ हैं। धीर नापित निराशा-भरे स्वर में बेटी को निर्भय रहने की पुकार कर रहा है। उसका गला रुँधा है, मस्तिष्क बेचैन है, हाथ शत्रुओं से उलझे हुए हैं और वाणी कातर है; पर उसमें भट्टिनी को बचा लेने की अदमनीय आशा है। और भट्टिनी का कमल के समान प्रफुल्ल मुख भय से काला हो गया है, आँखें विकट दृश्य से पथरा गई हैं, श्रुति-संवेदन भोथा हो गया है—वे बेहोश होकर गिर पड़ती हैं। मेरे रक्त का प्रत्येक कण झनझना उठा। मैंने अनुभव किया कि शिराओं में सर्वत्र कुछ कर गुजरने की उमंग है; पर करना क्या है? संसार में यह विकट घृणित दृश्य पहली बार नहीं दिखाई दिया है, यहीं इसकी समाप्ति भी नहीं है। बाणभट्ट जितना भी चिन्तित और उत्तेजित क्यों न हो, यह घिनौना दृश्य संसार में बार-बार दिखाई देगा। महापुरुषों ने करुणा और मैत्री के अनेक उपदेश दिए हैं, भ्रातृभाव और जीव-दया के बहुत ग्रन्थ लिखे हैं, पर उन्हें सफलता नहीं मिली है। मैं निराशा से कातर हो उठा हूँ। क्या यह कभी बन्द नहीं होगा? क्या संसार की सबसे बहुमूल्य वस्तु इसी प्रकार अपमानित होती रहेगी? मेरा मन कहता था कि जब तक राज्य रहेंगे, सैन्य-संगठन रहेंगे, पौरुष-दर्प का प्राचुर्य रहेगा, तब तक यह होता ही रहेगा। परन्तु क्या कभी यह भी सम्भव है कि मानव-समाज में राज्य न हों, सैन्य-संगठन न हों, सम्पत्ति-मोह न हो? मैं कोई उत्तर खोज नहीं पा रहा था। इसी समय मैंने पीछे फिरकर देखा, निपुणिका खड़ी है। उस समय वह प्रकृतस्थ हो गई थी। हँसती हुई बोली, "एक बात बताऊँ भट्ट, मैं भाग जाने के चौथे दिन तुमसे उज्जयिनी में ही मिली थी।"

मैं इस बिना भूमिका के प्रसंग का कुछ तात्पर्य नहीं समझ सका; पर यह जानकर मुझे आश्चर्य हुआ कि उज्जयिनी में निपुणिका मुझसे मिली थी। मैंने कुतूहल के साथ प्रश्न किया, "क्या कहती है निउनिया, तू उज्जयिनी में मुझसे मिली थी?"

"हाँ भट्ट, मैं उज्जयिनी में तुमसे मिली थी। तुम उस समय शार्विलक के अड्डे पर मुझे ही खोजने गए थे।"

शार्विलक का अड्डा! मुझे उज्जयिनी के जनाकीर्ण लोकालय में मिट्टी के

दीयों से सदा सुसज्जित वह गन्दी पानशाला याद आ गई, जहाँ मद्यपों, द्यूतकारों और चोरों का निवास है। वहाँ स्त्रियों की खरीद-बिक्री का भी कारबार होता है। नगर के निचली श्रेणी के विटों, विदूषकों और लम्पटों का वह अड्डा है। मुझे सन्देह था कि निपुणिका कहीं इन लोगों के जाल में न फँस गई हो, इसलिए कई दंडधरों को साथ लेकर मैं उस नरक-कुंड की तलाशी लेने गया था। वह दुर्गन्ध का भांडार है, दुराचार का आश्रय है, लम्पटता का आवास है। वहीं निपुणिका मुझसे मिली थी! मैंने आश्चर्य के साथ पूछा, "तू वहाँ कैसे गई, निउनिया?"

"मैं मदपायियों को चषक भर-भरकर मद्य दिया करती थी।"

"इसी रूप में?"

"नहीं, मैंने बालक-वेश धारण किया था।"

"तू स्वेच्छा से गई थी, निउनिया?"

"हाँ भट्ट, मैंने स्वेच्छा से केवल एक दिन के लिए नौकरी कर ली थी और वेतन लिए बिना ही दूसरे दिन भाग आई।" मैं आश्चर्य से निपुणिका के मुँह की ओर ताकने लगा। वह हँसती हुई बोली, "तुम नहीं समझोगे भट्ट, मैं बता रही हूँ।" फिर निपुणिका ने अपनी कहानी इस प्रकार सुनाई, "तुम्हें जानकर आश्चर्य होगा कि यद्यपि तुम्हारी नर्तकियाँ अवरोध में रहती थीं और तुमने उनको कुलवधुओं का सम्मान दिया था; पर वे शार्विलक की दूकान का पता जानती थीं। जिस अशुभ रात्रि को मैं तुम्हारे आश्रय को छोड़कर भागी, उस रात्रि को शार्विलक की दूकान बन्द थी। वह तुम्हारे प्रकरण का अभिनय देखने गया था। मैं नेपथ्य से नटी के वेश में ही भाग पड़ी थी। बड़ी देर तक मैं उज्जयिनी की सूनी गलियों में मारी-मारी फिरी। उस रात्रि को उज्जयिनी के समस्त स्त्री-पुरुष बाणभट्ट का अभिनय देखने गए हुए थे। गवाक्षों के कपाट बन्द थे। अलिन्दों की देहलियाँ सूनी थीं। वीथियों में यत्र-तत्र राजकीय प्रदीप अन्धकार दूर करने का असफल प्रयत्न कर रहे थे। मैं एक-दो घटी तक कुछ ठीक न कर सकी कि कहाँ जाऊँ। मेरा मन बुरी तरह आहत था। मैं लज्जा और निराशा से पागल हो गई थी। आज सोचती हूँ, तो जान पड़ता है, मैंने कितनी बड़ी मूर्खता का काम किया था। घूमते घूगते मैं थक गई और एक बार मन में आया कि फिर लौटकर तुम्हारे ही आश्रय में चली जाऊँ। मुझे पूरा विश्वास था कि तुम मुझे क्षमा कर दोगे। पर मेरा भाग्य अप्रसन्न था, मैं आगे बढ़ी। मुझे बिलकुल मालूम नहीं था कि मैं कहाँ चली जा रही हूँ। घूमते-घामते मैं एक बड़े प्रासाद के सामने पहुँच गई। मुझे ऐसा लगा कि यह जरूर परम-भट्टारक के किसी राजकर्मचारी का प्रासाद होगा। प्रासाद के भीतर दीपमालिका-सी जगमग हो रही थी। भीतर दो-चार दासियाँ कदाचित् रही

हों, पर बाहर कोई नहीं था। मैं अन्धकार में एक जगह खड़ी होकर सोचने लगी कि क्या यहाँ मुझे एक रात के लिए कोई रुकने देगा? इसी समय मैं जिस स्थान पर खड़ी थी, उनके पास ही हलचल-सी हुई। फिर दो काले-भूत जैसे आदमी उस स्थान के एक बिल में से निकल पड़े। उसके सारे शरीर में तेल चुपड़ा हुआ था और पहनावे में एक नील लंगोट के अतिरिक्त और कुछ न था। बाहर आते ही वे कुछ सँभालने लगे। मैं उन्हें देखते ही मारे डर के चिल्ला उठी और मूर्च्छित होकर धड़ाम-से गिर गई। मेरा चिल्लाना सुनते ही वे सबकुछ छोड़-छाड़कर भाग गए। उस समय तुम्हारा प्रकरण अभिनीत हो चुका होगा; क्योंकि मेरे गिरने के कुछ क्षण बाद ही नगरी की प्रधान गणिका मदनश्री की गाड़ी वहाँ लगी। उल्का के प्रकाश में एक दासी ने मुझे देखा और आश्चर्य तथा भय से चिल्ला उठी। मदनश्री ने गाड़ी से उतरकर मुझे उठाया। मैं उस समय संज्ञाहीन तो नहीं थी, पर मेरी शिराएँ हतचेष्ट हो गई थीं। मैं लज्जा और भय से जड़ीभूत बनी वहीं पड़ी रही। मदनश्री ने मेरा वेश देखकर मुझे पहचान लिया। आश्चर्य और कुतूहल से वह हैरान-सी रह गई। अस्फुट स्वर में बोली, 'यह तो बाणभट्ट की नर्तकी है!' फिर उसने बड़े प्यार से मेरे सिर पर हाथ रखा और हेला के साथ बोली, 'कहाँ चली हो, हला! इसी वेश में अभिसार को निकल पड़ीं! वह कौन सौभाग्यशाली प्रेमी है, जिसके लिए इस गहन अन्धकार में तुम चल पड़ीं? निष्ठुर है वह सखी, निष्ठुर है!' मैंने मदनश्री को पहचाना। हँसकर बोली, 'मेरा प्रिय यम है, हला!' मदनश्री ने मेरे कपोल पर हल्का-सा आघात किया–'छिः सरले, ऐसा भी बोलते हैं! उठो तो।' मैं उठी और मेरे वस्त्रों में उलझी हुई एक पटोलिका गिर पड़ी। उसमें की सामग्री रास्ते पर बिखर गई। भागते समय चोर उसे फेंक गए होंगे। पटोलिका में अलक्तक (महावर), मनःशिला, हरिताल, हिंगुल और राजावर्त्त का चूर्ण रखा हुआ था। स्पष्ट ही वह मदनश्री की चित्रकर्म की सामग्री थी। मुझे बाद में चलकर पता चला कि मदनश्री बहुत अच्छा चित्रकर्म जानती थी। महाकाल के मन्दिर में जो हर-पार्वती की मनुष्य-प्रमाण प्रतिकृति तुमने देखी थी, वह उसी का बनाया हुआ था। उसे मनःशिला और राजावर्त्त के चूर्णों के मिश्रण का अद्भुत प्रयोग मालूम था। न जाने सिक्थक (मोम) में ऐसी क्या वस्तु वह मिला देती थी कि मनःशिला का रंग एक विचित्र प्रकार से चमक उठता था। तो उस पटोलिका को देखकर गणिका के आश्चर्य का ठिकाना नहीं रहा। मुझे डरी हुई देखकर उसने पहले अनुमान किया था कि उसके रथ को देखकर ही मैं डर गई थी। बाद में जब मैंने चोरों की बात बताई, तो उसने शंकितभाव से सेंध की ओर देखा। पटोलिका के अतिरिक्त उसके शृंगाराधान की पेटिका भी बाहर पड़ी हुई थी। एक बार तो वह कातर भाव से

चिल्ला उठी कि, 'हला, मैं लुट गई!' पर ध्यान से देखने पर मालूम हुआ कि पेटिका से कुछ गया नहीं है। उसने कृतज्ञतापूर्वक मुझे गले लगा लिया। बोली, 'सखि, तुम न आई होतीं, तो मेरा सर्वस्व लुट जाता।' फिर ज़रा रुककर बोली, 'सखि, तुम लोग तो बाणभट्ट की कुलवधू हो, क्या यहाँ एक रात नहीं रुक सकतीं?' मैं क्या कहूँ भट्ट, जिस समय उसने तुम्हारा नाम इस ढंग से लिया, उस समय मेरा मुँह क्रोध से और अमर्ष से लाल हो गया। उसके इस कथन का तात्पर्य तुम नहीं समझ सकोगे। वह कलुषमानस का कलुषतर अभियोग था। मुझे अपने ऊपर भी बड़ा क्रोध आया, क्योंकि वह बराकी मुझे तब भी अभिसारिका समझ रही थी और मुझे चिढ़ाने के लिए ही उसने ऐसा वाक्य कहा था। मैंने शान्ति के साथ ही कहा, 'सखि, मेरी-जैसी अभागिनों को देखकर बाणभट्ट को छोटा न समझो। मैं अब वहाँ नहीं जाऊँगी।' गणिका अवाक् होकर मेरे मुँह की ओर देखने लगी। फिर मेरा हाथ पकड़कर बोली, 'चलो, भीतर चलें।' मैं मदनश्री के साथ उसके विशाल महल में घुस गई। जिसे एक क्षण पहले 'बाणभट्ट की कुलवधू' कहा गया था, उसे गणिका के घर में प्रवेश करने के पहले मर जाना चाहिए था। भट्ट, मैंने तुम्हारे पवित्र नाम को कलंकित किया है, मैं अपराधिनी हूँ!"

इतना कहकर निपुणिका ने घुटने टेककर मुझे प्रणाम किया। मैं धड़फड़ाकर उठ खड़ा हुआ। निपुणिका की इन समस्त बातों का रहस्य मैं बिलकुल नहीं समझ सका था। उसने शान्त भाव से कहा, "बैठो भट्ट, थोड़ा और बैठो।" मैं बैठ गया। निपुणिका का चेहरा खिल गया। एक क्षण में ही मेघयुक्त चन्द्र-मंडल की भाँति, शैवालमुक्त कमलपुष्प की भाँति, काई हटाई हुई पुष्करिणी की भाँति और कुज्झटिका-विरहित दिङ्मंडल की भाँति वह प्रसन्न और निर्मल हो गई, मानो उसके हृदय का कोई विशाल शल्य निकल गया हो, चित्त में धँसी नुकीली कील बाहर आई हो। वह फिर बोली, "मदनश्री का प्रासाद बहुत विशाल था। उसके द्वार पर नाना भाँति की कुसुम-मालिकाएँ मनोहर ढंग से सजी थीं। भिन्न-भिन्न प्रकोष्ठों में शुक-सारिका, लाव तित्तिर, हंस-कारंडव, मयूर-सारस के निवास थे। घोड़ों और मेषों के लिए अलग प्रकोष्ठ थे और नागरजनों के विश्राम और गान-नृत्य सुनने के अलग-अलग प्रकोष्ठ नियत थे। उसके प्रमद-वन की स्थंडिलपीठिकाओं पर नगरी के बड़े-बड़े श्रेष्ठि-कुमार कुरुगारतरण (फूल बिछाना) किया करते थे। उसकी क्रीड़ा-वापी के हंसों और चक्रवाकों को मृणाल भक्षण कराना नागरिक लोग सौभाग्य का कार्य मानते थे। मदनश्री ने बड़े उद्धत गर्व के साथ तुम्हारे विषय में कुवाच्य कहे थे भट्ट, पर उस बेचारी का दोष नहीं था। उसने पुरुष देखा ही नहीं था। उस बन्धुलों, विटों, लम्पटों और स्त्रैणों की रंगभूमि

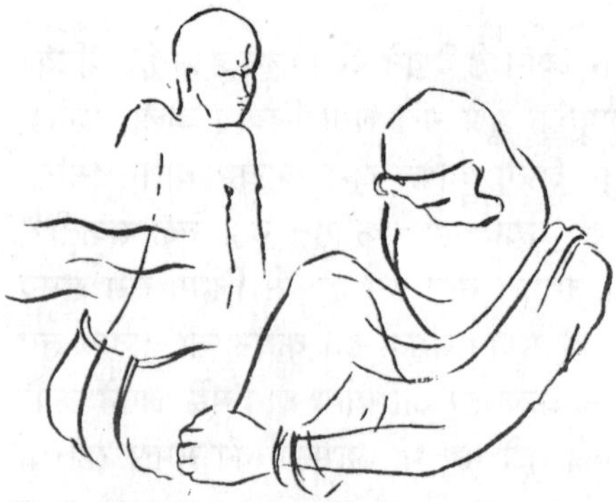

में मनुष्य का कहीं पता न था। उसने गर्वपूर्वक जब कहा था कि, 'तेरे बाणभट्ट जैसे सैकड़ों यहाँ तलवे चाटने आया करते हैं, सखी!' तो मुझे उस पर क्रोध नहीं हुआ था। मैंने केवल उपेक्षा की हँसी हँस दी थी। दूसरे दिन जब वह चीनांशुक में सजकर, गले में रत्नावली पहनकर, लोध्ररेणु से कपोल-संस्कार कर और अलक्तकरंजित पैरों को कुसुम-स्तवक वाले उपानहों से सज्जित कर तुमसे मिलने गई थी, तो मैं क्षणभर के लिए चिन्तित हो गई थी!" इतना कहने के बाद निपुणिका कुछ लजा-सी गई। फिर सँभलकर बोली, "तुम्हें स्मरण है न भट्ट, दूसरे दिन वह तुमसे मिलने गई थी!"

मैं उस घटना को भूल गया था। आज निपुणिका के स्मरण कराने पर उज्जयिनी की मदनश्री का रूप स्मृति-पट पर एकाएक आ उपस्थित हुआ। उस दिन निपुणिका के न मिलने के कारण मैं बहुत चिन्तित था। उसी समय मेरे एक भृत्य ने समाचार दिया कि नगरी की प्रधान गणिका मदनश्री कल के अभिनय की सफलता पर बधाई देने को पधारी है। मैंने उसका स्वागत किया था। उसमें कुलकन्या का-सा शील था और कवि की-सी प्रतिभा। उसने अलक्तक भी धारण किया था, यह मुझे खूब याद है; क्योंकि जब उसने कुट्टिम-भूमि पर पैर रखा, तो मैंने आश्चर्य के साथ देखा कि उस पर प्रवालमणि की रसधारा-सी बह गई; ऐसा जान पड़ा, मानो लाल-लाल लावण्य-स्रोत से सारा कुट्टिम प्लावित हो गया है। उसके चीनांशुक के किनारों पर एक हल्की लाली की लहक-सी डोल रही थी। नूपुरों की क्वणन-ध्वनि से उस तंरगायित अलक्ताभा को शोभामय बना दिया था। मैंने रत्नावली माला को शायद लक्ष्य ही नहीं किया; पर उसके अंशुकान्त (आँचल) के बाहर निकले हुए बाहु-युगल को देखकर मृणाल-नाल का भ्रम हुआ था। उसकी पतली, छरहरी अँगुलियों की नख-प्रभा से वे वलयित जान पड़ते थे। मदनश्री नगर की प्रधान गणिका होने के योग्य ही थी। उसके प्रवाल के समान लाल-लाल अधर-युगल अनुराग-सागर की तरंगों के समान मोहन दिखाई दे रहे थे। उसके गंडस्थल की रक्तावदात कान्ति देखकर मदिरा-रस से पूर्ण माणिक्यशुक्ति के सम्पुट की याद आ जाती थी। उसकी बड़ी-बड़ी काली आँखें शतदल-विबद्ध भ्रमर की भाँति मनोहर थीं। भ्रू-लताएँ मदमत्त यौवन-गजराज की मदराजि की भाँति

तरंगायित होती दिख रही थीं और ललाट-पट्ट पर मनःशिला का लाल बिन्दु अनुराग-प्रदीप की भाँति जल रहा था। उसने लोध्ररेणु से अंशस्थलों का संस्कार अवश्य किया होगा, क्योंकि माणिक्य कुंडलों में उसके उड़े हुए चूर्ण लगे हुए थे और ऐसा जान पड़ता था कि कर्णोत्पल से क्षरित मधुधारा में पद्म-किंजल्कचूर्ण बहे जा रहे हों। ललाटमणि की लाल किरणों से धुले हुए उसके मेचक केशपाश संध्याकालीन मेघाडम्बर की भाँति दर्शन को बरबस आकृष्ट कर रहे थे और ऐसा जान पड़ता था कि एक अद्भुत मदधारा लोचन-जगत् को विह्वल कर रही है। उसकी हँसी में बालिका की-सी सरलता प्रकट हुई थी और क्षणभर के लिए मेरा उद्विग्न चित्त भी उस शोभा की मनोहारिणी पद्मराग-पुत्तलिका को देखकर विश्राम पाने लगा था। उससे थोड़ी देर तक ही बातचीत हुई थी। मैं घूम-फिरकर खोई हुई निपुणिका की बात पर आ जाता था; पर वह कला और शिल्प की बात करना चाहती थी। वह उठकर जब चली गई, तो मैं भूल ही गया कि कोई आया था। विद्युत की क्षणस्थायी प्रभा की भाँति वह एक भूल जाने योग्य झलक छोड़ गई थी। मुझे ऐसा लगा था कि वह मेरे वैदग्ध्य का आदर नहीं कर सकी, और मैंने उसकी परवाह भी नहीं की, क्योंकि मैं उस दिन अपनी विदग्धता का श्राद्ध करने जा रहा था।

निपुणिका ने कहा, ''भट्ट, वह लौटकर आई, तो उसका चेहरा उतर गया था। उसने जीवन में पहली बार ऐसा पुरुष देखा था, जो स्त्री का सम्मान तो करता है, पर तलवा नहीं चाटता। उसने सूखी हँसी के साथ कहा, 'बाणभट्ट आदमी नहीं है, हला!' मैंने गर्वपूर्वक उत्तर दिया, 'वे देवता हैं, सखी!' भट्ट, मैंने तुम्हारा नाम कलंकित किया था, पर तुमने मेरा मान रख लिया है। मैं उसके सामने गर्व से सिर ऊँचा करके चलने लगी। मैंने उस अभागी रात के समस्त क्षोभ को धो दिया। मैं उसी दिन से अपने को हाड़-मांस की गठरी से अधिक समझने लगी। तुमने मुझे मुक्ति दी है, भट्ट!''

मैं आश्चर्य के साथ निपुणिका की बात सुन रहा था। अब मेरे लिए धैर्य रखना असम्भव हो गया। बोला, ''मैं देवता हूँ, यह जानने की इस समय मुझे क्या आवश्यकता है, निउनिया! असली बात बता न! इतनी बड़ी कहानी का आज क्या प्रयोजन है?'' निपुणिका ने आहत भाव से कहा, ''तुम्हारे लिए कोई मूल्य नहीं है इस कहानी का; पर मेरा तो यही सर्वस्व है। गले तक पाप-पंक में डूबी हुई निउनिया के पास और धन है ही क्या, भट्ट?'' मैंने स्नेह के साथ कहा, ''ना, निउनिया, मूल्य तो मेरे लिए पर्याप्त है। तेरे सारे जीवन की कहानी मैं सुनना चाहता हूँ। तूने मुझमें जो कुछ देखा है, वह मैं स्वयं न देख सका हूँ और न समझ

पाया हूँ। मूल्य क्यों नहीं है, पर प्रयोजन तो बता!"

पर निपुणिका सबकुछ कह जाना चाहती थी। उसे रोकना ठीक नहीं था, क्योंकि ऐसा करने से उसके दुखी चित्त को ठेस लगती थी। एक बार उसको ठेस लगाकर मैं जिस प्रकार चिन्तित और उद्विग्न हो गया था, उसकी पुनरावृत्ति अब असम्भव थी। वह कहने लगी और मैं सावधान होकर सुनता रहा। निपुणिका ज़रा सँभलकर मुस्कराती हुई बोली, "तुम विश्वास नहीं कर सकोगे, भट्ट, मदनश्री बुरी तरह पराजित हुई थी।" इतना कहने के बाद निपुणिका की आँखें झुक गईं और वह रुक-रुककर हँसती हुई बोली, "बताऊँ, भट्ट! एक दिन मदनश्री के प्रमदवन में मैं घूम रही थी। प्रमदवन के पूर्वी सिरे पर अशोक और वकुल वृक्षों के बीच माधवीलता का मंडप था। उसके चारों ओर कुरबक का बेड़ा दिया हुआ था। उसी एकान्त कुंज में मैंने आश्चर्य के साथ देखा कि उज्जयिनी की प्रधान गणिका एकाग्र चित्त से चित्र बना रही है। अनाड़ी भी समझ सकता था, उसका हृदय गम्भीर अनुराग से उत्क्षिप्त था। दुकूल विस्रस्त भाव से एक ओर पड़ा हुआ था, कंचुकबन्ध शिथिल हो गए थे, नयनपक्ष्म स्थिर और चिन्तामग्न थे, अँगुलियाँ सफाई से घूम रही थीं और प्रवालमणि के समान लाल ओठों पर मनःशिला और लाजावर्त्त के रँग लगे हुए थे। उस समय वनस्थली शान्त थी, वृक्षों पर पक्षि-विराव एकदम नहीं था, लताओं के किसलय तक मानो सम्भ्रम के कारण स्तब्ध थे। मैं दबे पाँव उसके पीछे जाकर खड़ी हो गई और साँस रोककर उसका कला-नैपुण्य देखने लगी। उसने चित्र का प्रायः समस्त अंग नील आवरण से ढक रखा था। केवल पैरों की अँगुलियाँ बाकी थीं। वह बड़े यत्न से उस पर रंग चढ़ा रही थी। चित्र समाप्त होने के बाद उसने बड़ी सुकुमार भंगी से नील प्रावरण को हटाया। मैं आश्चर्य से स्तब्ध रह गई। भट्ट, वह तुम्हारा ही चित्र था।"

मैंने हँसकर कहा, "निउनिया, चंडी-मंडप के पुजारी के बाद उपहास करने योग्य व्यक्ति तुझे नहीं मिला था, अब मैं मिल गया हूँ।" निउनिया ने सिर ऊपर उठाया। वह हँस रही थी। उसकी आँखें बार-बार नीचे झुक जाती थीं और वह बार-बार ऊपर उठाना चाहती थी। हँसी की शुचिता उन्हें ऊपर ले जाती थी और सरसता नीचे झुका देती थी। जरा कनखियों से स्थिर भाव से देखती हुई बोली, "लेकिन वास्तविक बात तो अभी मैंने बताई ही नहीं।" वह अबकी बार आँखें झुकाकर देर तक हँसती रही। फिर सँभलकर बोली, "भट्ट, उसकी हथेलियों में पसीना आ गया था और चित्र पर एक-आध बूँद आँसू भी गिरे थे!" यह बनाई हुई बात थी। निपुणिका की आँखें ही इसका प्रमाण थीं। मैंने कहा, "सात्विक भाव के स्वेद-बिन्दु?" अब निपुणिका जोर से हँस पड़ी। उसकी आँखें ऊपर नहीं उठीं

और आँचल मुँह पर चला गया। थोड़ी देर के बाद निपुणिका ने कहा, ''मैंने पीछे से सीत्कार किया। गणिका मुझे देखकर लजा गई। उसका लज्जित मुख बहुत सुन्दर था, भट्ट! तुम देखते तो कविता लिख देते। मैंने हँसकर पूछा, 'किस बड़भागी का चित्र बना रही है, हला!' लज्जा और अनुराग गणिका को मूक नहीं बनाते, और भी प्रगल्भ बना देते हैं। हँसती हुई बोली, 'तेरे देवता का!' और चित्र-फलक मुझे दे दिया। मैं दूसरे ही दिन उसे चुराकर भाग खड़ी हुई थी, भट्ट!''

फिर थोड़ा रुककर निपुणिका बोली, ''मैं बहुत दिन नहीं जीऊँगी, भट्ट, थोड़े दिनों की अतिथि हूँ। मेरा एक अनुरोध तुम्हें रखना होगा।'' निपुणिका की इस कहानी का यह उपसंहार सुनकर मैं सिहर गया। बोला, ''छिः निउनिया, ऐसा भी बोलते हैं!'' किन्तु वह सुनने को प्रस्तुत नहीं थी। बोली, ''भागते समय मैंने बालक-वेश धारण कर लिया था। तुम्हारे आवास पर गई, तो पता लगा कि तुम मुझे खोजने कहीं गए हो। यह भी पता चला कि शार्विलक की दूकान पर दंडधरों के साथ तलाशी लेने जाओगे। मैं एक बार सिर्फ तुम्हें देखकर उज्जयिनी छोड़ देना चाहती थी। शार्विलक की दूकान पर मैं चली जा रही थी कि रास्ते में एक शकद्वीप का ब्राह्मण ज्योतिषी मिल गया। उसने मुझे देखते ही कहा, 'आ बेटा, तेरा भाग्य गिन दूँ।' मैंने एक दीनार ज्योतिषी को दिया। मेरे पास बहुत थे। उसने नाना भाँति के चक्र खींचकर बताया कि, 'तेरा भविष्य अच्छा है; परन्तु तुझे दुख भोगना है।' मैंने पूछा कि, 'मैं जिससे भेंट करने जा रहा हूँ, उसके विषय में कुछ बताओ।' उसने थोड़ी देर तक गणना करने के बाद कहा, 'वह बड़ा यशस्वी कवि होगा, परन्तु कोई रचना समाप्त नहीं कर सकेगा। जिस दिन वह कविता लिखने बैठेगा, उस दिन से उसकी आयु क्षीण होने लगेगी। वह उसके बाद सहस्र दिन तक जीवित रह सकेगा।' ज्योतिषी की बात से मैं शंकित हो गई और हाथ जोड़कर बोली, 'कोई बचने की विधि है क्या, आर्य?' ज्योतिषी ने सिर हिलाकर कहा, 'है।' फिर थोड़ी देर चुप रहने के बाद ज्योतिषी ने कहा, 'उससे कह देना कि किसी जीवित व्यक्ति के नाम पर काव्य न लिखे।' मैंने यह सुनकर तत्काल शार्विलक की दूकान का रास्ता लिया। सौभाग्य से वह उस समय प्रसन्न था और चषक भरने के काम में मुझे नियुक्त कर लिया। तुम दंडधरों के साथ आए और मैंने तुम्हें जी भरकर देखा। तुमने घृणा के कारण मेरी ओर ताका भी नहीं। नगर-प्रतीहार जरा देर बाद आए थे और उनसे तुम कह रहे थे कि अपना लिखा हुआ प्रकरण तुमने सिप्रा में फेंक दिया है। और जब तक निपुणिका नहीं मिल जाती, तब तक न तुम नाटक लिखोगे, न खेलोगे। मैं सुनकर आश्वस्त हो गई और नहीं मिलने का संकल्प लेकर भाग आई। आज भट्टिनी के बारे में तुमने

जब कविता लिखने की बात कही, तो मेरा चित्त काँप उठा। मैं यही कहने आई हूँ भट्ट, कि तुम भट्टिनी के या किसी अन्य जीवित व्यक्ति के विषय में कविता मत लिखो। मेरा अनुरोध रख लो, मैं अकिंचन गरीब केवल प्रार्थना कर सकती हूँ।''

निपुणिका ने जानुपातपूर्वक प्रणाम किया। मैंने उसे आश्वासन देते हुए कहा, ''मैं तेरा अनुरोध पालन करूँगा, निउनिया; पर मैं ज्योतिषी की बात पर विश्वास नहीं करता।'' निउनिया आँख फाड़कर मेरी ओर देखने लगी। ज्योतिषी की बात पर विश्वास न करना उसकी समझ में आने लायक बात नहीं थी। मैंने कुछ अधिक नहीं कहा। केवल आकाश की ओर देखकर एक दीर्घ निःश्वास लिया। मैं जानता हूँ कि इधर हाल ही में यवन लोगों ने जिस प्रकार होरा-शास्त्र और प्रश्न-शास्त्र नामक ज्योतिष-विद्या का प्रचार इस देश में किया है, वह यावनी पुराण-गाथा के आधार पर रचा हुआ एक अटकलपच्चू विधान है। भारतीय विद्या ने जिस कर्म-फल और पुनर्जन्म का सिद्धान्त प्रतिपादित किया है, उसके साथ इसका कोई मेल ही नहीं है। यहाँ तक कि हमारे पुराण-प्रथित ग्रह-देवताओं की जाति, स्वभाव और लिंग तक में अद्भुत विरोध स्वीकार कर लिए गए हैं, क्योंकि यवन-गाथाओं की वीनस और डिएना देवियाँ हैं और वे ही इन ग्रन्थों की अधिष्ठात्री देवी मान ली गई हैं। ग्रहमैत्री का तो अद्भुत विधान है। आर्य-पुराण ग्रन्थों से इस मैत्री-बन्ध का कोई समर्थन नहीं होता। इस विद्या ने देश के अशिक्षित जन-समूह को खूब प्रभावित किया है, और धीरे-धीरे यह विद्या कुसंस्कार के रूप में राजाओं और पंडितों में फैलती जाती है। सबसे आश्चर्य तो यह है कि भगवान् बुद्ध के प्रवर्त्तित सौगतमार्ग में भी इसका प्राधान्य स्थापित हो गया है। मैं इसका रहस्य जानता हूँ, परन्तु निउनिया नहीं जानती। तो भी उसको आश्वस्त करने के लिए मैंने प्रतिज्ञा की कि किसी जीवित व्यक्ति के विषय में कविता लिखने में संकोच करूँगा। अन्त तक मेरी प्रतिज्ञा निभ नहीं सकी; पर जिस दिन वह टूटी, उस दिन निपुणिका हमें छोड़कर लोकान्तर को प्रस्थान कर चुकी थी। हम दोनों थोड़ी देर तक चुप बैठे रहे। नौका के नीचे से आनन्द-गद्गद स्वर में सुनाई दिया :

जलौघमग्ना सचराचरा धरा विषाणकोट्याऽखिल विश्वमूर्तिना।
समुद्धृता येन वराहरूपिणा स मे स्वयंभूर्भगवान् प्रसीदतु ॥

कंठ भट्टिनी का था। निपुणिका धड़फड़ाकर उठ पड़ी, ''भट्टिनी की पूजा समाप्त हो गई। चलो, प्रसाद लें।''

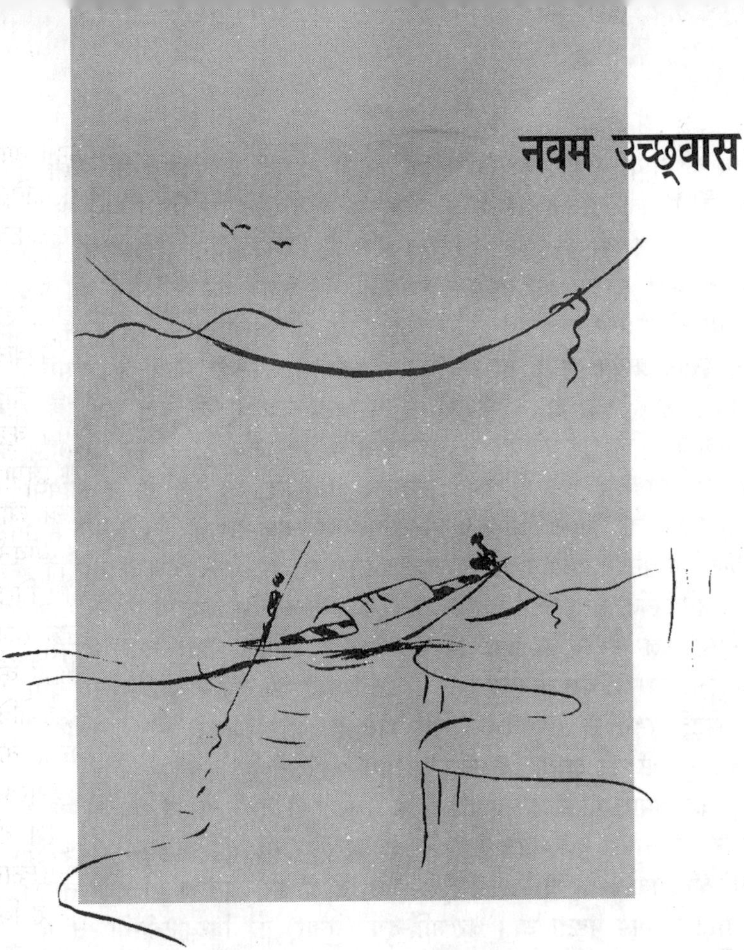

नवम उच्छ्वास

त्रिवेणी पार करने के बाद हमारी नौकाएँ गुणकर्ष के बिना ही तीव्र गति से चलने लगीं। इससे पहले मल्लाहों को कई स्थानों पर नौकाओं को खींचना या ठेलना पड़ा था; पर प्रयाग के बाद पानी की कमी नहीं रही। सबसे बड़ी बात जो अब मेरे आवारे चित्त को चंचल करने लगी, वह यह थी कि गंगा अब प्रायः ही छोटी-मोटी पहाड़ियों के पार्श्व को दरेरती हुई चलने लगी थी। विंध्याटवी का आकर्षण मैं अपने जीवन में कभी नहीं काट सका हूँ। पूर्व-समुद्र में अपर-समुद्र तक विस्तीर्ण पृथ्वी की मनोहर मेखला के समान, मध्यदेश की अलंकारस्वरूपा यह परम रमणीय विंध्याटवी बाल्यकाल से ही मेरे चित्तरूपी चपल अश्व का खलीन (लगाम) रही है, वैराग्य-रूप द्विरद (हाथी) का अंकुश रही है; और भ्रमणोन्माद-रूप मानसद्वन्द्व का कवच रही है। मैं घूम-फिरकर इसके पास लौट आया हूँ। मैं उन

वृक्षों की माया नहीं काट सकता, जो जंगली हाथियों के मदजल से सिक्त होकर बढ़े हैं, जिनके मस्तक पर के श्वेत कुसुम बहुत ऊँचे पर स्थित होने के कारण उलझे हुए नक्षत्रों के समान शोभित होते हैं, जिनकी घनी छाया एक ही साथ शान्ति और सम्भ्रम को उत्पन्न कर देती है। शैशव काल में मैंने इन विशाल विंध्याटवी के एक अंशमात्र का आस्वाद पाया था, आज देश-विदेश घूमने के बाद मैंने इसके प्रत्येक भाग का रस निपुण भाव से उपलब्ध किया है। इसमें कहीं मदमत्त कुरर पक्षी अपने चंचुओं से मरीच-पल्लव कुतरते देखे जाते हैं; कहीं गज-शावकों के शुंड-कंडूयन से तमालवृक्ष के किसलय टूट-टूटकर वन-भूमि को आमोद-मग्न कर देते हैं; कहीं मधुपान से लाल बने हुए केरल-कामिनी के कपोल-तल की शोभा आहरण करनेवाले बाल-तरु-पल्लव ऐसे लगते हैं मानो लीलालोल वनदेवताओं के चरणालक्तक (महावर) के रंग से लाल हो गए हों; कहीं ऐसे अनेकानेक लता-मंडप विराज रहे हैं, जिनके तलदेश शुक पक्षियों के कुतरे हुए दाड़िमी फल के रस से आर्द्र हो गए होते हैं, जिनके भीतर चपल वानरों द्वारा कंपिल्ल (नारंगी) वृक्ष के फल और पल्लव गिराए गए होते हैं, जो निरन्तर पुष्प-रेणु के झड़ते रहने से रेणुमय हो गए होते हैं, और जिनके भीतर पथिक लोग लवंग-पल्लवों की शय्या बिछाकर विश्राम कर लेते हैं।

जब हमारी नौका इन पहाड़ियों के तलदेश से चलने लगती थी, तो मेरा चित्त छिन्न-रज्जु वृषभ की भाँति भाग पड़ता था और मदस्रावी गजयूथों, निर्झर-मुखर गिरि-कन्दराओं, नीरन्ध्र नील निचुल-(वेंत) कुंजों और एला-लवंग तथा तमाल के झुरमुटों में दौड़ पड़ता था। चरणाद्रि-दुर्ग (चुनार) को विंध्याटवी-वेष्टित गंगा ने तीन ओर से घेर लिया है। यहाँ से एक ही दृष्टि में मैंने दूर तक फैले हुए बदरी-वृक्षों के झुरमुट, बनपनस के झाड़ और सीताफलों की काली वनराजि देखी। एक बार जी में आया कि कूद पड़ूँ इस वनदेवताओं के आवास में, इस उन्मद मयूरों की विहारस्थली में, इस करेणु-सेवित कान्तार में, इस निर्झर-मुखर विंध्याटवी में। दुर्ग के अपर-प्रान्त में घाट था। नौका वहीं रोक दी गई थी। मैं बड़े उदास भाव से विंध्याटवी की ओर देख रहा था, क्योंकि उसमें धँस पड़ने को मैं स्वतन्त्र नहीं था।

इसी समय मेरी साथवाली नौका का एक सैनिक युवक मेरे सामने आया और जानुपातपूर्वक प्रणाम करके बोला, "आर्य, अनुमति हो तो एक प्रयोजनीय विषय में कुछ निवेदन करूँ।" मैंने युवक को ध्यान से देखा। इकहरा शरीर, चौड़ी छाती, बड़ी-बड़ी आँखें और सहज आनन्दमय मुखमंडल देखकर अहैतुक आनन्द-सा हुआ। बोला, "क्या कहना है, भद्र? अवहित हूँ, बोलो।" युवक ने नम्रतापूर्वक

कहा, "यह चरणाद्रि-दुर्ग है। कान्यकुब्जेश्वर का यही इस समय तक का पूर्वी दुर्ग है। इसके बाद के देशों में इस समय अराजकता है। उत्तर का काशी और दक्षिण का करूष जनपद इस समय न तो मगध के गुप्तों के हाथ में है और न अपने। महाराजाधिराज के ज्येष्ठ ने यहाँ बड़ी कुशलता की नीति बरती थी। उन्होंने उत्तरी तट के कुछ ब्राह्मणों को भूमि का अग्रहार देकर अपने पक्ष में कर लिया है। ये भूमि-अग्रहारभोजी ब्राह्मण समस्त जनपद में प्रधान हो चुके हैं। वे ही इधर के सामन्त हैं। उनमें वैदिक क्रिया लोप होती जा रही है। अब वे खुलकर बौद्ध राजा का समर्थन करने लगे हैं। पर दक्षिण के व्याघ्र सरोवर में आभीर सामन्त ईश्वरसेन का प्रभाव है। वह गुप्त सम्राटों का बड़ा ही विश्वास-भाजन है। कुमार ने हमें आदेश दिया है कि नौका उत्तरी तट से ले जाई जाए और इन प्रान्तों में हमें कोई कान्यकुब्ज न समझ सके। आर्य को भी इस स्थान पर सावधान रहना होगा।"

इस संवाद ने मुझे जैसे सोते से जगा दिया। मुझे कुमार का वह उपदेश याद आ गया जिसमें उन्होंने संकोचपूर्वक बताया था कि झूठ बोलना सदा अनुचित नहीं होता। वह उपदेश क्या इसी अवसर के लिए था? यदि इसी अवसर पर उस उपदेश की आवश्यकता है, तो हम निश्चय ही किसी भयजनक स्थान पर आ गए हैं। मैं कुछ बोला नहीं; पर मेरे मुख पर उद्वेग के चिह्न जरूर लक्षित हुए होंगे, क्योंकि उस प्रसन्न-मनोहर युवक के दीप्त भाल-पट्ट पर गाम्भीर्य दिखाई दिया, उसका गंडस्थल धौतकेसर कदम्ब-पुष्प की भाँति परिम्लान हो गया और उसके लाल होंठ कुछ व्यग्र भाव से स्फुरित हो गए। पर वह बोला नहीं। धीरे-से प्रणाम करके चला गया और थोड़ी देर में एक वृद्ध सैनिक के साथ फिर लौट आया। मैं उस समय चिन्तित था। क्या फिर भट्टिनी को लेकर मैं भय-स्थान की ओर अग्रसर हो रहा हूँ? परन्तु मैं तो कान्यकुब्जेश्वर के राज्य से बाहर निकल जाने के लिए ही चला हूँ। फिर डरने की क्या बात है?

वृद्ध सैनिक ने प्रणिपातपूर्वक निवेदन किया, "आर्य, इस बालक ने आपसे जो कुछ कहा है, वह सत्य है; परन्तु इससे आपके चिन्तित या उद्विग्न होने की बात नहीं है। दूसरी नौका में दस क्षत्रिय कुमार आपकी रक्षा के लिए तैयार हैं। आर्य, इन नाड़ियों में मौखरियों का उष्ण रक्त प्रवाहित हो रहा है। मैं प्रतापी यशोवर्मा का सेवक हूँ। मदमत्त हाथियों के धाराजल की वर्षा में मेरी आयु कटी है, शस्त्रों के झणत्कार में ही मैंने जीवन का संगीत सुना है, अश्व की पीठ पर ही मेरा विश्राम हुआ है। आज मौखरियों का प्रतापानल निर्वापित हो गया है; किन्तु उस जाति में अब भी प्राण हैं। आज बड़े पुण्य से इस पवित्र जाह्नवी की जलधारा पर ब्राह्मण-दम्पती की सम्मान-रक्षा का भार इन भुजाओं पर है। आप निरुद्विग्न

हों, आर्य! आज तक विग्रहवर्मा ने पराजय नहीं देखी है। मृत्यु की देहली पर खड़ा होकर कभी भी वह अपने समस्त जीवन के यश को काला नहीं होने देगा।''

वृद्ध की दर्पोद्धत गर्वोक्तियों में एक अत्यन्त सहज भाव था। उसके रोम-रोम से आत्मविश्वास प्रकट हो रहा था। परन्तु 'मौखरि' शब्द ने मुझे चौंका दिया। भट्टिनी को यह मालूम नहीं होना चाहिए। परन्तु जान-बूझकर कुमार ने मौखरि वीरों को हमारी रक्षा के लिए क्यों नियुक्त किया? फिर इस वृद्ध क्षत्रिय सैनिक ने 'ब्राह्मण-दम्पती' किसे कहा है? मैं भीतर-ही-भीतर परिम्लान हो गया। ऐसा न हो कि इन दोनों में से कोई भी एक शब्द भट्टिनी के कानों में पहुँच जाए। छिः! कैसी लज्जा की बात है यह! मैंने प्रसंग बदलकर अपने-आपको ही भुलावा देने का प्रयत्न किया। बोला, ''जानता हूँ भद्र, प्रतापी यशोवर्मा की विमल कीर्ति से मैं परिचित हूँ। कौन उस दुर्द्धर्ष पराक्रमी यशोवर्मा को नहीं जानता, जिनकी दृढ़ मुष्टि में बँधी हुई तलवार जब मदमत्त हाथियों के कुम्भ-पीठ पर पड़ती थी तो उसमें स्थूल-स्थूल गजमुक्ताएँ इस प्रकार लग जाती थीं, मानो मुट्ठी बाँधने के जोर से तलवार की धारा ही बड़े-बड़े बिन्दुओं के रूप में टपकने लगी हो। इस मुक्तालग्न दन्तुर कृपाणधारा ने न जाने कितनी शत्रुराजलक्ष्मियों को खींच लिया था। जानता हूँ भद्र, अनेकानेक सुभटों के वक्षःस्थल पर बँधे हुए लौह-कवचों से अन्धकार हो जाने पर हाथियों की मदधारा के दुर्दिन में भीगती हुई राजलक्ष्मियाँ जिस यशोवर्मा के पास अभिसारिकाओं के समान आती थीं, उस अतुल पराक्रम मौखरि वीर को मैं जानता हूँ। मुझे तुम्हारे प्रतापी भुजदंड पर भी विश्वास है, भ्रद! मैं निश्चिन्त हूँ। परन्तु एक बात जानने की मेरी बड़ी उत्सुकता है। तुम क्या छोटे महाराज के सैनिक हो?''

वृद्ध की आँखें एकाएक लाल हो गईं। उनसे अग्नि-स्फुलिंग-से झड़ने लगे। रोष-रुद्ध कंठ से वह बोला, ''ना आर्य, छोटा महाराज लम्पट है। वह मौखरिवंश का कलंक है। उसे पोसकर नीति-निपुण महाराजाधिराज श्रीहर्षदेव ने सारे देश में मौखरियों के ऊपर घृणा उत्पन्न करा दी है। मैं पट्टदेवी राज्यश्री की आज्ञा से बौद्ध नरपति की सेवा कर रहा हूँ। पट्टदेवी हर-जटा-प्रवाहिता जाह्नवी की भाँति पवित्र हैं, अद्वितीय पतिधर्मचारिणी अरुन्धती की पार्थिव विग्रह हैं, इस धरित्री पर भूल से चली आई हुई कल्प-लतिका हैं, पार्वती के तरह हास की मूर्तिमती प्रतिमा है, सरस्वती की कर्पूर-गौर कान्ति का ससार रूप हैं। वे ही मौखरियों की नेत्री हैं, वे ही उनका सर्वस्व हैं। आज उस देवी के रूप में ही मौखरि-राजलक्ष्मी जीवित है। आज भी उनके इंगित-मात्र से मौखरि-वीर धरित्री को आन्दोलित कर सकते हैं। हम उनकी इच्छा से ही इस समय महाराजाधिराज के विश्वस्त अनुचर हैं।

उनकी दयालुता के कारण ही छोटा महाराज अभी जीवित है, नहीं तो मौखरियों के कुल का कलंक यह राजा नामधारी अत्याचारी भेड़िया कब का नरक जा चुका होता।" वृद्ध की बातों से मैं आश्वस्त हुआ और अत्यन्त उत्साहपूर्वक उसे साधुवाद दिया। वृद्ध को मेरे सन्तुष्ट चेहरे से मानो कोई बड़ा भारी पुरस्कार मिल गया। वह प्रणाम करके सहज भाव से चला गया। कुछ देर बाद नाव चल पड़ी।

आभीर सामन्त ईश्वरसेन के सैनिकों को हमारे ऊपर सन्देह हो गया। उन्होंने नाव पकड़नी चाही। युद्ध अवश्यम्भावी था। वह भी शुरू हो गया। उस समय कठिनता से आधी रात बीती होगी। हमारी नौकाएँ यथाशक्ति भागने की कोशिश कर रही थीं; पर वे एक स्थान पर घेर ली गईं। तमसा का संगम पार हो चुका था। और भी किसी छोटी नदी का संगम पीछे छूट गया था। हम प्राणों का पण लगाकर मगध की सीमा में घुस जाना चाहते थे। पर जो नहीं होना था, वह नहीं हुआ; और जो होना था, वह हो गया। विग्रहवर्मा और उसके वीर सैनिक अद्‌भुत विक्रम से प्रतिपक्षियों पर टूट पड़े। संख्या में वे उनके आधे से भी कम थे; पर अब भागना असम्भव था। देखते-देखते उनके हुंकार से दिङ्मंडल, धनुष्टंकार से आकाश-मंडल और बाणों से गंगा की धारा परिपूर्ण हो गई। सुभटों के कवचों से स्फुलिंग निकलकर अन्धकार की नीलिमा को छिन्न-विच्छिन्न करने लगे। हमारी नौकाएँ तेजी से पूर्व की ओर बढ़ना चाहती थीं और, और भी तेजी से हमारे प्रतिपक्षी हमें घेर लेना चाहते थे। वे क्रमशः समीप आते गए और फिर इतनी दूरी पर रह गए कि बाणयुद्ध असम्भव हो गया। विग्रहवर्मा ने मौखरि-कुल-लक्ष्मी राज्यश्री का नाम लेकर जयनिनाद किया और अपने सैनिकों को कुन्त सँभाल लेने का आदेश दिया। मैं अब तक हतबुद्धि की भाँति इस युद्ध को देख रहा था। मैं अब भी यह आशा लगाए था कि किसी-न-किसी प्रकार यह विपत्ति दूर हो जाएगी; परन्तु अब विपत्ति एकदम सिर पर आ गई। क्षण-भर में मुझे नगरहार के पथ में आक्रान्त भट्टिनी का करुणापूर्ण मुखमंडल स्मरण हो आया। मैंने देखा कि वह घटना पुनरावृत्ति की ओर आ रही है। मैं अब स्थिर न रह सका। मेरे शरीर पर वर्म नहीं था, हाथों में शस्त्र नहीं था और हृदय में आशा भी नहीं थी। मैं स्पष्ट देख रहा था कि धीर नापित की भाँति मैं भी भट्टिनी का जयनिनाद करता हुआ खंड-खंड हो जाऊँगा। अधिक सोचना बेकार था। मैं भी निग्रहवर्मा की नौका की ओर बढ़ने को तैयार हुआ। केवल एक क्षण के लिए मैं भट्टिनी और उनकी नील उपास्य मूर्ति का ध्यान किए रहा। मेरे मन में कहीं भी कोई आशा नहीं थी; पर फिर भी महावराह के भरोसे मैं थोड़ा आश्वस्त हो लेना चाहता था। दुर्बल का सम्बल ही ईश्वर है। मैं उठ पड़ा। जय हो उस महाविष्णु की, उस नरसिंह-मूर्ति

की, जिसकी क्रोधकषायित लाल दृष्टि ने ही हिरण्यकशिपु का वक्ष विदीर्ण कर दिया था। जय हो उस महिमाशाली वराह-मूर्ति की, जिसके चन्द्र-किरणों के अंकुर के समान दाँतों ने असुर-कुल में अन्धकार उत्पन्न कर दिया था। मैं उठ पड़ा। विग्रहवर्मा ने ललकारा, ''वीरो, मरण का ऐसा त्योहार नहीं मिल सकता। सावधान, शत्रु ब्राह्मण-दम्पती की छाया न छू सकें। जय मौखरि-कुल-राजलक्ष्मी, जय महाराज्ञी राज्यश्री, जय-जय मौखरि-वंश, जय!'' सुभटों ने एक साथ जयनिनाद किया और तीक्ष्ण-फलक कुन्त लेकर प्रतिपक्षी भटों से गुँथ गए। नावें प्रायः सट गई थीं। मल्लाहों ने भी विकट जयघोष किया और गंगा की धारा रक्त से लाल होने लगी।

ठीक इसी समय धम्म-से आवाज हुई। निपुणिका चिल्ला उठी, ''भट्ट, बचाओ, बचाओ।'' और वह स्वयं भी नदी में कूद पड़ी। मैं कुछ समझ नहीं सका। नीचे आकर देखता हूँ, तो भट्टिनी और निपुणिका पानी में डूब रही हैं। क्षण-भर में मैंने अपना कर्तव्य निर्णय कर लिया और पानी में कूद पड़ा। निपुणिका ने चिल्लाकर कहा, ''मुझे छोड़ो, भट्टिनी को सँभालो। उधर देखो, उधर...।'' मैं भट्टिनी की ओर लपका। एक क्षण का विलम्ब हुआ होता, तो भट्टिनी गंगा के तल में होतीं। मुझमें न जाने कहाँ से अद्भुत शक्ति आ गई थी। भट्टिनी को मैंने पकड़ लिया और अपनी पीठ पर डाल लिया। मुझे ऐसा लगा कि भट्टिनी काफी पानी पी चुकी हैं। वे अवश हो गई थीं और बहुत भारी लग रही थीं। फिर भी मैं उन्हें लेकर नाव की ओर लौटने की कोशिश करने लगा। परन्तु नाव पीछे छूट गई थी। मल्लाह और सैनिक मिलकर शत्रुओं से जूझ रहे थे। नाव को देखने की फुरसत किसी को नहीं थी। धारा के विरुद्ध मैं देर तक नहीं जूझ सका। लाचार होकर धारा के अनुकूल बहने लगा। एक बार मुझे लगा कि भट्टिनी को अपने पीठ पर देर तक नहीं ढो सकूँगा। मेरा शरीर क्रमशः क्लान्त होता जा रहा था। कहीं ऐसा न हो कि क्लान्ति के कारण मैं शिथिल हो जाऊँ और भट्टिनी मेरी पीठ से खिसक जाएँ। मैंने अपने उत्तरीय से भट्टिनी को कसकर बाँधना चाहा। जब उत्तरीय भट्टिनी की भुजाओं में लपेटने लगा, तो कुछ कठोर वस्तु का अनुभव हुआ। खींचकर देखता हूँ, तो महावराह की मूर्ति है! हाय 'जलौघमग्ना सचराचर धरा' के उद्धारकर्त्ता आज अपने भक्त को ही डुबा रहे हैं, यह कैसी विषम विडम्बना है! भट्टिनी इस मूर्ति के कारण ही भारी लग रही थीं, और निरन्तर जो डूबती जा रही थीं, सो भी इसी के कारण। अवधूत का प्रश्न आज मूर्तिमान होकर सामने आया, 'किसे बचाऊँ—भट्टिनी को या महावराह को?' अवधूत की क्रुद्ध मुद्रा याद आई, 'मूर्ख, तू महावराह को बचाएगा?' सचमुच ही तो, इस

महामहिमाशाली उद्धारकर्त्ता को बचा लेने का संकल्प क्या स्पर्धा नहीं है? हे जलौघमग्ना सचराचरा धरा' के उद्धारकर्त्ता, तुमसे अधिक चिन्ता मुझे तुम्हारे भक्त की है, अविनय क्षमा हो, मैं तुम्हें गंगा की पवित्र धारा में विसर्जन कर रहा हूँ। मेरे सामने अवधूत बाबा अघोरभैरव की प्रसन्न मूर्ति खेल गई। ऐसा लगा कि वे प्रेमपूर्वक डाँट रहे हैं। 'फिर झूठ बोलता है जन्म का पातकी, कर्म का अभागा, मिथ्यावादी पाषंड! महावराह को बचाएगा तू! दम्भी!' मैं कुछ लज्जित-सा हो रहा। फिर ऐसा लगा कि वे स्नेहपूर्वक कह रहे हैं : 'देख बाबा, इस ब्रह्मांड का प्रत्येक अणु देवता है; त्रिपुरसुन्दरी ने जिस रूप में तुझे सबसे अधिक प्रभावित किया है, उसी की पूजा कर!' फिर महावराह की मूर्ति मेरे हाथ से खिसक गई। अघोरभैरव की मूर्ति आकाश की ओर ऊपर उठने लगी। वह दूर से दूरतर होती गई। मेरी नाड़ी में रक्त का स्रोत क्षीण भाव से बहने लगा, भुजाएँ शिथिल होने लगीं, आँखों के सामने अन्धकार छा गया। सिर्फ दूर से बादलों को चीरकर एक आवाज कानों में प्रवेश करती रही : 'किसी से न डरना, गुरु से भी नहीं, मन्त्र से भी नहीं, लोक से भी नहीं, वेद से भी नहीं।' मेरी सारी चेष्टा अवसन्न हो गई, केवल चेतना पर मृदु आघात-सा करता हुआ वह अदृश्य शब्द आकाश में विलीन होते-होते भी बना रहा। अवधूत की मूर्ति और ऊपर उठी—नक्षत्र-मंडल के भी ऊपर, और भी ऊपर, और भी...।

मैं रेती से टकराया। अंग-अंग शिथिल हो चुके थे; परन्तु ज्यों ही भट्टिनी का ध्यान आया, त्यों ही एक शक्ति अचानक न जाने कहाँ से जाग पड़ी। तट पर बालू का एक ढूह इकट्ठा हो गया था। किसी प्रकार मैं भट्टिनी को वहाँ तक खींच ले गया। वे निस्संग पड़ी हुई थीं; परन्तु चेहरे पर ग्लानि का कोई चिह्न नहीं था। आर्द्र केश-मंडल और भी मेचक हो गया था, बंकिम भ्रूयुगल और भी जिह्म (कुटिल) हो गए थे और भीगे वस्त्रों से घनाश्लिष्ट सौन्दर्य-लक्ष्मी और भी अनुभाववती हो गई थी। ऐसा जान पड़ता था कि वे किसी मधुर स्वप्न में व्याप्त

हैं। सारा शरीर जल-चादर के अन्तराल से जगमगाती हुई दीप-ज्योति की तरह आँखों को अपने स्निग्ध-आलोक से प्रसन्न कर रहा था। मुझमें इतनी भी शक्ति नहीं बची थी कि मैं भट्टिनी के लिए कोई उपयुक्त आश्रय की खोज करूँ। अवश अवसाद से मैं भी उसी ढूह पर पड़ रहा। धीरे-धीरे प्रभात हुआ। सूर्य देवता की लाल-लाल किरणों ने अन्धकार के घने आवरण को छेद डाला। दिनमणि जब आकाश में कुछ ऊपर उठ आए, तो मेरे शरीर में कुछ गर्मी मालूम हुई। मैं उठ बैठा। हाय, जिस देवी को सुरक्षित रखने की बार-बार मैंने प्रतिज्ञा की थी, उसकी यह कैसी दशा है! वस्त्र अस्त-व्यस्त हैं, मृणाल-नाल के समान कोमल भुजलता शिथिल पड़ी हुई है, पद्मपलाश को लज्जित करनेवाले चरणतल रक्तहीन हो गए हैं और पद्मराग के समान प्रभावर्षण करनेवाले नख पांडुर हो गए हैं। बालुका का आस्तरण क्या इस अपूर्व लावण्य-पुत्तलिका के योग्य है? धिक् भाग्यहीन बंड! धिक्!

सूर्य की किरणें बालू के कणों पर प्रतिफलित होने लगीं। ऐसा लगता था कि सूर्य-देवता के घोड़ों के खुराग्र से नक्षत्र-मंडली चूर्ण-विचूर्ण होकर पृथ्वी पर गिरी हुई है और इस अनर्थ से मुह्यमान चन्द्रलक्ष्मी उनको ढकने के लिए भूलोक पर उतर आई है। हाय, विषम-समर-विजयी प्रत्यन्तबाड़व अविज्ञात-प्रतिस्पर्द्धि-विकट तुवरमिलिन्द की कन्या को यह दिन भी देखने थे! परन्तु शोक करना मूर्खता है। अभी थोड़ी देर में बालुका-कण अग्नि के समान तप्त हो जाएँगे और भट्टिनी को और भी अधिक क्लेश होगा। क्या करूँ, कौन-सा उपाय है? इस अवस्था में भट्टिनी को अकेली कैसे छोड़ूँ? आहा, इस समय निपुणिका का अभाव कितना दुखदायक हो रहा है! निपुणिका क्या बची है? मेरी ही जब यह दशा है, तो निपुणिका क्या बचेगी! वह जरूर डूबकर मर गई है। अरी ओ निउनिया, कहाँ है? तू देख, तेरी भट्टिनी कैसी अवस्था को प्राप्त हो गई हैं! हाय, इस समय ऐसा भी तो कोई नहीं है, जो भट्टिनी के शिथिल वस्त्रों को ठीक से सँभाल दे। निउनिया, जहाँ हो, दौड़ आ। कौन मेरी सहायता करेगा? धीरे-धीरे अवधूत की मूर्ति आकाश से उतरने लगी। मेरी वाष्पपूर्ण आँखों ने स्पष्ट ही देखा कि दिगन्त के दूसरे छोर से अघोरभैरव तेजी से मेरी ओर आ रहे हैं—'डरना किसी से भी नहीं, गुरु से भी नहीं, मन्त्र से भी नहीं, लोक से भी नहीं, वेद से भी नहीं!' आकाश से अघोरभैरव पुकार-पुकारकर कह रहे थे। मैं उठा, भट्टिनी के वस्त्रों को ठीक किया और नाड़ी की परीक्षा की। नाड़ी ठीक थी। मैंने धीरे-धीरे उसके ललाट पर हाथ फेरा, पैरों के तलवों को सहलाया, हथेलियों और भुजाओं को मृदु-मन्द भाव से दबाया और फिर ललाट पर हाथ फेरने लगा। भट्टिनी को होश आने लगा।

रक्तोत्पल के समान नयन-पक्ष्म में थोड़ी हलचल हुई और आँखें खुल गईं। वे निदाघग्लपित जपा-पुष्प के समान लाल होकर भी म्लान थीं, झंझा-विलोड़ित कांचनार के समान प्रफुल्ल होने पर भी क्लान्त थीं, धूलि-पटलित अशोक-कुसुम के समान मनोहर होकर भी धूसर थीं। भट्टिनी ने मेरी ओर देखा, पहचाना भी। एक विवश लज्जा का भाव उस दृष्टि में स्पष्ट ही मैंने लक्ष्य किया; परन्तु वे बोलीं नहीं, कोई इंगित भी नहीं किया। मुहूर्त भर के बाद उन्होंने आँखें फिर बन्द कर लीं। मेरा व्याकुल हृदय सहस्र-सहस्र स्रोतों में विगलित होकर बह जाना चाहता था; परन्तु मैंने अपने को सँभाला। भट्टिनी का सिर फिर धीरे-धीरे दबाने लगा। थोड़ी देर तक इसी प्रकार बीता। फिर मैंने उस सिर को उठाने का प्रयत्न किया। नयन-पक्ष्मों में फिर स्पन्दन हुआ। भट्टिनी की आँखें फिर खुलीं। उन्होंने बैठने की चेष्टा की और मैंने सहारा दिया।

भट्टिनी उठकर बैठ गईं। उन्होंने केवल एक बार मेरी ओर देखा। उस दृष्टि में कोई जिज्ञासा नहीं थी, न उसमें कोई भाव था, न विभाव था; न राग था, न विराग था—केवल एक शून्य दृष्टि! सामने गंगा कलकल-नाद करती हुई बह रही थी और तीर पर अपूर्व शोभा एवं सम्पत्ति की मूर्त विग्रह-धारिणी भट्टिनी भूली-सी, भ्रमी-सी खोई-सी बैठी हुई थीं। स्वभाव के उद्धत प्रथम-गणों ने केशाकर्षणपूर्वक जब दक्ष की यज्ञ-क्रिया को खींचा था, तो वह कुछ इसी प्रकार भूली-भ्रमी गंगा की शरण में आई होगी; त्रिनयन के तृतीय नयन से स्फुलिंग झड़ते देख भागी हुई चन्द्रकला कुछ इसी प्रकार अस्त-व्यस्त होकर गंगा के तट पर पहुँची होगी; असुर-निपीड़िता स्वर्गलक्ष्मी कुछ इसी प्रकार खोई हुई स्वर्मन्दाकिनी के तीर पर पहुँची होगी। अहा, उपयुक्त स्थान में भस्मावृता रति का आविर्भाव हुआ है, वराह-दन्त पर अधिष्ठिता धरित्री का आसन जमा है, राहुभीता ज्योत्स्ना का पुंज केन्द्रित हुआ है, असुर-त्रासिता सुधा का अवतार हुआ है, पल्लवग्राहियों से डरी हुई सरस्वती का निवास हुआ है, कृपण-शंकिता लक्ष्मी का आगमन हुआ है। भट्टिनी का खिन्न-मनोहर मुखमंडल इस अवस्था में भी अत्यन्त प्रभावशाली लग रहा था। थोड़ी देर तक वे गंगा के प्रवाह को एकटक देखती रहीं। यह कहना गंगा के लिए भी कठिन ही होगा कि इतनी पवित्र, इतनी निर्मल और इतना गरिमा-भरी दृष्टि उन्होंने कभी देखी है या नहीं। मैं बड़ी देर तक कुछ बोल नहीं सका। परन्तु बालुका-राशि तप्त होती जा रही थी और अधिक देर तक वहाँ बैठना असम्भव हो रहा था। मैंने अत्यन्त विनीत भाव से कहा, "देवि, आपका शरीर क्लान्त है, सूर्यातप तीव्र होता जा रहा है और बालुका-राशि तप्त होती जा रही है। आज्ञा हो, तो किसी आश्रय का सन्धान करूँ।"

भट्टिनी ने फिर एक बार कातर भाव से मेरी ओर देखा। इस दृष्टि में भी कोई जिज्ञासा नहीं थी, मानो उसका पूर्वजीवन गंगा में ही धुल गया हो, मानो उसके विषय में पूछने लायक कुछ नहीं रह गया हो। हाय अभागे बाण, तूने भट्टिनी को किस अवस्था में डाल दिया है! भट्टिनी कुछ बोलीं नहीं। वे फिर एक बार गंगा की ओर देखने लगीं। दूर तक सोपानश्रेणी की भाँति गंगा की तरंगें एक-दूसरे पर सजी हुई दिख रही थीं और भट्टिनी की स्निग्ध दृष्टि उन पर अचल मीन की भाँति बिछला रही थी। मैंने फिर संक्षेप में निवेदन किया, ''देवि, क्या आज्ञा है?'' भट्टिनी ने क्षीण-श्रान्त कंठ से कहा, ''चलो।''

दशम उच्छ्वास

जिस विशाल शाल्मली-वृक्ष के नीचे मैं भट्टिनी को ले गया, उसके कोटर में एक छोटी-सी लाल पताका, कुछ सिन्दूर के थापे और दो-चार शुष्क पुष्प पड़े हुए थे। मैंने अनुमान किया कि यहाँ किसी ग्रामदेवता का निवास होगा, क्योंकि आसपास की ऊबड़-खाबड़ धरती की अपेक्षा वृक्ष का मूल कुछ अधिक समोदर और उन्नत था। ग्रामदेवता जब हैं, तो ग्राम भी निश्चय ही कहीं होगा। परन्तु जहाँ तक दृष्टि जाती थी, वहाँ तक सरकंडों, सत्यानाशियों और कंटकारियों के विरल गुल्मों के अतिरिक्त और कुछ नहीं दिखाई देता था। कभी-कभी गंगा की धारा की ओर उड़ते हुए एकाध टिट्टिभ निर्जनता का प्रतिवाद कर देते थे; नहीं तो कोई भी पक्षी वहाँ दिखाई नहीं देता था। सुदीर्घ शरकान्तार मध्याह्न के तप्त वायुमंडल में झायँ-झायँ कर रहा था। भट्टिनी अवश अवसाद में प्रायः

मूर्च्छित-सी पड़ी हुई थीं, और मैं कर्तव्यविमूढ़ होकर दिगन्त के एक छोर से दूसरे छोर तक दृग्वलय निर्माण कर रहा था। ऐसा जान पड़ता था, समूचे विश्व की एकघृष्ट अवसन्नता वहीं केन्द्रित हो गई है। थोड़ी देर तक चुपचाप यों ही बीता। फिर भट्टिनी ने ही मौन भंग किया। मुझे समझने में बिलकुल देर नहीं लगी कि एक छोटा-सा वाक्य बोलने में भट्टिनी को कितने बड़े संकोच का सागर पार करना पड़ा है। उनकी ग्रीवा झुकी हुई थी, आँखें धरती में गड़ी हुई थीं और शुष्क किसलय के समान अधर निस्पन्द हो रहे थे, मानो वे कौलीन्य के भार से दब गए हों, लज्जा के आवेग से झुक गए हों, शोभा के अतिरेक से आच्छादित हो गए हों और अनुभाव की तरंगों से उलझकर नीचे आ गए हों। भट्टिनी ने कहा, ''निउनिया भी तो इधर ही कहीं लगी होगी, भट्ट!'' मैंने अत्यन्त नम्रतापूर्वक उत्तर दिया, ''हाँ देवि, मैं भी निउनिया को खोजने को उत्सुक हूँ। परन्तु जब तक आपको किसी सुरक्षित स्थान पर न पहुँचा दूँ, तब तक... ।'' भट्टिनी ने मेरे वाक्य का तात्पर्य समझ लिया। बीच में ही टोककर बोलीं, ''छोड़ो मेरी सुरक्षा की बात। तुम मुझे नहीं बचा सकते। कोई मेरी रक्षा नहीं कर सकता। मैं जिसके साथ रहूँगी, उसी को डुबाऊँगी। मैं सत्यानाश लेकर पैदा हुई हूँ, वैसी रहकर जी सकती हूँ। मेरी चिन्ता छोड़ो। देखो, निउनिया जरूर कहीं पास ही में होगी।'' मेरे मुँह से बात नहीं निकली। भट्टिनी का ऐसा निराश मुख मैंने कभी नहीं देखा था। उनके दुख में भी भक्ति और विश्वास साथ रहते थे। यह कैसा विकट परिवर्तन है! मैंने कातरता के साथ उनकी ओर देखा। मेरी आँखों में अश्रु भर गए थे। एकाएक भट्टिनी के नेत्र मेरी ओर फिरे। उनका दयार्द्र हृदय मेरा मुख देखकर उमड़ पड़ा। एक मुहुर्त के लिए एक भीगी हँसी की रेखा उनके सूखे अधरों पर खेल गई और फिर अविरल अश्रुधारा बह चली। हाय महाकवि, तुमने हँसी-खुशी में ही जिन्दगी काट दी! तुमने ऐसा करुण-मोहक स्मित देखा होता, तो दुनिया को बता सकते कि वह कैसा था। पार्वती के लीला-स्मित को तुमने अमर कर दिया है; किसलयविनिहित पुष्प में जो पवित्रता है और निर्मल विद्रुम-पात्र में रखे हुए मुक्ताफल में जो अभिजात्य है, वह तुमने लक्ष्य किया था।[1] पर इनको स्वर्मन्दाकिनी की धारा में लुढ़कते-पुढ़कते, बहते-उतराते तुमने नहीं देखा। यह वह पुष्प था, जिसके विकास के क्षण-भर बाद ही धारासार वर्षा हो गई; यह वह

1. कालिदास के निम्नलिखित श्लोक से तात्पर्य जान पड़ता है :
पुष्पं प्रवालोपहितं यदि स्यान्मुक्तांफलं चेत् स्फुटविद्रुमस्थम्।
ततोऽनुकुर्याद् विशदस्य तस्य ताम्रौष्ठपर्यस्तरुचः स्मितस्य॥
—'कुमारसम्भव', 1.44

तारिका थी, जिसके उदय होते ही कुज्झटिका से दिगन्त धूसर हो गया; यह वह इन्दधनुष था, जिसके उठते ही झंझा ने आकाश को धूलिच्छन्न बना दिया। भट्टिनी सिर झुकाए रोती रहीं। मैं दिङ्मूढ़ पथराई आँखों से ताकता रहा!

शाल्मली-वृक्ष की दूसरी ओर से किसी के आने की आहट मिली। भट्टिनी उस समय भी सिर झुकाए रोए चली जा रही थीं। मैं थोड़ा सतर्क हुआ। सिर उठाकर देखता हूँ तो रक्ताम्बरधारिणी, त्रिशूलपाणि भैरवी महामाया है! क्षणभर तक मैं अपनी आँखों पर विश्वास ही नहीं कर सका; परन्तु वे महामाया ही थीं। वही पिंगल जटाभार, कांचनार-शोण नयन, बन्धुजीव-वलय के समान रक्त पुंड्र, अष्टमी के चाँद के समान प्रदीप्त ललाट-पट्ट और वह्निशिखा से लिपटी हुई दमनकयष्टि के समान रक्ताम्बर-समावृता तनुलता। मुझे उस अवस्था में देखकर उन्हें आश्चर्य भी हुआ और कुछ लज्जा भी। वे न तो लौट ही सकीं, न कुछ पूछ ही सकीं। शैलाधिराजतनया की भाँति उनकी 'न ययौ न तस्थौ' अवस्था हो गई। मैं ससम्भ्रम उठ पड़ा। साष्टांग प्रणाम करने के बाद मैंने भट्टिनी को सम्बोधन करके कहा, "देवि, उठो; पार्वती के समान प्रभावशालिनी साक्षात् महामाया-स्वरूप महामाया माता हमारे सौभाग्य से यहाँ आ गई हैं। आज परम मंगल का दिवस है, ग्रहगण आज प्रसन्न हैं, सविता आज प्रसन्नोदय हैं, कर्मफल आज उपारूढ़ हैं। देवि, उठो, प्रणाम करके अपने को कृतार्थ करो।" भट्टिनी को सँभालने में क्षणभर की देर लगी। उनकी कमल-जैसी आँखें सूजकर लाल हो गई थीं। मुखमंडल निदाघग्लपित केतकपुष्प के समान मुरझा गया था। मेरे कहने पर वे उठीं और महामाया को प्रणाम करके सिर झुकाकर खड़ी हो रहीं। महामाया इस प्रकार निश्चल खड़ी रहीं, मानो उन्होंने कोई बड़ा भारी अपराध कर दिया हो। वे एक भट्टिनी की ओर देख रही थीं और एक बार मेरी ओर। लज्जा, जिज्ञासा और स्नेह तीनों ही उनके मुख पर आ-आकर भाग जाते थे। मैंने उनकी जिज्ञासा को शान्त करना ही पहले उचित समझा। बोला, "भगवति, यही वह भट्टिनी हैं, जिनके विषय में मैंने तत्रभवान् अघोरभैरव से निवेदन किया था। मैं इन्हीं का अकिंचन सेवक हूँ।" इतना कहने के बाद मैं संक्षेप में कल की सारी कहानी कह गया। महामाया ने ध्यान से मेरी बात सुनी। उनके मुख से संकोच का भाव जाता रहा। मन्द स्मित के साथ उन्होंने भट्टिनी के सिर पर हाथ फेरा। फिर मेरी ओर देखकर कुछ चिन्ता-सी करती हुई बोलीं, "साधु वत्स, तेरी कुल-कुंडलिनी जाग्रत है, तुझे अवधूत गुरु का प्रसाद प्राप्त है। तेरी स्वामिनी की विपत्ति कट गई। पर तेरी विपत्ति तो अभी दूर नहीं हुई, बेटा!" फिर थोड़ा सोचकर बोलीं, "आज महानवमी है, त्रिपुरसुन्दरी की जो इच्छा होगी, वह टल नहीं सकती।" उनकी

मुखमुद्रा ज़रा कठोर हो गई, मानो वे अपने-आपसे ही उलझ गईं। मेरे मन में भय का भाव आया और चला गया; पर महामाया गम्भीर ही बनी रहीं। भट्टिनी भी कुछ शंकित हुईं; पर उन्होंने प्रयत्नपूर्वक अपने मनोभावों को दबा रखा। भट्टिनी की वह अवस्था देखने ही योग्य थी—घन-कृष्ण केशपाश मुखमंडल पर विस्रस्त हो गए थे; बड़ी-बड़ी फूली आँखें झुकी हुई थीं, प्रवाल-ताम्र अधर-युगल दृढ़ भाव से सम्पुटित थे, आपांडुर कपोलमंडल पर रोमराशि उद्‌भिन्न हो आई थी, आताम्र चिबुक रह-रहकर हिल उठते थे, वाम बाहु श्यामा-लता की भाँति झूल रहा था और दाहिना हाथ कपोत-कर्बुर अंशुकान्त (आँचल) में छिपा हुआ था। वे पादांगुष्ठ से धरती कुरेद रही थीं और इस प्रकार मूर्तिमती चिन्ता बनी खड़ी थीं। महामाया की चिन्ता टूटी। उन्होंने भट्टिनी की ओर फिर देखा। एक बार अपने चारों ओर ध्यान से अवलोकन किया, फिर जमुहाई लेते हुए चुटकी बजाई, "त्रिपुरभैरवी! त्रिपुरभैरवी!" अब उन्होंने बड़े स्नेह से भट्टिनी को अपनी ओर खींचा, चिबुक पकड़कर उनका मुख ऊपर उठाया और बोलीं, "तो यही वह स्वामिनी है! है तो स्वामिनी होने योग्य। अहा, कैसा अमृतस्रावी मुख है! आ बेटी, हम अलग चलें।" फिर मेरी ओर मुख करके बोलीं, "जा बेटा, तू निउनिया को खोज ले आ, तेरी स्वामिनी यहीं रहेंगी। चिन्ता मत कर, तुझे अवधूत गुरु का प्रसाद प्राप्त है, तेरी कुल-कुंडलिनी जाग्रत है।" मैंने प्रणाम किया और धीरे-धीरे गंगा के किनारे की ओर अग्रसर हुआ।

मैं दूर तक निकल गया, पर निपुणिका का कोई चिह्न नहीं मिला। एक-एक बार मेरे मन में आता था कि इस प्रकार निपुणिका को खोजना निरी बालिशता है। डूबा हुआ आदमी कहीं इस प्रकार पाया जाता है? पर हृदय में विश्वास था कि निपुणिका जीवित अवश्य है और वह मिलेगी भी। कुछ दूर निकल जाने के बाद मुझे भट्टिनी की चिन्ता होने लगी। अभी तक उन्होंने कुछ आहार नहीं किया है। मैं स्वयं निरन्न हूँ; पर मैं तो इस प्रकार रहने का बहुत अभ्यस्त रहा हूँ। अपने आवारे जीवन में मैंने यही साधना तो की है—'करतल भिक्षा तरुलवासः' तो मेरी सिद्धि ही है। परन्तु भट्टिनी की बात याद आते ही मेरा हृदय टूक-टूक होने लगा। यदि आहार किसी प्रकार वहाँ पहुँचा भी सका, तो महावराह कहाँ हैं? इस समय भट्टिनी निश्चय ही अपने परम उपास्य की बात सोच रही होंगी। जिस समय उन्हें मालूम होगा कि मैंने अपने हाथों उनके परम आराध्य को डुबाया है, उस समय वे मुझसे निश्चय ही घृणा करने लगेंगी। हाय! अभागा बाण, तेरे लिए भट्टिनी का विश्वास ही सबसे बड़ी सम्पत्ति थी, पर तू उसे भी खो देना चाहता है! आगे बढ़ना बेकार है। दूर तक नील जल-स्रोत चमक रहा है, दीर्घ शरकान्तार झनझना

रहा है, और मानव-परिचय से बिलकुल अछूता बालुका-पुंज चिनचिना रहा है। मुझे भट्टिनी को छोड़कर इतनी दूर नहीं जाना चाहिए। लौटना पड़ा। जब मैं पहुँचा तो दिन ढल चुका था।

भट्टिनी और महामाया शाल्मली-वृक्ष के पूर्व की ओर बैठी बातें कर रही थीं। उन्होंने मुझे देखा नहीं। इतनी देर में भट्टिनी ने महामाया का परिपूर्ण स्नेह प्राप्त कर लिया था। वे इस प्रकार उनकी गोद में बैठी हुई थीं, जैसे बहुत दिनों की बिछुड़ी कन्या माता के उत्संग में आ गई हो। महामाया पूछ रही थीं और भट्टिनी धीरे-धीरे उत्तर दे रही थीं। बात का प्रसंग कुछ ऐसा था कि मैं चुपचाप छिपकर सुनने लगा। यह अनुचित था; पर अस्वाभाविक नहीं था। भट्टिनी और महामाया में कुछ इस प्रकार बात चल रही थी :

''तो तू भट्ट को क्या समझती है, बेटी?''

''क्या समझती हूँ भगवति, सो मैं नहीं जानती। निउनिया कहती थी कि भट्ट देवता हैं; पर मैं देवता कैसे कहूँ?''

''तो तेरे मन में जो बात पहले आवे उसे ही कह जा न; सोचकर कही हुई बात सब समय सत्य नहीं होती।''

''क्या बताऊँ, आर्ये, जिस दिन भट्ट ने मुझसे प्रथम वाक्य कहा था, उस दिन मेरा नवीन जन्म हुआ; उस दिन सूर्य उदयगिरि के तट पर मांगल्य-वर्षा कर उदित हुआ था; उस दिन उषःकाल ने मेरे सम्पूर्ण जीवन को परम सौभाग्य से भर दिया था। मैंने उस दिन अपनी सार्थकता को प्रथम बार अनुभव किया।''

''सार्थकता! सो कैसे बेटी?''

''मातः, भट्ट ने चकित मृग-शिशु के समान मेरी ओर देखा, मानो उन्होंने कोई नवीन प्रकाश, कोई अभिनव ज्योति देखी हो। उनके दीप्त ललाट-पट्ट पर भक्ति की शुभ्र किरण विराजमान थी। उनके विमल-विशाल नयनों में उज्ज्वल प्रकाश इस प्रकार फूट रहा था, मानो दो ज्वलन्त शुक्रग्रह चमक रहे हों। उनकी कोमल-मधुर वाणी में एक अद्भुत मिठास थी। भट्ट ने अत्यन्त स्पष्ट, संकोच-रहित और अर्थपूर्ण वाणी में जो दो-चार वाक्य कहे, वे साम-गान के समान पवित्र थे; परन्तु उनका माहात्म्य उससे अधिक था। राजभवन में अपने सौन्दर्य की चाटूक्तियाँ मैंने बहुत सुनी थीं, किन्तु सत्य वाणी मैंने पहली बार सुनी। मैंने प्रथम बार अनुभव किया कि मेरे भीतर एक देवता है, जो आराधक के अभाव में मुरझाया हुआ छिपा बैठा है। मैंने प्रथम बार अनुभव किया कि भगवान् ने नारी बनाकर मुझे धन्य किया है; मैं अपनी सार्थकता पहचान गई।''

''कोई नई बात नहीं है, बेटी...!''

"मातः, निश्चय नई बात है, यह नील आकाश, यह विलोल वायु, यह निर्मल जाह्नवी की धारा साक्षी हैं। नारी के लिए इतनी अर्थवती गाथा का साक्षात्कार इस भुवनमंडल में प्रथम बार हुआ है।"

"तो तू सार्थकता किस बात को समझती है, बेटी?"

"मैं अज्ञ हूँ, माता! किस शब्द का कैसा प्रयोग होना चाहिए, यह मुझे नहीं मालूम। पर भट्ट की वाणी सुनने के बाद मैंने पहली बार अनुभव किया, मेरा यह शरीर केवल भार नहीं है, केवल मिट्टी का ढेला नहीं है–यह उससे बड़ा है। विधाता ने जब उसे बनाया था, तो उनका उद्देश्य मुझे दंड देना नहीं था। उन्होंने मुझे नारी बनाकर मेरा उपकार किया था। माँ, भट्ट इस पृथ्वी के पारिजात हैं, इस भवसागर के पुंडरीक हैं, इस कंटकमय भुवन के मनोहर कुसुम हैं।"

महामाया थोड़ी देर तक चुप रहीं, फिर उन्होंने एक दीर्घ निःश्वास लिया। क्षणभर तक पूरी शान्ति रही। फिर एकाएक महामाया ने पराजित की भाँति कहा, "क्या जाने क्या बात है बिटिया, गुरु ने मुझे बताया है कि नारी की सफलता पुरुष को बाँधने में है और सार्थकता उसको मुक्त करने में। सारा जीवन मैं इसी विश्वास पर चलती रही हूँ। जप-तप, साधन-भजन सबका एक लक्ष्य रहा है– सार्थकता! त्रिपुरभैरवी का साक्षात्कार अभी तक तो नहीं हुआ बेटी, आगे की बात गुरु जानें। पर तूने सत्य को देखा है। तेरी बात ठीक भी हो सकती है।" कुछ देर कुछ भूली हुई बात को याद-सी करती हुई महामाया बोलीं, "नारी की सार्थकता!" और फिर चुप हो गईं।

मैंने बहुत देर तक यहाँ छिपा रहना ठीक नहीं समझा। जितना सुन चुका हूँ, उतना ही बहुत है। अधिक से अभिमान बढ़ेगा, मोह उद्रिक्त होगा, ममता कठिन होगी। यहीं रुक जाना अच्छा है। बाणभट्ट को जो पुरस्कार मिला है, वह प्राप्य से कई लाख गुना है। उससे आगे लोभ की पराकाष्ठा होगी। मैंने कंठ से खाँसने की ध्वनि की और धीरे-धीरे उस ओर बढ़ा, जिधर महामाया और भट्टिनी बैठी थीं। आहट पाकर वे सँभल गईं। भट्टिनी ने केवल एक बार अपने अविलोल अपांग से मुझे देखा। वे समझ लेना चाहती थीं कि उनकी बात मैंने कहीं सुन तो नहीं ली। परन्तु बाण इतना कच्चा आदमी नहीं है। सच-झूठ का अभिनय करते ही उसने जीवन काट दिया है। हे स्वर्ग की देवांगना, तुमने मर्त्य के इन अभिनेताओं को समझने में गलती की है, लेकिन यह प्रमाद बुरा नहीं है।

महामाया मुझे देखकर प्रसन्न हुईं। अपने झोले से कुछ फल-मूल निकालकर उन्होंने मुझे दिए और बताया कि मेरे न खाने से भट्टिनी अभी तक उपोषित हैं। भोजन के बाद मुझे फिर दूसरी ओर प्रस्थान करना पड़ा। निपुणिका को खोजना

गौण था, भट्टिनी को अवसर देना प्रधान। अबकी बार पूर्व की ओर चला। दिन तो पहले ही ढल चुका था। लगभग एक कोस जाने पर आभीर युवतियों का एक दल नृत्य-गान करता हुआ मिला। मर्दल, मुरज और मुरली बजानेवाले दो-तीन किशोर-वय युवकों के अतिरिक्त पुरुष उनमें थे ही नहीं। स्त्रियाँ तरंगायित उपान्तवाली लाल शाटिकाएँ पहने हुए थीं और नील कंचुक के ऊपर हारिद्र उत्तरीय धारण किए हुए थीं। वे उन्मत्त भाव से नाच रही थीं। उनके आघूर्णन वेग से तरंगायित शाटिकान्त इस प्रकार भ्रमित हो उठता, मानो अनुराग के समुद्र में वात्याचक्र चंचल हो उठा हो। उनकी चारियाँ तालानुग नहीं थीं; परन्तु इतनी उद्दाम थीं कि उनके हारिद्र उत्तरीय और नील कंचुकों का एक घूर्णमान चक्रवाल तैयार हो जाता था। दीर्घ वेणियाँ मटकन-झटकन के वेग से धरती और आकाश को काली मसृण रेखाओं से पूर्ण कर देती थीं। बार-बार ऊपर-नीचे आनेवाले लाल करतल आकाश-रूप नील सरोवर में अधोमुख स्वर्ण-कमलों की शोभा कर देते और क्षीण कटि-प्रान्त झंझा में बार-बार झटका खाती हुई पार्वतीय शतावरी लता की भाँति दर्शक को चिन्तापरायण बना देते थे—न जाने कब कौन-सा झटका उन्हें मरोड़ दे। मैं मुग्ध-भाव से इस उद्दाम-मनोहर नृत्य को देखता रहा। एक बार जब नृत्य का वेग कुछ देर के लिए रुका, तो मैंने मर्दल बजानेवाले युवक से उनका परिचय पूछा। उसने जो कुछ बताया उसका सारांश यह था कि वे गंगा और महासरयू के संगम पर जो वज्रतीर्थ है, उसी स्थान पर देवी की पूजा करने गए थे। आज महानवमी की तिथि है। आज वज्रतीर्थ की देवी के पूजन का परम माहात्म्य है। उनका ग्राम महासरयू के उस पार है। मैंने मतलब की बात भी उनसे पूछ ली। उनका सरदार लोरिकदेव प्रतापी मल्ल है। ब्राह्मणों और देवताओं पर उसकी अपरिमेय श्रद्धा है और मेरे जैसे विद्वान् को वे लोग सिर-आँखों पर रखेंगे। उस युवक ने तो उसी क्षण मुझे ले चलने का आग्रह प्रकट किया; पर मैंने देवी के दर्शन का बहाना बनाकर पिंड छुड़ाया। युवक ने और भी आग्रह करते हुए कहा कि वज्रतीर्थ की देवी का दर्शन रात्रि में निषिद्ध है, उस समय वहाँ साधक लोग आते हैं, गृहस्थ का उधर जाना ठीक नहीं है। परन्तु मैंने उसकी सरलता की मन-ही-मन प्रशंसा करते हुए भी उसकी बात नहीं सुनी। सचमुच ही सन्ध्या हो आई थी और मुझे भट्टिनी के पास लौट आना चाहिए था; पर जाने कैसी एक अद्भुत शक्ति मुझे वज्रतीर्थ की ओर ठेले लिए जा रही थी। यदि मैं कहूँ कि अपनी ही इच्छा के विरुद्ध मैं चल रहा था, तो लोग विश्वास नहीं करेंगे; पर सत्य यही है। मेरे पार्श्व से आँधी की तरह दौड़ती हुई एक रहस्यमयी स्त्री निकल गई। उसके गले में कपालमाला झूल रही थी, कटि में हड्डियों की किंकिणी खड़खड़ा

रही थी और हाथ में नर-कपाल की खंजड़ी खनखना रही थी। उसकी जटाएँ न्यग्रोध (बरगद) तरु के प्ररोह के समान कर्कश थीं, जो कटि-विन्यस्त खट्वांग (घंटे) से टकरा-टकराकर कठोर ध्वनि उत्पन्न कर रही थीं और कपोलदेश पर लटकी हुई बराटक (कौड़ी) माला से बार-बार उलझ पड़ती थीं। मेरे पार्श्व को दरेरती हुई वह इस प्रकार निकल गई, मानो उड़ रही हो। मैं रज्जुबद्ध मर्कट की भाँति खिंचता ही चला गया!

वज्रतीर्थ एक विशाल श्मशान था। चारों ओर नीम के तेल में भूने जाते हुए लशुन के समान जलते हुए शवों की दुर्गन्ध व्याप्त हो रही थी। सारा श्मशानघाट गिद्धों और सियारों के पद-चिह्नों से भरा था। हड्डियों और मांस के छिन्न खंडों के ऊपर सन्ध्या का धूसर प्रकाश बड़ा भयावना दिखाई दे रहा था। जलती चिताओं के पास थोड़ा प्रकाश दिखाई दे जाता था; परन्तु उनके आगे अन्धकार और भी ठोस हो जाता था। रह-रहकर उलूकों के घूत्कार और शिवाओं के चीत्कार से श्मशान का वातावरण प्रकम्पित हो उठता था। इसी विकट दृश्य के बीच करालादेवी का मन्दिर था। मन्दिर वह नाम-मात्र का ही था। एक चत्वर, एक हवन-कुंड और एक यूपकाष्ठ के अतिरिक्त वहाँ और कुछ नहीं था। करालादेवी की मूर्ति सचमुच ही कराल थी। उनकी लोल जिह्वा एक ही साथ विश्व को ग्रास करती हुई और उसका त्राण करती हुई भी जान पड़ती थी। उनके गले में विशाल मुंडमाल गुल्फों तक लटक रही थी। करालादेवी के सामने वही रहस्यमयी स्त्री जानुपातपूर्वक खड़ी थी और उससे भी अधिक अशिव-वेशधारी एक पुरुष ताजी चर्बी से हवन कर रहा था। आहुति पड़ने के साथ-ही-साथ अग्नि की पिंगल-लोल जिह्वा विकराल भाव से लपक पड़ती थी और क्षणभर के लिए वायुमंडल दुर्गन्धि से और नभोमंडल पिंगल प्रकाश से व्याप्त हो जाता था। कुंड के चारों ओर नरकपालों में भिन्न-भिन्न आहवनीय सामग्री रखी हुई थी। मेरा मस्तिष्क घृणा और जुगुप्सा से भर गया; परन्तु फिर भी आश्चर्य की बात है कि मैं खिंचता ही गया। अन्त में मैं यूपकाष्ठ से सटकर खड़ा हो गया। साधक पुरुष ने विकट फूत्कार के साथ संकल्प पढ़ा और मैं चित्र-लिखित की तरह जहाँ-का-तहाँ खड़ा कौतूहल के साथ सबकुछ देखता रहा। संकल्प-वाक्य से मालूम हुआ कि साधक का नाम अघोरघंट है और साधिका का चंडमंडना। साधिका ने कुछ मुद्राओं का प्रदर्शन करते हुए एक लाल कर्णिकार की माला मेरे गले में डाल दी। फिर उसने सुरीले कंठ से ध्यानमन्त्र पढ़ा–

चण्डोद्दण्डनिशुम्भमानमथनात्युष्णोष्णरक्तप्रिया
उत्तालोद्धतताण्डवाहतनभोविध्वस्ततारागणा

पिण्डे षोडशनाडिकार्चितपादा षट्चक्रवक्रासना
मुण्डस्रक्परिवेष्टिताम्बरपटा सिद्ध यै करालाऽस्तु वः ॥

मेरा मस्तक दुर्गन्ध से छिन्न हो रहा था, नसें फूल गई थीं और कटु धूम से आँखें फटने को आ चुकी थीं; परन्तु यह विचित्र साधना अव्याहत गति से चल रही थी। धीरे-धीरे मेरी चेतना खोने लगी; परन्तु आश्चर्य यह है कि मैं गिरा नहीं और संवेदन-शून्य की भाँति सबकुछ देखता रहा। नभोमंडल से विकटाकृति कटपूतनाएँ और भैरवियाँ उतरती मुझे विचित्र ढंग से प्रणिपात करती और आरती उतारती रहीं। फेरुओं के चंडरव के समान विचित्र जय-जयकार से दिङ्मंडल उत्तम्भित होता रहा और विकराल-वदन पिशाचों के अस्थिकरताल से अन्धकार फटता रहा। मैं हतसंज्ञ, निश्चेष्ट! चंडमंडना ने फिर स्तुति पढ़ी—

यद्ब्रह्माण्डकटाहसम्पुटतटोल्लासिप्रचण्ड महः
यत्तद्गर्भविभाण्डमण्डनमहज्ज्योतिः परं ज्योतिषाम्।
ध्यानावस्थिततद्गतेन मनसा यद् योगिभिर्ध्यायते—
तत्ते धाम निरस्तविश्वकुहकं भर्गः परं धीमहि ॥

नाना अंगन्यास के साथ खट्वांग की पूजा हुई। अघोरघंट ने आदेश दिया, "जो तेरा सबसे प्रिय है, उसका ध्यान कर।" मुहूर्त-भर में भट्टिनी की कोमलकान्त मुखच्छवि मेरे सामने उपस्थित हुई। मैं कातरतापूर्वक चीख उठा। मैं भट्टिनी को निर्जन शरकान्तार से छोड़कर बलि होने जा रहा हूँ। मेरी नसें झनझना उठीं। मैंने कातर-भाव से अघोरभैरव का स्मरण किया। मेरी आँखें अपने-आप झपक गईं। कटपूतनाएँ आरती करती रहीं, फेरुओं का चंडविराव जय-जयकार करता रहा और उलूकों का घूत्कार दिङ्मंडल को फाड़ता रहा। अघोरघंट और चंडमंडना विकट फूत्कार से वायुमंडल को कँपाने लगे। उग्र भैरवियों ने तुमुल चीत्कार किया और कटपूतनाएँ सावधानी से मुझे घेरकर खड़ी हो गईं। चंडमंडना विचित्र आविष्ट भंगी में उद्दाम-भाव से सिर पटकने लगी और अघोरघंट घनघन आहुतियों और क्रम-वर्द्धमान फूत्कार से हवन-कुंड को लोलकम्पित करता गया। मैंने आँखें खोलीं। सामने महामाया, भट्टिनी और निपुणिका और पीछे नंगी तलवार लिए हुए विग्रहवर्मा और दस मौखरि-वीर पत्थर की मूर्ति बने खड़े थे। भट्टिनी कातर-भाव से मुझे देख रही थीं। मैं अवश व्याकुलता से उन्हें देख रहा था। मेरी शिराएँ अधिक नहीं सँभल सकीं। मुझे लगा कि कान के पास से रक्त की धारा फूट पड़ी है। रक्त देखकर अघोरघंट विचलित हुआ। उसने चंडमंडना को शीघ्रता करने का आदेश दिया। उधर भट्टिनी मूर्च्छित होकर गिर गईं। भट्टिनी को मूर्च्छित देखकर मेरा उद्विग्न मस्तिष्क और भी विचलित हुआ।

निपुणिका उन्मत्त की भाँति वेदी की ओर बढ़ी। जैसे उसके पैरों में किसी ने आँधी बाँध दी हो। महामाया प्रस्तर प्रतिमा की भाँति निश्चल खड़ी थीं। भट्टिनी की ओर उन्होंने देखा भी नहीं। उनकी आँखों से एक अद्भुत ज्वालामयी ज्योति निकल रही थी। वे स्थिर भाव से निपुणिका को देख रही थीं। निपुणिका आँधी की तरह आई। उसने एक ही धक्के में चंडमंडना को पटक दिया और उसके हाथ का खट्वांग झटककर छीन लिया। खट्वांग लेकर निपुणिका ने विकट नृत्य शुरू किया। उसके उद्धत पद-संचार से हवन-कुंड विध्वस्त हो गया, लाल पताका छिन्न-विच्छिन्न हो गई और यूपकाष्ठ चूर्ण-विचूर्ण हो गया। ओह, कितना उत्ताल था वह नर्त्तन! उसके एक-एक पद-संचार से धरित्री धसक-सी रही थी, तारामंडल लड़खड़ाता-सा जान पड़ता था और कराला का मुंडमाल खटखटा उठता था। मैं महामाया की ओर देखने लगा। वे स्थिर भाव से निपुणिका की ओर देख रही थीं। अचानक उनकी दृष्टि मेरी ओर फिरी। मालूम हुआ जैसे सहस्र-सहस्र सूर्य इधर ही टूट पड़े हों, जैसे कोई विचित्र धूमकेतु मेरी ओर लपक पड़ा हो। मैं लड़खड़ा गया। निपुणिका बेहोश हो नीचे गिर गई। अबकी बार मेरी बारी थी। मैंने अघोरघंट को कन्धे पर उठा लिया और किस प्रकार का तांडव किया, वह तो याद नहीं है; पर इतना ही याद है कि श्मशान का कोई भी कोना मेरे उत्तालनर्त्तन से अस्पृष्ट नहीं रहा। अन्त में मैंने अघोरघंट को गंगा में फेंक दिया। महामाया भीमवेग से मेरी ओर दौड़ीं और मुझे घसीटती हुई पूर्व की ओर भागीं—और भी तेज, और भी, और भी!

गंगा और महासरयू के संगम पर अवधूत अघोरभैरव एक शव पर आसन जमाए चुपचाप ध्यानमग्न बैठे थे। मैं बुरी तरह हाँफ रहा था। मुझे पीछे ढकेलकर महामाया ने चीत्कार किया, "त्राहि गुरो, त्राहि!" अघोरभैरव ने आँखें खोलीं और कुछ आश्चर्य के साथ बोले, "महामाया, महामाया, महामाया!" महामाया निश्चेष्ट, हतसंज्ञ! गुरु ने मुझे देखा। मैं हाँफता हुआ भूलुंठित हो गया, केवल दीर्घ श्वास के साथ बोला, "त्राहि!" अघोरभैरव ने मुझे घसीटकर शव पर खींच लिया और ललाट पर हाथ फेरा। बोले, "तो तू अभी जीता है! त्रिपुर-भैरवी की माया है।" फिर उनके इंगित पर मैं संक्षेप में उन्हें वृत्तान्त सुना गया। वे अविचलित रहे। केवल एक बार महामाया की ओर देखकर हँसे। ज़रा फटकारते हुए-से बोले, "पगली! डरती है!" हाथ में थोड़ा-सा जल लेकर उन्होंने महामाया के मुख पर फेंका। वे थोड़ा सचेत हुईं। कुछ रुककर महामाया से धीरे-धीरे न जाने क्या कहा। महामाया वहाँ से करालादेवी के स्थान की ओर चली गईं।

अवधूत थोड़ी देर तक चुपचाप ध्यानस्थ बैठे रहे। उनकी कौड़ी जैसी आँखें

बिलकुल निश्चेष्ट थीं। थोड़ी देर बाद मेरी पीठ पर हाथ फेरते हुए उन्होंने कहा, ''तू कवि है न रे?'' अजीब प्रश्न है! इस समय कवित्व की क्या अवश्यकता है? मैं कुतूहल के साथ उनकी ओर ताकने लगा। क्षणभर बाद बाबा ने डाँटा, ''हाँ क्यों नहीं कहता, अभागा?'' मन्त्रमुग्ध की भाँति मैंने कहा, ''हाँ, आर्य!'' बाबा ने रस लेते हुए कहा, ''पाषंड! पहले क्यों नहीं बोला?'' मैंने संकोचपूर्वक कहा, ''मैं नहीं जानता आर्य, भट्टिनी ने मुझे कवि कहा था और आप कहवा रहे हैं।'' बाबा ने और भी रस लेते हुए कहा, ''तू अपनी भट्टिनी की स्तुति गा सकता है?'' मैंने तुरन्त जवाब दिया, ''ना, आर्य!'' ''क्यों रे?'' मैंने बता दिया कि निपुणिका को वचन दे चुका हूँ। बाबा ने कहा, ''साधु! तो देवी की स्तुति कर सकता है? करालादेवी की स्तुति?'' मैंने सिर झुकाकर कहा, ''हाँ, आर्य!'' अवधूत ने कहा, ''अभागा, तू देवी की बलि हो रहा था, देवांगनाओं ने तेरी आरती की थी और शिवाओं ने मंगलवाद्य बजाया था; परन्तु मेरा भाग्य अप्रसन्न था। तूने देवी की पिपासा शान्त नहीं की, अब उनका असन्तोष तो दूर कर। देख, देवी के व्यायाम-मनोहर शरीर का वर्णन कर तो भला।''

और उपाय न था। मैंने थोड़ा सोचकर पढ़ा–

बाहूत्क्षेपसमुल्लसत्कुचतटं प्रान्तस्फुटत्कञ्चुकम्
गम्भीरोदरनाभिमण्डलगलत्काञ्चीधृतार्धांशुकम्।
पार्वत्या महिषासुरव्यतिकरे व्यायामरम्यं वपुः
पर्यस्तावधिबन्धबन्धुरलसस्केशोच्चायं पातु वः॥[1]

अवधूत ने डाँटा, ''पशु है, अभागा! इसी को व्यायाम-रम्य वपु कहते हैं? और सुना।'' मैंने दूसरा सुनाया–

चक्षुर्दिक्षु क्षिपन्त्याश्चलितस्कलिनीचारुकोषाभिताम्र
भद्रं ध्यानानुयातं झटिति वलयिनो मुक्तबाणस्य पाणेः।
चण्ड्याः सव्यापसव्यं सुररिपुषु शरान् प्रेरयन्त्या जयन्ति
त्रुट्यन्तः पीनभागे स्तनवलनभरात् सन्धयः कञ्चुकस्य॥[2]

अवधूत हँसे। बोले, ''तुझसे नहीं होगा। उठ भाग यहाँ से।''

---

1. तु. चंडीशतकं।
2. वही,

एकादश उच्छ्वास

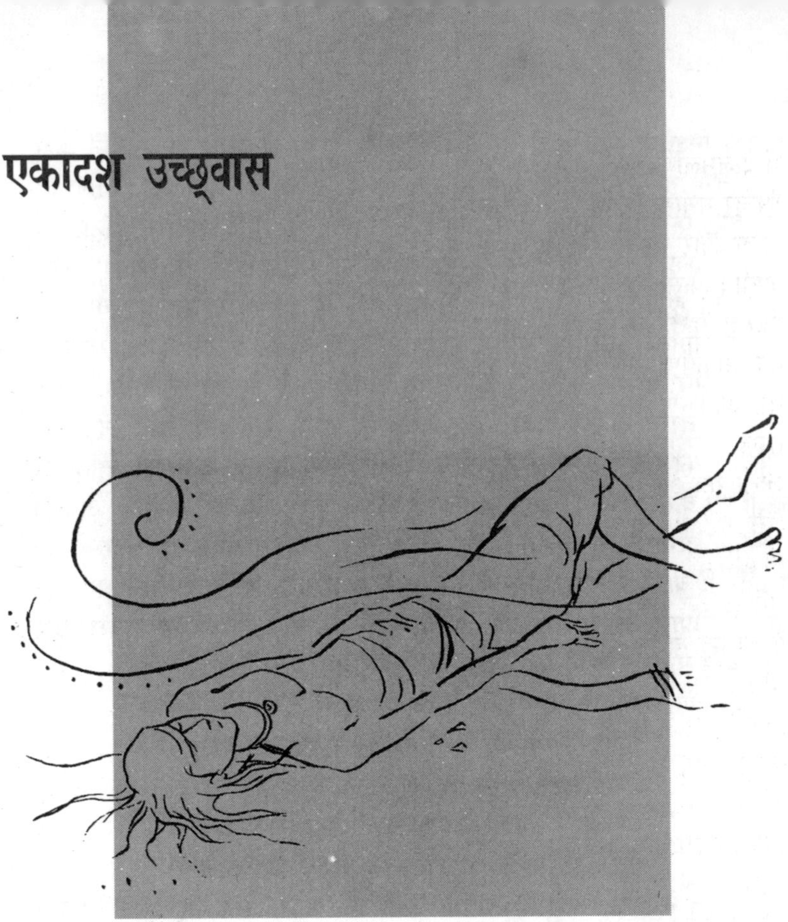

मेरा सारा शरीर एक प्रकार की अवश जड़िमा से भाराक्रान्त हो रहा था। तीन दिन और तीन रात मैं संज्ञाहीन पड़ा रहा, और जब चैतन्य-लाभ हुआ, तब भी स्वप्नावेश की माया मेरे सारे अस्तित्व को अभिभूत किए रही। मैं मानो एक तरल मरुकान्तार में वृन्तच्युत तूल-खंड की भाँति उतरा रहा था। मुझे ऐसा लगता था कि इस तरल कान्तार का कोई ओर-छोर नहीं है—दिगन्त के एक किनारे से दूसरे किनारे तक वह विशाल अजगर की भाँति निश्चेष्ट पड़ा हुआ है। क्षितिज भी उसे छूने में शंकित हो रहा है और वायु की लहरियाँ भी उसे विक्षुब्ध नहीं कर रही हैं। बीच-बीच में सुदूर आकाश के कोने में चन्द्रमंडल की क्षीण आभा दिखाई देती और वहीं से प्रफुल्ल शतदल पर वज्रासनासीन कर्पूरगौरी आनन्दभैरवी धीरे-धीरे उतरतीं। उनकी अठारह भुजाओं के विविध अस्त्र चन्द्रमा की पिंगल प्रभा

में झलमलाया करते और उनकी गोद का रजत-कलश गैरिक वस्त्र की आभा से सिन्दूर-मनोहर कान्ति धारण करता। उनके तीनों नयनों से अमृत का स्रोत झरता रहता और उनकी विद्रुमांकुर के समान लाल-लाल अँगुलियाँ मेरे केशों में उलझ जातीं। किसलयों को भी लज्जित करनेवाली उनकी हथेली जब मेरे ललाट-देश पर फिरती रहती, तो मेरे सौ-सौ जन्मान्तर कृतार्थ हो जाते। बीच-बीच में मुझे धरती का आकर्षण नीचे की ओर खींचता, परन्तु उसमें शक्ति ही न होती। जिस दिन वह आकर्षण अत्यन्त प्रबल भाव से अनुभूत हुआ, उस दिन वह दिगन्त-प्रसारी तरल कान्तार सदा के लिए विलुप्त हो गया, स्वप्न का आवेश टूट गया, जड़िमा जाती रही और आँखें खुल गईं। सामने भट्टिनी बैठी थीं। उनकी बड़ी-बड़ी आँखें धँस गई थीं, मुखमंडल पांडुर हो गया था और कपोलतल फीके पड़ गए थे। निश्चय ही कई दिनों से उन्हें नींद नहीं आई थी। उनकी जागरखिन्न लाल आँखें धूलि-लुंठित पलाश-पुष्प के समान, आतप-ग्लान बन्धुजीव-कुसुम के समान और पिंजरबद्ध खंजन-शावक की भाँति दर्शक को व्यथित, खिन्न और उत्सुक बना देती थीं। उनके चिकुर-जाल अस्त-व्यस्त हो रहे थे, मानो संकीर्ण तरुषंड से कष्टपूर्वक निकले हुए मयूर के विक्षुब्ध बर्हभार हों, पुष्करिणी के आलोड़ित शैवाल-जाल हों या उद्वेलित मालती-लता की विक्षुब्ध भ्रमर-पंक्ति हों। गंगा की धारा के समान पवित्र और कैलास के नील वनराजिगामी मार्ग के समान मनोहर उनकी सीमन्त-रेखा बिखरी अलक-राशि में आच्छन्न हो गई थी। सदैव अवगुंठन के आश्रित केश आज उसके अभाव में सशंक-से जान पड़ते थे। भट्टिनी मेरे पैरों की ओर बैठी हुई निर्निमेष भाव से मेरी ओर देख रही थीं। उस दृष्टि में कारुण्यधारा उमड़ रही थी। मैंने स्पष्ट ही लक्ष्य किया कि मेरी आँखों के खुलते ही भट्टिनी का रोम-रोम उल्लसित हो गया, जैसे शोभा के समुद्र में अचानक ज्वार आ गया हो।

परन्तु भट्टिनी इसके लिए तैयार नहीं थीं। उन्हें शीघ्र ही मेरी संज्ञा के लौट आने की शायद आशा नहीं थी। वे कुछ झेंप-सी गईं। उनके पारिजात-पल्लवों के समान सुकुमार-मनोहर हाथ तेजी से उत्तरीय की खोज में दौड़ पड़े। एक निमेष बीतते-न-बीतते भट्टिनी का कपोत-कर्बुर अंशुकान्त (आँचल) सीमन्त रेखा पर आ गया, मानो विद्युल्लता ने चन्द्रमा पर नील मेघपटल का आवरण डाल दिया हो, मानो मृणाल-नाल ने कमल-पुष्प को पत्तों से ढँक दिया हो, मानो विद्रुमलता ने तरंगों से जल-देवता को छिपा लिया हो। भट्टिनी को उस प्रकार बैठी देखकर मेरा चित्त उत्क्रान्त होने लगा, एक दुर्निवार सम्भ्रम-वेग मुझे ठेलकर उठने को बाध्य करने लगा, पर भट्टिनी ने मुझे उठने से रोका। उनके स्नेह-मेदुर नयनों ने वाष्पबिन्दु भर आए थे, उनके म्लान मुखमंडल में लालिमा का संचार हो गया था

और सम्पूर्ण सत्ता से एक कातर प्रार्थना प्रतिध्वनित हो रही थी। मुझे निषेध करने के लिए उन्होंने आयासपूर्वक अपने कोमल करतलों से मुझे दबाया। उनके मुख से केवल एक ही शब्द निकल सका, 'नहीं।' उनका गला रुँधा हुआ था, दृष्टि कातर थी और करतल स्वेद-धारा से आर्द्र था। मुझमें तब भी उठने की शक्ति नहीं थी। मैंने आँखें मूँद लीं और भट्टिनी की स्नेह-मेदुर मुखश्री का ध्यान करने लगा। कहाँ भटक रहे हैं इस मर्त्यलोक वातुल कवि? लक्ष्मी क्या स्वर्ग में रहती हैं? इस पृथ्वी पर ही तो वे अवतीर्ण हुई हैं। भट्टिनी से बढ़कर किस श्रीशालिनी की कल्पना हो सकी है? इन पाणि-पल्लवों के आगे स्वर्ग का पारिजात-पल्लव कितनी तुच्छ कल्पना है और काल्पनिक अमृत क्या इस करतल-स्रावी स्वेद-धारा से अधिक शामक होता होगा।[1] मेरा मन-प्राण-आत्मा सबकुछ मानो आनन्द-स्रोत में निमज्जित हो गए। मेरी आँखें बन्द ही रहीं। मैं क्षणभर के लिए मोहाविष्ट-सा हो रहा।

इसी बीच महामाया आकर मेरे सिरहाने बैठ गईं और बड़े स्नेह के साथ मेरी भृकुटियों के अन्तराल को धीरे-धीरे सहलाने लगीं। मुझे इस मातृस्नेह का आस्वाद स्वप्नावेश में आनन्दभैरवी के हाथों हो चुका था। मैं अर्द्धचेतन-सा उसी प्रकार पड़ा रहा। महामाया ने भट्टिनी की आँखों में आँसू देखकर स्नेहपूर्वक डाँटते हुए कहा, "फिर रो रही थी न? भोली है तू! मेरे ऊपर तेरा विश्वास नहीं है न? क्या हुआ है भट्ट को, जो तू इस प्रकार रो रही है? आज इसे अवश्य चैतन्य-लाभ होगा। सम्मोहन की क्लान्ति है, बिटिया! बहत्तर हजार नाड़ियों को रोमकूपों के भीतर से चूर करके सम्मोहन का प्रयोग मन को अभिभूत करता है, नाग और कूर्म प्राणों को रुद्ध कर देता है, कृकल को नाभिकूप में गाड़ देता है और देवदत्त तथा धनंजय को त्वगिंद्रिय में निरुद्ध कर देता है। विकट क्लान्ति होती है इसकी। बिलकुल चिन्ता मत कर बिटिया, आज भट्ट की नाड़ियाँ स्वस्थ हैं, कलाएँ उद्‌बुद्ध हैं, द्वार रुद्ध हैं। यह देख, अलम्बुषा और पयस्विनी कितनी स्वस्थ हैं। अभी इसकी आँखें खुली जाती हैं। निपुणिका में अभी देर है। प्रतिप्रसव की क्लान्ति और भी कठिन होती है। घबराती नहीं है न! छिः, ऐसा भी व्याकुल हुआ जाता है!"

भट्टिनी ने केवल रुद्ध कंठ से कहा, "ना!"

महामाया ने मेरे ललाट पर हाथ फेरते हुए कहा, "मुझे आश्चर्य होता है कि भट्ट किस प्रकार सम्मोहन का शिकार हो गया। इसकी कुल-कुंडलिनी जाग्रत है,

---

1. तु. श्रीरेषा पाणिरप्यस्याः पारिजातस्य पल्लवः।
कृतोऽन्यथा स्रवत्यस्मात्स्वेदच्छद्मामृतद्रवः।
—'रत्नावली', 5.42

इसे अवधूत गुरु का प्रसाद प्राप्त है। देख बिटिया, भट्ट की मनोगमा पाँचों नाड़ियाँ अब पूर्ण स्वस्थ हैं। यह देख, कल्पिका है, इससे संकल्प होता है; यह विकल्पिका है, इससे मन में विकल्प होते हैं; यह स्थीवा है, इसमें जड़ता आती है; यह मूर्च्छना है, इससे मूर्च्छा होती है; और यह मन्या है, इससे मननशक्ति प्राप्त होती है। भट्ट की स्थीवा कमजोर है। अब ठीक हो जाएगी। मगर अद्भुत शक्ति है निपुणिका की नाड़ियों में। एक बात बताऊँ बेटी, निपुणिका महामाया-स्वरूप है, उसे सामान्य नारी न समझ। सम्मोहन का प्रतिप्रसव बड़ा कठिन होता है, बेटी! प्रथम बार मैं दस पल भी नहीं सँभाल सकी थी। उफ!" महामाया मानो कुछ भूली हुई बात सोचने लगीं। फिर एकाएक बोलीं, "आज तो मुझे जाना होगा बेटी, अक्षय तृतीया में तो अब अधिक देर नहीं है। यहाँ तुझे कोई भय नहीं है। लोरिकदेव बड़ा धार्मिक सामन्त है। तुझे कोई कष्ट नहीं होगा। क्या कहती है, जाऊँ न?"

भट्टिनी ने दृढ़ता के साथ संक्षेप में उत्तर दिया, "ना!"

महामाया गुनगुनाती हुई मानो अपने-आपसे ही बोलीं, "फिर माया के कंचुक में कसी जा रही हूँ। त्रिपुरभैरवी, तुम्हारी लीला अपरम्पार है। काल, नियति, राग, विद्या और कला माया के कंचुक हैं; पर सत्य हैं। इन्हें अतिक्रमण कौन कर सकता है? त्रिपुरसुन्दरी की लीला है!"

भट्टिनी ने चिन्तित होकर कहा, "मैं तप में विघ्न पैदा कर रही हूँ, माता?"

महामाया ने स्नेहपूर्वक कहा, "ना रे, ना! मैं विघ्नों की पूजा का ही तो तप कर रही हूँ। विघ्न ही तो मेरे उपास्य हैं। तेरे शास्त्रों के अनुसार तू भी तो एक विघ्न ही है। विधाता ने विघ्न के रूप में ही तो सुन्दरियों की सृष्टि की थी। क्यों रे, तू अपने को किसी का विघ्न नहीं समझती?"

भट्टिनी ने सहज भाव से उत्तर दिया, "तुम्हारे ही लिए क्या विघ्न नहीं बन रही हूँ?"

"मेरे लिए? नहीं, मैं स्वयं विघ्नरूपा हूँ। ना, तू नहीं समझेगी।"

"तो नारी का जन्म विघ्न के लिए हुआ है, माता?"

"इतिहास तो यही कहता है रे! पुरुषों के समस्त वैराग्य के आयोजन, तपस्या के विशाल मठ, मुक्ति-साधना के अतुलनीय आश्रय नारी की एक बंकिमदृष्टि में ही तो ढह गए हैं। क्या यह दृष्टि सत्यानाशिनी नहीं है?"

थोड़ी देर तक निस्तब्धता रही। ऐसा जान पड़ा, भट्टिनी हार गई हैं। महामाया के प्रश्न का प्रतिवाद करने के लिए मेरा रोम-रोम उद्बुद्ध हो गया, मेरी सारी सत्ता प्रत्याख्यान के लिए आलोड़ित हो गई; परन्तु मैं वैसे ही अवश पड़ा

रहा। भट्टिनी के सामने मेरी धृष्टता प्रकट हो, यह बात मैं सोच भी नहीं सकता था। महामाया ने ही फिर शुरू किया, "तो तू मेरी बात नहीं मानती। हाँ बेटी, नारीहीन तपस्या संसार की भद्दी भूल है। यह धर्म-कर्म का विशाल आयोजन, सैन्य-संगठन और राज्य-व्यवस्थापन सब फेन-बुद्बुद की भाँति विलुप्त हो जाएँगे; क्योंकि नारी का इसमें सहयोग नहीं है। यह सारा ठाठ-बाट संसार में केवल अशान्ति पैदा करेगा।"

भट्टिनी ने चकित की भाँति प्रश्न किया, "तो माता, क्या स्त्रियाँ सेना में भरती होने लगें, या राजगद्दी पाने लगें, तो यह अशान्ति दूर हो जाएगी?"

"महामाया हँसीं। बोलीं, "सरला है तू, मैं दूसरी बात कह रही थी। मैं पिंडनारी को कोई महत्त्वपूर्ण वस्तु नहीं मानती। तुम्हारे इस भट्ट ने भी मुझसे पहली बार इसी प्रकार प्रश्न किया था। मैं नारी-तत्त्व की बात कह रही हूँ रे! सेना में अगर पिंड-नारियों का दल भरती हो भी जाए तो जब तक उसमें नारी-तत्त्व की प्रधानता नहीं होती, तब तक अशान्ति बनी ही रहेगी।"

मेरी आँखें बन्द थीं, खोलने का साहस मुझमें नहीं था। परन्तु मैं कल्पना के नेत्रों से देख रहा था कि भट्टिनी के विशाल नयन आश्चर्य से आकर्ण विस्फारित हो गए हैं। ज़रा आगे झुककर उन्होंने कहा, "मैं नहीं समझी।"

महामाया ने दीर्घ निःश्वास लिया। फिर थोड़ा सँभलकर बोलीं, "परम शिव से दो तत्त्व एक ही साथ प्रकट हुए थे—शिव और शक्ति। शिव विधिरूप है और शक्ति निषेधरूपा। इन्हीं दो तत्त्वों के प्रस्पन्द-विस्पन्द से यह संसार आभासित हो रहा है। पिंड में शिव का प्राधान्य ही पुरुष है और शक्ति का प्राधान्य नारी है। तू क्या इस मांस-पिंड को स्त्री या पुरुष समझती है? ना सरले, यह जड़ मांस-पिंड न नारी है, न पुरुष! वह निषेधरूप तत्त्व ही नारी है। निषेधरूप तत्त्व, याद रख। जहाँ कहीं अपने-आपको उत्सर्ग करने की, अपने-आपको खपा देने की भावना प्रधान है, वहीं नारी हैं। जहाँ कहीं दुख-सुख की लाख-लाख धाराओं में अपने को दलित द्राक्षा के समान निचोड़कर दूसरे को तृप्त करने की भावना प्रबल है, वहीं 'नारी-तत्त्व' है, या शास्त्रीय भाषा में कहना हो, तो 'शक्ति-तत्त्व' है। हाँ रे, नारी निषेधरूपा है। वह आनन्द-भोग के लिए नहीं आती, आनन्द लुटाने के लिए आती है। आज के धर्म-कर्म के आयोजन, सैन्य-संगठन और राज्य-विस्तार विधि-रूप हैं। उनमें अपने-आपको दूसरों के लिए गला देने की भावना नहीं है, इसीलिए वे एक

कटाक्ष पर ढह जाते हैं, एक स्मित पर बिक जाते हैं। वे फेन-बुद्बुद की भाँति अनित्य हैं। वे सैकतसेतु की भाँति अस्थिर हैं। वे जल-रेखा की भाँति नश्वर हैं। उनमें अपने-आपको दूसरों के लिए मिटा देने की भावना जब तक नहीं आती, तब तक वे ऐसे ही रहेंगे। उन्हें जब तक पूजाहीन दिवस और सेवाहीन रात्रियाँ अनुतप्त नहीं करतीं और जब तक निष्फल अर्घ्यदान उन्हें कुरेद नहीं देता, तब तक उनमें निषेधरूपा नारी तत्त्व का अभाव रहेगा और तब तक वे केवल दूसरों को दुख दे सकते हैं।'' महामाया थोड़ा रुकीं। वे कुछ भावाविष्ट की अवस्था में थीं। तनिक विश्राम करने के बाद वे सँभल गईं। उन्हें रोगी के सिरहाने बैठकर देर तक बोलते रहने से कुछ ग्लानि हुई। मेरी आँखों पर अँगुली फेरते हुए उन्होंने मानो झेंप मिटाने के लिए ही कहा, ''भट्ट अब स्वस्थ है। अभी जगेगा।''

भट्टिनी कुछ बोली नहीं। मैंने आँखें खोलीं। भट्टिनी इस बार सँभली हुई थीं। उनके बड़े-बड़े नयन महामाया के व्याख्यान-जन्य आश्चर्य से अब भी मुक्त नहीं हो सके थे। अब भी उड़ने के लिए सावधान खंजन-शाव की तरह उत्क्षिप्त भृकुटियों में झूल रहे थे। महामाया ने जब धीरे-धीरे प्रश्न किया कि कैसा लग रहा है, तो वे आग्रहपूर्वक झुक आईं। मैंने संकेत से बताया कि स्वस्थ हूँ। अब भी मेरे अन्दर बोलने की शक्ति नहीं थी। महामाया और भट्टिनी की बातचीत से ही मुझे मालूम हो गया था कि मैं लोरिकदेव नामक आभीर सामन्त के घर में हूँ और निपुणिका भी कहीं इधर ही शय्याशायी पड़ी है। इसलिए बहुत आयासपूर्वक मैंने पूछा कि निपुणिका की क्या हालत है? महामाया ने बोलने से मुझे रोकते हुए कहा, ''ठीक है।''

तीन दिन बाद मैं सम्पूर्ण स्वस्थ हो गया। आभीर सामन्त ने दूध-घी से हमें स्नान-सा करा दिया। इतना अतिथि-वत्सल व्यक्ति मैंने पहले नहीं देखा था। इस बीच महामाया विन्ध्यगिरि के किसी अज्ञात शक्तिपीठ को चली गई हैं। निपुणिका की संज्ञा लौट आई है, यद्यपि वह भी अत्यन्त क्षीण है। भट्टिनी में स्वाभाविक ज्योति फिर से प्रतिष्ठित हो गई है। विग्रहवर्मा और उसके सैनिक वज्रतीर्थ के पास ही कहीं नौका रोके पड़े हुए हैं। वे नित्य आकर हमारी खबर ले जाते हैं। मैं सब मिलाकर प्रसन्न ही हूँ। सोच रहा हूँ कि निपुणिका अच्छी हो जाए, तो शीघ्र ही मगध की ओर चल दूँ। परन्तु इस बीच एक ऐसी घटना हो गई कि मेरी सारी योजना चौपट हो गई।

मैं भद्रेश्वर-दुर्ग के पश्चिमी प्राचीर पर खड़ा होकर सूर्यास्त का सौन्दर्य देख रहा था। सूर्यमंडल अपने किरण-जाल को ऊपर की ओर समेट रहा था। ऐसा लग रहा था, मानो दिवस-लक्ष्मी आकाश के पश्चिम-प्रान्त से नीचे की ओर चली जा

रही हैं और उनके द्रुत-संचारित चरणों से पद्मराग मणि के नूपुर खिसककर पीछे छूट गए हैं। सूर्य-बिम्ब ने सारा दिन करपुटों से जो कमल-पराग संग्रह किया था, वह मानो अचानक ढरक गया और सारा आकाश पद्मराग के रस से पिंजर हो गया। क्रमशः पश्चिम दिग्वधू के कानों को सुशोभित करनेवाले रक्तोत्पल के समान मनोहर सूर्य-मंडल अस्त हो गया, आकाशरूप सरोबर में सन्ध्या-रूपी पद्मिनी प्रकाशित हो उठी, कृष्णागुरु के पंक से निर्मित पत्रलेखा की भाँति तिमिर-रेखा दिङ्मुखों में परिव्याप्त हो उठी और उससे सन्ध्या की लालिमा इस प्रकार आच्छादित हो गई, मानो भ्रमर-भूषित नीलोत्पलों ने रक्तपद्म के सरोवर को आच्छन्न कर लिया हो। धीरे-धीरे निशाविलासिनी के अवतंस-पल्लव की भाँति शोभमान सन्ध्याराग विलुप्त हो गया। पारावतगण भवन-वलभियों में लौटने लगे, मानो अट्टालिका-स्थित भवन-लक्ष्मी ने नैशविहार के लिए कानों में नील कमल धारण कर लिया हो। जलहारी रमणियों का संचरण बन्द हुआ और नूपुरों की रुनझुन के साथ ही भवन-दीर्घिका के सारसों का क्रेंकार भी शान्त हो गया। हाथियों को नींद आने लगी, इसीलिए उनके गंडस्थल से धाराजल का चूना शान्त हो जाने से वायुमंडल कुछ हल्का जान पड़ने लगा, और दिनभर की आतपक्लान्त वनचारी वायु धीरे-धीरे बहकर श्रान्ति दूर करने लगी। मैं उठकर चलने की सोच ही रहा था कि एक आभीर सैनिक ने अभिवादन किया। मैं आशीर्वाद देकर पूछा, "कुछ कहना चाहते हो, भद्र!"

सैनिक ने अत्यन्त कातर क्षमा-याचना के साथ कहा, "अपराध मार्जित हो आर्य, ब्राह्मण की शपथ है, इसलिए आपको कष्ट दे रहा हूँ।" यह कहकर सैनिक ने एक पत्र दिया और प्रणाम करके चलता बना। उस समय चारों ओर अन्धकार घना हो गया था, पत्र पढ़ सकना सम्भव नहीं था; परन्तु सैनिक ने जिस ढंग से पत्र दिया, उससे कुतूहल बढ़ गया। तुरन्त पत्र पढ़ने की व्याकुलता से मैं चंचल हो उठा।

अपने आवास पर लौटा, तो देखा कि भट्टिनी उत्सुकता के साथ मेरी प्रतीक्षा कर रही हैं। आते ही उन्होंने मृदु तिरस्कार के साथ कहा, "इतनी देर करना ठीक नहीं है।" उनकी आँखें नीचे झुकी हुई थीं, अधरोष्ठ कुंचित थे और चिबुक भारग्रस्त था। स्पष्ट ही भट्टिनी को मेरे देर से आने के कारण खीझ हुई थी; पर सहज आभिजात्य गौरव से उस क्रोध में भारीपन आ गया था। उनकी वाणी में शासन का ओज था, अधिकार का स्वर था, स्नेह की मृदुता थी। मैंने ससम्भ्रम उत्तर दिया कि मैं दुर्ग में ही था। क्षणभर के लिए मैं चिन्तित भी हुआ। इतना क्या सह्य होगा! परन्तु मुझे चिट्ठी पढ़ने की जल्दी थी। सीधे अपने शयन के

पास गया। वहाँ दीपक रखा था। पत्र खोलकर पढ़ने लगा। पत्र अशुद्ध संस्कृत में लिखा था। जान पड़ता था, किसी गँवार ने उसकी प्रतिलिपि की है; परन्तु उससे चिट्ठी के भावार्थ को समझने में बाधा नहीं पड़ी। चिट्ठी की प्रत्येक पंक्ति मेरे रक्त में सनसनी पैदा करने लगी। मेरी शिराओं में विचित्र विलोड़न होने लगा। मुझे ऐसा लगा कि फिर मूर्च्छित होकर शय्याशायी हो जाऊँगा। मैंने पत्र कई बार पढ़ा। जब अपने को सँभालने में समर्थ हो सका, तब रात्रि एक पहर बीत चुकी थी। पत्र में लिखा था–

''स्वस्ति। पुरुषपुर से सामदेव की कौथुमीशाखा का अध्यायी जैमिनिगोत्रोत्पन्न कान्यकुब्ज भर्वुशर्मा ब्राह्मणों और श्रमणों के नाम पर, देवमन्दिरों और विहारों के नाम पर, स्त्रियों और बालकों के नाम पर, समस्त आर्यावर्त के निवासियों को आवेदित करता है :

''भाइयो, फिर प्रत्यन्त दस्यु आ रहे हैं। देवता भी जिस आर्यभूमि में निवास पाने की स्पृहा करते हैं, उस पवित्र भारत-भूमि की अट्टालिकाएँ फिर भस्म होंगी, फिर वे दिनान्तकालीन प्रचंड आँधी से छिन्न-भिन्न मेघपटल की भाँति श्री-हीन हो जाएँगी। शंख और घंटा-निनाद से मुखरित राजपथ फिर शृगालों के विकट नाद से भयंकार हो उठेंगे। अन्तःपुर की ललनाओं की विलास-पुष्करिणियाँ जंगली भैसों के लोटने से फिर गँदली होंगी। सुवर्णयष्टियों पर विहार करनेवाले क्रीड़ा-मयूरों के बर्हभार फिर दावाग्नि से झुलस जाएँगे। मन्दिरों और विहारों की सीढ़ियों पर फिर जंगली वृकों की घुड़दौड़ होगी। शस्यश्यामला आर्यभूमि फिर से रक्त और भस्म के कीचड़ से भयंकर हो उठेगी। भाइयो, प्रत्यन्त-दस्यु आ रहे हैं।

''किसने प्रत्यन्तों को आज तक रोक रखा था? विषम समय-विजयी बाह्लीक-विमर्दन, प्रत्यन्त-बाड़व अज्ञात-प्रतिस्पर्धि-विकट देवपुत्र तुवरमिलिन्द ने। देव मन्दिरों और विहारों के रक्षक, स्त्रियों और बालकों के मानदाता, ब्राह्मणों और श्रमणों की आश्रय-भूमि देवपुत्र आज विषम शोक-सागर में निमग्न हैं। उनकी प्राणाधिका कन्या को दस्युओं ने अज्ञात स्थान में पहुँचा दिया है। देवपुत्र आज मन्त्रौषधिरुद्ध-वीर्य कालसर्प की भाँति अपने विष से आप ही जल रहे हैं। कौन है, जो देवपुत्र का इस शोक-सागर से उद्धार करेगा? कौन है, जो प्रत्यन्त-दस्युओं को उत्पाटन में फिर से निमित्त बनेगा?–भाइयो, प्रत्यन्त-दस्यु आ रहे हैं।

''कौन है, जो देवपुत्र की कन्या का सन्धान बताएगा? भाइयो, प्रयत्न करो, देवपुत्र की प्राणाधिका कन्या का सन्धान प्राप्त करो। फिर एक बार देवपुत्र की विशाल वाहिनी के सैन्य-सम्मर्द से भुवन-मंडल जीर्ण शकट के क्रोड़देश की भाँति धूम्र हो उठे। गैरिक गिरिवर्त्म अश्वों के क्षुर-क्षोद से गिरि-कुहरों को कम्मेलक-(ऊँट)

सटा के समान कपिश बना दे; मदमत्त गजराजों की वाहिनी प्रत्यन्त देश को काली मदधारा से परिणत रल्लक मृग के रोमराजि के समान कर्बुर बना दे; महीतल अश्वमय, दिक्चक्रवाल कुंजरमय, अन्तरिक्ष आतपत्रमय, अबरतल ध्वजवनमय, वायुमंडल मद-गन्धमय और त्रिभुवन जयशब्दमय हो उठे।—भाइयो, प्रत्यन्त-दस्यु फिर आ रहे हैं।

"कौन है, जो आज आर्यावर्त का दस्युओं के दंष्ट्राजाल से उद्धार करेगा? आज स्कन्द के अवतार समुद्रगुप्त नहीं हैं, जिनके धनुष-टंकार ने यौधेयों का दर्पदलन किया था, म्लेच्छों का मान-मर्दन किया था, मन्दिरों और मठों के विध्वंसकों का प्राण-हरण किया था। आज नृसिंह-पराक्रम चन्द्रगुप्त नहीं हैं, जिन्होंने चारों समुद्रों को अपने सुरभित यश से सुगन्धमय बना दिया था, जिनके हुंकारमात्र से प्रत्यन्त सामन्त सिर झुकाने को बाध्य हुए थे, जो विद्या और कला के सर्वस्थ थे, जो स्त्रियों और बालकों के अभयदाता थे, जो देवमन्दिरों और विहारों के आश्रय-स्थल थे। आज प्रचंड पराक्रम मौखरि-वीर विग्रहवर्मा भी नहीं हैं, जो शत्रुओं के लिए काल और दीनों के लिए कल्पवृक्ष थे। आज टिड्डियों से भी विपुल, भेड़ियों से भी क्रूर, गृध्रों से भी निघृण, शृगालों से भी हीन और कृकलासों से भी अधिक बहुरूपी हूण दस्युओं से इस पवित्र भूमि को बचाने की सामर्थ्य कौन रखता है? एकमात्र देवपुत्र तुवरमिलिन्द।—भाइयो, प्रत्यन्त-दस्यु फिर आ रहे हैं।

"जय हो उस अज्ञात-प्रतिस्पर्धि-विकट देवपुत्र तुवरमिलिन्द की। जय हो इस आर्यभूमि की। भाइयो, देवपुत्र की नयनतारा को, उनकी प्राणाधिका कन्या को खोजो—यही एकमात्र रक्षा का उपाय है। मैं ब्राह्मणों और श्रमणों के नाम पर, देवमन्दिरों और विहारों के नाम पर, स्त्रियों और बालकों के नाम पर, विद्वानों और तपस्वियों के नाम पर भूमि के निवासियों को आवेदित करता हूँ।—भाइयो, प्रत्यन्त-दस्यु फिर आ रहे हैं।

"अपरंच मैं अशीतिपर वृद्ध हूँ। सामाध्यायी कान्यकुब्ज ब्राह्मण हूँ। मैं मौखरियों का गुरु हूँ—मैं अपनी ही शपथ देकर निवेदन करता हूँ कि जो कोई इस पत्र को पढ़े, वह इसकी दस प्रतियाँ लिखकर अन्य लोगों को दे दे। यह क्रिया तब तक चलती रहे, जब तक देवपुत्र की प्राणाधिका कन्या का पता न लग जाए।—इति शुभमस्तु!"

मेरी उत्तेजना तब भी शान्त नहीं हुई थी। किससे इस विषय में कुछ परामर्श लूँ। भट्टिनी को यह संवाद नहीं देना चाहिए। निपुणिका दुर्बल है। हाय, बाणभट्ट अकेला है! मुझमें उड़ने की शक्ति होती, तो तुरन्त उड़कर देवपुत्र के पास चला जाता; पर मैं उड़ तो नहीं सकता। पत्र के विषय में मैं उलझा हुआ उत्तेजित हो

रहा था, उसी समय भट्टिनी का स्वर सुनाई दिया। जान पड़ता था, वे देर से मेरी दशा देख रही थीं। उनके मुखमंडल पर सहज अनुभाव तरंगित हो रहा था और सारे शरीर को घेरकर एक अपूर्व भाव-माधुर्य उल्लसित हो रहा था। अपने सीमन्त-स्थित अवगुंठन को प्रवाल-शोण नख-प्रभा से सिंचित करते हुए उन्होंने आगे की ओर सरकाया और आदेश देती हुई-सी बोलीं, "भट्ट, पत्र पढ़ना छोड़ो, प्रसाद ग्रहण करने का समय हो गया है।" प्रसाद-ग्रहण अर्थात् भोजन। भट्टिनी ने मुझसे एक बार भी महावराह की मूर्ति के बारे में नहीं पूछा था। वे समझ गई थीं कि मैंने गंगा की धारा में मूर्ति का विसर्जन कर दिया होगा। मैं जानता हूँ कि इस बात से उन्हें कितना क्लेश पहुँचा होगा, परन्तु इस कुसुमकोमल शरीर में कितना गम्भीर हृदय है, इस लघु-काया में कैसा कौलीन्य तेज है, इस छोटी अवस्था में कैसी अनुभावशालीनता है। भट्टिनी को आशंका है कि पूछने से मुझे क्लेश होगा, और इसीलिए उन्होंने पूछा ही नहीं; परन्तु महावराह की पूजा एक दिन भी बन्द नहीं हुई है। 'जलौघमग्ना सचराचराधरा' का मोहन स्तव कभी नहीं रुका है। प्रसाद पाने के सौभाग्य से हम कभी वंचित नहीं हुए हैं। मैंने विनयपूर्वक उत्तर दिया कि अभी चलता हूँ।

भट्टिनी लौटने लगीं। फिर एक क्षण के बाद मेरी ओर घूम गईं। अबकी बार उन्होंने थोड़ा हँसने का प्रयत्न किया। एक पवित्र आलोक से सारा घर जगमगा उठा, मानो एक ही साथ सौ-सौ आरात्रिक प्रदीप जल उठे हों। भट्टिनी के चेहरे पर बहुत दिनों बाद आज स्मितरेखा दिखाई दी है। मेरा व्याकुल और उद्विग्न चित्त इस शामक मुस्कान से बहुत शान्त हो गया। उत्साहावेश में मैंने अनावश्यक प्रश्न किया, "कुछ आज्ञा है क्या, देवि?" भट्टिनी ने और भी प्रसन्नता प्रकट की। बोलीं, "इस पत्र से इतने उत्तेजित क्यों हो गए, भट्ट?" मेरे मन में अज्ञात आशंका का प्रादुर्भाव हुआ। क्या भट्टिनी ने इसे पढ़ लिया है? मैंने शंकित भाव से कहा, "पत्र का विषय कुछ चिन्तित करनेवाला ही है, देवि! पर सेवक का अपराध मार्जित हो, मैं इस एक विषय को आपसे छिपा रखने की अनुमति चाहता हूँ।" भट्टिनी ने मेरे मनोभावों का रस लेते हुए कहा, "बहुत गोपनीय है क्या?" और मधुर हँसी से खिलखिला उठीं। मैं भट्टिनी के विनोद का रस ले सकता था; पर भट्टिनी को क्या मालूम कि मेरा चित्त कितना उद्विग्न है। मैंने गम्भीरता के साथ ही उत्तर दिया, "हाँ देवि, कुछ दिन तक आपसे इस संवाद को छिपा रखना ही श्रेयस्कर समझता हूँ।" भट्टिनी ने निष्ठुरतापूर्वक और भी छेड़ा, "मैं विघ्न बन सकती हूँ! यही बात है न?" मैं हतबुद्धि!

थोड़ी देर तक मन्द-मधुर स्मित से मेरी विवशता को उकसाती हुई वे खड़ी

रहीं। फिर सहज भाव से बोलीं, "आभीर सामन्त की रानी ने मुझे भी एक प्रति भेजी है। मैं इसे पढ़ चुकी हूँ। चलो, इसमें उत्तेजित होने की क्या बात है।" मैं आश्चर्य में निमग्न-सा हो गया। देर तक भट्टिनी की विनोद-प्रफुल्ल मुखश्री की ओर अवाक् भाव से देखता हुआ बोला, "धन्य हो देवि, देवपुत्र की उपयुक्त कन्या हो! दूसरा कौन इस प्रकार धीर रह सकता था? उपयुक्त स्थल में देवपुत्र का पक्षपात है। समुद्र से ही कौस्तुभ-मणि का प्रादुर्भाव हो सकता है, पृथ्वी से ही जानकी का जन्म सम्भव है, हिमालय से ही पार्वती की उत्पत्ति हो सकती है, विष्णुचरण से ही गंगा प्रवाहित हो सकती है, ब्रह्मा से ही त्रयी विद्या प्रादुर्भूत हो सकती है। ऐसे समय में मानसिक वेगों को धारण करना देवपुत्र की कन्या का ही कार्य है। आश्वस्त हूँ, देवि, आर्यावर्त आज कृतार्थ है, देव-मन्दिर और विहार आज सुरक्षित हैं, ब्राह्मण और श्रमण आज वीत-विघ्न हैं, तरुणियाँ और बालक आज निश्चिन्त हैं। आज धरित्री प्रसन्न है, दिशाएँ निर्मल हैं, वायु पवित्र है। प्रत्यन्त समुद्र में फिर बाड़वाग्नि की ज्वाला धधकेगी, देवपुत्र की भुजारूप वह्निशिखा में आज फिर पापदस्युओं की आहुति होगी। देवि, मैं धन्य हूँ।"

भट्टिनी अविचलित चित्त से मेरी स्तुति सुन रही थीं। उनमें एक दिव्य ज्योति प्रत्यक्ष दिखाई दे रही थी। मुझे ऐसा लगता था कि पार्वती ही भक्त की स्तुति सुनने के लोभ से रुक गई हैं। मैंने दीप्त श्रद्धा के साथ और कहना शुरू किया। भट्टिनी ने डाँटा, "यह क्या बालकों की भाँति उत्तरल भाव है, भट्ट! मैं देवी नहीं हूँ। हाड़-मांस की नारी हूँ। मैं विघ्नस्वरूपा हूँ; परन्तु मैं जानती हूँ कि मेरा विघ्न-रूप होना ही विश्व का परित्राण है। तुम्हीं ने मुझे ज्ञान दिया है, भट्ट, और तुम्हीं उसे भुलवाने को प्ररोचित कर रहे हो? मैं हूँ चन्द्रदीधिति—सौ-सौ बालिकाओं के समान एक सामान्य बालिका! मैं हूँ तुम्हारी भट्टिनी,..." अचानक वे रुक गईं। कुछ कहती-कहती भी न कह सकीं। केवल वाष्परुद्ध कंठ से उपसंहार करती हुई बोलीं, "मैं देवी नहीं हूँ, चलो, प्रसाद लो।"

भट्टिनी चलीं और मैं अपने ही ऊपर झुँझलाया हुआ उनके पीछे हो लिया। तुम कह सकती हो, तुम देवी नहीं हो; पर जिस दिन से तुम्हें देखा है, उस दिन से मेरा सारा अन्तरतर अपने को निःशेष करके तुम्हारी सेवा के लिए ढरक जाना चाहता है, सम्पूर्ण अस्तित्व परिणाम-रक्त दाड़िमी फल की तरह तुम्हारे लिए फट पड़ना चाहता है, सारी वाग्धारा उद्वेल जलराशि की भाँति तुम्हारी सत्ता को निमज्जित कर लेना चाहती है—यह क्या बालकोचित उत्तरल भाव है? मैं अंकिचन हूँ, साधनहीन हूँ, पथभ्रान्त हूँ। मेरे पास है ही क्या, जिससे तुम्हारी पूजा करूँ? तुम देवी हो; सौ बार प्रतिवाद करो, तो भी देवी हो—इस कलुषपंकिल संसार-सागर

की प्रफुल्ल पद्मिनी, इस धूलिधूसर वनभूमि की मालतीलता! लाख-लाख सामान्य बालिकाएँ आज आर्यावर्त को महानाश के गह्वर में गिरने से नहीं बचा सकतीं—तुम बचा सकती हो। मेरा क्षोभ मेरे चेहरे पर ज़रूर प्रतिफलित हुआ होगा, क्योंकि भट्टिनी ने मेरी ओर फिरकर कई बार देखा। प्रसाद देते समय उन्होंने ज़रा दुलार करते हुए कहा, "बुरा मान गए, भट्ट!" मैंने करुण भाव से उनकी ओर देखा। भट्टिनी का चित्त आज कुछ प्रसन्न था। उनमें आज कुछ अप्रत्याशित लीला आ गई थी। इस समय उन्हें ज़रा भी चिन्तित होने देना अपराध था। परन्तु भट्टिनी को मेरे उत्तर की अपेक्षा नहीं थी। बोलीं, "बुरा न मानो। तुम्हें मुझे देवी समझने में आनन्द मिलता है, तो मैं देवी ही सही। यह वरदान लो।"—कहकर भट्टिनी ने मेरी थाली में अपने हाथ का बनाया हुआ मिष्टान्न डाल दिया। मैं हँसा और भट्टिनी भी मन्द स्मित के साथ हँस पड़ीं।

द्वादश उच्छ्वास

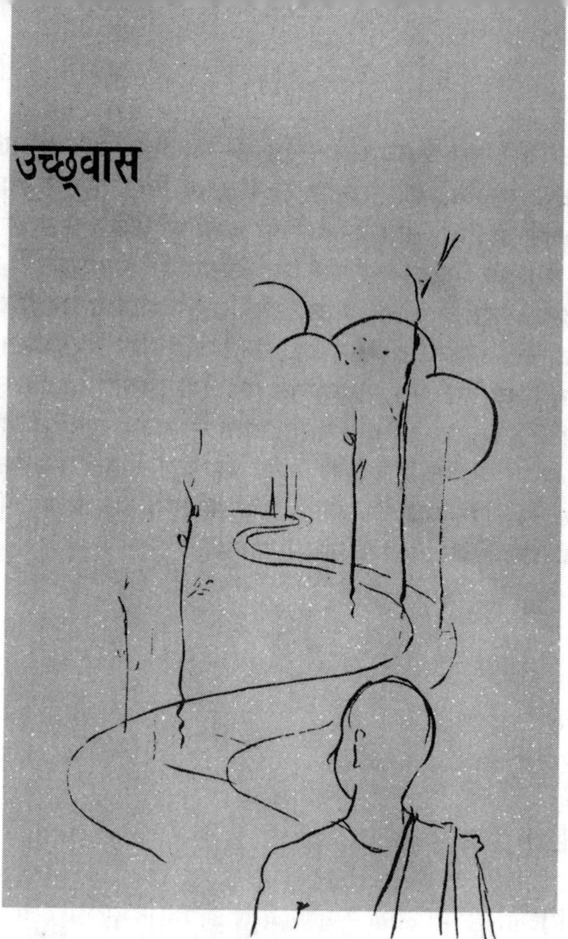

भद्रेश्वर स्वस्तिकाधार दुर्ग था। लोरिक देव का राजभवन केन्द्रस्थल पर था। हम लोगों के ठहरने को जो स्थान दिया गया था, वह पूर्वी तोरण से बिलकुल सटा हुआ था। वहाँ से परिखा तक कूर्मपृष्ठ की भाँति उन्नतोदर राजमार्ग था, जो आगे चलकर दाहिनी ओर वक्राकार होकर घूम रहा था। राजमार्ग के दोनों ओर समृद्ध नागरिकों के बड़े-बड़े सौध थे। रात को इन मकानों के वातायनों से दीपालोक की क्षीण रश्मियाँ ही दिखाई पड़ती थीं। सारा मार्ग विशाल अजगर की भाँति निस्तब्ध पड़ा दिखाई देता था। भट्टिनी के हाथ का प्रसाद पाकर मैं बाहर आया और एक छोटी-सी स्थंडिल-पीठिका पर बैठकर पूर्व की ओर जानेवाले इस राजमार्ग को देखने लगा। आकाश एक विकच कमल-सरोवर की भाँति लग रहा था। रात के सन्नाटे में यह छोटा-सा दुर्ग-नगर बहुत मनोहर जान पड़ता था। मेरे

मन में भर्वुशर्मा के पत्र की स्मृति वैसी ही बनी हुई थी। यद्यपि भट्टिनी के प्रसन्न मुख से मैं थोड़ा आश्वस्त हो गया था; पर मेरा कर्तव्य-भार हल्का नहीं हुआ था। मुझे ऐसा लग रहा था कि निपुणिका इस विषय में मेरी सहायता कर सकती है। निपुणिका से मैं खुलकर बातें कर सकता हूँ। भट्टिनी के सामने मुझमें एक प्रकार की मोहनकारी जड़िमा आ जाती है। मैं सोच रहा था कि प्रातःकाल इस विषय में निउनिया से परामर्श करूँगा। वह भट्टिनी को अच्छी तरह पहचानती है। मैं अब भी उन्हें पहचान नहीं पाया हूँ।

धीरे-धीरे पूर्व-गगन-मंच पर चन्द्रमा का अभ्युदय हुआ। सारा भुवन-मंडल पहले सिन्दूरराग से लाल हो उठा और फिर मानो धवल चन्दन-रस की धारा से आप्लावित हो गया। भवन-वलभियों के पारावतों में क्षणभर के लिए चंचलता आई। उनके भस्म के समान कर्बुरपक्ष रह-रहकर फड़फड़ा उठने लगे, और उन्हीं से मानो अन्धकार झाड़ दिया जाने लगा। चमगीदड़ों की छाया कभी-कभी मेरे सिर पर से पार जाने लगी। उन्हें देखकर अनुमान होता था कि अन्धकार-रूपी सेनापति के इक्के-दुक्के सैनिक अवसर पाकर इधर-उधर भाग जाने की चेष्टा कर रहे हैं। सारा वातावरण शान्त और मनोरम हो गया। चन्द्रमा की स्निग्ध ज्योत्स्ना में स्नान-सा करता हुआ भद्रेश्वर-दुर्ग और भी मनोहर हो उठा। मैंने सोचा कि जिस दिन कर्पूरधवल महादेव के जटाजूट से शतधार होकर गंगा की धारा हिमालय पर गिरी होगी, उस दिन उसकी शोभा कुछ ऐसी ही रही होगी—अभ्रभेरी श्वेत शिखर यथास्थान इसी प्रकार अविचल खड़े होंगे, जिस प्रकार भद्रेश्वर की सौध-अट्टालिकाएँ दिख रही हैं; कभी न बुझनेवाली औषध-मणियाँ उस श्वेत धारा में इसी प्रकार जल रही होंगी, जिस प्रकार इस दुर्ग के प्रासार-वातायनों में प्रदीप जल रहे हैं; मेखला को घेरकर संचरण करनेवाले मेघखंड उसी प्रकार सिमट गए होंगे, जिस प्रकार इन दुर्ग-हर्म्यों की तिरस्करिणियाँ (पर्दे) सिमट गई हैं और दरी-गुहाओं में शयन करनेवाली सिद्धवधुएँ मंदाकिनी के निर्झर-सीकरों से सिक्त वायु को उसी प्रकार अलस-विलसति से उपभोग कर रही होंगी, जिस प्रकार इस दुर्ग की सुन्दरियाँ आज के मधुर-मदिर-शीतल वायु का उपभोग कर रही हैं।

उस रात को मुझे नींद नहीं आई। मैं भट्टिनी को पहचान नहीं पा रहा हूँ। छोटे महाराज के विशाल अन्तःपुर में आबद्ध भट्टिनी का परिपांडु-दुर्बल-कपोल-सुन्दर मुख मैं देख चुका हूँ। चंडीमंडप में कुमार कृष्णवर्द्धन का आश्रय लेने से स्पष्ट इनकार करने के बाद बाणविद्ध मृग के समान उनकी करुण मुखच्छवि मैं भुलाने पर भी नहीं भूल सका हूँ। गंगा की मनोहर धारा पर अपने अपहरण का वृतान्त कहती हुई निराश सिंहिनी के समान उनकी स्फुल्लिंग-वर्षी आँखें मेरे मानस-पटल

पर विद्ध हो गई हैं और अन्तिम बार गंगा की धारा से विनिर्गता उनकी वह शिथिलश्रान्त मनोहर शोभा मेरे मानस-पटल पर अंकित हो गई है, जो वराह के दन्त पर समासीन श्रान्त धरित्री को धैर्य और गाम्भीर्य में पराभूत कर रही थी। परन्तु आज मैं भट्टिनी को जिस रूप में देख चुका हूँ, वह रूप उन सबसे भिन्न है। मैं इन सब रूपों में कोई एक सूत्र खोजना चाहता हूँ; पर पा नहीं रहा हूँ। कुछ दिनों से मुझे ऐसा लग रहा है कि मेरी बुद्धि लुप्त हो गई है, क्रियाशक्ति शिथिल हो गई है, वाग्धारा सूख गई है। मैं संसार की विषमताओं को देख चुका हूँ, इस दुनिया का अबोध ब्राह्मण-वटु नहीं हूँ। यद्यपि मेरे कर्तव्य-अकर्तव्य की कसौटी वही नहीं है, जो सारी दुनिया को मान्य है; पर मैं लोकमर्यादा से अनभिज्ञ नहीं हूँ। फिर भी इधर मेरा चित्त जड़ होता जा रहा है, बुद्धि मुग्ध होती जा रही है और मस्तिष्क भोथा होता जा रहा है। आखिर वह कौन-सा अन्तर्विकार है, जो मेरे चित्त को जड़ बना रहा है और मेरी बुद्धि को मोहग्रस्त बना रहा है! मेरे लिए इसका उत्तर पाना कठिन हो रहा है। आज मैं स्वयं अपनी समस्या हो रहा हूँ।

एक बात स्पष्ट है। भट्टिनी और निपुणिका के साथ रहने से मेरे अन्दर परिवर्तन आया है। मैं कहने को तो उनकी रक्षा के लिए साथ हूँ; पर हो गया हूँ परम आश्रित। इस अवस्था से मुक्ति मिलनी चाहिए। आज से अधिक पराधीन मैं कभी नहीं था। परन्तु भट्टिनी को अकेली छोड़कर मैं जा भी कैसे सकता हूँ। विषम समस्या है। मेरा रोम-रोम कदम्ब-केसर की भाँति उद्भिन्न होकर इस परवशता का स्वागत करता जान पड़ता है, मेरा सारा हृदय द्रवित नवनीत के समान इसके सामने ढरक पड़ने को आतुर हो रहा है और भीतर से एक तीव्र अभिलाषा उद्बुद्ध कोकनद के समान अपना आवरण तोड़कर फूट पड़ना चाहती है! मुझे क्या हो गया है? और यह भी आश्चर्य की बात है कि मेरे चित्त में यह द्वन्द्व उस समय उठा है, जब उसे उठना ही नहीं चाहिए। मैंने आज भट्टिनी का स्मयमान मुख देखा है। अधरों पर लीला तरंगित हो रही थी, कपोल-पालि विभ्रम-वीचियों से चटुल हो उठी थी, श्वेत पुंडरीक के समान विशाल नयनों में लालिमा खेल रही थी, कान्ति की लहरों से सारी अंगयष्टि आच्छादित थी, मानो मुक्ता-छटा की स्रोतस्विनी ही लहरा रही हो। यह तो मेरे लिए कृतकृत्य होने का अवसर है। आज तो मेरा सारा जीवन ही सार्थक जान पड़ना चाहिए था; परन्तु मैं आज ही इतना हतबुद्धि क्यों हो गया हूँ? सचमुच मुझे हो क्या गया है?

मुझे एक-एक करके सारी बातें याद आने लगीं। आज भट्टिनी ने जो कुछ कहा है, उसका क्या अर्थ है? वे हजार-हजार बालिकाओं की भाँति एक बालिका हैं, तो इससे क्या हुआ? वे हाड़-मांस की नारी हैं—न होतीं, तो बाणभट्ट आज

इस पवित्र देव-प्रतिमा के सामने अपने-आपको निःशेष भाव से उँड़ेल देने में अपनी सार्थकता क्यों मानता? हाय, संसार ने इस हाड़-मांस के देव-मन्दिर की पूजा नहीं की! वह वैराग्य और शक्ति-मद की बालू की दीवार खड़ी करता रहा! उसे अपने परम आराध्य का पता नहीं लगा! लेकिन इन सब बातों में क्या रखा है? मैं बहुत देख चुका हूँ। शोभा और कान्ति को विभ्रम और विच्छित्ति पर बिकते देखकर मैं जिस दिन प्रथम बार विचलित हुआ था, उस दिन की बात याद आती है, तो मेरी सम्पूर्ण सत्ता विद्रोह कर उठती है। माधुर्य और लावण्य की अपेक्षा हेला और विव्वोक का सम्मान दैनंदिन घटना है, मैं यह सब जानता हूँ। परन्तु मैं यह भी जानता हूँ कि इन सारे आपाततः परस्पर-विरोधी दिखनेवाले आचरणों में एक सामरस्य है—निरन्तर परिवर्तमान बाह्य आचरणों के भीतर एक परम मंगलमय देवता स्तब्ध है। उस देवता को नहीं देखनेवाले ही यौवन को मत्त गजराज कहा करते हैं, अनुराग को मानस अन्धकार बताया करते हैं, सहज भाव को वंकिम लीला का नाम दिया करते हैं। माधवी लता को घेरकर जब मधुकर-श्रेणी गुंजार करती रहती है, तो मैं स्पष्ट ही पुष्पों के भीतर सौरभ के रूप में स्तब्ध उस महादेवता को देख पाता हूँ; नदी जब उन्मत्त वेग से अपने सर्वस्व को दोनों हाथों लुटाते हुए समुद्र की ओर दौड़ती रहती है, तो उस महारागमय देवता का मुझे साक्षात्कार होता है; मेघ के श्मायल-मेदुर वक्षस्थल में क्षणभर के लिए जब विभ्रमवती विद्युत् चमककर छिप जाती है, तो उस समय भी मैं उस व्याकुल वेदना के देवता को देखना नहीं भूलता।

अचानक पीछे से भट्टिनी की आवाज आई, 'भट्ट, दुर्बल शरीर लेकर रात-भर बाहर बैठना तो उचित नहीं है।' मैंने प्रथम मेघ-गर्जन सुननेवाले मृग-शिशु की भाँति चौंककर पीछे देखा। भट्टिनी ही थीं—आगुल्फ आच्छादित नील आवरण में से उनका मनोहर मुख सौगुना रमणीय दिखाई दे रहा था, मानो ज्योत्स्ना-रूप धवल मन्दाकिनी-धारा में बहते हुए शैवाल-जाल में उलझा हुआ प्रफुल्ल कमल हो, क्षीर-सागर में सन्तरण करती हुई नीलवसना पद्मा हो, कैलास पर्वत पर खिली हुई सपुष्पा दगनकयष्टि हो, नील मेघ-मंडल में झलकनेवाली स्थिर सौदामिनी हो! उनकी बड़ी-बड़ी मनोहर आँखों की शोभा अपना उपमान आप ही थीं। मैं भट्टिनी के अचानक आगमन से क्षणभर के लिए स्ताब्ध रह गया। कुछ उत्तर नहीं सूझ पड़ा। केवल उस मृदुल-मनोहर दृष्टि की ओर मुग्ध-भाव से देखता रहा, जो इन्दीवर की माला की भाँति मुझे बाँध रही थी, कस्तूरिका-लेप की भाँति मुझे स्निग्ध बना रही थी और मन्दारमाला की भाँति मेरे अन्तर और बाहर को आमोदमग्न कर रही थी। भट्टिनी वहाँ क्षणभर खड़ी रहकर फिर अपने घर की

ओर लौट गईं, केवल आदेश के स्वर में कहती गई, 'जाओ, भीतर सो जाओ!'

कौन किसका अभिभावक है—भट्टिनी का मैं या मेरी भट्टिनी? कौन किसकी सेवा में नियुक्त है—मैं उनकी या वे मेरी? आकाश के नक्षत्रो, साक्षी रहना, बाणभट्ट पथ-भ्रान्त अकर्मा नहीं है, छिन्नरज्जु अनड्वान की भाँति अनर्गलचारी नहीं है, केदारोत्पाटित दूर्वादल की भाँति रास्ते पर विक्षिप्त हतभाग्य नहीं है, वन में खिलकर मुरझा जानेवाले जंगली फूल की भाँति निष्फल-जन्मा नहीं है, क्षुरक्षुण्ण धूलिकण के समान आश्रयहीन नहीं है, मरु-कान्तार में सूख जानेवाली नदी के समान व्यर्थकाम नहीं है! हे हतज्योति निशानाथ, अखिल भुवन-मंडल के राग-विराग के तुम अविसंवादी साक्षी हो। लोक से लोकान्तर को, काल से कालान्तर को, दिशा से दिगन्तर को तुम यह सन्देश पहुँचा देना कि बाणभट्ट का जीवन व्यर्थ नहीं था। मैं आज ही इस सौभाग्य को अपने ही हाथों डुबा जाऊँगा—विस्मृति के अतल गह्वर में। तुम याद रखना। मैं धीरे-धीरे अपने शयन-कक्ष में जाकर लेट गया।

नींद खुली, तो दिन चढ़ आया था। निउनिया घर के बाहर बैठी हुई मेरी प्रतीक्षा कर रही थी। उसे इतना सवेरे वहाँ आई देखकर मेरे आश्चर्य का ठिकाना नहीं रहा। उसका मुँह सूखा हुआ था, आँखें और भी अधिक धँस गई थीं, सारा शरीर पीला पड़ गया था। उसने बड़े आयासपूर्वक मुझे प्रणाम किया। मैं उसके आगमन का कारण पूछने जा ही रहा था कि वह स्वयं बोल उठी, ''मैं अब धीरे-धीरे स्वस्थ हो जाऊँगी। मेरी चिन्ता मत करो। एक अत्यन्त आवश्यक विषय में तुमसे कुछ सलाह लेने आई हूँ। अपराध मन में न लाओ, तो कहूँ।'' मैं कुछ अवांछित सुनने की आशंका से मन-ही-मन सिहर गया। केवल आश्चर्य के साथ उसकी ओर ताकता रहा। निउनिया ने जानुपातपूर्वक फिर से प्रणाम किया और थोड़ी देर तक चुप रहने के बाद बोली, ''कल रात को तुमने भट्टिनी को कुछ अनुचित कहा है, भट्ट?'' मैं सन्न रह गया। मैं भट्टिनी को अनुचित कह सकता हूँ! निपुणिका ने मुझे अधिक सोचने का अवसर नहीं दिया। मेरा कुतूहल और भी बढ़ाती हुई बोली, ''मैं क्या नहीं जानती कि तुम जान-बूझकर कभी अनुचित बात नहीं कह सकते! देखो भट्ट, तुम नहीं जानते कि तुमने मेरे इस पाप-पंकिल शरीर में कैसा प्रफुल्ल शतदल खिला रखा है। तुम मेरे देवता हो, मैं तुम्हारा नाम जपनेवाली अधम नारी हूँ। ऐसा कलुष मानस लेकर भी जो जी रही हूँ, सो केवल इसीलिए कि तुमने जीने योग्य समझा है। सूर्य पश्चिम दिग्विभाग में उदय हो सकता है; पर तुम भट्टिनी को कोई अनुचित बात नहीं कह सकते, यह मैं जानती हूँ। फिर भी कोई ऐसी बात ज़रूर हुई है, जिससे भट्टिनी का चित्त उत्क्षिप्त हो

गया है। रात-भर वे रोती रही हैं। उनकी आँखें सूज गई हैं। उनका मुखमंडल उत्तेजित है। वे अपने-आप में नहीं हैं। मुझे शंका हो रही है कि उन्हें तीव्र ज्वर हो गया है। तुम यदि उनके उच्छुष्क शोण अधरों को देखो, तो अवश्य रो पड़ोगे। क्या बात हुई है, भट्ट!'' निपुणिका की बात सुनकर मैं हतप्रभ हो गया। ऐसा लगा कि मेरा सारा अन्तरतर शरत्कालीन केतक 'पुष्प' की तरह विवर्ण हो गया है। मैं उन्मत्त की भाँति बोल उठा, ''निउनिया, अधिक न कह। तू नहीं समझ सकती कि मेरे ऊपर तू कैसा वज्र प्रहार कर रही है।''

निपुणिका अवाक् होकर मेरी ओर देर तक ताकती रही। मैंने धीरे-धीरे रात की सारी कहानी उसे सुना दी। निपुणिका के शीर्ण चेहरे पर आनन्द की ज्योति दमक उठी। उसका श्वेत मुखमंडल कर्पूर-गुटिका की भाँति जल उठा। उसकी धँसी आँखों से इस प्रकार दिव्य-ज्योति प्रकट होने लगी, जैसे विवरद्वार की नागमणि हो। वह क्षण-भर तक निस्पन्द-भाव से बैठी रही, मानो नाना दिशाओं से तरंगित भाव-लहरियों से टकराकर वह गतिहीन हो गई हो। फिर उसने मेरी ओर आँख उठाई। मोतियों-भरे शुक्ति-पटल की भाँति, तुहिन-बिन्दु से पूर्ण पद्मपलाश की भाँति, शिशिर-सिक्त पारिजात-पुष्प की भाँति, अर्द्धस्फुट सिन्दुवारकुसुम की भाँति वे अश्रु-भरी आँखें चित्त को करुणरस से प्लावित कर रही थीं, सहानुभूति की वर्षा से सींच रही थीं, अनुकम्पा की धारा से धौत कर रही थीं। निपुणिका देर तक भूली-सी, भ्रमी-सी, खोई-सी ताकती रही और फिर एकाएक भूमि-तल में करतल रखकर प्रणाम करके बोली, ''मैं समझ गई, भट्ट, मेरा अपराध क्षमा करो। तुम मेरा दोष नहीं समझ सकोगे; परन्तु अपना दोष तुम्हें समझना चाहिए। मैं अपनी बात के लिए लज्जित होने योग्य नहीं हूँ। निउनिया की बात छोड़ो, वह बहत्तर घाट का पानी पी चुकी है, वह भले-बुरे को पहचानती है, अपने पहचानने की शक्ति पर भरोसा रखती है; अपने कलुष मानस के विकारों को दूसरे पर आरोप कर सकती है; पर भट्टिनी तो बालिका हैं। उन्हें संसार की कटुता का लेशमात्र भी ज्ञान नहीं है। वे तुम्हें समझ नहीं सकतीं। धिक् भट्ट! पुरुष में पौरुष होना चाहिए। तुमसे मैं पूछती हूँ कि तुमने भट्टिनी से कभी पूछा क्यों नहीं कि वे गंगा में क्यों कूद पड़ीं? तुमने कल उनके अस्वाभाविक तारल्य पर उन्हें कसके डाँट क्यों नहीं दिया?'' निपुणिका की इन सारी बातों का कोई अर्थ मैं आज तक नहीं समझ सका हूँ, पर मुझे अपनी स्थिति समझा देने में इन शब्दों ने आश्चर्यजनक कार्य किया। मेघयुक्त आकाश की भाँति कुज्झटिका-विरहित दिङ्मंडल की भाँति और शैवालहीन सरोवर की भाँति मेरा चित्त प्रसन्न हो गया। मैंने निपुणिका को साधुवाद देते हुए कहा, ''निउनिया, मैं भट्टिनी का सेवक होकर गौरवान्वित हुआ

हूँ, अभिभावक होने की योग्यता मुझमें नहीं है। मैं उनको उनके पिता के पास पहुँचाकर छुट्टी लूँगा। मैं अधिक मोहग्रस्त होना पसन्द नहीं करता। तू भट्टिनी से कह दे कि बाणभट्ट महान् भविष्य का निमित्त बनने का संकल्प कर चुका है। वह कल ही स्थाण्वीश्वर को रवाना हो जाएगा।'' निपुणिका चली गई। वह इस प्रकार उदास थी, मानो लाभ की आशा से व्यापार करनेवाला वणिक् मूल भी गँवा चुका हो!

मैं देर तक अपने आसन पर बैठा रहा। धीरे-धीरे सूर्य उत्तप्त हो उठे। अजगर के फूत्कार के समान पश्चिमी वायु सों-सों करती हुई दिक्चक्रवाल को दग्ध करने लगी, आतप के मारे कृकलास क्षण-क्षण पर रंग बदलने लगे, चटक-दम्पती अलस-भाव से हर्म्य-छिद्रों में छिपने लगे, वनसारिकाएँ नाना वचन-भंगियों से अपनी परिताप-कथा कहने लगीं और गृह-धेनुओं के रोमन्थन-व्यस्त जबड़ों में भी आलस्य का आविर्भाव हुआ। मैं दीर्घकाल तक निर्निमेष-सा स्वस्तिकाकार राजमार्ग के एक बाहु की ओर एकटक देखता रहा। इसी समय विग्रहवर्मा ने आकर प्रणाम किया और कुमार कृष्णवर्द्धन के भेजे हुए दूत से मेरा परिचय कराया। मेरे आश्चर्य की उस समय कोई सीमा न रही, जब दूत ने बताया कि कुमार ने मुझसे अनुरोध किया है कि मैं महाराजाधिराज श्री हर्षदेव से वैर त्याग करूँ और उनसे मिलूँ!

स्थाण्वीश्वर जाना तय हो गया! मैंने अन्तिम बार भट्टिनी से विदा लेने का निश्चय किया। उस समय भगवान् मरीचिमाली अस्त हो चुके थे। पश्चिम-समुद्र के तीर से प्रवाल-लता की भाँति सन्ध्याराग उदित हो गया था। विराट् सूर्यमंडल के पश्चिमी समुद्र में पतित होने से जो छींटें उछल पड़ी थीं, वे ही नक्षत्रों के रूप में मानो आकाश-मंडल में सट गई थीं और शायद उसी समुद्र में उत्थित जलधारा ने बाद में निकटवर्ती पश्चिमी तट की लालिमा को धो डाला था। भट्टिनी स्नान करके पूजा-वेदी पर बैठी थीं। कुछ क्षण तक मैं बाहर खड़ा प्रतीक्षा करता रहा। आज भट्टिनी ने भगवान् की स्तुति बड़े करुण कंठ से गाई। आकाश लाख-लाख नक्षत्र-नयनों को विस्फारित करके आश्चर्य के साथ उस मोहक गान को सुन रहा था। पूजा समाप्त हुई। परिक्रमा करके भट्टिनी ने अदृश्य वराह देवता को प्रणाम किया। उनके अंग-प्रत्यंग से भक्ति की शीतल स्निग्ध लहरियाँ उद्वेल हो उठीं। हल्के कौसुम्भ-वस्त्र को दीर्ण-विदीर्ण करके उनकी अंगयष्टि की लावण्य-प्रभा बाहर निर्गत होने लगी, मानो अदृश्य सौभाग्य-चन्द्रमा की सूचनामात्र से शोभा के समुद्र में ज्वार आ गया हो। कुछ देर तक भट्टिनी आविष्ट-सी, अभिभूत-सी, घूर्ण-उद्भ्रान्त-सी जानुपातपूर्वक खड़ी रहीं। फिर धीरे-धीरे उठीं। मुझे द्वार पर खड़ा देखकर मेरी ओर फिरीं। उनकी आँखों में अस्वाभाविक गुरुता थी। पलकों के

झुकते देर नहीं लगी। एक आसन की ओर इशारा करके वे बैठ गईं। मैं भी बैठ गया। देर तक भट्टिनी के मुख से कोई बात नहीं निकली। मैं भी अपना वक्तव्य कहने का कोई सूत्र नहीं खोज सका। फिर भट्टिनी ने करुणकातर स्वर में कहा, "निपुणिका ने कुछ अनुचित कहा हो, तो मन में न लाना। वह मुझे अपने प्राणों से भी अधिक प्यार करती है। तुम्हारे ऊपर उसकी जो अपार श्रद्धा है, उसका प्रमाण तो मिल ही चुका है। कई दिनों से उसका मन स्थिर नहीं मालूम हो रहा है। जान पड़ता है, तान्त्रिक अभिचार के कारण उसमें कुछ विकार आ गया है। मैं आज दिनभर उसके बारे में सोचती रही हूँ। महामाया जाते समय कह गई थीं कि वैशाखी पूर्णिमा को वे स्थाण्वीश्वर में पहुँच गई रहेंगी। वहीं अवधूत भी मिलेंगे। यदि निपुणिका में कोई विकार दिखे, तो भट्ट को वहाँ जरूर भेज देना। कल चले जाओ, तो कैसा हो भट्ट!" मैं आश्चर्य से भट्टिनी की ओर देखने लगा। भट्टिनी ने जो आदेश दिया है, वह निपुणिका की सलाह और कुमार कृष्ण के सन्देश के साथ इस प्रकार मिल रहा था कि मैं हतबुद्धि हो रहा। यह कैसा विचित्र संयोग है! और निपुणिका क्या पागल हो गई है! प्रातःकाल उसका आना, असंगत बातें करना, क्या उन्माद था? भट्टिनी ने अधिक सोचने का अवसर नहीं दिया। बिना रुके ही बोलती गईं, "लोरिकदेव की रानी ने अन्तःपुर में हम दोनों के लिए स्थान कर देना चाहा था; पर मैं निपुणिका की अवस्था देखकर वहाँ रहना पसन्द नहीं करती। उन्होंने यहीं उचित व्यवस्था कर देने की आशा दिलाई है। विग्रहवर्मा को कह देना कि वे यहीं रहें। उनके रहते चिन्ता की कोई बात नहीं है। महावराह पर भरोसा रखो। कल चले जाओ।"

मैंने चुपचाप सिर झुकाकर आज्ञा शिरोधार्य की। परन्तु हृदय पर जैसे कहीं-से अचानक शल्यपाल हुआ। भट्टिनी को छोड़कर जाना पड़ेगा! मैं जो समझ रहा था कि मेरा मन मोहमुक्त हो गया है, वह भ्रम था? यदि भट्टिनी की ओर से अनुमति न मिलती, तो शायद मैं अधिक निर्विकार हो सकता। कुछ देर चुप रहने के बाद भट्टिनी ने मेरी ओर देखा। वर्षा-वारि से भीगे हुए खंजरीट-शाव की भाँति वे आँखें ऊपर नहीं उठ सकीं। शीघ्र ही वे फिर नीचे आ गईं। भट्टिनी ने ज़रा रुक-रुककर कहना शुरू किया, "भट्ट, मैं अभागिनी हूँ। तुमने ही मुझे जीने की सार्थकता सिखाई है। मैं नहीं जानती कि किस प्रावतन पुण्य से महावराह ने तुम्हें मेरे पास भेज दिया था। तुम्हारे साथ रहकर मैं भूल गई थी कि मैं भाग्यहीना हूँ। मैंने तुम्हें बहुत कष्ट दिया है। और भी बहुत देती रहूँगी। मैं अबोध बाला हूँ। निपुणिका ने आज उन्मत्त प्रलाप के भीतर से मुझे मेरा स्वरूप दिखा दिया है। कौन जाने, उसका कहना ही ठीक हो कि मैं तुम्हें गंगा में डुबाने के लिए स्वयं गंगा

में कूद पड़ी थी। मैं नहीं कह सकती। मुझे क्षण-भर के लिए ऐसा मालूम हुआ था कि मौखरियों के उस निर्घृण महाराज ने मुझे फिर से कैद करना चाहा था। जब विग्रहवर्मा तुमसे बता रहा था कि वह मौखरि है, तभी मुझे सन्देह हुआ था। निर्बुद्धि बालिका को क्षमा करना, भट्ट! निपुणिका कह रही थी कि यदि भट्ट न होते, तो तुम गंगा में कभी न कूदतीं। आज मैं सब बातें विचारकर देखती हूँ, तो मुझे ऐसा लगता है कि मेरे मन में किसी अज्ञात कोने में यह भावना जरूर थी कि तुम मुझे डूबने नहीं दोगे—तुम मुझे बचा लोगे। तुमने मेरा शरीर, मन, लाज-शर्म सबकुछ बचाया है। मैं भाग्यहीना अपने सबसे बड़े हिताकांक्षी को विपत्ति में झोंक देने की अपराधिनी हूँ। मेरा अपराध क्षमा करो, भट्ट!" कहते-कहते भट्टिनी ने हाथ जोड़कर भूमितल में सिर रखकर मुझे प्रणाम किया। मैं इस प्रकार जड़ हो गया था कि कहीं किसी प्रकार के संवेदन का लेशमात्र भी अनुभव नहीं कर पा रहा था। इतना बड़ा व्यापार मेरी आँखों के सामने देखते-देखते हो गया और मैं हतसंज्ञ, निश्चेष्ट बैठा रहा! भट्टिनी को जानुपात की अवस्था में देखकर मुझे जैसे होश-सा हुआ। मैं धड़फड़ाकर उठ पड़ा, "क्या कह रही हो, देवि! निपुणिका ने उन्माद की अवस्था में जो कुछ कह रहा है, उसी को प्रणाम मानकर मुझे अपराधी बना रही हो!" भट्टिनी चुप रहीं। वे देर तक निस्पन्द दीपशिखा की भाँति, अचंचल विद्युल्लता की भाँति और प्रफुल्ल दमनक-यष्टि की भाँति बैठी रहीं। फिर धीरे-धीरे कहा, "वहाँ से जल्दी ही लौटना। जाओ।" मैं चला, तो भट्टिनी ने फिर पुकारा। इस बार उनका स्वर काफी साफ था। बोलीं, "निपुणिका से मत मिलना। समय मिले, तो निपुणिका की सखी सुचरिता की खबर लेते आना। वह उसकी दूकान के पास ही कहीं रहती है। वह अत्यन्त भाग्यहीना है। मैंने उसे सिर्फ एक बार देखा है। भूलना नहीं।"

प्रातःकाल मैं स्थाण्वीश्वर के लिए रवाना हो गया। घोड़े की पीठ पर निरन्तर भागता हुआ दस दिन बाद स्थाण्वीश्वर के दुर्गद्वार पर उपस्थित हुआ। प्रवेश करते ही सुचरिता सबसे पहले याद आई। केवल एक बार निपुणिका ने उसके बारे में मुझसे चर्चा की थी। परन्तु जब मैंने उसकी पूरी कहानी पूछी, तो वह चुप हो गई थी। भट्टिनी से भी उसने उसकी चर्चा चलाई होगी। क्या करती है वह! कोई अच्छा काम नहीं करती, यह तो स्पष्ट है। तो भी बाणभट्ट उधर जाएगा जरूर। आजीवन उसने नारी-देह को पवित्र देवप्रतिमा समझा है। वह जहाँ भी हो, जिस अवस्था में भी हो, सम्मान और श्रद्धा की वस्तु है। यद्यपि आज मुझे महाराजाधिराज से मिलना है, आचार्य सुगतभद्र को प्रणाम करना है और अवधूत अघोरभैरव का दर्शन पाना है, तो भी मैं सुचरिता को भूल नहीं सकता। आज बाण

क्या देव-प्रतिमा को कीचड़ में धँसा देखकर सिर्फ इसलिए कतरा जाएगा कि उसे किसी सम्राट् से या किसी महासान्धिविग्रहिक से मिलने जाना है? नहीं, यह नहीं होने का। परन्तु इतना तो होना चाहिए कि मेरे किसी आचरण से भट्टिनी के भावी मंगल का व्याघात न हो! जो हो, मैंने निश्चय किया कि कुमार, महाराज और आचार्यपाद से मिले बिना कुछ नहीं करूँगा।

उसी दिन वैशाखी पूर्णिमा थी। इसी दिन तथागत ने जन्म ग्रहण किया था और इसी दिन निर्वाण प्राप्त किया था। बौद्ध नरपति की राजधानी में आज उत्सव जैसा होना चाहिए, वैसा ही हुआ था। वीथियाँ सुगन्धि से सिक्त थीं, पौरभवनों में मंगल-पताकाएँ सुशोभित हो रही थीं, राजमार्ग की ओर के सभी वातायन मालतीदाम से अलंकृत हो रहे थे और पौरजन नवीन वस्त्र-भूषा से सुसज्जित थे। नगर में प्रवेश करते ही मुझे ज्ञात हुआ कि आज आचार्य सुगतभद्र की धर्म-देशना होनेवाली है। सम्राट् और कुमार कृष्णवर्द्धन की सवारी उधर ही गई है। मैंने जब यह सुना, तो और सभी बातें भूल गईं और आचार्यपाद की धर्म-देशना सुनने के लोभ से मैं उधर ही खिंच गया। विहार मेरा देखा हुआ था। राजमार्ग श्वेत वस्त्रधारी नागरिकों से पूर्ण था। उनके वस्त्र, उष्णीष, अंगराग और माल्य सभी श्वेत थे। ऐसा जान पड़ता था, सब लोगों ने रजत-धारा में स्नान किया है। ऊपर सौधवातायनों से युवतियों के स्वर्णालंकारों की पीली प्रभा व्याप्त हो रही थी। नीचे की श्वेतच्छटा के ऊपर सौध-वातायनों की सौवर्णच्छटा ऐसी मनोहर मालूम हो रही थी, मानो कैलास पर्वत पर शरत्कालीन प्राभातिक धूप फैली हुई हो। दुर्भाग्यवश जब मैं विहार तक पहुँचा, तब तक धर्म-देशना समाप्त हो चुकी थी। अब श्रोताओं की शंकाओं का समाधान किया जा रहा था।

बाहर महाराजाधिराज के आगमन से जितना आनन्द-उल्लास, कोलाहल, जयनिनाद था, उससे मैंने अनुमान किया था कि भीतर भी भारी भीड़ होगी और उसी प्रकार का हल्ला-गुल्ला होगा। परन्तु यद्यपि विहार सबके लिए खुला था, फिर भी बहुत थोड़े लोग भीतर जाने का साहस कर रहे थे। सभास्थल में भिक्षुओं का ही आधिक्य था। गृहस्थों में स्वयं महाराज और उनके कई निकटवर्ती पदाधिकारी समासीन थे। महाराज के शरीर पर कोई उत्तरीय भी नहीं था। सारा शरीर सौगन्धित अंगराग से उपलिप्त था और भुजमूल में केयूर और हृदय में एक मौक्तिक हार के सिवा और कोई भी अलंकार उन्होंने नहीं धारण किया था। वे बहुत शान्त-मनोरम दिखाई दे रहे थे। आचार्य के प्रति उनकी अगाध श्रद्धा थी, और आचार्य भी अत्यन्त स्नेहपूर्वक उनकी ओर देख रहे थे। सब मिलाकर वहाँ अर्द्ध-सहस्र व्यक्ति बैठे हुए थे। आधे में तो भिक्षु थे और आधे में महाराजाधिराज

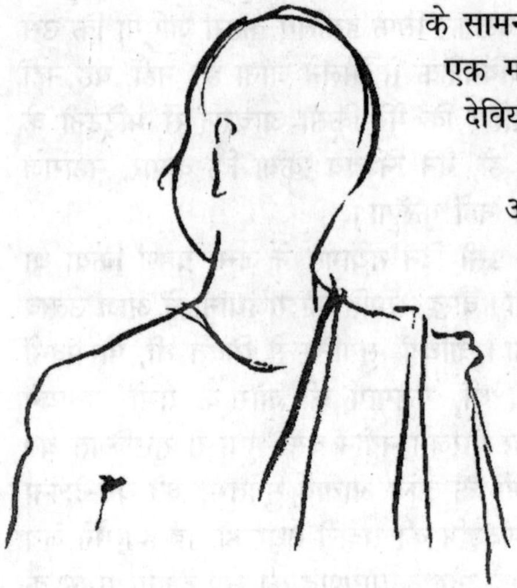

के सामन्त तथा अन्तःपुर की देवियाँ थीं। एक महीन तिरस्करिणी (पर्दा) के पीछे देवियों का आसन था।

मैं चुपचाप एक ओर बैठ गया। आचार्य सुगतभद्र बहुत प्रसन्न जान पड़ते थे। उन्होंने मन्दस्मितपूर्वक महाराज की ओर देखा और धीर-शान्त वाणी में पूछा, "महाराज, आप इस जम्बूद्वीप के सर्वप्रधान चक्रवर्ती राजा हैं। आपकी सद्‌बुद्धि से प्रजा का कल्याण होगा। तथागत की बताई धर्म-देशना आपने सुनी है। मैं पूछता हूँ महाराज, क्या आपको सन्तोष हुआ है? आपके चित्त में मैत्री और करुणा के धर्म के विषय में सन्देह तो नहीं रह गया है?"

महाराज ने आचार्य को शिरसा प्रणाम किया। थोड़ी देर तक वे निश्चल प्रतिमा की भाँति ध्यानावस्थ हो रहे। फिर दोनों हाथ जोड़कर अनुमति माँगी, "तो आचार्यपाद की अनुमति है?"

आचार्य ने फिर मन्दस्मित के साथ साधुवाद देते हुए कहा, "अवश्य महाराज!"

महाराजाधिराज ने विनीत भाव से प्रश्न किया, "हे भदन्त-प्रवर, कई दिनों से कुछ तैर्थिक यतियों ने मुझसे भगवान् बुद्ध के पूजा ग्रहण करने के सम्बन्ध में प्रश्न किए हैं। मैं उनका उत्तर नहीं दे सका हूँ और मेरा चित्त उन प्रश्नों पर मनन करने के बाद उत्क्षिप्त हो गया है। यदि अविनय न समझें, तो पूछूँ।"

आचार्य ने उत्साहपूर्वक कहा, "अवश्य पूछिए, महाराज! शंका-शल्य को चित्त से उखाड़ फेंकना ही उचित है। भगवान् तथागत का धर्म अन्धश्रद्धा पर प्रतिष्ठित नहीं है। वह युक्ति और विचार का अविरोधी है इसीलिए वह सद्धर्म है।"

"तो आचार्यपाद, अनुग्रहपूर्वक बतावें कि बुद्ध निर्वाण प्राप्त होने के बाद भी पूजा कैसे ग्रहण करते हैं? दो बातें हो सकती हैं। प्रथम यह कि बुद्ध पूजा ग्रहण करते हैं। ऐसी अवस्था में लोक के साथ उनका संयोग है, वे भव के ही अन्तर्गत हैं और दस और मनुष्यों की भाँति एक साधारण व्यक्ति हैं। फिर उनकी पूजा निष्फल हो जाती है, बन्ध्य सिद्ध होती है। दूसरी बात यह हो सकती है कि वे

परिनिर्वाण प्राप्त कर गए हैं, लोक के साथ उनका कोई संस्रव नहीं है, वे भव से मुक्त हैं। ऐसी अवस्था में भी उनकी पूजा निष्फल होगी और बन्ध्य सिद्ध होगी, क्योंकि परिनिर्वाण-प्राप्त व्यक्ति कुछ ग्रहण नहीं कर सकता और ऐसे व्यक्ति के उद्देश्य से निवेदन की हुई पूजा बन्ध्य है, निष्फल है। हे आचार्य-श्रेष्ठ, आप ही इस प्रश्न का समाधान कर सकते हैं, आप ही इसके यथार्थ तत्त्व का निर्णय कर सकते हैं।''

आचार्य के मुखमंडल पर फिर स्निग्धमन्द हास्य खेल गया। वे फिर उत्साहित होकर बोले, ''साधु महाराज! तुमने प्रश्न को द्विधाहीन भाषा में उपस्थित किया है। मैं यथामति इस प्रश्न का समाधान करूँगा। परन्तु मैं तुमसे एक प्रश्न करना चाहता हूँ। बिना संकोच के अपना उत्तर दो।''

''पूछिए।''

''अच्छा महाराज, अति महान् कोई अग्नि-राशि जब प्रज्वलित होकर निर्वाण प्राप्त होती है–बुझ जाती है, तो तृण-काष्ठ आदि ईंधन-समूह को ग्रहण करती है?''

''ना, भदन्त!''

''महाराज, वह अग्नि जब उपरत-उपशान्त हो जाती है, तो क्या संसार में अग्नि का होना एकदम उठ जाता है?''

''ना भदन्त, ईंधन-रूप काष्ठ अग्नि का आश्रय-स्थान है, अतएव अग्नि की कामना करनेवाले मनुष्य अपने-अपने उद्यम से अग्नि-उत्पन्न कर लेते हैं। वे काष्ठ का मन्थन करके या अन्य स्थान से अग्नि संग्रह करके फिर से महान् अग्नि-राशि उत्पन्न कर लेते हैं और अपना काम चलाते हैं।''

''इसी प्रकार भगवान् की बात समझो। महाराज, जिस प्रकार महान् अग्नि-राशि प्रज्वलित हुई थी, भगवान् भी उसी प्रकार उस सहस्र संसार के ऊपर बुद्ध-लक्ष्मी द्वारा प्रज्वलित हुए थे। जिस प्रकार वह महान् अग्नि प्रज्वलित होकर निर्वाण-प्राप्त हुई थी, उसी प्रकार महाराज, भगवान् भी दस सहस्र लोक के ऊपर बुद्ध-लक्ष्मी द्वारा प्रज्वलित होने के पश्चात् निरवशेष निर्वाण द्वारा परिनिर्वाण प्राप्त हुए थे। महाराज, जिस प्रकार निर्वाण-प्राप्त अग्नि तृण, काष्ठ आदि ईंधनों को नहीं ग्रहण करती, उसी प्रकार लोक-हितकारी भगवान् भी कुछ परिग्रहण नहीं करते। परन्तु जिस प्रकार महाराज, ईंधनहीन अग्नि के निर्वाण-प्राप्त होने पर मनुष्यगण अपने-अपने उद्यम से अग्नि उत्पन्न करके अपना-अपना कार्य सिद्ध करते हैं, उसी प्रकार देव और मनुष्यगण परिनिर्वाण-प्राप्त तथागत के धातुरत्नों से स्तूपादि निर्माण करके शीलादि का अनुष्ठान करते हैं और सम्पत्तित्रय प्राप्त करते हैं। इस

प्रकार महाराज, यद्यपि तथागत कुछ भी ग्रहण नहीं करते, तथापि उनके उद्देश्य से निवेदित पूजा सफल होती है, अबन्ध्य होती है!"

आचार्य की स्थापना सीधी, मधुर और प्रभावोत्पादक थी। श्रोताओं में अधिकांश बौद्ध श्रमण थे, उन्होंने एक स्वर से साधुवाद दिया, "धन्य हो महास्थविर सुगतभ्रद! अद्भुत है भदन्त, यह स्थापना! आश्चर्य है भदन्त, यह धर्म-देशना!" परन्तु राजा के मुख पर कोई विशेष उल्लास नहीं दिखाई दिया। वे कुछ सोच में उलझे हुए जान पड़ते थे। आचार्यपाद ने समझा। बोले, "तुम यही कह रहे हो न महाराज, कि जो पूजा ग्रहण नहीं करता, उसके उद्देश्य से अनुष्ठित पूजा निष्फल है?"

"हाँ, आचार्य!"

"अच्छा महाराज, महान् वायु बह जाने के बाद जब उपरत-उपशान्त हो जाती है, तो उसकी वायु संज्ञा हो सकती है?"

"ना, भदन्त! तालवृन्त और व्यजन वायु के कारण हैं। जिन्हें वायु की आवश्यकता होती है, वे अपने उद्यम से उसे उत्पन्न करके अपना ताप शमन करते हैं।"

"वैसे ही महाराज, शास्ता (बुद्ध) दस सहस्र लोगों पर मृदु-मधुर वायु के समान मैत्री-रूप में बहते रहे। जिस प्रकार प्रचंड वायु बह जाने के बाद उपरत-उपशान्त हो जाती है, वैसे ही महाराज, भगवान् भी निर्वाण को प्राप्त हो गए। जिस प्रकार महाराज, तापग्रस्त प्राणी व्यजन के सहारे वायु को फिर से ले आकर अपना ताप शमन करते हैं, उसी प्रकार महाराज, देवता और मनुष्य भगवान् के शरीर-धातु की सहायता से शीलादि का अनुष्ठान करके अपना भव-ताप दूर करते हैं। इस प्रकार महाराज, यद्यपि तथागत कुछ भी ग्रहण नहीं करते, तथापि उनके उद्देश्य से निवेदित पूजा सफल होती है, अबन्ध्य होती है।"

"साधु भदन्त! आश्चर्य है आपकी स्थापना, अद्भुत है आपकी प्रतिपादन शैली, विस्मयजनक है आपकी तर्कयुक्ति। मेरा समाधान हो गया।[1] परन्तु आचार्य, तथागत क्या सर्वज्ञ थे? मैं इसलिए पूछ रहा हूँ आचार्य, कि तैर्थिक साधुओं ने मुझे बताया कि वे ध्यान करने पर ही कुछ जान सकते थे, नहीं तो तत्क्षण वे उसी प्रकार मुग्ध रहते थे, जिस प्रकार हम लोग हैं। यह क्या सत्य है, आचार्य?"

"हाँ, महाराज, भगवान् की सर्वज्ञता इसी में थी कि वे ध्यान से सब बातों को जान लेते थे। यह सत्य है। परन्तु इससे महाराज, क्या भगवान् की सर्वज्ञता

1. तु. 'मिलिन्द प्रश्न', 4.1.2

खंडित होती है?''

''होती है, भदन्त!''

''तो महाराज, एक प्रश्न पूछूँ, सोचकर उत्तर दीजिए।''

''पूछिए आचार्य, अवहित हूँ।''

''आप महाराज, चक्रवर्ती राजा हैं। आपके घर में अन्न, दूध, दही, घृत, शर्करा आदि का कोई अभाव नहीं है। यदि कोई अतिथि आपके घर असमय में आवे, उस समय भोजनालय का पक्व-अन्न समाप्त हो चुका हो और आपके अतिथि-सत्कार में देर हो जाए, तो क्या आप निर्धन सिद्ध हुए?''

''नहीं भदन्त, समय-बे-समय चक्रवर्ती के भोजनागार में भी अन्न नहीं रहता, परन्तु इसलिए वह निर्धन नहीं कहा जा सकता।''

''उसी तरह महाराज, बुद्धों की सर्वज्ञता आसर्जन-प्रतिबद्ध होती है। तत्क्षण ज्ञान के अभाव में वे मुग्ध नहीं सिद्ध होते। वे ध्यान करते हुए सबकुछ जान लेते हैं। यहीं साधारण जनों से वे विशिष्ट होते हैं।''

साधु आर्य! आश्चर्य है भदन्त आपकी स्थापना, अद्‌भुत है आपकी तर्कयुक्ति! मेरी शंका दूर हो गई।[1]''

कुछ देर तक इसी प्रकार शंका-समाधान चलते रहे। फिर सभा-विसर्जन का शंख बजा। महाराज उठे और उनके परिचारकों में चंचलता लक्षित हुई। महाराज विशाल हाथी पर समासीन होकर जब चले गए, तब कुमार कृष्ण ने मुझे बुलवाया और अत्यन्त संक्षेप में आदेश दिया कि सन्ध्या समय उनके घर मिलूँ। जब वे भी चले गए, तो मैं आचार्यपाद के पास गया।

---

1. तु. 'मिलिन्द प्रश्न', 4.1.3

त्रयोदश उच्छ्वास

महाराजाधिराज ने मेरे साथ अच्छा व्यवहार नहीं किया। राजसभा से निकलने पर मेरा चित्त क्षोभ और ग्लानि से भर गया था। सूर्यास्त तक मैं व्यर्थ ही पौरवीथियों का चक्कर काटता रहा। असल में उस समय अभिभूत था। राजसभा में प्रवेश करके मैंने देखा कि महाराजाधिराज चन्द्रकान्त मणियों से बने हुए एक सुन्दर पर्यंक पर बैठे हुए इस प्रकार सुशोभित हो रहे थे, जैसे वज्र के डर से पुंजित कुल-पर्वतों के बीच में सुमेरु आसीन हो। नाना भाँति के रत्नमय आभरणों की किरणों से उनका शरीर इस प्रकार अनुरंजित हो रहा था, मानो सहस्र-सहस्र इन्द्रधनुषों से आच्छादित व्योममंडल में सरस जलधर सुशोभित हो रहा हो। उनके आसन पर्यंक के ऊपर एक पट्ट वस्त्र का श्वेत चन्द्रातप तना हुआ था, जिसमें बड़े-बड़े मुक्ताओं की झालरें लटक रही थीं। चारों कोनों में चार मणिमय दंडों में

सोने की शृंखला (जंजीरों) से यह चन्द्रातप बाँध दिया गया था। सुवर्णदंड में बँधे हुए चामर-कलाप झले जा रहे थे। एक स्फटिक मणि के गोल पाद-पीठ पर महाराज वाम चरण रखे हुए थे। नील मणि से बने हुए कुट्टिम से नीली ज्योति-रेखा निकलकर सभामंडल को ईषत् नील वर्ण से रँग-सी रही थी। महाराज अमृतफेन के समान शुभ्रवर्ण के दो दुकूल धारण किए हुए थे, जिनके आँचलों में गोरोचना के हंस के जोड़े आँक दिए गए थे। अति सुगन्धित धवल चन्दन से उपलिप्त होने के कारण उनका विशाल वक्षःस्थल श्वेत दिखाई दे रहा था। उस चन्दन के उपलेप के ऊपर कमल के आकार का कुंकुम उपलिप्त था, जिसे देखकर नवोदित सूर्यकिरणों के अन्तरालवर्ती कैलास पर्वत का भ्रम होता था। गजमुक्ताओं से बना एक हार महाराजाधिराज के वक्षःस्थल को घेरकर विराजित हो रहा था। दोनों भुजमूलों ने इन्द्रनील मणि द्वारा खचित केयूर बँधे हुए थे, जो चन्दन की सुगन्धि से खिंच आए हुए वलयित भुजंग-से शोभित हो रहे थे। कानों में ईषदालम्बित उत्पल अत्यन्त मनोहर दिख रहे थे। अष्टमी के चाँद के समान विशाल ललाटपट्ट से दीप्ति-सी निकल रही थी तथा शिरोदेश की चूड़ानिहित बकुल माला की सुगन्धि से राजसभा आमोदमग्न हो रही थी। मैंने इतना विराट् ऐश्वर्य पहले कभी नहीं देखा था, इसलिए मेरे ऊपर इन सबका ऐसा प्रभाव पड़ा कि मेरा तेज म्लान हो गया था। महाराज से जब मेरा परिचय कराया गया, तो उन्होंने तिरस्कारभरी दृष्टि से मेरी ओर देखा और पास ही पीछे की ओर बैठे हुए मालवराज के पुत्र से कहा, "यह परम लम्पट व्यक्ति है!"

मेरे कान तक की शिराएँ लाल हो गईं, तीव्र मानस-सन्ताप से सारा शरीर जल उठा। मुझे ऐसा मालूम हुआ कि मैं चक्कर खाकर गिर जाऊँगा। अगर विशाल ऐश्वर्य देखकर मैं अभिभूत न हो गया होता, तो निश्चय ही इसका उपयुक्त उत्तर देता। वस्तुतः जब मैं बाहर निकल आया, तो मेरे मन में हजार-हजार उत्तर उद्भूत और विलीन होने लगे। मैं अपने विष से आप ही दीर्घकाल तक जलता रहा। मुझे उस समय अपने प्राणों की कोई परवा नहीं थी; परन्तु फिर भी ऐसा उत्तर नहीं दे सका, जो उचित कहा जा सकता है; जो महाराजाधिराज को यह अनुभव करा देता कि महाराजा होने मात्र से किसी को किसी के विषय में अनर्गल विचार रखने का अधिकार नहीं हो जाता। पर उस समय मैं मूक की भाँति, स्तब्ध की भाँति, जड़ की भाँति देर तक हाथ जोड़े खड़ा रहा। महाराजाधिराज अन्यान्य कार्यों में लग गए। मेरी उपस्थिति की ओर उन्होंने ध्यान नहीं दिया, मानो मैं कोई हूँ ही नहीं। ऐश्वर्यमद और तेजोभ्रष्टता का यह बीभत्स प्रदर्शन था। थोड़ी देर तक इसी प्रकार बीता। फिर एक बार उनकी दृष्टि मेरी

ओर फिरी। वस्तुतः उन्हें भी अपने वाक्य पर खेद था। आश्चर्य यह था कि सारी राजसभा चुप थी। किसी ने भी इस स्पष्ट प्रमादपूर्ण व्यवहार के विरुद्ध कुछ बोलने का साहस नहीं किया। मैं कुछ सँभल गया था। कंठ साफ करके बोला, "अपराध क्षमा हो देव, आप चक्रवर्ती राजा हैं। आपके श्रीमुख से निकली हुई यह बात पक्षपातहीन तत्त्वज्ञ की-सी नहीं है। आप अश्रद्दधान की भाँति, नेय की भाँति, लोक वृत्तान्त से अनभिज्ञ की भाँति बात कर रहे हैं। राज-राजेश्वर को क्या इस प्रकार निर्णयात्मक दोषारोप करना उचित है? न जाने किस दुर्जन ने मेरे विरुद्ध आपसे क्या कह रखा है, उसी के आधार पर मुझे आत्मदोष को जानने दिए बिना आप ऐसी बात कह रहे हैं। मैं सोमपायी वात्स्यायनों के विमल वंश में उत्पन्न हुआ हूँ, यथाकाल उपनयनादि संस्कारों से संस्कृत हूँ, सांगवेद का अध्ययन करने का सुयोग पा चुका हूँ, यथाशक्ति शास्त्रों का अभ्यास भी करता रहा हूँ। मैं किस अपराध के कारण लम्पट बताया जा रहा हूँ?"

महाराजाधिराज का चित्त ज़रा कोमल हुआ। उन्होंने धीरे-से कहा, "मैंने ऐसा सुन रखा है।" एक बार फिर उपेक्षा से मेरी ओर देखकर वे अन्य कार्यों में लग गए। न बैठने को आसन दिया और न ताम्बूल-वीटिका से सत्कार किया। इस बार मेरा आवारा मन मुँहजोर घोड़े की तरह लगाम से विद्रोह कर उठा। महाराजाधिराज ने मेरी लम्पटता की बात सुनी है। मैं इनकी लम्पट-शरण्यता को जानता हूँ। न जाने मौखरियों के छोटे महाराज-जैसे पाप-लिप्त कितने सामन्त इनकी छाया पाकर दुर्धर्ष हो गए हैं। इन्होंने मेरे विरुद्ध सुना है। क्या सुना होगा भला। यही न कि मैंने छोटे महाराज के अन्तःपुर में प्रवेश किया था और वहाँ से भट्टिनी को छुड़ा ले गया था? मेरी यही लम्पटता है और यही इनका ऐश्वर्य-दम्भ है! धिक्! क्रोध के मारे मेरे अधर प्रस्फुरित हो गए। मैं कुछ कहने जा ही रहा था कि कुमार कृष्णवर्द्धन की ओर मेरी दृष्टि फिरी; उन्होंने संकेत किया कि शान्त हो जाओ। मन्त्ररुद्ध पददलित भुजंग की भाँति मैं जैसे-का-तैसा रह गया। थोड़ी देर बाद महाराज ने फिर मेरी ओर दृष्टि फिराई! इस बार कुमार कृष्णवर्द्धन खड़े हुए। उन्होंने विनीत भाव से निवेदन किया, "देव, बाणभट्ट पवित्र वात्स्यायन-वंश के तिलक हैं, उनका उपयुक्त सम्मान होना चाहिए।" महाराजाधिराज ने मौन भाव से कुमार की बात का समर्थन किया। कुमार ने मुझे चलने का इशारा किया, और मैं ज़रा औद्धत्य के साथ ही राजसभा से बाहर निकल आया। आज मैं अपनी बात पर विचार करता हूँ, तो ऐसा लगता है कि मैं यदि उस दिन कुछ औद्धत्य कर बैठता, तो वह एक महान् अनर्थ होता। मेरा अभिभूत हो जाना उस दिन अच्छा ही हुआ। बाद में दीर्घकाल तक महाराजाधिराज के संसर्ग में रहकर मैंने जाना है

कि वस्तुतः उनका हृदय फूल से भी अधिक कोमल है। उस दिन उन्होंने मेरे साथ जो व्यवहार किया, उसे बहुत दयापूर्ण कहा जाना चाहिए; क्योंकि मेरे सम्बन्ध में जो कुछ बताया गया था, वह अत्यन्त घृणित था।

जो हो, उस दिन मेरा मन विक्षुब्ध था। मैं बिना किसी उद्देश्य के नगर की गलियों में प्रमत्त की भाँति चक्कर काटता रहा। सन्ध्या समय नगर-वीथियों के प्रदीप जलाए जाने लगे, पक्षिगण अपने-अपने कुलायों में लौटने लगे और स्वच्छ नील आकाश में दो-एक नक्षत्र चमक उठे। मैं भटकते-भटकते उस स्थान पर पहुँच गया, जहाँ निपुणिका की दूकान थी। पहचानने में मुझे बिलकुल आयास नहीं करना पड़ा। परन्तु भट्टिनी की बात मुझे याद आ गई। सुचरिता कहीं यहीं रहती है। क्यों न उसका समाचार लेता चलूँ। महाराजाधिराज से मुझे कुछ लेना-देना नहीं है। उनसे भट्टिनी के विषय में मैं बात भी नहीं करना चाहता। कुमार कृष्णवर्द्धन इतने अधिक नीति-निपुण हैं कि उनकी बातें मेरी समझ में ही नहीं आतीं। वे क्या चाहते हैं, वे ही जानें। आचार्य सुगतभद्र से कुछ सहायता पाने की आशा रख सकता हूँ; परन्तु वे कुमार के भरोसे ही बैठे रहेंगे। सुचरिता के पास जाने में बाधा क्या है? किसी के अप्रसन्न होने की चिन्ता नहीं है। परन्तु सुचरिता कहाँ रहती है? उसे यहाँ कोई पहचानता है? किसी से उसके बारे में पूछना क्या उचित है? इतना तो निश्चित है कि वह यहीं कहीं रहती है। किसी वृद्ध भ्रद पुरुष से पूछना ही उचित है। स्थाण्वीश्वर के युवकों को मैं जानता हूँ। वे अज्ञ को उपहासमात्र समझते हैं। पूछनेवाले को मूर्ख बनाने में रस पाते हैं। इसीलिए मैंने एक वृद्ध सज्जन को रास्ते पर एक ओर जाते देखकर पूछा, ''कुछ पूछना चाहता हूँ, आर्य!''

''क्या, आयुष्मन्?''

''आर्य क्या इस नगर के निवासी हैं?''

''दीर्घकाल से इस नगर में ही वास कर रहा हूँ, भद्र! परन्तु मैं निवासी काशी का हूँ। इस नगर से प्रायः पूरा परिचित हूँ। क्या पूछना है तुम्हें? नए आए हो क्या?

''हाँ आर्य, कल ही आया हूँ। मगधवासी हूँ।''

''कल आए हो? इसके पहले कभी नहीं आए?''

''फाल्गुन में दो-एक दिन के लिए आना हुआ था, आर्य!''

वृद्ध की मुख-मुद्रा प्रसन्न दिखी। उनके वली-कुंचित कपोलप्रान्त मधुर हास्य से विकसित हो गए। बोले, ''तीन महीनों में स्थाण्वीश्वर में बहुत परिवर्तन हो गया है। वह जो सामने विशाल आयोजन देख रहे हो, तीन महीने के भीतर ही वह इतना व्यापक हो गया है। आज नगर में ऐसी स्त्री नहीं है, जो इस विचित्र धर्माचार

की भक्ति-धारा में न बह गई हो। पुरुषों का एक दल भी इस आयोजन में शामिल है। कान्यकुब्ज विचित्र देश है, आयुष्मन्! काशी में लोग धर्म के नाम पर इस तरह उतराकर नहीं बहते।"

मुझे वृद्ध की दुर्बलता समझ में आ गई। मैं स्वयं काशी में पुराण-पाठ करके सहस्रों नर-नारियों को उन्मत्त बना चुका हूँ, इसलिए इस विषय में मुझे वृद्ध को प्रामाणिक समझने की जरूरत नहीं। परन्तु उनसे मनोरंजक समाचार मिल रहे थे, इसलिए मैंने थोड़ी स्तुति की, "काशी की बात और है, आर्य! वह विद्या की पीठस्थली है, शास्त्र-ज्ञान की जननी है।"

वृद्ध और भी उत्साहित हुए, बोले, "आज से कई महीने पहले से श्रीपर्वत के वैष्णव तान्त्रिक वेंकटेश भट्ट इस नगर में आए हुए हैं।"

मैंने बीच ही में टोका, "क्या कह रहे हैं, आर्य! श्रीपर्वत तो वामाचारियों और कापालिकों की साधना-भूमि है। वहाँ वैष्णव तान्त्रिक साधना भी है, यह बात तो नई सुन रहा हूँ।"

वृद्ध ने मन्द स्मितपूर्वक उत्तर दिया, "स्थाण्वीश्वर में आए हो, तो बहुत-सी नई बातें सुनोगे, भद्र,! ये वेंकटेश भट्ट पहले उड्डियानपीठ में, सौगत तन्त्र की उपासना करते थे। वहाँ से न जाने क्या बात हुई कि ये श्रीपर्वत पर चले आए और अब तो इस नगर को ही पवित्र कर रहे हैं। शुरू-शुरू में कुछ चपल-स्वभावा स्त्रियों ने ही उनसे दीक्षा ली थी। एक छोटे अन्तःपुर की परिचारिका निउनिया थी, उसने उनसे प्रथम दीक्षा ली थी। वह तुरन्त कहीं अन्तर्धान हो गई। दूसरी चेली उसी की एक सखी सुचरिता हुई। इसी गली में वह गाने में प्रसिद्ध थी। वह इस समय नगर की प्रधान भक्तिमती मानी जाने लगी है। अब तो यह हालत है कि सन्ध्या हुई नहीं कि नगर का अन्तःपुर निःशेष भाव से उलटकर इस आयोजन में शामिल हो जाता है। कांस्य और करताल के साथ संयवक वाद्य उन्माद का वातावरण पैदा करता है और उसमें सुचरिता के गान मोहिनीमन्त्र की तरह सबको मन्त्रमुग्ध बना लेते हैं। वेंकटेश भट्ट जब आवेश में नाच उठते हैं, तो ऐसा लगता है कि भूतों का राजा आसव पीकर प्रमत्त हो गया है। यह विचित्र धर्म है, आयुष्मन्! जाकर एक बार देखो न।"

मैंने नम्रतापूर्वक कहा, "अवश्य देखूँगा। पर यह सुचरिता पहले क्या करती थी, आर्य?"

वृद्ध हँसे, "अपनी उम्र के लोगों से यथार्थ समाचार पा सकते हो, भद्र मैं पक्व-केश वृद्ध हूँ।"

वृद्ध इस बार रसाविष्ट हुए। अबकी बार उनमें काशीवासी का स्वभाव स्पष्ट

ही प्रकट हो गया। मैंने स्मितपूर्वक उत्तर दिया, ''क्षमा करें आर्य, मैं देखने जाता हूँ।''

वृद्ध ने कहा, ''परन्तु तुम तो कुछ पूछना चाहते थे न, भद्र?''

''मुझे जल्दी थी। यही सब बातें पूछनी थीं, आर्य!''—कहकर मैंने प्रणाम किया और विदा ली। वृद्ध ने बहुत अधिक सूचना दे दी थी। मैं सीधे उस विशाल पट-मंडप में गया। भीड़ प्रतिक्षण बढ़ती जा रही थी। सचमुच ही आगतों में अधिकांश स्त्रियाँ थीं। सबके मुख पर भक्ति और उल्लास का भाव था! आचार्य वेंकटेश भट्ट एक चन्दन-काष्ठ के आसन पर पद्मासन बाँधकर बैठे थे। उनके मुख़ से एक प्रकार का आनन्द-गद्गद भाव प्रकट हो रहा था। आसन के ठीक सामने एक वेदी पर कलश स्थापित था। मैंने आश्चर्य के साथ देखा कि माष और तन्दुल से एक ऊर्ध्वमुख त्रिकोण को आड़े भाव से विद्ध करके अधोमुख त्रिकोण चक्र ठीक उसी प्रकार अंकित था, जिस प्रकार शाक्त-तान्त्रिकों का श्रीचक्र हुआ करता है। उस चक्र के मध्य में प्रफुल्ल शतदल देखकर तो मैं और भी आश्चर्यचकित रह गया। मैंने अब तक यही समझा था कि ऊर्ध्वमुख त्रिकोण शिव-तत्त्व का प्रतीक है और अधोमुख त्रिकोण शक्ति-तत्त्व का। भागवत सम्प्रदाय से तो इनका दूर का सम्बन्ध भी नहीं है। और यह पद्म तो किसी प्रकार वहाँ नहीं चल सकता, क्योंकि पद्म के साथ वज्र होना चाहिए। ऐसा होता, तो सौगत तन्त्र ही इसे मान लेते, परन्तु यह तो अद्भुत मिश्रण है। मगध का साधारण मनुष्य भी इस अनुष्ठान का विरोध किए बिना न रहता; परन्तु कान्यकुब्ज विचित्र देश है! यहाँ बाह्य आचारों में तो तिल-मात्र परिवर्तन भी नहीं सहन किया जाता; पर धार्मिक अनुष्ठान में प्रतिदिन नए-नए उपादान मिश्रित होते रहते हैं। जो हो, है यह बहुत मनोरंजक अनुष्ठान। मुझे और भी आनन्द इसलिए अनुभव हो रहा था कि ये ही वेंकटेश भट्ट निपुणिका के भी गुरु हैं, और सम्भवतः इस प्रकार के अनुष्ठान की आदि-संचालिका भी वही होगी। परन्तु उसने कभी भी मुझसे इसकी चर्चा क्यों नहीं की? होगा कुछ कारण। मैंने और भी ध्यान से चक्र को देखा, केन्द्र में जहाँ पद्म था, उसके चारों ओर सिन्दूर से एक गोल चक्र अंकित था। इस साधना का वज्र यही था। क्या? गदा के ऊपर ताँबे का घट स्थापित था। घट के ऊपर आम के पल्लव थे और उनके भी ऊपर एक ताम्रपात्र में जौ भरा हुआ था। अभी दीपस्थापन की क्रिया चल रही थी। आचार्य की दाहिनी ओर एक वृद्ध पुरोहित मन्त्रोच्चार कर रहे थे और एक युवती स्त्री उनकी बताई हुई विधि से क्रिया कर रही थी। मैंने पहले अनुमान से स्थिर किया कि वही सुचरिता होगी। फिर पुरोहित के दीप-दानकालीन संकल्प-वाक्य से मेरा अनुमान सत्य सिद्ध हुआ।

सुचरिता नीचे से ऊपर तक एक शुभ्र कौशेय वस्त्र से समावृत थी। उसका मुख गुरु की ओर था, इसलिए दूर से मैं ठीक-ठीक नहीं देख सका। उसका शरीर बहुत पतला था और श्वेत वस्त्र से आच्छादित होने के कारण नारायण की स्मितरेखा के समान दिखाई दे रहा था। उसकी प्रत्येक क्रिया में एक प्रकार का गौरव था। प्रदीपन्यास का संकल्प पठित हो जाने के बाद उसने कलश पर उसे सहज ही नहीं रख दिया। उसने बड़ी सुकुमार भंगी से प्रदीप को उठाया, वाम करतल को त्रिपताक मुद्रा से मुद्रित किया और प्रदीप के ऊपर उसे दक्षिणामुख घुमाया। सब कुछ उसने अत्यन्त सहज भाव से किया। स्पष्ट ही जान पड़ता था कि दीर्घकाल के अभ्यास के कारण उसके हाथ स्वयं घूम रहे थे। बाएँ हाथ से उसने आँचल खींचकर गले से लपेट लिया और भक्तिभाव से जानुओं के बल खड़ी हुई। गुरु की पूजा ही उसकी क्रिया का प्रधान अंग जान पड़ता था। गुरु के सामने कई बार प्रदीप घुमाने के बाद वह खड़ी हो गई और एक बार प्रदक्षिणा करके फिर उसी प्रकार जानुओं पर खड़ी हुई। प्रदक्षिणा के समय उसके हाथ बराबर प्रदीप को भी दक्षिणामुख घुमा रहे थे।

इसी समय मैं उसे अच्छी तरह देख सका। उसका रंग मैला था; परन्तु आँखों में अपूर्व माधुर्य था। अधरों पर स्वाभाविक हँसी खिलानेवाला वह धर्म, जिसे सौन्दर्यशास्त्री 'राग' कहते हैं, इस गम्भीर मुख-श्री में भी प्रत्यक्ष हो रहा था। उसकी प्रत्येक अंग-भंगिमा से भक्ति की लहर तरंगित हो रही थी; पर अनाड़ी भी समझ सकता था कि वह 'छायावती' रही होगी, क्योंकि उसकी प्रत्येक गति से वक्रिमता और परिपाटी-विहित शिष्टाचार प्रकट हो रहे थे। सहृदय लोग जिस रंजक गुण को 'सौभाग्य' कहते हैं, जो पुष्प-स्थित परिमल के समान रसिक भ्रमरों का आन्तरिक और प्राकृतिक वशीकरण धर्म है, वह सुचरिता के अपने हिस्से पड़ा था। शोभा और कान्ति उसके प्रत्येक अंग से निखर रही थी और प्रत्येक पदविक्षेप में औदार्य बिखर रहा था। मुझे तनिक भी सन्देह नहीं रहा कि वर्ण और प्रभा में कंजूसी करने पर भी अन्यान्य शोभा-विधायी धर्मों में विधाता का पक्षपात इस नारीरत्न के ऊपर ही रहा है। इधर की स्त्रियों में प्रक्षेप्य और आवेध्य अलंकारों का बड़ा प्रचलन है। परन्तु सुचरिता के कानों में एक चक्राकृति कुंडल के सिवा और कोई भी आवेध्य अलंकार नहीं था और प्रक्षेप्य अलंकार तो उसने पहने ही नहीं थे—मंजीर, नूपुर या कनकमेखला, कुछ भी नहीं। आरोप्य अलंकारों पर उसकी विशेष रुचि जान पड़ती थी; परन्तु उनमें भी एक सुवर्ण-हार और एक मालतीमाला के सिवा कुछ नहीं दिखते थे। मालतीमाला के लिए सम्भवतः सुचरिता का रंग ही उचित अलंकार था। मैंने कभी मालतीमाला को इतना मनोहर नहीं देखा। मुझे

बार-बार वराहमिहिर की बात याद आती रही और मैं उनकी सहृदयता पर मुग्ध हुए बिना नहीं रहा। उन्होंने ठीक ही कहा है, स्त्रियाँ ही रत्नों को भूषित करती हैं, रत्न स्त्रियों को क्या भूषित करेंगे! स्त्रियाँ तो रत्न के बिना भी मनोहारिणी होती हैं; परन्तु स्त्री का अंग-संग पाए बिना रत्न किसी का मन हरण नहीं करते।[1] आज यदि आचार्य वराहमिहिर यहाँ उपस्थित होते, तो और भी आगे बढ़कर कहते—धर्म-कर्म, भक्ति-ज्ञान, शान्ति-सौमनस्य कुछ भी नारी का संस्पर्श पाए बिना मनोहर नहीं होते—नारी-देह वह स्पर्श-मणि है, जो प्रत्येक ईंट-पत्थर को सोना बना देती है।

मरकत-शलाका की भाँति तन्वंगी सुचरिता दीप-दान के बाद हाथ जोड़कर गुरु के सामने बैठ गई। फिर विविध उपचारों के साथ नारायण की पूजा शुरू हुई। पूजा समाप्त होने पर वेंकटेश भट्ट आनन्द-गद्गद स्वर में नारायण की स्तुति गाने लगे। देखते-देखते संयवक वाद्य गम-गम करने लगा; कांस्य, कोशी और करताल झनझना उठे। नारायण की स्तुति सहस्र-सहस्र नर-नारियों के कंठों से उमड़ पड़ी। मुझे ऐसा लगा कि मैं किसी दूसरे लोक में पहुँच गया हूँ। संगीत और वाद्य का ऐसा मधुर मिश्रण मैंने पहले कभी नहीं देखा था। यह एकदम नई वस्तु थी। धर्म-चर्चा का यह अभिनव आयोजन था। वायुमंडल के प्रत्येक स्तर से नारायण की स्तुति मुखरित होती जान पड़ती थी और दिक्चक्रवाल का प्रत्येक कोना संयवक की गम्भीर ध्वनि से गमगमा रहा था। देर तक ऐसा ही चलता रहा। फिर एकाएक सब चुप हो गए। गुरु की आज्ञा से सुचरिता ने शंख बजाया। मैं एक बार फिर आश्चर्यचकित रह गया। हमने इधर कहीं भी स्त्रियों को शंख बजाते नहीं देखा था। परन्तु यह भजन-साधन सब प्रकार से विचित्र था। अब वेंकटेश भट्ट का नाम-कीर्तन आरम्भ हुआ। वे खड़े हो गए। लम्बा भरा हुआ सुगठित शरीर, कपाट की भाँति विपुल वक्षःस्थल, आजानुलम्बित बाहु, मृदंग-मन्द्र स्वर। बिना भूमिका के ही उन्होंने कहा, "नारायण के चरणारविन्द दो-तीन पापियों का उद्धार कर सके हैं; पर उनके नाम ने समस्त जन के निःशेष क्लेश के शमन का

---

1. तु. वराहमिहिर ('बृहत्संहिता' 74-2)—
रत्नानि विभूषयन्ति योषा भूषयन्ते वनिता न रत्नकान्त्या।
चेतो वनिता हरन्त्यरत्ना नो रत्नानि विनांगनांगसंगात्॥

व्रत लिया है।" मेरे लिए यह विचित्र उपदेश था। मैं इस बात को समझने का प्रयत्न कर ही रहा था कि वे गद्गद कंठ से गा उठे :

द्वित्रान् समुद्धर्तुमलं बभूव पदारविन्दाश्रयणं मुरारेः।
अशेषसंक्लेशशमं जनानां नित्यं विधत्ते वसुधाम नाम ॥ [1]

और फिर भावाविष्ट से होकर 'नारायण, नारायण' को एक विशेष सुर में गाते-गाते नाच उठे। एक बार फिर संयवक गमगमा उठा; कांस्य और करताल झनझना उठे। सहस्र-सहस्र कंठ उसी सुर में नारायण का नाम जपने लगे। गुरु की वह अद्भुत भाव-विह्वल अवस्था थी। वस्तुतः ही वे एकाध बार बेहोश होकर गिर गए। सुचरिता शुरू से अन्त तक निवात-निष्कम्प दीपशिखा की भाँति हाथ जोड़े बैठी रही। बड़ी देर तक यह भजन चलता रहा। अन्तिम कार्य सुचरिता का गान था। आहा, संगीत की ऐसी शीतल मन्दाकिनी भी इस मर्त्यलोक में है! समस्त जनमंडली जड़ की भाँति, स्तब्ध की भाँति चुपचाप उस मधुर धारा में स्नान कर रही थी। जब गान समाप्त हुआ, तो मानो सबकी संज्ञा लौट आई। धीरे-धीरे भीड़ कम होने लगी। शिष्यों में गुरु को यथास्थान पहुँचा देने की व्यस्तता दिखाई पड़ी। सुचरिता अन्त तक सभा-मंडप में ही रही। जब सब लोग विदा हो गए, तो कुछ सेवकों को उस मंडप की वस्तुओं को सँभालने का भार देकर वह भी निकल पड़ी। अवसर देखकर मैं उसके पास गया।

सुचरिता जब अपने घर के दरवाजे तक पहुँच गई, तो मैंने साहसपूर्वक पुकारा, "शुभे, अनुचित न मानें, तो मैं कुछ निवेदन करूँ!" वह तुरन्त लौट पड़ी। मेरे पास आकर बोली, "कुछ सेवा कर सकूँ, तो मैं धन्य हूँगी, आर्य! क्या आज्ञा है?" सुचरिता का सारा शरीर ही छन्दों से बना था। उसके वस्त्र, उसके पदविक्षेप, उसका कंठस्वर, उसकी दृष्टि–सबकुछ छन्दोमय थे। उसके इस वाक्य में भी वीणा का-सा झंकार था। मैं मन्त्रमुग्ध की भाँति सुनता रहा। थोड़ी देर बाद उसने ही फिर कहा, "क्या काम है आर्य, अवहित हूँ।" फिर वही झंकार। मेरा रोम-रोम पुलकित कदम्ब-केसर की भाँति उत्कर्ण हो उठा। मैंने देर करना अनुचित समझकर कहा, "परदेशी हूँ, शुभे! अनुचित कहूँ, तो क्षमा करें। क्या निपुणिका नाम की छोटे अन्तःपुर की परिचारिका को आप जानती हैं?"

सुचरिता की बड़ी-बड़ी काली आँखें क्षण-भर में धूसर हो गईं। उसने मुझे सिर से पैर तक देखा और शंका और अविश्वास के साथ पूछा, "आप कहाँ से आ

---

1. तु. (भागवत, 2-7-14)
अशेषसक्लेशशमं विधत्ते गुणानुवादश्रवणं मुरारेः।
कुतः पुनस्तच्चरणारविन्दपरागसेवार तिरात्मलब्धा ॥

रहे हैं? किसे खोज रहे हैं? मैं सुचरिता हूँ। यही मेरा घर है। इससे अधिक मैं कोई बात आपको नहीं बता सकती। मुझे आप क्षमा करें।'' शंका का कारण मैं समझ गया। मैंने नम्रतापूर्वक उत्तर दिया, ''शुभे, इतना ही परिचय मेरे लिए पर्याप्त है। आप सुचरिता देवी हैं और आपके पास ही मैं यह समाचार लेकर आया हूँ कि आपकी सखी निपुणिका जीवित है। उसने अपने ऊपर जो कार्यभार लिया था, उसे करने में वह सफल रही है। मुझे इतना ही भर कहना था। इसके बाद अत्रभवती ही प्रमाण हैं, मैं अपना सन्देश दे चुका। अब विदा होता हूँ।''—इतना कहकर मैं नम्रतापूर्वक सिर झुकाकर मुड़ा। सुचरिता थोड़ी देर तक चित्रलिखित-सी खड़ी रही। फिर धीरे-से मुझे पुकारा, ''भद्र, अप्रसन्न हो गए क्या? सुनो!'' मैंने उसी विनम्रता के साथ कहा, ''कौन पाप तुम्हारे ऊपर अप्रसन्न हो सकता है, देवी! तुम्हारे अविश्वास और आशंका का कारण मैं समझ सकता हूँ।'' सुचरिता ने इधर-उधर देखकर कहा, ''आर्य का नाम जान सकती हूँ?'' मैंने तुरन्त जवाब दिया, ''मैं बाणभट्ट नाम से प्रसिद्ध हूँ, देवी, पर मेरा असली नाम दक्षभट्ट है। मैं मगध से आ रहा हूँ।'' नाम सुनते ही सुचरिता ने गले में आँचल लपेटकर हाथ जोड़कर प्रणाम किया। कातर भाव से बोली, ''अपराध मन में न लाएँ, आर्य! अज्ञजन का अपराध साधुजन मन में नहीं लाते। मैंने आपका नाम सुना है। यदि आज्ञा हो, तो भीतर ही चलकर इस विषय में आर्य से पूछूँ।'' मैंने स्वीकार किया।

सुचरिता का छोटा-सा घर काफी सुरुचिपूर्ण था। फाटक से राजमार्ग तक गोमय से उपलिप्त भूमि खटिकचूर्ण की अभिराम मंडलिकाओं से सुशोभित थी। चौखट के ऊपर क्षीर-सागरशायी नारायण की मूर्ति उत्कीर्ण थी और उसे घेरकर एक मनोहर मालतीमाला सुन्दर ढंग से टँगी हुई थी। पार्श्वों में छोटी-छोटी वेदिकाओं पर मंगल-कलश सुसज्जित थे और मकान के ऊपर सौभाग्यपताका लहरा रही थी। उसने बड़े आग्रह और प्रेम के साथ मुझे अपना आतिथ्य स्वीकार करने का अनुरोध किया। उसके किसी व्यवहार में संकोच या झिझक नहीं थी; फिर भी एक सहज सौकुमार्य के कारण सबकुछ बहुत कमनीय मालूम हो रहा था। घर के भीतर सामग्री बहुत कम थी; परन्तु उसको इस प्रकार सजाकर रखा गया था कि शोभा निखर पड़ी थी। एक छोटे-से गृह में दो तृणास्तरण बिछे हुए थे। पूर्वप्रान्त में गोपाल वासुदेव की मनोहारी मूर्ति थी और उसके एक पार्श्व में धूपवर्त्तिका जल रही थी! घर में एक दासी थी, जिसने प्रदीप आदि जला रखे थे। सुचरिता ने स्वाभाविक सरल स्मित के साथ मुझे एक तृणास्तरण पर बैठने का अनुरोध किया और स्वयं दूसरे आस्तरण पर बैठ गई।

थोड़ी देर चुपचाप बैठी रहने के बाद उसने दीर्घ निःश्वास लिया और धीरे-से

बोली, "तो वह अभागी अभी जीती है!" सुचरिता के प्रत्येक आचरण में एक सहज आभिजात्य का गौरव था, उसके बैठने में, बोलने में, यहाँ तक कि निःश्वास लेने में भी एक प्रकार की महनीयता थी। मैं ध्यान से उसे देखता रहा था; परन्तु वह अपने-आप में ही खोई थी। थोड़ी देर बाद उसने फिर शुरू किया, "आर्य, आज मेरा अहोभाग्य है जो आपके दर्शन हुए। निपुणिका से आपके बारे में बहुत सुन चुकी हूँ। वह आपका नाम लिए बिना मामूली-से-मामूली बातचीत भी नहीं चला सकती थी। बहुत दिनों से मन में साध थी कि आपके दर्शन करूँ; पर हम लोगों का ऐसा भाग्य कहाँ है! आज नारायण प्रसन्न हैं, उन्होंने स्वयं आपको मेरे पास भेज दिया है। मेरे अविनयपूर्ण आचरण से आपको क्लेश पहुँचा है। यहाँ राजाज्ञा बड़ा सतर्क है, आर्य! राज्य की ओर से निपुणिका के प्राण-दंड का निदेश है। हाय अभागी!" यह कहकर उसने फिर दीर्घ निःश्वास लिया। क्षण-भर बाद उसने फिर पूछा, "आपने उसे कहाँ देखा है, आर्य?" और अपने दीर्घ-दीर्घायित काले-काले नयनों से मुझे देखने लगी। मैंने संक्षेप में शुरू से अन्त तक सारी कथा सुना दी। वह कभी आश्चर्य से और कभी आनन्द से उद्भासित होती रही। पूरी कथा सुन लेने के बाद उसने वासुदेव की ओर कृतज्ञता के साथ देखा। फिर मेरी ओर भी उसने अश्रु-भरे नयनों से देखकर कहा, "मेरा आज अहोभाग्य है, जो आपका दर्शन पा सकी हूँ।" फिर बड़े संकोच के साथ पूछा, "नारायण का प्रसाद ग्रहण करने में आर्य को कोई आपत्ति तो नहीं होगी?" मैंने उल्लासपूर्वक उत्तर दिया, "कुछ भी आपत्ति नहीं होगी, देवि! ब्राह्मण प्रस्तुत है।" क्षण-भर में सुचरिता का खिन्न-गम्भीर मुख सरल हास्य से दमक उठा। वह प्रसाद के आयोजन के लिए उठ गई। मैं घर में अकेला रह गया।

मैंने ध्यान से वासुदेव की मूर्ति को देखा। जिस शिल्पी ने इस मनोहारिणी मूर्ति को बनाया था, वह निश्चय ही बड़ा निपुण कलाकार था। विद्युल्लतिका के आधार पर त्रिभंगी मूर्ति एक ही पत्थर को काटकर बनाई गई थी। विष्णु-मूर्ति का यह बिलकुल नवीन विधान था; क्योंकि त्रिभंगीरूप-शृंगार-रस का व्यंजक है। अब तक मैंने इस प्रकार बनी विष्णु-मूर्ति नहीं देखी थी। वासुदेव के गले में कोई माला-सी दिख रही थी। सामने एक अष्टदल पद्म के भीतर उसी प्रकार ऊर्ध्वमुख और अधोमुख त्रिकोण अंकित थे, जिस प्रकार सायंकाल की उपासना के समय कलश-स्थापन के लिए अंकित यन्त्र में मैंने देखा था। पद्म के भीतर वज्र था और बाहर चतुर्द्वार। अंकन की भंगी बड़ी ही मनोहर थी। मैंने ज़रा और भी निकट जाकर देखा, तो आश्चर्य से स्तम्भित रह गया। इस यन्त्र के भीतर नाना रूपबीजों के विन्यास के बाद काम-गायत्री लिखी हुई थी। एक बार मैं उस वासुदेव की ओर

देखता था और एक बार इस गायत्री की ओर। यह कैसा विचित्र मिश्रण है! क्या यह काम-मूर्ति है?—यह तो हो नहीं सकता। मैं क्या देख रहा हूँ—विष्णुमूर्ति और काम-गायत्री—ओं कामदेवाय विद्महे पुष्प-बाणाय धीमहि तन्नोऽनंगः प्रचोदयात्![1] मैं कुछ समझ नहीं सका। ध्यान से वासुदेव की मूर्ति को देखने लगा। मैं जिस समय इसी प्रकार आश्चर्य और विस्मय से उन्मथित बैठा था, ठीक उसी समय सुचरिता ने गृह में प्रवेश किया। वह स्नान करके लौटी थी। प्रत्यग्रस्नान ने उसकी कान्ति निखार दी थी। उसने घनमेचक केशपाश कपोलदेश को घेरकर सुशोभित हो रहे थे। पीत कौशेय वस्त्र से लिपटी हुई उसकी अंगयष्टि सुवर्ण शलाका के समान मनोहर दिख रही थी। उसके हाथ में वासुदेव को निवेदित करने के लिए कुछ उपायन थे। चाँदी की थाली में उस उपायन को सजाया गया था। गोल उज्ज्वल थाल हाथ में लिए हुए वह इस प्रकार सुशोभित हो रही थी, मानो सपुष्पा चन्द्रमल्लिका हो। उसके दाहिने हाथ में एक ताँबे का भृंगार था—वह मूर्तिमती भक्ति की भाँति, विग्रहवती शोभा की भाँति, प्रत्यक्ष आविर्भूत लक्ष्मी की भाँति और अनुरागवती सन्ध्या की भाँति हृदय को एक अपूर्व रस से सिक्त कर रही थी। मुझे उस अवस्था में बैठा देख वह कुछ झेंप गई। मैं भी थोड़ा लज्जित हुआ। फिर मैं धीरे-से अपने आसन पर बैठ गया। सुचरिता ने भक्तिपूर्वक उपायनों को वासुदेव के चरणों में रख दिया, गले में आँचल लपेटकर जानुपातपूर्वक प्रणाम किया और थोड़ी देर तक ध्यान-गद्गद होकर उसी प्रकार बनी रही। वह निर्निमेष भाव से वासुदेव की ओर देखती रही। ऐसा मालूम हुआ कि वासुदेव उस नीलकमल-माला की-सी दृष्टि से बँधकर प्रसन्न हुए। सुचरिता का भक्ति-समुज्ज्वल मुखमंडल आनन्दाश्रु से सिक्त हो गया। न कोई मन्त्र पढ़ा गया, न कोई स्तुति गाई गई और न कोई अन्य विधि ही की गई, केवल मानस-निवेदन के साथ यह पूजा समाप्त हुई। आदि से अन्त तक उसमें एक विचित्र गरिमा भरी रही।

सुचरिता ने जब पाद्यअर्घ्य देकर मुझे आसन पर बैठाया, तो मैंने विनीत भाव से पूछा, "शुभे, मन में कुछ अन्यथा न समझो, तो एक बात जानना चाहूँगा।" सुचरिता ने प्रीति और उत्साह के साथ कहा, "मैं अज्ञ हूँ आर्य, पर कुछ सेवा करने योग्य हो तो उठा नहीं रखूँगी। क्या आज्ञा है?" सुचरिता की बड़ी-बड़ी काली आँखें उत्सुकता से भर गईं। मैंने विनीत भाव से पूछा, "इस बासुदेव की मूर्ति के पूजन-आराधन के विषय में जानना चाहता हूँ। मैं आज सन्ध्या से ही इस रहस्य को समझना चाहता हूँ देवि, पर मेरे मन में सन्देह-पर-सन्देह जमा होते जा रहे

1. परवर्ती वैष्णवों के कई सम्प्रदाय आज भी काम-गायत्री से श्रीकृष्ण की पूजा करते हैं।—इ.

हैं, समाधान कुछ नहीं सूझता।'' सुचरिता की आँखें एक विचित्र आनन्द-ज्योति से प्रदीप्त हो उठीं। बोली, ''मैं भी नहीं समझती आर्य, परन्तु इतना जानती हूँ कि आज से तीन महीने पूर्व तक मैं अपने को पापलिप्त समझती थी। अब मेरे चित्त का वह विकल्प दूर हो गया है। आप मेरे गुरुदेव से इसका अर्थ पूछें, वे ठीक-ठीक बता सकेंगे।'' सुचरिता की बात का मैंने कोई उत्तर नहीं दिया, केवल आश्चर्य से उसकी ओर देखता रहा। थोड़ी देर तक वह अभिभूत-सी बैठी रही। फिर धीरे-धीरे बोली, ''मानव-देह केवल दंड भोगने के लिए नहीं बनी है, आर्य! यह विधाता की सर्वोत्तम सृष्टि है। यह नारायण का पवित्र मन्दिर है। पहले इस बात को समझ गई होती, तो इतना परिताप नहीं भोगना पड़ता। गुरु ने मुझे अब यह रहस्य समझा दिया है। मैं जिसे अपने जीवन का सबसे बड़ा कलुष समझती थी, वही मेरा सबसे बड़ा सत्य है। क्यों नहीं मनुष्य अपने सत्य को अपना देवता समझ लेता, आर्य?''

सुचरिता की आँखें नीचे झुकी हुई थीं। वह मेरे लिए आसन और आचमनीय आदि सजा रही थी। उसकी झुकी हुई आँखें और भी मनोरम मालूम हो रही थीं। सिर्फ एक बार उसने मेरी ओर आँख उठाकर देखा। मैं और भी सुनने को उत्सुक था। उसकी बातें मेरी समझ में एकदम नहीं आ रही थीं; परन्तु उसके प्रत्येक शब्द में एक ऐसी गुरुता थी कि मैं उसे गहन शास्त्रवाक्य की मर्यादा के साथ सुन रहा था। अपने प्रश्न का उत्तर वह नहीं चाहती थी। उत्तर उसे मिल चुका था। ''यह प्रमाद है आर्य, कि यह शरीर नरक का साधन है। यही बैकुंठ है। इसी को आश्रय करके नारायण अपनी आनन्दलीला प्रकट कर रहे हैं। आनन्द से ही यह भुवन-मंडल उद्भासित है। आनन्द से ही विधाता ने सृष्टि उत्पन्न की है। आनन्द ही उसका उद्गम है, आनन्द ही उसका लक्ष्य है। लीला के सिवा इस सृष्टि का और क्या प्रयोजन हो सकता है, आर्य? हाय गुरो, पहले यह बात मुझे क्यों नहीं मालूम हुई!''—सुचरिता का प्रदीप्त मुख और भी उज्ज्वल हो गया। उसे कहने में आनन्द मिल रहा था; परन्तु उसका प्रत्येक शब्द मेरे लिए दुर्बोध्य था। मुझे ऐसा लग रहा था कि उसके शब्दों के अन्तराल में कुछ और है जो उसे गद्गद बनाए हुए है। आसन सजा लेने के बाद उसने मुझे उस पर बैठने को कहा। मैंने चुपचाप आदेश पालन किया।

प्रसाद में कुछ फल और मिष्टान्न थे। सुचरिता के परिवेषण में भी एक अपना सौकुमार्य था। कल्प-लता के किसलयों से अभिलषित फल जब च्यवित होता होगा, तो कुछ ऐसा ही मनोहर होता होगा। प्रसाद देकर वह हाथ जोड़कर बैठ रही। उसकी आँखों में आनन्दाश्रु डबडबा आए थे। उसे अलौकिक तृप्ति हो रही

थी। मैंने स्मितपूर्वक कहा, "नारायण का प्रसाद पाकर आज कृतार्थ हूँ, देवि! नारायण भी इस उपायन को पाकर निश्चय ही कृतार्थ हुए होंगे।" सुचरिता का कंठ वाष्परुद्ध था, उसे बोलने में थोड़ा आयास करना पड़ा; परन्तु उसके प्रदीप्त मुखमंडल से आनन्द उल्लसित हो रहा था। आर्द्र-स्मित के साथ उसने कहा, "आर्य, नारायण मनुष्य के बाहर तो नहीं रहते हैं न? तुम प्रसन्न हो, तो निश्चय ही नारायण प्रसन्न हैं। तुम नारायण के ही तो रूप हो, आर्य!" फिर वह अकारण उन्मना हो गई। सिक्त आँखों से वासुदेव की ओर देखकर अपने-आपसे ही कहने लगी, "मन बड़ा पापी है, गुरुदेव, कब वह मनुष्य को नारायण के रूप में देखेगा?" क्षणभर तक खोई-सी रहकर उसने मेरी ओर मुँह किया—अधरों पर सरल स्मितरेखा खेल रही थी, कपोल-पालि स्फुरित हो रही थी और आँखें अश्रुपूर्ण थीं। मेरी ओर देखकर उसने पूछा, "भट्टिनी का क्या करोगे, आर्य?" मैं क्या उत्तर दूँ, कुछ सूझा नहीं। वातावरण भक्ति और श्रद्धा से इस प्रकार प्रव्याप्त था कि मुँह से अनायास निकल गया, "नारायण करेंगे, देवि, हम तो निमित्त-मात्र हैं।" सुचरिता ने आश्वस्त होकर कहा, "हाँ आर्य, नारायण ही इस नाव के कर्णधार हैं। हम तो तूफान देखकर बेकार ही हाय-हाय करनेवाले जीव हैं। मन क्यों नहीं समझ पाता आर्य, कि वह किसी कार्य का उत्तरदायी नहीं है? वासुदेव के रहते इतना वृथा सोच क्यों करता है वह?" फिर वह देर तक चुपचाप बैठी रही। रात अधिक बीत चुकी थी। मैंने चलने की अनुमति माँगी। सुचरिता को अनुमति देने में व्यथा हुई; पर कुछ बोली नहीं। बाहरी फाटक तक आई और अन्तिम नमस्कार के बाद कातर स्वर में बोली, "कल सूर्यास्त के पूर्व आर्य के दर्शन पा सकूँगी न?" मैंने उत्साह के साथ कहा, "अवश्य देवि!" और कुमार कृष्णवर्द्धन की अतिथिशाला की ओर चल पड़ा। रास्ते में मेरा मन बराबर सुचरिता के विषय में ही सोचता रहा। मैं अभी तक उसका पूरा परिचय नहीं पा सका हूँ; पर जितना पा सका हूँ, उतने से सहज ही समझ सका हूँ कि वह श्रद्धास्पद महिला है। परन्तु उस काशीवासी वृद्ध ने क्या कहना चाहा था? क्या सुचरिता के विषय में स्थाण्वीश्वर में भ्रान्त धारणाएँ फैली हुई हैं? कुछ समझ नहीं सका। थोड़ी देर बाद अपने विश्रामस्थान पर पहुँचा, तो मालूम हुआ कि अत्यन्त आवश्यक पत्र लेकर कुमार का दूत दीर्घकाल से मेरी प्रतीक्षा कर रहा है।

तीन पत्र एक क्षौम वस्त्र की सुन्दर प्रतोलिका में लिपटे हुए थे। मैंने सावधानी से प्रतोलिका को खोला। भीतर कर्पूरकाष्ठ की मनोहर पाटी थी, जिसके चारों ओर लाक्षा-रस से कल्पवल्ली अंकित की गई थी। मध्यभाग में महाराजाधिराज श्रीहर्षदेव की मुद्रा थी। मैं आश्चर्य और औत्सुक्य से अभिभूत हो गया। पाटी के

नीचे भूर्जपत्र की पंजभंजी (पाँच तहों में लपेटी हुई) पत्रिका थी। पाँच तह देखकर ही मैं समझ गया कि पत्रिका मित्रता स्थापित करने के उद्‌देश्य से लिखी गई है। बड़े आग्रह से मैंने उसे खोला। यह महाराजाधिराज का आदेशपत्र था। मैं उनका सभापंडित नियुक्त हुआ हूँ और मुझे सम्राट् के हाथ से ताम्बूलवीटक (पान का बीड़ा) पाने का सौभाग्य प्राप्त हुआ है। मुझे कल प्रातःकाल राजपंडित के वेश में उपस्थित होने का आदेश है। यह पढ़कर मेरे आश्चर्य का ठिकाना नहीं रहा कि मैं सम्राट् का विश्वस्त प्रतिनिधि बनने का सम्मान पा सका हूँ! आज जिस व्यक्ति को सम्राट् ने 'लम्पट' कहकर तिरस्कृत किया है, वही कल से सम्राट् का विश्वासपात्र प्रतिनिधि हो सकेगा। मैंने आश्चर्य और कुतूहल के साथ दूसरा पत्र खोला। इसमें चार भाँज थे। मैं पहले ज़रा सकपकाया, चार भाँज का पत्र तो अधीनस्थ सामन्त का पद-गौरव बढ़ाने के लिए लिखा जाता है। मैं कब महाराजाधिराज का सामन्त था! परन्तु पत्र पढ़ने पर मालूम हुआ, यह भद्रेश्वर-दुर्ग के सामन्त लोरिकदेव के नाम पर है। सम्राट् ने उन्हें चरणाद्रि के पूर्व और गंगा के उत्तरतटस्थ प्रदेशों का प्रधान सामन्त बनाकर अपना प्रसाद प्रकट किया है और सम्राट् के विश्वसनीय प्रतिनिधि वात्स्यायनवंशीय बाणभट्ट को यथोचित सम्मान और साहाय्य देने का आदेश दिया है। यह दूसरी प्रहेलिका थी। मैंने तीसरा पत्र खोला। इस पर कुमार की मुद्रा थी। उन्होंने महासान्धिविग्रहिका पद से सम्राट् के विश्वस्त सभासद वात्स्यायनवंशीय पंडित बाणभट्ट को आवश्यक कार्य से कल प्रातःकाल मिलने का अनुरोध किया है। मुझे इतना समझने में देर नहीं लगी कि कुमार ने कोई बड़ा-सा कूटनीतिक दाँव चलने का संकल्प किया है और मैं उसमें निमित्त बनने जा रहा हूँ। परन्तु मुझे शंका बिलकुल नहीं हुई, प्रसन्नता भी नहीं हुई। मैं पहली बार अनुभव कर सका कि बाणभट्ट चाहे जैसा भी आवारा क्यों न हो, भट्टिनी की सेवा का अवसर पाने के कारण वह राजनीति की दृष्टि में महत्त्वपूर्ण हो गया है। यह हर्ष की बात नहीं है, विषाद की भी नहीं है। मैं निश्चिन्त होकर शयनीय पर लेटा और बहुत शीघ्र निद्रित हो गया।

प्रातःकाल स्नानादि से निवृत्त होकर कुमार के आवास पर पहुँचा। वे पहले से ही मेरी प्रतीक्षा कर रहे थे। बड़े आदर और सम्मान के साथ उन्होंने मुझे आसन दिया। ज़रा मुस्कराते हुए बोले, "महाराजाधिराज का आदेश तो तुम्हें मिल गया है न, भट्ट?" मैंने विनीत भाव से सिर हिलाकर स्वीकार किया। कुमार बोले, "मुझे इस कार्य को सिद्ध करने के लिए बहुत-सी मिथ्या बातों की रचना करनी पड़ी है; परन्तु तुम इसे अन्यथा न समझना। मैंने जो कुछ किया है, वह आर्यावर्त की विनाश के गर्त्त से रक्षा करेगा। भेड़ियों के समान निर्घृण और चींटियों से भी

अधिक संघबद्ध प्रत्यन्त-दस्यु सीमान्त पर फिर एकत्र हो रहे हैं। फिर आर्यावर्त के देवमन्दिर और विहार, वृद्ध और बालक, साधु और स्त्रियाँ, ब्राह्मण और श्रमण सत्यानाश के बवंडर के शिकार होनेवाले हैं। आज गुप्तों का प्रताप अस्तमित है, दुर्मद यौधेय उत्पाटितदन्त व्याघ्र की भाँति हीनदर्प हो गए हैं, मौखरियों का विक्रमानल निर्वापित हो गया है, केवल कान्यकुब्ज का साम्राज्य ही आज इस विनाश से आर्यावर्त को बचा सकता है। परन्तु देखो भट्ट, एक बार यदि दस्युओं ने गिरिवर्त्म लाँघकर मैदान में प्रवेश किया, तो उन्हें रोकना कठिन हो जाएगा। इस विषम संकट से मुक्ति पाने के एकमात्र आशास्थान भट्टिनी के पिता हैं। वे इस समय खिन्न और हतोत्साह हैं, स्थाण्वीश्वर के बौद्ध नरपति से असन्तुष्ट हैं और मौखरियों के गुरु भर्वुशर्मा के प्रभाव में हैं। मैं देखता हूँ कि तुम्हारे ही हाथ में उनको प्रसन्न करने का अस्त्र है। भट्टिनी को कान्यकुब्ज में उसी सम्मान के साथ रखा जाएगा, जो सम्राट् की भगिनी के उपयुक्त है। परन्तु उनकी प्रतिज्ञा है कि इस राजवंश के किसी भी गृह में वे आश्रय नहीं लेंगी। बोलो भट्ट, क्या उपाय है?'' मैं थोड़ी देर तक अभिभूत की भाँति ताकता रहा। कुमार ने उत्तर की प्रतीक्षा किए बिना ही फिर आरम्भ किया, ''तुम मौखरि-कुल राजलक्ष्मी महारानी राज्यश्री को जानते हो न?'' मैंने फिर सिर झुकाकर स्वीकार किया। कुमार बोले, ''भट्टिनी उन्हीं की अतिथि रहेंगी। यह लो निमन्त्रणपत्र।'' इतना कहकर कुमार ने चाँदी की प्रतोलिका में चीनांशुक से समावृत पत्र मेरे हाथों में रख दिया। मेरे उत्तर की प्रतीक्षा किए बिना बोले, ''इसके बाद तुम जैसे बने, भट्टिनी को यहाँ ले आओ। वे जो भी चाहें, उसे तुम सम्राट् के प्रतिनिधि के रूप में स्वीकार कर सकते हो। तुम कल ही जा सकते हो। लौटकर तुम्हें ही पुरुषपुर जाना होगा। सबकुछ सावधानी से और शीघ्रता के साथ करना होगा। भट्ट, तुम्हें महानाश से आर्यावर्त की रक्षा करनी है। तुम्हारी कोई भी असावधानी लाख-लाख निरीह जनों के सत्यानाश का कारण हो सकती है। आज तुम महाराजाधिराज से मिल लो।'' कुमार ने मुझे बोलने का अवसर ही नहीं दिया, उनकी बातें ऐसी नपी-तुली, भावुकताहीन और साफ थीं कि मैं कुछ सोचने-विचारने का अवसर ही न पा सका। केवल विनीत भाव से सिर झुकाकर स्वीकार करता गया। कुमार ने उपसंहार करते हुए कहा, ''तो उठो, भट्ट, देर करने से अनर्थ हो सकता है!''

चतुर्दश उच्छ्वास

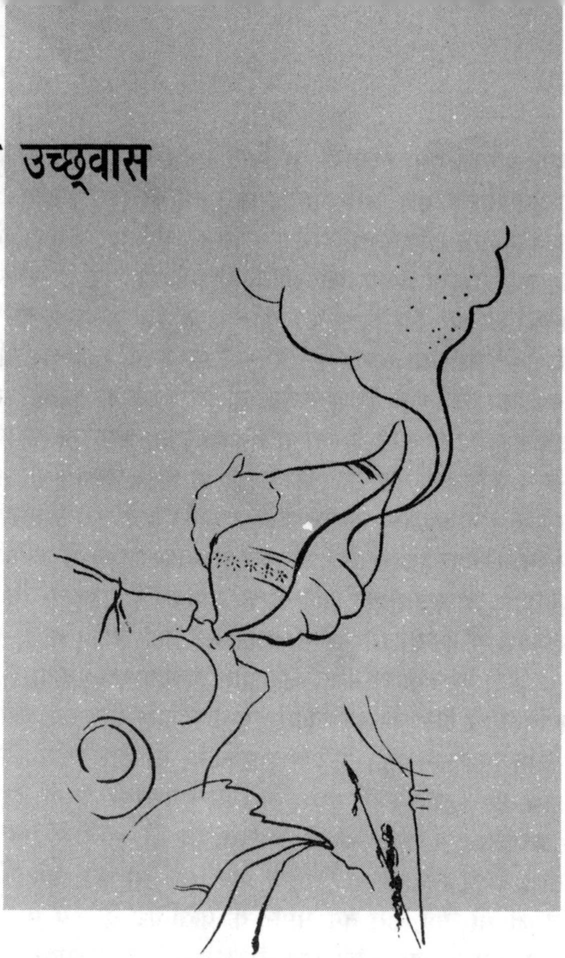

प्रथम दिन का ताम्बूलवीटक (पान का बीड़ा) काफी महँगा पड़ा। महाराजाधिराज के सिंहासनासीन होने के पहले ही मैं राजसभा में पहुँच गया था। उस समय राजसभा में असंयम और चापल्य का राज्य था। कोई सामन्त पाशा खेलने के लिए कोठे खींच रहे थे, कोई द्यूतक्रीड़ा में उलझ चुके थे, कोई वीणा बजा रहे थे, कोई चित्रफलक पर राजा की प्रतिमूर्ति अंकित कर रहे थे और कोई-कोई अन्त्याक्षरी, मानसी, प्रहेलिका, अक्षरच्युतक आदि काव्य-विनोदों में व्यापृत थे। कुछ लोग राजा के बनाए पदों की व्याख्या कर रहे थे। कोई-कोई विदग्ध रसिक चामरधारिणी और अन्य वार-वनिताओं से बातचीत में पगे हुए थे। कुछ तो ऐसे भी ढीठ थे, जो भरी सभा में रमणियों के कपोल-देश पर तिलक-रचना कर रहे थे।[1] राजसभा में प्रथम

1. 'कादम्बरी', पूर्वभाग, राजसभा का वर्णन से तुलनीय।

बार सभ्य होकर पहुँचनेवाले मनुष्य के चित्त पर इसका क्या प्रभाव पड़ा, यह केवल अनुमान किया जा सकता है। सारी सभा उच्छृंखलता का मूर्त्त विग्रह बनी हुई थी। परन्तु सभ्य लोग फिर भी इतने सावधान अवश्य थे कि उनके प्रत्येक कार्य से यह सूचित हो कि केवल वे ही महाराजाधिराज के अनुगत और भक्त हैं। अपने असावधान रूप में भी सभा में चाटुकारिता पूरी मात्रा में वर्तमान थी।

ज्यों ही महाराजाधिराज प्रधान अधिकरणिक (जज) और कुमार कृष्णवर्द्धन के साथ सभामंडप में पधारे, त्यों ही सभा संयत और नियमानुसार शृंखलायुक्त हो गई। घनपटह-निनाद और तुमुल शंखनाद के बीच बार-बार उद्घुष्ट वन्दियों के जय-निनाद से वायुमंडल कम्पित हो उठा। लाक्षारस से रंजित और सुगन्धित कालागुरु से धूपित चामर-व्यजन-धारिणियों की हलकी साड़ियाँ फरफरा उठीं। उनके मृणाल-तन्तु के समान कोमल भुजाओं में स्थित कंकण-वलय झनझना उठे। सामन्तों के केयूर और अंगद, शीघ्रता में उठने के कारण, एक-दूसरे से टकराकर कटकटा उठे। मांगल्य मन्त्रों के उच्चारण करनेवाले पुरोहितों में कुछ ऐसी चंचलता आई कि एक तो अपने ही उत्तरीय में उलझकर गिरते-गिरते बचा। मंगल-द्रव्यधारिणी विलासिनियों के मेखलादास के घुँघुरुओं की मधुर ध्वनि सुनकर भवन-दीर्घिका के सारस ऐसे उत्कंठित हुए कि उनके क्रेंकार से सभा में कोलाहल की मात्रा और भी बढ़ गई। महाराजाधिराज के आसनासीन होते ही जय-निनाद रुक गया, मांगल्य शंख ने मौन धारण किया, बन्दियों की विरुदावली शान्त हुई, पुरोहितों का आशीर्वाद अक्षत-वर्षा के साथ-साथ उपरत हुआ और सभा में अद्भुत शान्ति छा गई—केवल रह-रहकर चामरधारिणियों के वाचाल कंकण अपनी रुनझुन से इस शान्ति को बीच-बीच में तोड़कर उपभोग्य बनाते रहे। मुझे केवल एक बार महाराजाधिराज की कृपादृष्टि का प्रसाद मिला। ताम्बूलवीटक पाने की क्रिया बड़ी अटपटी थी। मेरा अनुमान है कि मैं ठीक-ठीक अभिनय न कर सकने के कारण सभ्यजनों का उपहासास्पद बना था।

सभा का कार्य आरम्भ हुआ। प्रधान अधिकरणिक ने विशेष-विशेष व्यवहारों (मुकदमों) में किए हुए अपने निर्णय को महाराजाधिराज से स्वीकार करवाया। बहुत कम अवसरों पर मतभेद हुआ। दो-तीन बार धर्मशास्त्र के अधिकारी पंडितों की राय माँगी गई। एक-आध व्यवहार ऐसे भी थे, जिनके सम्बन्ध में कुमार कृष्णवर्द्धन से दीर्घकाल तक आलोचना चली। बातचीत बहुत धीरे-धीरे हो रही थी। मैं कुछ भी नहीं समझ सका। परन्तु इतना समझने में देर नहीं लगी कि कुमार कृष्ण कुछ परेशान-से थे और प्रधान अधिकरणिक के वलीकुंचित मुखमंडल पर कठोरता के भाव दिखाई दे रहे थे। महाराजाधिराज शुरू से अन्त तक एक ही

मुद्रा में थे—न हँसी, न क्रोध, न परेशानी! व्यवहार का प्रकरण समाप्त होने के बाद थोड़ी देर तक कुमार के साथ महाराज की मन्त्रणा और भी चलती रही। पर प्रधान अधिकरणिक के साथ जब धर्मशास्त्री विद्वान् उठकर चले गए, तो यह मन्त्रणा भी रुक गई। अब गायकों, विद्वानों, विदूषकों, भाटों और स्तुति-गायकों की बारी आई। कवियों ने भी अपने नए श्लोक सुनाए। महाराज ने सबको सन्तुष्ट किया। किसी को मीठी-मीठी बातें करके, किसी को ताम्बूलवीटक देकर, किसी को पुरस्कार देकर और किसी को अपना कोई आभूषण देकर उन्होंने सबका आशीर्वाद पाया। इस समय सभा में खुशामद और स्तोकवाक्यों का बोलवाला था। कुमार कृष्णवर्द्धन के इशारे पर मैं भी आशीर्वाद देने के लिए उठा। बड़ी कठिनाई से मैंने एक आर्या सुनाई। मुझे वह वातावरण बड़ा क्लान्तिजनक मालूम हो रहा था। मैंने उस आर्या में चाटुकारिता की हद कर दी थी। आर्या समाप्त करके मैं जब महाराजाधिराज को आशीर्वाद देने के लिए करतल उठा रहा था, उसी समय मेरा हृदय धक्-से धड़क गया। निपुणिका को मैंने वचन दिया था कि किसी जीवित व्यक्ति की स्तुति में कविता नहीं लिखूँगा। यह क्या हो गया! तो क्या मैं इस लोक में सिर्फ सहस्र दिन-मात्र जीवित रहूँगा? मैं कुछ इस प्रकार हतप्रभित हुआ कि क्षण-भर के लिए भूल ही गया कि उत्तरापथ के प्रबल प्रतापान्वित सम्राट् श्रीहर्षदेव के सामने खड़ा हूँ। परन्तु कुमार ने मुझे बचाया। उन्होंने मेरी आर्या के एक अंश की अनुवृत्ति करते हुए परिहासपूर्वक कहा, ''व्रत की याद से विह्वल होना उचित नहीं, भट्ट!'' सारी सभा हँस पड़ी। महाराजाधिराज देर तक खिलखिलाकर हँसते रहे। सभासदों में जिन्होंने कुछ भी नहीं समझा था, वे भी महाराज का हँसना देख लोट-लोटकर हँसने लगे। मैं कुछ झेंपकर लौट आया। इस बार महाराजाधिराज ने बड़े प्रेमपूर्वक मेरी ओर देखकर कहा, ''तुम अच्छे कवि जान पड़ते हो।'' मैंने सिर झुकाकर प्रसाद स्वीकार किया। कुछ देर तक विटों और विदूषकों की भोंड़ी रसिकता का मनहूस प्रदर्शन चलता रहा। मेरा दम घुटने लगा।

इसी समय सभा-भंग का शंख बजा। महाराजाधिराज उठे और कंकणों, वलयों, नूपुरों, केयूरों और अंगदों के कलस्वन के साथ वन्दियों का जय-निनाद फिर से मुखरित हो उठा। क्रमशः विलासिनियों के कुंकुम-गौर वदनों की कृत्रिम स्मित-रेखा विलुप्त हो गई, सभासदों के चाटूक्ति-विलसित हास्य शान्त हो गए, सभासदों के केतक-धूपित उत्तरीय सिमटने लगे और विदूषकों की छिछली रसिकता क्लान्ति की गम्भीरता में डूब गई। मैं जैसे रुद्धद्वार गृहगर्भ से बाहर आया। राजसभा की एकघृष्ट हवा में मैं घुट गया था। तेजी से मैं बाहर आ रहा था कि एक व्यक्ति ने पीछे से पुकारा, ''सुनो भद्र!'' पीछे मुड़कर मैंने उसकी प्रसन्न

मुखश्री को देखा। वह धावक था। उसने राजसभा में बहुत ही सुन्दर कविता सुनाई थी। उसके पाठ करने की भंगी अपनी ही थी। महाराज का वह प्रीतिपात्र जान पड़ता था। मैंने उसे देखकर प्रसन्नता प्रकट की। धावक ने हँसकर कहा, "जब राजसभा में आ ही गए, तो हम लोगों को अस्पृश्य मानने से कैसे काम चलेगा!" मैंने विनीत भाव से कहा, "आर्य मुझे अकारण लज्जा दे रहे हैं।" परन्तु धावक मस्त आदमी था। उसने थोड़ी देर में ही जमके दोस्ती कर ली। देर तक वह इधर-उधर की बातें करता रहा। विदा होते समय वह कह गया, "तुम महाराज की अन्तरंग सभा के उपयुक्त पात्र हो, तुम्हें निमन्त्रण ज़रूर मिलेगा।" मैंने मतलब स्पष्ट करने का अनुरोध किया, तो कान्यकुब्जजनोचित प्रौढ़ नर्म की हँसी हँसकर धावक ने मेरा कन्धा हिलाया, "जल्दी ही समझ जाओगे, गुरु!"—और बिना मेरी अनुमति के ही एक ओर चल पड़ा। मैं कुछ हैरान-सा होकर आवास-स्थान की ओर बढ़ा।

दिन बड़ी कठिनाई से कटा। पश्चिमी मरुभूमि की तप्त वायु त्रिलोक की समूची आर्द्रता को सोख-सी रही थी। प्रचंड दावाग्नि के सामन वह वनभूमि की नीलिमा को निगल-सी रही थी और कान्यकुब्ज के समस्त जलाशयों को सुखाकर प्रलयकांड मचाए हुए थी। ऐसा मालूम होता था कि सूर्यमंडल से कोई निर्धूम अग्नि-ज्वाला अनवरत भाव से धरती पर बरस रही है। सूर्यास्त होने में एक घटी से अधिक का विलम्ब नहीं था; परन्तु स्थाण्वीश्वर के राजमार्ग तप्त वायु और तिर्यक् सूर्य-किरणों से झनझना रहे थे। अजगर के फूत्कार से भी भयावनी वायुलहरियाँ विशाल प्रस्तर-हर्म्यों की उत्तप्त दीवारों से टकराकर यात्रियों पर बिखर पड़ती थीं और उस पर विकराल बवंडरों से उड़ाई हुई धूल से आच्छन्न आकाश ऐसा मनहूस लग रहा था कि मार्ग में निकलना साहस का काम हो गया था। परन्तु फिर भी मैं निकल पड़ा। सुचरिता के निमन्त्रण में एक अद्भुत आकर्षण था, जिसका अतिक्रमण करना असम्भव था। मैं जब उसके घर के पास पहुँचा, तो भगवान् मरीचिमाली अपना किरण-जाल सँभाल चुके थे। पश्चिम समुद्र के तीर पर उनके क्लान्तशीर्ण मुख पर लालिमा छा रही थी और वायु की झनझनाहट क्रमशः शिथिल होती जा रही थी। मैं उस उत्कंठित चकोर की भाँति सुचरिता के घर के सामने उपस्थित हुआ, जो दिन-भर सूर्यातप से तप्त होकर सूर्यास्त-काल में इस आशा से पूर्व-दिगंत की ओर ताकता है कि चन्द्रमा को जी-भरकर देख सकेगा। परन्तु चन्द्रमा के दर्शन नहीं हुए! सुचरिता की गोमयोपलिप्त अंगण-भूमि में धूल भरी हुई थी—जान पड़ता था, बहुत आदमी यहाँ किसी अज्ञात आशंका से वृथा दौड़ चुके हैं—क्षीरसागरशायी नारायण को घेरकर लटकनेवाली मालतीमाला

बासी और शुष्क हो चुकी थी और बलिदेहलियाँ अमंगलजनक सूनेपन से आशंका उत्पन्न कर रही थीं। मैं कुछ समझ नहीं सका। कल की रात और रातों से कुछ विशिष्ट ज़रूर रह चुकी है। मैं लम्पट से राजपुरुष तथा सम्राट् का प्रतिनिधि हो गया हूँ और सुचरिता भक्तिमती देवी से बदलकर न-जाने क्या हो गई है! मेरा हृदय एक अज्ञात भय से आतंकित हो गया। किससे पूछूँ? इसी समय मुझे स्मरण आया कि कलवाले उस कथामंडप में चलकर क्यों न देख लूँ। मंडप थोड़ी ही दूर पर था। मैं उधर ही चल पड़ा।

मंडप में लगभग एक सहस्र व्यक्ति बैठे हुए थे। दो-चार व्यक्ति इधर-उधर चल-फिर रहे थे; परन्तु कोलाहल तो क्या, ज़रा-सा शब्द भी कहीं नहीं हो रहा था। सबके मुखमंडल गम्भीर थे और उत्तेजना का भाव स्पष्ट ही लक्षित हो रहा था। फिर भी सारी सभा शान्त निस्तब्ध थी। केवल सभापति अत्यन्त संयत भाषा में कुछ समझा रहे थे। उनकी आज्ञा से कोई सभ्य उठता था और संक्षेप में अपना वक्तव्य सुनाकर चुपचाप अपने आसन पर बैठ जाता था। संयम की मात्रा इतनी अधिक थी कि वहाँ के मनुष्य यन्त्र की भाँति लग रहे थे। बाहर खड़े एक भद्र पुरुष ने, पूछने पर, फुसफुसाकर बताया, "आज सूर्योदय के कुछ पूर्व सुचरिता देवी और आर्य विरतिवज्र बन्दी बना लिए गए हैं और नगरप्रतीहार के आदमियों ने आर्य वेंकटेश भट्ट और परमहंस अघोरभैरव को नाव पर बैठाकर न-जाने कहाँ पहुँचा दिया है। यह सबकुछ बौद्ध नरपति के आदेश से हुआ है। यह स्पष्ट रूप से शान्त और निरीह प्रजा के धर्माचरण में हस्तक्षेप है। समस्त स्थाण्वीश्वर के अधिकारी विद्वान् इस समय इस बात पर विचार कर रहे हैं कि उनका क्या कर्तव्य है।" कान्यकुब्जों का संयम प्रसिद्ध है। वे जब आमोद की अवस्था में होते हैं, तो ऐसा लगता है कि उनके समान चपल मनुष्य जगत् में हैं ही नहीं; परन्तु जब वे संयम का आचरण करते रहते हैं, तो उनका गाम्भीर्य समुद्र के समान दुरधिगम्य हो जाता है। इस सभा में उसी संयम का वातावरण था।

कुछ देर तक शास्त्रार्थ चलता रहा। इसके बाद वृद्ध सभापति ने मेघ-गम्भीर स्वर में घोषणा की, "स्वस्ति, आर्य सभासदो, मैं इस सभा में उपस्थित शास्त्र-पारंगत पंडितों और शील एवं आचार में प्रसिद्ध आर्य नागरिकों के निर्णय की घोषणा कर रहा हूँ। आर्य सभासदो, बड़ा दुर्घटकाल उपस्थित हुआ है। आचार्य भर्वुपाद के प्रचारित पत्र को स्थाण्वीश्वर का प्रत्येक नागरिक पढ़ चुका है। दुर्दमनीय म्लेच्छवाहिनी गिरिवर्त्म को पार करने की चेष्टा कर रही है। उत्तरापथ के नगर और ग्राम, देवमन्दिर और विहार, ब्राह्मण और श्रमण, वृद्ध और बालक, बेटियाँ और बहुएँ आज किसी प्रतापी नरपति-शक्ति के आश्रय में ही सुरक्षित रह

सकती हैं। ऐसे समय प्रजा में राजशक्ति के प्रति असन्तोष का रहना सत्यानाश का कारण होगा। सभा का निश्चय यह है कि आर्य विरतिवज्र पर उनके पितृऋण को शोध न करने का अभियोग मिथ्या और शास्त्रबहिर्भूत है। सुचरिता और उनका सम्बन्ध शास्त्र के अनुकूल है, और उन दोनों पर गार्हस्थ धर्म में लौट जाने का अभियोग निन्दनीय है। सुचरिता ने जो अनुष्ठान आरम्भ किया था, वह चिराचरित भक्ति-मार्ग के अनुकूल है! स्थाण्वीश्वर की विद्वन्मंडली उसकी असाधारण संयमनिष्ठा और निरतिशय चिन्मुखी समर्पण-वृत्ति के लिए अपनी श्रद्धा निवेदन कर रही है। आर्य वेंकटेशपाद और अवधूत अघोरभैरव जैसे आत्माराम भगवदीयों के निर्वासन से हम क्षुब्ध हैं। परन्तु इस दुर्घटकाल में राजव्यवस्था में किसी प्रकार का शैथिल्य न आवे, इस विचार से हमने निश्चय किया है कि दस विद्वानों का एक समुदाय महाराजाधिराज से इस अन्याय का प्रतिकार कराने का प्रयत्न करे। सभा का विश्वास है कि महाराजाधिराज हमारी प्रार्थना पर अवश्य ध्यान देंगे। आर्य सभासदो, किसी प्रकार की उत्तेजना इस समय विनाश का कारण सिद्ध होगी। मैं इस निर्णय पर आपकी अनुमति चाहता हूँ। आर्य सभासदों का मौन ही सम्मतिलक्षण मान लिया जाएगा।" सभापति चुप हुए। थोड़ी देर तक सन्नाटा रहा। ऐसा जान पड़ा, सभा ने निर्णय को चुपचाप स्वीकार कर लिया।

अचानक सभा के एक कोने में पिंगल प्रकाश का आविर्भाव हुआ, जैसे शरत्कालीन शुभ्र मेघों के भीतर से अचानक सौदामिनी चमक गई हो। यह महामाया भैरवी थीं। आपाद धूसर गैरिक वस्त्र के भीतर उनका क्रोधताम्र मुखमंडल सान्ध्य मेघों के बीच से उदय होते हुए चन्द्रमंडल की दीप्ति का प्रतिद्वन्द्वी जान पड़ता था। उनका सिन्दूर-विलिप्त त्रिशूल इस प्रकार भयंकर और मनोहर था, मानो गैरिक अधित्यका में गड़ा हुआ क्रुद्ध धूर्जटि का ही त्रिशूल हो। महामाया ने कठोर स्वर में चिल्लाकर कहा, "आर्य सभापति, मैं सभा को सम्बोधन करके दो-चार वाक्य बोलना चाहती हूँ। मैं अवधूत अघोरभैरव की शिष्या महामाया भैरवी हूँ। मुझे अनुमति मिले।" सभापति इतस्ततः कर रहे थे कि अघोरभैरव के तुमुल जय-निनाद के साथ सभा ने भैरवी के प्रस्ताव का अनुमोदन किया। रुख देखकर सभापति ने अनुमति देते हुए कहा, "भवति, दुर्घटकाल उपस्थित है, सभा कालोचित सुनने को उत्सुक है।" महामाया ने तीव्र स्वर में कहा, "आर्य सभासदो, मैं अवधूत अघोरभैरव की शिष्या महामाया हूँ। आप यह न समझें कि मेरे गुरु का अपमान किया गया है, इसलिए मैं क्षुब्ध हूँ। अवधूतपाद मान और अपमान से परे हैं। मान उस व्यक्ति का होगा, जो उनका मान करेगा; अपमान भी उस व्यक्ति का होगा, जो उनका अपमान करेगा। इसलिए आर्य

सभासदो, महामाया जो कुछ कहने जा रही है, वह उनके अपमान से विक्षुब्ध होकर नहीं। अघोरभैरव साक्षात् शिव-रूप हैं। मैं आपकी सभा के इस निर्णय का अभिनन्दन करती हूँ कि आर्य विरतिवज्र और आयुष्मती सुचरिता निर्दोष हैं। परन्तु मैं महाराजाधिराज से प्रार्थना करने के निर्णय का विरोध करती हूँ। मैं संन्यासिनी हूँ। मैंने स्वेच्छा से दुख और क्लेश का मार्ग स्वीकार किया है। मैं मृत्यु से नहीं डरती। आप मेरी गर्दन उड़ा दे सकते हैं; परन्तु सत्य कहने से मुझे नहीं रोक सकते। आचार्य भर्वुपाद के पत्र के फलितार्थ पर आपने विचार किया होता, तो ऐसा निर्णय नहीं करते! वह पत्र पौरुषहीनता का नग्न प्रचारक है। वह पत्र आर्यावर्त्त की भावी पराजय का अग्रदूत है। आपका निर्णय उसी मनोवृत्ति का पोषक है। आप कहते हैं कि उत्तरापथ के ब्राह्मण और श्रमण, वृद्ध और बालक, बेटियाँ और बहुएँ किसी प्रचंड नरपति-शक्ति की छाया पाए बिना नहीं बच सकतीं। आर्य सभासदो, उत्तरापथ के लाख-लाख नौजवानों ने क्या कंकण-वलय धारण किया है? क्या वे वृद्धों और बालकों, बेटियों और बहुओं, देवमन्दिरों और विहारों की रक्षा के लिए अपने प्राण नहीं दे सकते? क्या इस देश के विद्वानों में स्वतन्त्र संघटन-बुद्धि का विलोप हो गया है? आचार्य भर्वुपाद का पत्र पढ़कर मेरा कंठ रोष और लज्जा से सूख आता है। इस उत्तरापथ में लाख-लाख निरीह बहुओं और बेटियों के अपहरण और विक्रय का व्यवसाय क्या नहीं चल रहा है? अगर देवपुत्र तुवरमिलिन्द का हृदय थोड़ा भी संवेदनशील होता, तो आज से बहुत पहले उन्हें मूर्च्छित होकर गिर पड़ना था। क्या निरीह प्रजा की बेटियाँ उनकी नयन-तारा नहीं हुआ करतीं? क्या राजा और सेनापति की बेटियों का खो जाना ही संसार की बड़ी दुर्घटनाएँ हैं? और आर्य सभासदो, मेरी ओर देखो। मैं तुम्हारे देश की लाख-लाख अवमानित, लांछित और अकारण दंडित बेटियों में से एक हूँ। कौन नहीं जानता कि इस घृणित व्यवसाय के प्रधान आश्रय सामन्तों और राजाओं के अन्तःपुर हैं? आपमें से किसे नहीं मालूम कि महाराजाधिराज की चामरधारिणियाँ और करंकवाहिनियाँ इसी प्रकार भागई हुई और खरीदी हुई कन्याएँ हैं? आर्य सभासदो, क्या इन अभागिनियों के पिता नहीं थे? क्या वे अपनी माताओं की नयन-ताराएँ नहीं थीं? क्या उनके माँ-बाप के हृदय में अपनी सन्तति के प्रति जो स्नेह-भावना थी, वह किसी सम्राट् की स्नेह-भावना से कम थी? धिक्कार है आर्य सभासदो, जो उत्तरापथ के विद्वान् और शीलवान् नागरिक इन राजाओं का मुँह जोह रहे हैं! मैं पूछती हूँ, यदि महाराजाधिराज ने आपकी प्रार्थना का प्रत्याख्यान कर दिया, तो आप क्या करेंगे? आप लोगों में से कौन नहीं जानता कि महाराजाधिराज स्वयं शुद्ध-शील होकर भी सैकड़ों ऐसे सामन्तों को आश्रय दिए

हुए हैं, जिनका एकमात्र प्रताप कन्याहरण में ही प्रकट होता है! आर्य सभासदो, यदि मैं असत्य कहती हूँ, तो मेरे इस त्रिशूल से मेरा खंड-खंड कर दो।'' इतना कहकर महामाया ने क्षण-भर रुककर सभा की ओर देखा। उनकी आँखों से स्फुल्लिंग झड़ रहे थे। सभा उत्कर्ण होकर सुन रही थी। महामाया ने फिर सिंहिनी की भाँति गरजकर कहा, ''अमृत के पुत्रो, मृत्यु का भय माया है, राजा से भय दुर्बल-चित्त का विकल्प है। प्रजा ने राजा की सृष्टि की है। संघटित होकर म्लेच्छवाहिनी का सामना करो। देवपुत्रों और महाराजाधिराजों की आशा छोड़ो। समस्त उत्तरापथ की लाज तुम्हारे हाथों में है। अमृत के पुत्रो, आर्य विरतिवज्र और आयुष्मती सुचरिता को बन्दी बनाना, लाख-लाख निरीह ब्राह्मणों और श्रमणों की रक्षा के लिए नहीं हुआ है, वह महाराजाधिराज या उनके किसी आश्रित सामन्त की नाक बचाने के लिए हुआ है। यह पहला अन्याय नहीं है, अन्तिम भी नहीं होगा। यह दुर्वह सम्पत्तिमद का चिराचरित रूप है। इसके लिए न्याय की प्रार्थना व्यर्थ है। अमृत के पुत्रो, धर्म की रक्षा अनुनय-विनय से नहीं होती, शास्त्रवाक्यों की संगति लगाने से नहीं होती; वह होती है अपने को मिटा देने से। न्याय के लिए प्राण देना सीखो, सत्य के लिए प्राण देना सीखो, धर्म के लिए प्राण देना सीखो। अमृत के पुत्रो, मृत्यु का भय माया है!''

एक सहस्र कंठों ने दीर्घदीर्घायित स्वर में प्रतिध्वनि की, ''मृत्यु का भय माया है!'' उस महाध्वनि ने स्थाण्वीश्वर की दुर्भेद्य प्रस्तरभित्तियों को चीरकर पर-प्रान्त तक हलचल मचा दी। भीड़ बढ़ने लगी और रह-रहकर आकाश को विदीर्ण करके एक ही स्वर गूँज उठने लगा, ''मृत्यु का भय माया है!'' विराट् पट-मंडप उस स्फीत जन-सम्मर्द को धारण करने में असमर्थ हो गया। महामाया ने त्रिशूल उठाकर जनता को शान्त करना चाहा; परन्तु उनकी आवाज उस गगन-विदारी महाध्वनि के सामने नगण्य थी। भीड़ राजमार्गों, गवाक्षों, वृक्षों और ध्वजदंडों को आच्छन्न करने लगी। धीरे-धीरे सर्वत्र यह प्रवाद फैल गया कि सभा में साक्षात् त्रिशूलधारिणी पार्वती का आविर्भाव हुआ है। उन्होंने आज्ञा दी कि अन्यायी राजा का ध्वंस कर दो। नागरिकों ने महामाया के सन्देश को क्या-से-क्या बना दिया! केवल एक स्वर रह-रहकर वायुमंडल को कम्पित करता रहा, ''अमृत के पुत्रो, मृत्यु का भय माया है!'' सहस्र कंठों ने इसकी सहस्र प्रकार से व्याख्या की। वृद्ध सभापति ने महामाया की ओर देखकर कातर भाव से प्रार्थना की, ''भवति, आर्ये, आपका कथन सत्य है; पर क्षुब्ध प्रजा इस अग्नि-वाणी का अयोग्य पात्र है। आप इन्हें शान्त करें। आचार्य भर्वुपाद का पत्र सामयिक उपचार के लिए है, वह शाश्वत धर्म का सन्देश लेकर नहीं आया है। भवति, आर्ये, क्या यह सत्य नहीं

है कि इस समय राजशक्ति के साथ विद्रोह करके जन-संघटन करते-करते इतना समय लग जाएगा कि म्लेच्छों की वाहिनी इस देश को जलाकर कपोतकर्बुर भस्म में परिणत कर देगी? आर्ये, असमय में प्रजा में बुद्धिभेद उत्पन्न करना अनुचित हुआ है।''

महामाया भीड़ को चीरती हुई तेजी से एक ऊँचे स्थान पर आकर खड़ी हो गई। विद्युच्छटा की भाँति उनका प्रकाश भीड़ में वक्ररेखा के रूप में उद्भासित हो उठा। उन्हें देखकर भीड़ ने जय-निनाद किया। त्रिशूल उठाकर महामाया ने आज्ञा देने के स्वर में कहा, ''अमृत के पुत्रो, शान्त होओ।'' सारा जन-सम्मर्द मन्त्रमुग्ध-सा, अभिभूत-सा, यन्त्रित-सा, शान्त हो गया। महामाया ने फिर कहा, ''अमृत के पुत्रो, संयम से काम लो। तुम्हारे विद्वान् नागरिकों ने महाराजाधिराज से न्याय पाने की आशा से प्रार्थी होने का संकल्प किया है। आज उन्हें अवसर दो। परन्तु अमृत के पुत्रो, न्याय पा जाने से समस्या समाहित नहीं हो जाती। दुर्द्धर्ष म्लेच्छवाहिनी का सामना राजपुत्रों की वेतनभोगी सेना नहीं कर सकेगी। क्या ब्राह्मण और क्या चांडाल, सबको अपनी बहू-बेटियों की मान-मर्यादा के लिए तैयार होना होगा। मैं भविष्य देख रही हूँ। अमृत के पुत्रो, बड़ा दुर्घट काल उपस्थित है। राजाओं, राजपुत्रों और देवपुत्रों की आशा पर निश्चेष्ट बने रहने का निश्चित परिणाम पराभव है। प्रजा में मृत्यु का भय छा गया है, यह अशुभ लक्षण है। अगर तुम आर्यावर्त को बचाना चाहते हो, तो प्राण देने के लिए तत्पर हो जाओ। धर्म के लिए प्राण देना किसी जाति का पेशा नहीं है, वह मनुष्य-मात्र का उत्तम लक्ष्य है। अमृत के पुत्रो, न्याय जहाँ से भी मिले, वहाँ से बलपूर्वक खींच लाओ। यदि तुम नहीं समझते कि न्याय पाना मनुष्य का धर्मसिद्ध अधिकार है और उसे न पाना अधर्म है, तो भारतवर्ष का भविष्य अन्धकार से आच्छन्न है। अमृत के पुत्रो, म्लेच्छवाहिनी पहली बार नहीं आ रही है, अन्तिम बार भी नहीं आ रही है। तुम यदि आज तुवरमिलिन्द और श्रीहर्षदेव की आशा पर बैठे रहोगे, तो सम्भवतः आज यह विपत्ति टल जाए, परन्तु कल नहीं टलेगी। तुवरमिलिन्द और श्रीहर्षदेव सदा नहीं रहेंगे; परन्तु तुम्हें सदा रहना है। अमृत के पुत्रो, मैं भविष्य देख रही हूँ। राजा, महाराजा और सामन्त स्वार्थ के गुलाम बनते जा रहे हैं। प्रजा भीरु और कायर होती जा रही है। विद्वान् और शीलवान् नागरिकों की बुद्धि कुंठित होती जा रही है। धर्माचरण में इसीलिए व्याघात उपस्थित हुआ है कि राजा अन्धा है, प्रजा अन्धी है और विद्वान् अन्धे हैं। यह बड़ा अशुभ लक्षण है। अमृत के पुत्रो, मैं ऊर्ध्वबाहु होकर चिल्ला रही हूँ, यह अशुभ लक्षण है। अपने-आपको बचाओ, धर्म पर दृढ़ रहो, न्याय के लिए मरना सीखो, ब्राह्मण से

लेकर चांडाल तक एक हो जाओ—चट्टान की तरह दुर्भेद्य एक। यही बचने का उपाय है। अमृत के पुत्रो, राजपुत्रों की वेतनभोगी सेना की आशा छोड़ो, मृत्यु का भय माया है।"—भीड़ मन्त्र-मुग्ध की भाँति सुनती रही। एकाएक महामाया वहाँ से हटीं और तेजी से न जाने किस ओर निकल गईं। दिङ्मूढ़ नागरिकों ने कुछ भी नहीं समझा। सबने केवल इतना ही अनुभव किया कि कुछ अप्रत्याशित घटनेवाला है।

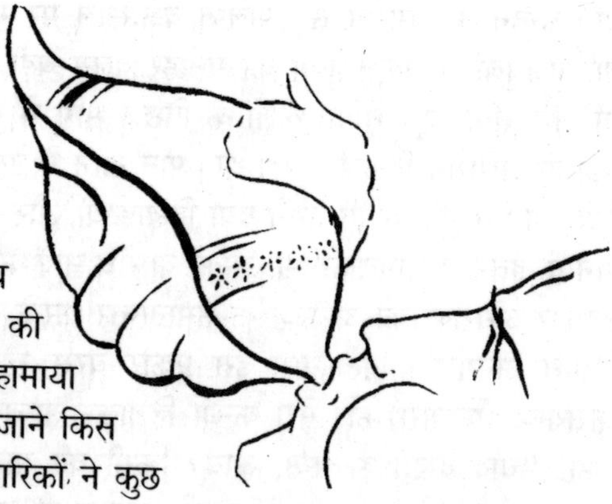

मेरे देखते-देखते घटना-प्रवाह किधर से किधर बह गया। इस बीच पश्चिमी आकाश लाल-पीला होकर कई बार रंग बदल चुका; मध्य-आकाश से अंगों का लेप करता हुआ अन्धकार काले अंजन की भाँति बरसता रहा और अब प्राची दिशा के उदयगिरि के तट पर अन्तरित चन्द्रमा की गूढ़-पांडुर किरणें छिटकने को आईं। मैं इतना तो समझ गया हूँ कि किसी अज्ञात अपराध के कारण आर्य विरतिवज्र और सुचरिता बन्दी हैं; पर उनका अपराध क्या है, यह बात अभी तक समझ में नहीं आई। महामाया ने उपस्थित विषय की अवहेला करके अध्याहृत विषय पर इतना बड़ा व्याख्यान क्यों दिया, यह भी मेरी बुद्धि के बाहर था। मैं यह भी नहीं समझ सका कि मेरा कुछ कर्तव्य इस व्यापार में हो सकता है या नहीं। अश्वारोही सैनिक जन-सम्मर्द की प्रत्येक गति को सावधानी से देख रहे थे और जिस किसी समय अपने तीक्ष्ण फलक-कुन्तों से विद्रोह को ठंडा कर देने के लिए तैयार थे। महामाया के अचानक आविर्भाव और अन्तर्धान से भीड़ भौंचक्का रह गई थी और घटना-चक्र के तीव्र गति-परिवर्तन से मैं कर्तव्यमूढ़ हो गया था। इसी समय चन्द्रमा की उदयगूढ़ रश्मियों से प्राची दिशा पांडुर हो गई। मैं उस समय भी उस मनोहारिणी शोभा को देखने का लोभ संवरण नहीं कर सका। सारा पूर्वी आकाश प्रिय-समागम-जन्य आनन्द से उद्भासित जान पड़ता था, ऊँचे-ऊँचे वृक्षों की शिखाओं पर पीताभ रश्मियों का सुनहला जाल बुना हुआ था और दिगन्त के पर-प्रान्त तक दीर्घाकार सुवर्ण शलाकाओं से खचित नील नभो-मंडल निराली शोभा से उद्दीप्त हो उठा था। इसी समय मुझे ऐसा लगा कि कोई मुझे झकझोर रहा है। देखता हूँ, धावक है। धावक चटुल जीवन्त परिहास का रूप बना हुआ

था। चन्दन के अंगराग से उपलिप्त वक्षःस्थल पर मालतीदास सुशोभित हो रहा था, भुजमूलों में बकुल-पुष्पों का मनोहर वलय बड़ी सुकुमार भंगी से सजा हुआ था और सँवारे हुए धूपित केशों के पिछले भाग में दुर्लभ जाती-कुसुमों का गुच्छ बड़ा ही अभिराम दिखाई दे रहा था। पान खाने में उसने बड़ी निर्दयता का परिचय दिया था। न मुँह पर ही उसने दया दिखाई थी और न ताम्बूलपत्रों पर ही। परन्तु पान के इतने पत्ते मिलकर भी उसका वाग्रोध नहीं कर सके थे। वह मुँह को ऊपर उठकार अधरोष्ठ को आकाश के समानान्तर करके बोल रहा था; परन्तु फिर भी निर्बाध अनर्गल कवित्व-धारा इस प्रकार बरस रही थी, मानो कोई ऊर्ध्वमुख धारायन्त्र (फव्वारा) हो! मेरा कन्धा हिलाकर ताम्बूल रस-सिक्त वाणी में उसने कहा, "चाँद देखते हो क्या, आर्य? किसी की याद आ गई है क्या?" उसके परिहास से मैं चौंक पड़ा, क्योंकि मुझे सचमुच ही भट्टिनी की याद आ गई थी। लेकिन धावक रुकना नहीं जानता। वह बोलता ही गया, "सच्ची बात बताऊँ, मित्र! मैं जब प्राची से उदयगिरि-तटान्तरित निशानाथ (चन्द्रमा) को देखता हूँ, तो बरबस किसी ऐसी उदासप्रिया की स्मृति जाग उठती है, जिसका प्रिय उसके हृदय के अन्तराल में बैठा होता है और वियोगव्यथा से उसका मुख पांडुर हो गया होता है।[1] तुम्हें कैसा लगता है?" मैंने रस लेते हुए कहा, "अनुभव की बात कह रहे हो या कल्पना की, सखे!" धावक ने मस्ती के साथ जवाब दिया, "अनुभव तुम्हारा, कल्पना हमारी। क्यों सखे, इतना भाग तो मुझे मिलना ही चाहिए! सुनो, मैं तुम्हें वह बात भी सिखा दूँगा, जो तुम भेंट होने पर अपनी उस उदास प्रिया से कहोगे। मैंने बड़ों-बड़ों को सिखाया है गुरु! महाराजाधिराज तक इस विषय में मेरे चेले हैं!" मैंने रस लेते हुए कहा, "सिखा दो, सखे!" धावक बोला, "तो उतावले क्यों होते हो, कल सीख लेना! अभी मैं कुमार कृष्ण का सन्देश लेकर तुम्हें खोजने आया हूँ। तुम्हें जितने लोग इस नगर में पहचानते हैं, सब दौड़ाए गए हैं। सुचरिता ने अपने बयान में कहा है कि तुम उसे पहचानते हो और उसकी तुम्हारे ऊपर अगाध श्रद्धा है। कुमार का आदेश है कि तुम शीघ्र राजकीय बन्दीशाला में जाकर उसे राज्य के अनुकूल बनाओ। तुम वहाँ निर्बाध पहुँच सको, इसकी व्यवस्था की जा चुकी है। शीघ्रता करो, नहीं तो अनर्थ हो जाएगा।"

धावक ने मुझे सोचने का अवसर ही नहीं दिया। दूर से दुंदुभि की आवाज सुनाई दी। उसका मतलब समझाते हुए उसने कहा, "कुमार कृष्णवर्द्धन शान्ति

---

1. तुल. (रत्नावली, 1-25)–
उदयगिरितटान्तरितमियं प्राची सूचयति दिङ् निशानाथम्।
परिपाण्डुना मुखेन प्रियमिव हृदयस्थितं रमणी॥

की घोषणा कर रहे हैं। अवधूत अघोरभैरव और आर्य वेंकटेशपाद लौटा लाए गए हैं। आज इसी विकट व्यवहार के विषय में महाराजाधिराज, कुमार कृष्ण और प्रधान अधिकरणिक में दीर्घकाल तक फिसिर-फिसिर चलती रही।" मैंने पूछा, "व्यवहार क्या है, सखे?" धावक ने मुँह बनाकर कहा, "व्यवहार क्या है, बुद्धि का दिवालियापन है। यह जो विरतिवज्र है, वह किसी समय बौद्ध-भिक्षु था। अब भले आदमी को न जाने क्या सूझी है कि अघोरभैरव और वेंकटेश भट्ट के चंगुल में आ फँसा है। वेंकटेश भट्ट कुछ अजब लफंगा लगता है—या क्या जाने भाई, मैं तो धर्म-साधना का नाम-ग्रंथ भी नहीं जानता। सो इस भलेमानस ने विरतिवज्र को और सुचरिता को एकसाथ नवीन साधन-मार्ग में दीक्षित किया है। अब इस व्यापार से यहाँ का ढोंगी बौद्ध पंडित वसुभूति (जिसे महाराजाधिराज ने व्यर्थ ही सिर चढ़ा रखा है) इतना चिढ़ा है कि उसने अपने चेले धनदत्त श्रेष्ठी को उकसाकर एक जाल तैयार किया है। धनदत्त कहता है कि विरतिवज्र का पिता उससे एक सहस्र दीनार ऋण लेकर मर गया था। जब तक विरतिवज्र संन्यासी था तब तक वह इस ऋण से मुक्त था; परन्तु अब क्योंकि वह सुचरिता के साथ गृहस्थी के बन्धन में बँध गया है इसलिए उसे कुसीदक (सूद) समेत ऋण चुकाना चाहिए। संक्षेप में यही व्यवहार है। इसमें तुम्हें क्या करना है, सो तुम जानो। मैं तो तुम्हें बन्दीशाला तक पहुँचाकर किसी और दिशा को चल दूँगा।" मैं कुछ-कुछ समझ रहा था; परन्तु और जानने की इच्छा से धावक से पूछा, "महामाया भैरवी ने आज यह क्या अनर्थ किया, सखे!" धावक हँसा, बोला, "राजधानी है, मित्र! बहुत-कुछ देखोगे। महामाया को यहाँ बहुत कम लोग जानते हैं। मैं थोड़ा-थोड़ा जानता हूँ। वह महाराज्ञी राज्यश्री की सौत है!" मैं जैसे सोते से जगा, चौंककर पूछा, "सौत?" धावक ने डाँटा, "चिल्लाते क्यों हो, इस नगर में रानियों की सौतों का विशाल जंगल है—जंगल!" मैंने फिसफिसाकर कहा, "तो क्या महाराजाधिराज भी..." बात पूरी होते-न-होते धावक ने कानों पर हाथ रखकर कहा, "शान्तं पापम्, शान्तं पापम्! इस नगर में शुद्धशील व्यक्ति तीन ही हैं—महाराजाधिराज श्रीहर्षदेव, महाराज्ञी राजश्री और...।" धावक ने रुककर मेरी ओर देखा, मानो कुछ कहते-कहते कह न सका हो। मैंने पूछा, "वह तीसरा बड़भागी कौन है, सखे!" धावक ने अत्यन्त गम्भीरता के साथ कहा, "महाकवि धावक," और ठठाकर हँस पड़ा। मैं भी हँस पड़ा। धावक और भी जाने क्या-क्या कहता गया; परन्तु मैं महामाया की चिन्ता में ऐसा निमग्न था कि कुछ भी नहीं सुन सका। महामाया क्या राजश्री की सौत हैं। आज उन्होंने अपने को इस देश की लाखों लांछिता और अवमानिता बेटियों में से एक बताया था। क्या रहस्य हो सकता है? हाय, वह

कौन-सी दुर्वार मनोवेदना थी, जिसने महामाया को रानी से संन्यासिनी बना दिया। भाग्य का कैसा दुर्ललित परिहास है! महामाया प्रचंड प्रतापशाली मौखरिकुल की राज्यलक्ष्मी थीं। इस ढलती वयस में भी उनके मुखमंडल से जो तेज झरता है, वह धावक के कथन का प्रमाण है। तो धावक ठीक ही कह रहा है। आज महामाया ने जो कुछ कहा, वह वर्षों से संचित कटुता का मूर्त्त प्रतीक था। सिंहिनी की आत्मा अभी वैसी ही है, केवल चोला बदल गया है। पर यह धावक अजीब आदमी है। कैसा कवि है यह। इतनी बड़ी बात को इस प्रकार कह गया, मानो महामाया कोई पतित स्त्री रही हों, और, और भी पतित हो गई हों। परन्तु धावक का मुख कैसा निर्विकार है! आश्चर्य है!

बन्दीशाला के पास पहुँचकर धावक ने कहा, "लो सखे, द्वार खुला हुआ है। तुम कुमार का आदेश पालन करो, मैं चला।" बन्दीशाला पत्थरों का बना हुआ एक सुदृढ़ भवन था, ऊँचाई इतनी कम थी कि कठिनाई से कोई उसके भीतर खड़ा हो सकता था। सारा भवन एक विराट् बिल की भाँति लग रहा था। द्वार पर विशाल अश्वत्थ वृक्ष उसकी भयंकरता को और भी बढ़ा रहा था। प्रहरियों ने एक बार मेरा नाम पूछा और द्वार खोल दिया। भीतर घुसने पर मैं एक बड़े आँगन में उपस्थित हुआ। इस आँगन के चारों ओर कई छोटी गुहाकृति कोठरियाँ थीं। मुझे उन्हीं में से एक के द्वार पर ले जाया गया। द्वार खुलने पर चन्द्रमा की ज्योत्स्ना से वह छोटा-सा द्वार उद्भासित हो गया। उसमें हवा या प्रकाश के जाने का कोई मार्ग नहीं था। कुट्टिम भूमि पत्थर से पटी हुई थी; परन्तु एक प्रकार की दुर्गन्धि से सारा कक्ष असह्य-सा लग रहा था। उसी में सुचरिता निवात-निष्कम्प दीपशिखा की भाँति पद्मासन बाँधकर बैठी हुई थी। द्वार खुलने के शब्द से उनका ध्यान भंग हुआ होगा। केवल ग्रीवा को ईषद् वक्र करके उसने हमारी ओर देखा। प्रहरी ने मेरा नाम बताकर परिचय दिया। सुचरिता की आँखें आश्चर्य से विस्फारित हो रहीं! उसने बड़े आयासपूर्वक विश्वास किया कि प्रहरी सचमुच सत्य ही कह रहा है। क्षण-भर में उसका मुखमंडल आनन्द की ज्योति से उद्भासित हो गया। एक तरह सौन्दर्य-धारा से सारा कुट्टिम प्लावित-सा हो गया। सुचरिता ने उठने की चेष्टा की; परन्तु उसके हाथ और पैर लौह-शृंखला से बँधे थे, उठ न सकी। उसकी वह कातरता मेरे हृदय को बुरी तरह से द्रवित करती रही। आहा, कैसा करुणा-मनोहर मुख था! मन्द स्मित-रेखा अधरों पर झलक रही थी। विवशता के कारण भरी आँखें झुकी हुई थीं और अश्रु ढलक न पड़ें, इस भय से वह सीधे मेरी ओर न देखकर कनखियों से ताक रही थी। व्याकुल केशजाल इतस्ततः विक्षिप्त थे और कन्धा झाड़कर वह उनके असंयत रूप को ईषत् संयमित करने का प्रयास

कर रही थी। सीमन्त-शोभी अवगुंठन पीठ पर आ गिरा था। परन्तु हाथों के बँधे रहने के कारण उसे यथास्थान रख नहीं पा रही थी। उसके उस करुण मनोभाव को प्रहरी का प्रस्तर-कठोर हृदय भी समझ गया। वह तुरन्त एक वृद्धा को बुला लाया। उसने उसका सीमन्त ढँक दिया। सुचरिता ने बड़े प्रयास के साथ हँसकर कहा, "अस्थान में आर्य को प्रणाम करने में भी लज्जा अनुभव कर रही हूँ। अविनय क्षमा हो, नारायण का दिया हुआ यह भी प्रसाद है।" सिर्फ एक क्षण के लिए उसका मुख विवर्ण हो गया; परन्तु तुरत सँभलकर बोली, "जिससे उसको आनन्द मिले, वही कर्तव्य है।" फिर क्षण-भर तक अभिभूत की अवस्था में वह निस्तब्ध हो रही, केवल अधरोष्ठ रह-रहकर स्फुरित होते रहे, मानो किसी अदृश्य शक्ति से अज्ञात भाषा में कुछ बोल रही हो। मेरा हृदय सहस्र-सहस्र धाराओं में बह जाने को आतुर हो उठा। कैसे कहूँ कि देवि, बाणभट्ट तुम्हारे समूचे कष्टों को अपने ऊपर लेने को तैयार है! हाय, यह भी क्या सम्भव है? किस कूटनीति ने इस पद्म-पुष्प को लोहे के शृंखलों में बाँधा है, किस पापबुद्धि ने इस नवनीत पिंड को मुंज-तन्तुओं से जकड़ा है, किस कलुष जीव ने इस मालतीमाला को तप्त अंगार पर पटक दिया है? कैसे कहूँ कि देवि, तुम्हारे इस कष्ट और वेदना को सम्पूर्ण रूप से अपने ऊपर लिए बिना इस अकिंचन का जीवन भार बन जाएगा? इस विषय में बाणभट्ट की क्या शक्ति हो सकती है? परन्तु सुचरिता निर्विकार थी। उसने नारायण का प्रसाद समझकर ही इस सारे क्लेश को आनन्दपूर्वक स्वीकार कर लिया था।

उस समय चन्द्रमा कुछ ऊपर आ गया था। ऐसा मालूम हो रहा था, महावराह धरित्री को अपने दाँत पर रखकर क्षीरसागर से एकाएक निर्गत हुए हैं, और समस्त भुवन-मंडल उस ऊर्ध्वोत्क्षिप्त क्षीर-धारा के प्लावन से क्षीरमय हो गया है। सुचरिता का छोटा-सा बन्दी-गृह इस धवल धारा में ऐसा मालूम हो रहा था, जैसे क्षीरसागर के भीतर कोई जलकुक्कुट तैर रहा हो। सुचरिता उस धवलिमा के भीतर तुषार-शोभी कैलास के शृङ्ग-देश पर बैठी हुई पार्वती के समान मनोहर दिखाई दे रही थी। मैंने कातर-भाव से पूछा, "देवी, अविनय क्षमा हो, मैं सारे व्यापार को आद्योपान्त जानने की इच्छा से उपस्थित हुआ हूँ। मैं कुछ अच्छा करने का निमित्त बन सकता हूँ। यदि प्रसाद हो, तो कृतार्थ हूँगा।" सुचरिता का शीर्ण मनोहर मुखमंडल फिर एक बार आनन्द की दीप्ति से दमक उठा, बोली, "आर्य मुझे अकारण लज्जा दे रहे हैं। मैं अकिंचन हूँ। मुझे रानियों का-सा सम्मान देकर सम्बोधित करने की क्या आवश्यकता है? मेरा कुछ भी छिपा नहीं है। पाप या पुण्य, धर्म या अधर्म, जो कुछ भी मेरे द्वारा हुआ है, उसे मैंने नारायण को समर्पण

कर दिया है। वह निखिल विश्व का अपना हो चुका है। मेरा कुछ भी गोपनीय नहीं है, आर्य! आज्ञा दीजिए, क्या बताऊँ?'' मैंने फिर अनुकम्पित वाणी में कहा, ''इस व्यवहार का मूल क्या है और आर्य विरतिवज्र के व्यवहार में आपको क्यों बन्दी बनाया गया है, यही सब जानना चाहता हूँ, देवि!'' सुचरिता के अधरोष्ठों पर एक हलकी मुस्कान की रेखा खेल गई। उनकी आँखें नीचे ही झुकी रहीं; परन्तु भृकुटियों में आकुंचन-प्रसारण की क्रिया बराबर चलती रही। वह मेरी ओर ताकना चाहती थी; पर किसी सरस ब्रीड़ा के दबाव से उसकी पलकें उठ नहीं रही थीं। उसने धीरे-से कहा, ''तो आर्य, आद्योपान्त सुनना चाहते हैं?'' मैंने विनयपूर्वक उत्तर दिया, ''जितना सुनने का मैं अधिकारी हो सकता हूँ, उतना सब सुनना चाहता हूँ।'' सुचरिता के झुके हुए नयनदेश में कोई अपूर्व रस-माधुरी तरंगित हो रही थी। कन्धा झाड़कर एक बार अपने केशों को फिर संयत करने के बाद उसने कहा, ''सुनिए।''

सुचरिता ने धीरे-धीरे कहना शुरू किया, ''मुझे अपनी कहानी बीच में से ही सुनानी पड़ेगी। वस्तुतः मेरा बालकपन मेरी बेसुधी में ही बीत गया। न तो मुझे अपनी माता का स्मरण है, न पिता का ही। अत्यन्त कच्ची उम्र में ही विवाह करके मेरे अभिभावकों ने यथाशीघ्र अपना कर्तव्य-भार हलका कर लिया था। श्वसुर-कुल में मैं केवल अपनी सास को ही जानती हूँ। श्वसुर मेरे आने के पहले परलोक सिधार चुके थे, और मेरे आने के थोड़े ही दिन बाद पतिदेवता मोक्ष की चिन्ता में प्रव्रजित हो गए। मैं इतनी अबोध थी कि इन घटनाओं का कोई मतलब ही नहीं समझ सकी। सास ने अपने हृदय का समूचा स्नेह उँड़ेलकर मुझे पाला। क्रमशः एक दिन मैं अकारण अपने-आपके बारे में सचेत हो गई। जिस प्रकार वसन्तकाल में मधुमास, मधुमास में पल्लवराजि, पल्लवराजि में पुष्पसम्भार, पुष्पसम्भार में भ्रमरावली और भ्रमरावली में मदावस्था बिना बुलाए आ जाती है, उसी प्रकार मेरे शरीर में यौवन का पदार्पण हुआ। मेरी सास तीर्थ-यात्रा के लिए निकल पड़ीं, और मैं नाना स्थानों में भटकती हुई एक अन्तर्निहित अभाव की उदासी में झूलती रही। स्थाण्वीश्वर मेरे श्वसुर का निवास-स्थान था। मेरी सास अन्तिम वयस में यहीं रहने लगी थीं। इसके पूर्व वे तीर्थयात्रा के लिए काशी गई थीं। एक दिन काशी के पार्श्ववर्त्ती जनपद से हम लोग जा रहे थे कि सास को मालूम हुआ, एक बहुत सुन्दर और प्रभावशाली ब्राह्मण युवा कथा बाँच रहा है। उसकी मोहक शैली, श्रुतिमधुर पद-विन्यास, हृदयकारी उपस्थापना से जनपद में अभूतपूर्व धार्मिक उत्साह का संचार हुआ है। हम लोग भी कथा सुनने गए थे। जब कथा समाप्त हुई, तो मेरी सास ने यथानियम उस तरुण पंडित को मेरा हाथ

दिखाया और प्रश्न किया कि उनका पुत्र कब तक लौट आएगा? मैं तुमसे सच कहती हूँ, आर्य, उस दिन मेरा अस्तित्व सीमा तोड़कर उफन पड़ा, मेरा सारा शरीर रोमांच-कंटकित हो उठा और लज्जावेग के कारण करतलों में श्वेत-धारा बह चली। मैंने पहली बार अनुभव किया कि मैं अपने-आपमें अपूर्ण हूँ। कुछ ऐसा अभाव मेरे अन्तस्तल को स्पर्श कर गया, जो जीवन का बड़ा भारी वरदान सिद्ध हुआ। उस ब्राह्मण ने मेरे श्वेदयुक्त करतलों को अधिक नहीं देखा, केवल मन्द स्मित के साथ सहज भाव से कहा, "तू अखंड सौभाग्यवती है, देवि" और फिर मेरी सास को आश्वासन देने लगा। उस दिन हृदय में आशा का एक क्षीण अंकुर पैदा हुआ। मानो मेरा नया जन्म हुआ; क्योंकि मैंने उस दिन प्रथम बार समझा कि मैं दुनिया से विच्छिन्न एक स्वतन्त्र पिंड नहीं हूँ, बल्कि चारों ओर के दुर्वार आकर्षणों के भीतर जकड़ी हुई हूँ; तुम मेरे ऊपर विश्वास कर रहे हो न, आर्य!"

मैं सुचरिता के इस अनावश्यक प्रश्न का कारण नहीं समझ सका। शायद बहुतों ने उसकी इस कहानी में सन्देह प्रकट किया हो, या उसे स्वयं मुझ पर विश्वास न रहा हो। परन्तु मुझे वाराणसी जनपद की वह वृद्धा हठात् याद आ गई जिसने बड़े आग्रह से अपनी बहू का हाथ दिखाया था और जानना चाहा था कि उसका लाल कब लौटेगा? क्या सुचरिता ही वह बहू थी? सुचरिता ने क्षण-भर तक मेरी ओर देखकर फिर कहना शुरू किया, "तो आर्य, ब्राह्मण युवा की भविष्यवाणी सत्य सिद्ध हुई। मैं अखंड सौभाग्यवती ही निकली। वही कहानी आर्य को सुना रही हूँ। मैं कान्यकुब्ज की ओर अपनी सास के साथ लौट रही थी। उस समय चैत्र का महीना था। सरोवरों में नए पद्म-फूल खिले थे। आम की कोमल कलिकाएँ उत्सुक चित्त को और भी उत्सुक बना रही थीं। मदमत्त कामिनियों के गंडूष-जल के सेचन से बकुल-वृक्ष पुष्पित होते जा रहे थे। कालेयक-कुसुम के कुड्मलों पर मधुकर-कुल की कालिमा बिछी हुई थी। किशोरियों के दल में वाम पद की नूपुरमय चरण-ताड़ना से अशोक को पुष्पित करने की अहमहमिका पड़ गई थी। सहकार-तरुओं पर झंकार-मुखर भ्रमरों की चढ़ाई तो चुकी थी। अविरल-निपतित कुसुम-धूलि की धवलिमा से धरती आच्छादित हो गई थी। पुष्प-मधु के पान करने से मत्त बनी हुई भ्रमरियाँ लता के हिंडोले पर झूल रही थीं। उत्फुल्ल लवली के पल्लवों में लीयमान कोकिल अपनी कूक से अनुरागियों का हृदय टूक-टूक करने लगे थे, और शरीरहीन देवता के शस्त्रागार में लाख-लाख नए अस्त्र भर चुके थे। मैं चित्रकूट के एक सरोवर-तट पर स्नान करने के लिए अपनी सास के साथ गई। प्रसिद्धि है कि उस सरोवर में स्नान करनेवाली स्त्री का सौभाग्य युगान्त तक अचल रहता है। सरोवर एक घनच्छाय वृक्ष-संकुल प्रदेश में

था। उसके तट पर जीर्ण पत्रों और पुष्पों की राशि जमी हुई थी। भ्रमर-भार से उत्फुल्ल पुष्पों के पराग वक्र होकर तट-प्रदेश को सुनहरा बनाए हुए थे। सारा सरोवर नाना भाँति के कुमुदों, कमलों, उत्पलों और शतदलों से परिपूर्ण था। सरोवर के एक प्रान्त में एक छोटा-सा आम्रकानन था जिसकी मंजरीनालों को उन्मत्त कोकिलों ने नखाग्रों से विदीर्ण कर डाला था, और इसीलिए उनसे निरन्तर मधु टपकता रहता था। उसके दूसरे प्रान्त में एक छोटी-सी चन्दन-वीथिका थी, जिसके तरुकांडों पर लिपटे हुए सर्प पर्वत-विहारी मयूरों की केकाध्वनि से सदा संत्रस्त बने रहते थे। सरोवर के तीरवर्त्ती वृक्षों के नीचे जो कुसुम-रेणु झड़ा हुआ था, उस पर कलहंस-मिथुनों ने विश्वस्त-भाव से विचरण किया था, और उनके पद-चिह्नों से बहुधा विकीर्ण वह रेणु-पटल चित्रखचित वासन्ती दुकूल की भाँति वनस्थली-रूपी अरण्यसुन्दरी की शोभा शतगुण विवृद्ध कर रहा था। मेरी सास ने जलस्पर्श करके गद्‌गद कंठ से कुछ प्रार्थना की, और फिर ध्यानमग्न हो जप करने में लग गई! मैं थोड़ी देर तक सरोवर की शोभा देखकर मुग्ध-सी बनी ताकती रही। फिर मेरे मन में आया कि यह आम्रवन और यह चन्दन-वीथिका कुछ इस प्रकार लगाई जान पड़ती है कि अवश्य ही मनुष्य के कुशल करों से सँवारी हुई होंगी। यह सोचकर मैं धीरे-धीरे उस आम्रवनी की ओर अग्रसर हुई। मेरे मन में एक अकारण कौतूहल का भाव था। यह हत हृदय बड़ा दुर्वार आशावादी है, आर्य! मुझे ऐसा लग रहा था कि कोई बलात् मुझे उधर खींच रहा है, मानो वह वस्तु निश्चित रूप से वहाँ प्राप्त होगी, जिसके अभाव से मैं इस प्रकार भूली-सी, भ्रमी-सी उन्मना हो गई हूँ। क्या देखती हूँ कि आम्रवनी के भीतर से एक तरुण तापस स्नानार्थ सरोवर की ओर आ रहे हैं। यह क्या देखती हूँ, आर्य! शिव के तृतीय नयन की वह्नि-शिखा में अपने मित्र को भस्म होते देख वसन्त ने ही वैराग्य ग्रहण किया है, या फिर महादेव के शिर-स्थित चन्द्र ने ही अपना मंडल पूर्ण करने के लिए तपस्या करना शुरू किया है, या स्वयं कामदेवता ने शिव को प्रसन्न करने के उपरान्त अपने पाप के प्रायश्चित्त में यह कठोरचर्या आरम्भ की है? अत्यन्त तेजस्विता के कारण उन मुनिकुमार को देखकर ऐसा लग रहा था, मानो वे चंचल विद्युत्पुंज के भीतर विराजमान हों, या ग्रीष्मकालीन सूर्य-मंडल के भीतर प्रविष्ट हों, या अग्नि-शिखा के मध्य शोभायमान हों। प्रदीप के प्रकाश के समान पिंगल वर्ण की घन-तरल देह-प्रभा द्वारा वे सम्पूर्ण वन को पिंगल वर्ण की छटा से उद्‌भासित कर रहे थे। उनके दीर्घ नयनों को देखकर ऐसा लग रहा था कि वन के सभी हरिणों ने मिलकर उन्हें अपनी नयन-शोभा दान कर दी है। उनके केशविहीन मुंडित मस्तक के नीचे वैराग्य के विजय-केतन के समान तीन आड़ी रेखाएँ तरल देहच्छटा के भीतर से

लहराती-सी दिख रही थीं। उन्होंने लाल कौशेय वस्त्र का एक विचित्र चीवर धारण किया था, जिसे देखकर मुझे ऐसा लगा, मानो नवयौवन का राग हृदय में नहीं अँट सका है, इसलिए वह वस्त्रों तक फूट आया है, उनके उत्तरोष्ठों पर ईषत् काली मसि-रेखा भीन रही थी, जो मुख-पद्म के मधु के लोभ से बैठी हुई भ्रमरावली की भाँति मन मोह रही थी। उनके एक हाथ में वृन्तसमन्वित बकुल-फल के आकार का कमंडलु था और दूसरे में लाल-लाल छोटी-सी जपमाला थी, जो मदन-दाह के शोक से व्याकुल रतिदेवी के सिन्दूर से उपलिप्त-सी दिख रही थी। आगुल्फ रक्त चीवर में समाच्छादित उस तरुण तपस्वी को देखकर मैं मन्त्र-मुग्ध-सी खड़ी रह गई। कौन है यह ब्रह्मचर्य की विजय-पताका, धर्म का यौवनकाल, वाग्देवी का वेश-विन्यास, सर्वविद्याओं का स्वयंवृत पति, समस्त ज्ञान का मिलनतीर्थ, शोभा का समुद्र, गुणों की आकरभूमि, कीर्त्ति का कैलास, छवि का स्रोतस्वान्, प्रेम का उद्‌गमविहार!

''तुम नारायण की मूर्ति हो आर्य! मैं तुमसे सत्य कहती हूँ, उस दिन मेरे हृदय में सौ-सौ युगों के कवि एक साथ रागारुण तान छेड़ बैठे, जैसे शत-शत जन्म मुखरित होकर कहना चाहते हों कि यहीं मेरे जीवन की सार्थकता है। कितना विराट् है विधाता का सौन्दर्य-भांडार। सुना था, भगवान् कुसुमसायक की रचना करने के बाद उनका भांडार निःशेष हो चुका था, तो फिर इस अपूर्व सौन्दर्य राशि को बनाने का साधन कहाँ से मिला उन्हें! निश्चय ही वह भांडार अपूर्व है, विराट् है! उस समय आश्चर्य के मारे मेरा श्वासोच्छ्वास बन्द हो गया था, पलकें ऊर्ध्वगति हो चुकी थीं, निर्निमेष नयनों से मैं साभिलाष होकर उस रूप-माधुरी का पान कर रही थी। उन्होंने मेरी ओर देखा। मेरा जन्म-जन्मान्तर मानो कृतार्थ हो गया। मैं कुछ माँगती हुई-सी, सर्वस्व निछावर करती हुई-सी, सर्वात्मना उनकी रूप-राशि में विलीन होती हुई-सी, शरणागता होती हुई-सी स्तम्भिता-चित्रलिखिता-उत्कीर्णासंयता-मूर्च्छिता-विधृता की भाँति, निरुद्धचेष्ट हो गई। न जाने कौन-सी जड़िमा मेरे सारे शरीर-अवयवों को निष्क्रिय बना गई, इन्द्रिय-व्यापार को रुद्ध कर गई, नयन-पक्ष्मों को अचंचलता दे गई और मेरे मन को अपरिचित अननुभूत मधुर-रस में डुबो गई। मैं ठीक नहीं बता सकती कि उन्हें इस प्रकार देखने के लिए किस बात ने मुझे प्रेरित किया—उनकी सौन्दर्य-समृद्धि ने, मेरे चंचल चित्त ने, मेरे नवयौवन ने, अनुराग ने या अन्य किसी बात ने? मैं उस समय उन्हें इतने आग्रह से क्यों देखने लगी, यह बात मैं स्वयं भी नहीं जानती। मुझे आश्चर्य होता है आर्य, कि मैं वहाँ काष्ठ-प्रतिमा की भाँति खड़ी कैसे रह गई। मेरी आँखें मुझे खींचकर उनके पास पहुँचा देना चाहती थीं, हृदय मानो सामने की ओर से मुझे

घसीट रहा था, अनुराग मानो पीछे की ओर से धकेल रहा था और मैं हतभाग्या विविध आकर्षणों के घात-प्रतिघात से स्थिर काष्ठ-प्रतिमा की भाँति स्तब्ध बनी रही। फिर मेरे मन में आशंका हुई कि मैं कोई भयंकर पापभावना का आखेट बनी हूँ। कहाँ वह देदीप्यमान तेज और तपस्या का आधार और कहाँ प्राकृत जन-सुलभ अनुरागान्ध भाव! यह क्या मनोजन्म देवता का उत्पात है, या पूर्व-जन्म का कोई दुर्वार योग उपस्थित हुआ है। मैं समझती हुई भी क्यों इस प्रकार रागोत्सुक हो रही हूँ। घटी-भर तक सोचने के बाद मैं अपने को सँभालने में समर्थ हुई। मैं वहाँ से हट जाने को उद्यत हुई और सहज भाव से प्रणाम करने की चेष्टा करने लगी। उस समय भी मेरी आँखें उनके मुखमंडल से हट नहीं सकीं। नयन-पक्ष्म तब भी निःस्पन्द थे, मेरे ईषदुल्लसित कर्ण-पल्लव नाममात्र को कपोल-मंडल से हटे हुए थे, केशभार स्कन्ध देश पर ज्यों-के-त्यों लम्बित थे और कानों के कुंडल कन्धे पर तब भी झूल रहे थे।—छिः आर्य, निर्लज्जता की भी एक सीमा होती है!"

सुचरिता अपनी कहानी सहज भाव से कहती जा रही थी; परन्तु यहाँ आकर उसके कंठ में थोड़ी-सी जड़िमा आ गई। चन्द्रमा की धवल ज्योतिर्धारा सीधे उसके मुख पर पड़ रही थी। उसका मुख उस श्वेत आवरण से जितना ही उद्भासित था, उतना ही आवृत भी। परन्तु इस बार जो लालिमा उसके मनोहर मुख पर अनायास ही खेल गई, उसे यह श्वेत आवरण भी नहीं छिपा सका। जाह्नवी की धारा में प्रतिफलित रक्तोत्पल की भाँति जल-चादर के भीतर से परिदृश्यमान दीपशिखा की भाँति, शरत्कालीन मेघों में अन्तरित बाल-सूर्य की प्रभा के समान वह लालिमा अधिकतर रमणीय होकर प्रकट हुई। केवल एक क्षण के लिए उसकी दृष्टि नीचे की ओर झुकी और दूसरे ही क्षण वह सजग हो गई। बोली, "क्यों ऐसा होता है, आर्य? क्या पूर्व-जन्म का बन्धन है यह, या परजन्म का निमित्त है? जिस प्रचंड दुर्वार शक्ति के इंगितमात्र से लज्जा का आजन्म-लालित बन्धन इस प्रकार शिथिल हो जाता है, वह क्या पाप है? उसे राक्षसी शक्ति क्यों समझा जाता है, आर्य? मैंने जितने लोगों को यह कहानी सुनाई है, उन सबने ही बुद्धिमान् की भाँति सिर हिलाकर मुझे पापकारिणी बताया है। दीर्घकाल तक मैं स्वयं अपने इस अकारण आरोपित पाप-भावना की चिताग्नि में जलती रही हूँ। वैराग्य क्या इतनी बड़ी चीज़ है कि प्रेम के देवता को उसकी नयनाग्नि में भस्म कराके कवि गौरव अनुभव करें?" वह देर तक मेरी ओर उत्तर की आशा से देखती रही। मैंने संक्षेप में उत्तर दिया, "प्रश्न विभज्यवचनीय है, देवि! आप दो बातों को एक करके पूछ रही हैं। कालिदास ने प्रेम के देवता को वैराग्य की नयनाग्नि से भस्म नहीं कराया है, बल्कि उसे तपस्या के भीतर से सौन्दर्य के हाथों प्रतिष्ठित कराया है। पार्वती

की तपस्या से सच्चे प्रेम के देवता आविर्भूत हुए थे। जो भस्म हुआ, वह आहार-निद्रा के समान जड़ शरीर का विकार्य धर्म-मात्र था। वह दुर्वार था; परन्तु देवता नहीं था। देवता दुर्वार नहीं होता देवि, विभज्यवचनीय है तुम्हारा प्रश्न। मैं पूरी कथा सुनना चाहता हूँ।'' सुचरिता चकित मृग-शावक की भाँति आश्चर्य-विस्फारित नयनों से मुझे देखती हुई बोली, ''क्या कहा आर्य, पार्वती ने शिव की क्या एकमात्र देवता के रूप में आराधना नहीं की थी? क्या उनका व्रत जड़ शरीर-धर्मों का पाप आकर्षण-मात्र था? ब्रज-सुन्दरियों ने निखिलानन्द-सन्दोह मुकुन्द की विग्रहमाधुरी के प्रति जो आकर्षण दिखाया, वह क्या प्रेम नहीं था? फिर क्यों कहा गया है आर्य, कि ब्रज-सुन्दरियों का प्रेम ही काम है और काम ही प्रेम है?[1] क्या पार्वती की वह आसक्ति एक बाह्य जड़ धर्म थी?'' क्षणभर में मेरे सामने पार्वती का तपोनिरत वेश विद्युच्छटा की भाँति खेल गया और कालिदास के अपूर्व वर्णनानैपुण्य से प्रतिफलित वह मूर्ति याद आ गई, जो शिला पर शयन करती थी, अनिकेत-वासिनी थी, धूप-वर्षा-आँधी-तूफान में स्थिर खड़ी रहती थी। केवल महारात्रि ही अपनी विद्युन्मयी दृष्टि से बीच-बीच में झाँककर उस महातपस्या की साक्षी बनी रही।[2] पार्वती की उस अवस्था से सुचरिता की इस अवस्था में कितना साम्य है और फिर भी कितना वैषम्य है! मैंने स्नेह-तरल स्वर में कहा, ''पार्वती ने ठीक ही शिव को अपना सर्वस्व समझा था, देवि! किन्तु दोष शिव की ओर से हुआ था। उन्होंने अपने चित्त-विकार के हेतु को दिशाओं के उपान्त भाग में खोजा था। चित्त जड़ प्रकृति का चेतन के संसर्ग से उत्पन्न विकारमात्र है, शुभे![3] परन्तु मुझे पूरी कथा सुनने का आग्रह है।''

सुचरिता बोली, ''चतुर हो आर्य, प्रियभाषी हो आर्य, आधी बात सुनकर निर्णय करना बुद्धिमांद्य का लक्षण है। सबने मेरी कहानी आधी ही सुनी है, और यह आधी कहानी इस नगर में नाना भाव से विकृत हुई है। पर तुम पूरी सुनना चाहते हो। निपुणिका आधी ही जानती है; परन्तु उसने सन्देह नहीं किया और मेरे आचरण को पाप नहीं बताया। वह सहृदया थी। मैं तुम्हें पूरी सुना रही हूँ, आर्य! जिस समय मैं इस प्रकार अपने-आपको संयम की रश्मियों से खींचने का

1. बहुत परवर्ती ग्रन्थ 'भक्तिरसामृतसिन्धु के इस वचन से तुलना की जा सकती है–
'प्रेमैव ब्रजरामाणां काम इत्यभिधीयते।'

2. तुल (कुमारसम्भव, 5-25)–
शिलाशयां तामनिकेतवासिनी निरन्तरास्वन्तरवाष्पवृष्टिसु।
व्यलोकयन्नुन्मिषितैस्त डिन्मयैर्महातपः साक्ष्य इव स्थिताः क्षपाः॥

3. तुल. (कुमारसम्भव, 3-69)–
हेतुं स्वचेतोविकृतेर्दिदृक्षुर्दिशामुपान्तेषु ससर्ज दृष्टिम्।

प्रयत्न कर रही थी, उसी समय मेरी सास देर तक मुझे लौटती न देख खोजती हुई उधर ही आईं। उन्होंने उस रक्त चीवरधारी मुनिकुमार को देखते ही कातर चीत्कार किया, 'अरे मेरा लाल, मेरा अमितकान्ति!' और अर्द्धमूर्च्छित-सी होकर तपस्वी के पास गिर गईं। मुनिकुमार के वैराग्यकठोर मुख पर करुण भाव की रेखाएँ दिखाई देने लगीं। उन्होंने कमंडलु एक तरफ रख दिया और धीर भाव से माता के सिर को गोद में लेकर दबाना शुरू किया। अत्यन्त मृदु-कोमल कंठ से बोले, 'आर्ये, संयत होओ, वृथा उद्विग्न क्यों हो रही हो?' माता ने करुण नेत्रों से पुत्र की ओर देखा, बोलीं, 'बेटा, तू मुझ अभागी को रोती-कलपती छोड़ कौन-सा धर्म कमा रहा है? यह देख, यह तेरी ब्याहता बहू है। अभागे, स्वर्ग में ऐसी कौन-सी अप्सराएँ मिलती होंगी, जिनके लिए तू इस मणिकांचन-प्रतिमा को छोड़कर तपस्या कर रहा है? माता की इस बात से मैं जितनी ही हतबुद्धि बन गई, उतनी ही लज्जित भी। यह भी कोई बात की बात है! तपस्वी किन्तु गम्भीर बने रहे। उनके तेजोमंडित मुखमंडल पर निर्विकार भाव ज्यों-का-त्यों बना रहा। माता ने कातर कंठ से अपना दुखड़ा सुनाना शुरू किया। पुत्र ने धीरभाव से सुनकर कहा, 'संसार दुख है, आर्ये!' विचित्र दशा थी। समस्त जीवन के नैराश्यों और कष्टों की साक्षात् प्रतिमा माता फफक-फफककर अपनी करुण कहानी सुना रही थी, उसकी आँखों में अश्रु-धारा श्रावण मास की वारिधारा के समान झड़ रही थी और पुत्र निर्विकार भाव से उपदेश देता जा रहा था, मानो वह अपनी माता को पहचानता ही नहीं, मानो उसकी अपनी माता भी सौ-पचास अन्यान्य आर्याओं की भाँति एक सामान्य आर्या हो! मेरा स्त्रीत्व इस ढोंग को बर्दाश्त नहीं कर सका; परन्तु कुछ बोल न सकी। लज्जा से कंठ रुद्ध हो गया। अन्त में माता ने ही दूसरा रूप धारण किया, 'अरे ओ मूढ़, रटी हुई बोली बोल रहा है तू! भंड है वह धर्माचार, जो अपनी माता को भी पहचानने में लज्जा अनुभव कराता है। इस दुखमय संसार को और भी दुखमय बनाकर ही क्या तेरा सुख का राजमार्ग तैयार होगा? स्वार्थी है तेरा मार्ग, धिक्कार है तेरे पौरुष को!' तपस्वी का चित्त गला। उन्होंने एक बार मेरी ओर देखा, एक बार अपनी माता की ओर। माता ने मेरी ओर देख डाँटकर कहा, ''ताकती क्या है अभागी, यही तेरा पति है, यही तेरा देवता है। आ, इसके चरणों में अपने को समाप्त कर दे। मरती क्यों नहीं भाग्यहीना, मैं मरकर तुझे सिखा दूँगी कि मरना क्या होता है? इसने तेरा हाथ पकड़ा था, यही तेरा निबाहनेवाला है। आ, तू इसी की शरण आ। मैं चलती हूँ। बहुत रो चुकी हूँ। आज मैंने अपना खोया धन पा लिया है। मैं इस बार नहीं चूकूँगी। यहीं मेरी समाप्ति है।' इतना कहकर माता ने ज़ोर से वक्षःस्थल पर कराघात किया और

कटे रूख की तरह तपस्वी की गोद में लुढ़क गई। क्षण-भर में मेरे सामने अन्धकार छा गया। 'हाय अम्मा', कहकर मैं भी माता के अवश शरीर पर गिर पड़ी।

"थोड़ी देर बाद मैं जब होश में आई, तो क्या देखती हूँ कि तपस्वी के तेजोमंडित मुखमंडल में विकार का धूम छा गया है। उनके बड़े-बड़े नयन कोशों से मुक्ताफल की धारा के समान अश्रु झर रहे हैं। मैं लज्जित, शोकार्त्ता, हतबुद्धि और कर्तव्य-ज्ञानविरहिता होकर जड़वत् बनी रही। तपस्वी अपने चीवर से माता के सिर पर हवा कर रहे थे। उनका कंठ वाष्पपूर्ण था। मेरी ओर देखकर ईषत् लज्जित-से होकर वे बोले, "शुभे, धैर्य से काम लो, इस कमंडलु में थोड़ा-सा जल ले आओ।' मेरा जन्म कृतार्थ-सा मालूम हुआ। बिना कोई उत्तर दिए मैं सरोवर से जल ले आई। माता के नेत्रों और मस्तिष्क को पानी से आर्द्र करने के बाद उन्होंने फिर चीवर से हवा करना शुरू किया। थोड़ी देर बाद फिर मेरी ओर देखकर आँखें नीची कर लीं और बोले, 'देवि, माता के तलवों को करतल से अच्छी तरह रगड़ो।' मैंने आज्ञा पालन की। थोड़ी देर की सुश्रूषा के बाद माता की आँखें खुल गईं। तपस्वी का व्रत इस बार भंग हुआ, संयम का बाँध टूट गया, दीर्घकाल की रटी हुई भाषा लुप्त हो गई। वाष्पगद्गद कंठ से बोले, 'माँ, ऐ माँ!' माता का स्नेहोद्वेल हृदय इस बार उफन पड़ा। तपस्वी की गर्दन को अपनी क्षीण भुज-लताओं से बाँध वे फफककर रो पड़ीं। बोली, "हाँ बेटा, माँ कहकर पुकार। मेरा लाल, मेरी खोई निधि, मेरा अमितकान्ति! तेरे पिता स्वर्ग में तेरे इस रूक्ष जटिल रूप को देखकर मुझे बुरी तरह डाँटेंगे, मेरे लाल! मैं अब अधिक नहीं बचूँगी। बोल, एक बार माँ कहकर पुकार। मैं तेरी गोद में सुख की नींद सो जाना चाहती हूँ, मेरे प्राण! तपस्वी इस बार सँभल न सके। फूट-फूटकर रो पड़े, 'ना माँ, मैं तेरी गोद में लौट चलूँगा, मुझे एक बार गुरु से आज्ञा ले लेने दो।' माता का चेहरा लाल हो गया। एक बार फिर करुणा में वीर रस का अचानक प्रादुर्भाव हुआ। गरजकर बोलीं, 'पाषंड है वह ढोंगी, जो माता से बढ़कर अपने को गुरु मानता है। तू मेरा है, मेरे रक्त-मांस का टुकड़ा है, दूसरा कौन तेरा गुरु है?' माता का दुर्बल शरीर इस उत्तेजना को बर्दाश्त नहीं कर सका। वे फिर संज्ञाहीन हो गईं। अबकी बार मैं अपने को सँभाल न सकी। चिल्लाकर रो पड़ी, 'हा अम्मा, अब मेरा सहारा कौन होगा?' तपस्वी ने वाष्परुद्ध कंठ से फिर कहा, 'धबराओ मत भद्रे, माता को जिलाना मेरे हाथ में है।' वे कुछ सन्नद्ध-से होकर सेवा करने लगे। मुझे भी नाना भाव से सेवा करने का आदेश करने लगे। थोड़ी देर बाद माता जब सचेत हुईं, तो उन्होंने अकम्पित स्वर में कहा, 'माँ, तू जो कहेगी, वही करूँगा।' माता ने स्नेह-गद्गद हो उनका सिर चूम लिया। उनके वक्षःस्थल से दूध की धारा बह

निकली। वे तपस्वी को दो वर्ष के शिशु के समान गोदी में लेकर दुलारने लगीं। फिर बोलीं, 'तू सत्य कहता है, मेरा लाल! मैं जो कहूँगी, वही करेगा?' तपस्वी ने सहज स्वर में कहा, 'निश्चय करूँगा, माँ।' माता ने कहा, 'तो पकड़ इसका हाथ! एक बार झूठा बन चुका है, दूसरी बार फिर झूठा न बन।' तपस्वी ने एक बार आकाश की ओर देखा, एक बार पृथ्वी की ओर। फिर मेरी ओर देखकर बोले, 'शुभे, माता की आज्ञा तुमने सुनी है न!' मैंने सिर हिलाकर स्वीकृति बताई। तपस्वी ने कहा, 'मैं माता की आज्ञा से तुम्हारा हाथ पकड़ना चाहता हूँ। क्या तुम जीवन में मेरे लक्ष्य की ओर बढ़ने में मुझे सहायता पहुँचाने को तैयार हो?' मैंने कुछ उत्तर नहीं दिया। लज्जा के भार से मेरी ग्रीवा जो झुकी, सो मानो टूट ही गई, उठने का नाम ही नहीं। माता ने स्नेहपूर्वक कहा, 'हाथ बढ़ा दे, बेटी!' और मेरा पाणिग्रहण हो गया! माता ने प्रसन्न होकर आशीर्वाद दिया और पुत्र से कहा, 'अब चल बेटा, मेरे साथ!' पुत्र ने माता के चरणों पर सिर रख दिया और गिड़गिड़ाकर कहा, 'एक बार गुरु की अनुमति लेने की आज्ञा दे दो, माता।' आज्ञा मिल गई। वे चले गए। फिर क्या हुआ, सो मुझे नहीं मालूम। पर फागुन की पूनों को वे मेरे यहाँ लौट आए और मुझे अवधूत अघोरभैरव के पास ले गए। अवधूतपाद के आदेश से ही हम दोनों ने अपने वर्तमान गुरु से दीक्षा ली है। परन्तु आर्य, मेरे पति जब लौटकर आए, तो माता को नहीं देख सके। माता पहले ही स्वर्ग-यात्रा कर चुकी थीं। मैं दुनिया को आधी कहानी ही बता सकी हूँ। माता के अभाव में आधी बाकी रह गई थी। कल अचानक इस आधी कहानी की सचाई का प्रमाण मिल गया है। श्रेष्ठी धनदत्त ने मेरे पति को पहचान लिया है। यह व्यवहार सिद्ध करता है कि आधी कहानी भी गोपन नहीं रहेगी।''

सुचरिता अपनी कहानी कहकर मेरी ओर एक दीर्घ-स्थायी दृष्टि से देखती रही, मानो कुछ सुनने की प्रतीक्षा में हो। परन्तु मैं दूसरी ही चिन्ता में था। मैं अवधूत अघोरभैरव के पास प्रथम समागत विरतिवज्र को स्मरण कर रहा था। आज मैं समझ सका कि उस शान्त-स्निग्ध मुख-श्री के भीतर कितनी व्यथा थी। समस्त वेदना, अनुपात और अनुशय को पाकर जो निर्धूम अग्नि-ज्योति के समान अविकृत तेज उस मनोरम मुख से प्रकाशित हो रहा था, वह निस्सन्देह समुद्र गम्भीर हृदय का निदर्शक था। मैं सुचरिता के विषय में भी सोचता रहा। कितना सहज भाव है, कैसा अकृत्रिम व्यवहार है! आहा, कांचन-पद्मधर्मि शरीर में ही मृदुता और ससारता रह सकती हैं! क्षण-भर रुककर मैंने पूछा, ''अविनय मन में न लाओ देवि, तो मैं पूछना चाहूँगा कि आधी कहानी गोपन रखकर तुमने मुझे क्यों विकृत होने दिया?'' सुचरिता ने बिना हिचक के छूटते ही जवाब दिया,

"आधी कहानी ही मेरा अपना सत्य है, आर्य! अगर परवर्ती आधी कहानी न भी घटी होती, तो उतने की सचाई में मुझे कोई सन्देह नहीं रहता। बाकी आधी माता की गवाही की अपेक्षा रखती थी। तुमने जितने सरल भाव से इस उत्तरार्द्ध पर विश्वास कर लिया है, उतने सरल भाव से और कोई विश्वास नहीं करता।"

मैंने ज़रा संकोच के साथ ही प्रश्न किया, "उत्तरार्द्ध का तुम्हें आधा ही मालूम है, देवि! आधा मुझे मालूम है! तुमने क्या इसमें कुछ छिपाया नहीं है?" सुचरिता की सहज-मनोहर आँखों में हँसी का भाव तरंगित हो गया, बोली, "मैंने सुन रखा है आर्य, कि तुम नर्म (सरल हास्य) कुशल हो। क्या छिपाया होगा भला मैंने!" मैंने सुचरिता की उत्सुक आँखों में अपनी आँखें बिठा दीं। हँसकर बोला, "सुनो शुभे, आर्य विरतिवज्र ने अवधूत अघोरभैरव को बताया था कि एक दिन अचानक गुरु ने उन्हें बुलाकर कहा कि तुम कौल-सिद्ध अवधूत अघोरभैरव के पास चले जाओ। मैं इसका साक्षी हूँ। मैं उस दिन इसका अर्थ नहीं समझ सका था। आज समझ रहा हूँ। आर्य विरतिवज्र ने गुरु से सारी कथा कही होगी, गुरु ने शिष्य को व्रत-भंग से बचाने का प्रयत्न किया होगा। शिष्य व्याकुल हो गया होगा। पर सहज गम्भीरता के कारण गुरु के बताए नियमों का पालन करने लगा होगा। परन्तु..." मैं क्षणभर रुककर सुचरिता की ओर देखने लगा। उसकी नर्म-चटुल मुद्रा बदल गई थी। वह गम्भीर हो गई थी। बोली, "हाँ, कहो आर्य, मैं नया सुन रही हूँ।" मैंने हँसकर कहा, "हाँ, देवि, तो आर्य विरतिवज्र को किसी सरोवर के निकट गुरु ने देखा होगा, जहाँ वसन्तकाल की जन्मभूमि के समान सहकारलताओं का अविरल कुंज होगा, जो मानो पुष्पों से पुष्पमय, मधुकरों से भ्रमरमय, कोकिलों से परभृतमय और मयूरों से मयूरमय की भाँति लग रहा होगा। वहाँ गुरु का सारा उपदेश भूलकर वे लिखित की भाँति, उत्कीर्ण की भाँति, स्तम्भित की नाईं, उपरत के समान, प्रसुप्त की तरह, योग-समाधिस्थ की भाँति निश्चल होकर भी व्रत से चलित हो गए होंगे। गुरु ने आश्चर्य के साथ नैरात्म्य उपदेश की यह परिणति देखी होगी। शून्य समाधि की यह अवस्था उनके मस्तिष्क में कभी आई ही न होगी। कैसी रही होगी वह शून्य समाधि! हृदय-निवासिनी प्रिया को देखने के लिए उनकी समस्त इन्द्रियाँ इस प्रकार अन्तःप्रविष्ट हुई होंगी, मानो असह्य विरह-सन्ताप से बचने का उद्योग कर रही हों। इस प्रकार उनका समूचा शरीर विराट् शून्य का आकार धारण कर चुका होगा; निस्पन्द-निमीलित नयनों में हृदयदाही प्रेमाग्नि का धुआँ भीतर लग रहा होगा और उससे अजस्र वारिधारा झड़ रही होगी; दीर्घ निःश्वास-वायु से लता, कुसुम काँप उठे होंगे और उनके कुसुम-रेणु दिङ्मंडल में विकीर्ण हो रहे होंगे। इसी अवस्था में गुरु ने उन्हें अचानक पुकारा

होगा। जब आर्य विरतिवज्र गुरु की वाणी सुन धड़फड़ाकर उठे होंगे, तो वृक्षों ने कुसुम-रेणु छिड़ककर मनोभव देवता के वशीकरण चूर्ण का प्रभाव विस्तार किया होगा, अशोक-पल्लवों ने मृदुस्पर्श से अपना राग संचारित कर दिया होगा, वनलक्ष्मी ने नवीन राज्य में प्रवेश करनेवाले युवराज की भाँति उस अपूर्व मनोहर किशोर तापस के भालपट्ट पर मधु-बिन्दुओं का अभिषेक किया होगा और वसन्तकाल ने कोकिलों के संगीत से, भ्रमरों के गुंजार से, चंपक-कलिका के प्रसाद से और सहकार-मंजरी के मांगल्य से उनका अभिनन्दन किया होगा! तुमने क्या उस दिन इस बात का कोई चिह्न नहीं देखा था, देवि! तुम मुझसे छिपा रही हो न?'' सुचरिता ने आँखें झुका लीं और हँसी की तरह धारा में तरंगित-सी होती हुई बोली, ''तुम तो परिहास कर रहे हो, आर्य!'' थोड़ी देर तक सुचरिता चुपचाप अपने-आपमें बहती-उतराती रही। फिर अवसर देखकर मैंने पूछा, ''इस व्यवहार में धनदत्त ने जो ऋण का प्रश्न उठाया है, वह क्या सत्य है, देवि!'' सुचरिता ने ज़रा उत्तेजित होकर कहा, ''एकदम असत्य है, आर्य! मेरी सास ने इसकी कोई चर्चा नहीं की, और मेरे पति यदि प्रव्रजित हुए थे, तो मैं तो बराबर ही यहाँ थी, क्यों नहीं धनदत्त ने कभी इस ऋण की चर्चा की? और आर्य, यह अत्यन्त मिथ्या कथन है कि आर्य विरतिवज्र गृहस्थ हो गए हैं। वे जो कुछ कर रहे हैं, वह सम्पूर्णतया अपने गुरु की अनुमति से! दुनिया इसे जो समझे; परन्तु वे पहले जो थे वही अब भी हैं। गुरु के निर्देश से उन्होंने साधन-मार्ग बदल दिया है। अब भी वे धर्म के वैसे ही शृंगार हैं, जैसे पहले थे।''

मैंने बीच में छेड़कर पूछा, ''तो तुम, देवि, क्या इस व्यवहार के कारण महाराजाधिराज से अप्रसन्न हो?'' सुचरिता हँसी, बोली, ''फेन बुद्बुद के समान निरन्तर उद्भूयमान और विलीयमान होते रहनेवाले इन नश्वर जीवों में महाराजा ही क्या और सेठ ही क्या! मैं महाराजाधिराज पर न प्रसन्न हूँ, न अप्रसन्न हूँ। आर्य, इनसे कहीं बड़े महाराजा की शरण पाने का प्रयास कर रही हूँ। मैं अप्रसन्न क्यों हूँगी, आर्य! उन्होंने अन्याय किया है, तो उसका लेखा-जोखा वे जानें। मुझे तो जो भी दुख या सुख मिलेगा, उसी से अपने नारायण की पूजा करूँगी। यह हथकड़ी भी उन्हीं को अर्घ्यरूप में उपहृत है, आर्य!'' मैंने विनीत भाव से कहा, ''देवि, तुम्हारे इस व्यवहार से नगर में बड़ी हलचल है। रक्तपात की भयंकर सम्भावना से राज्य के अधिकारी चिन्तित हो गए हैं। मैं जानना चाहता हूँ कि तुम महाराजाधिराज की सहायता कर सकती हो या नहीं। सहायता शान्तिस्थापन के लिए और प्रजा में विश्वास-आनयन के लिए अपेक्षित है। देवि, दुर्दमनीय दस्युओं की सेना गिरि-वर्त्म के उस पार एकत्र हो रही है। इस समय प्रजा में असन्तोष

रहने से महान् अनर्थ की सम्भावना है।" सुचरिता ने आश्चर्य से मेरी ओर देखकर कहा, "यह तो नई बात सुन रही हूँ, आर्य! प्रजा ने इसके पूर्व तो कभी मेरे लिए कोई परवा नहीं की। इस नगर में मैं बराबर निन्दा-भाजन रही हूँ। मैं नगर के विडम्ब-रसिकों का छन्दानुरोध नहीं कर सकी हूँ, इसलिए उन लोगों ने मेरे विषय में बहुत-सा अपवाद फैला रखा है। अचानक प्रजा में यह विद्रोह कहाँ से जाग उठा?" मुझे स्वयं भी आश्चर्य हुआ। मैंने आज की कहानी ज्यों की त्यों सुना दी। सुचरिता ने प्रसन्न होकर कहा, "समझ गई हूँ, आर्य! मेरे और मेरे पति के निर्दोष-निरीह आचरण से जिस प्रकार राजकार्य में बाधा पड़ी है, उसी प्रकार प्रजा की शान्ति में भी बाधा पड़ी है। यह दो प्रतिद्वन्द्वी स्वार्थों का सन्घात है, आर्य, हम लोग तो निमित्त बने हैं। धनदत्त के गुरु भदन्त वसुभूति बौद्धधर्म को जिताकर ही छोड़ेंगे और वसुभूति के प्रतिभट परमस्मार्त्त आचार्य मेधातिथि जो आज की सभा के गुप्त सूत्रधार थे—सनातन धर्म को पुनः प्रतिष्ठित करके ही दम लेंगे। मनुष्य जाए चूल्हे-भाड़ में, इन्हें अपने धर्ममत का डिंडिम पीटना है। एक की पीठ पर राज्य-शक्ति है और दूसरे की हथेली में प्रजा का विद्रोह! विरतिवज्र का बौद्ध से वैष्णव होना मानो संसार को सबसे बड़ी घटना है! इस जय-पराजय की प्रतिद्वन्द्विता में मनुष्य का चाहे सत्यानाश ही क्यों न हो जाए। परन्तु मैं पूछती हूँ आर्य, इसमें किसका पक्ष ग्रहणीय है? महाराजाधिराज की ओर से ही क्या इस वह्नि-शिखा में ईंधन डालने का कार्य पहले नहीं हुआ है? आप नहीं जानते आर्य, इसका सूत्रपात बहुत पहले से हो चुका है। अब आर्य विरतिवज्र ने नए धर्म-मत में दीक्षा ली, तो सहसा स्थाण्वीश्वर में धार्मिक उत्तेजना प्रबल हो गई। विद्वानों के अनुरोध से और नगर-सेठों के प्रसाद से विशाल पटवास बनाया गया और वहाँ मेरे गुरु को निमन्त्रित किया गया। गुरु का सिद्धान्त है कि वे पापी से पापी को भी अपनी बात सुनाने में नहीं हिचकते। वे सहज ही मान गए। परन्तु आर्य विरतिवज्र ने बाहर आना पसन्द नहीं किया। गुरु के अनुरोध पर उन्होंने सिर्फ मुझे वहाँ रहने की अनुमति दी। यह बराबर चेष्टा की गई कि बौद्ध आचार्य वसुभूति से मेरे गुरु का संघर्ष करा दिया जाए; परन्तु वे महादेव के अवतार हैं, आर्य! उनको अपने भजन-पूजन से मतलब था। अपना काम समाप्त करने के पश्चात् वे एक क्षण भी नहीं रुकते थे और भजन आरम्भ होने के एक क्षण पूर्व वहाँ पधारते थे। यह सब थोड़े-से पंडितमानी व्यक्तियों की ईर्ष्याग्नि है, जिसमें राजा जल रहा है, प्रजा जल रही है और वह समय भी आ गया है, जब समूचा आर्यावर्त अपने तरुणा बालकों, अनाथों और वृद्धों के साथ जलकर भस्म हो जाएगा। जिस प्रजा ने विद्रोह किया है, वह अज्ञ है, अन्ध है, अभाजन है!"

सुचरिता ने दीर्घ निःश्वास लिया। क्षण-भर मौन रहने के बाद उसने फिर कहा, "दीर्घ साधना भी आर्या महामाया से भीतर के कल्मष को नहीं जला सकी। वस्तुतः कल्मष भी मनुष्य का अपना सत्य है। उसे स्वीकार करके ही वह सार्थक हो सकता है। दबाने से वह मनुष्य को नष्ट कर देता है। समस्त गुण और अवगुण जब तक निर्विकार चित्त से नारायण को नहीं सौंप दिए जाते, तब तक वे भार-मात्र हैं।" मैंने सुचरिता के इस वाक्य को आधा ही समझा; परन्तु देर होने से अनर्थ हो सकता था इसलिए बीच में ही टोककर पूछा, "तो उपाय क्या है, देवि?" सुचरिता ने सहज-भाव से कहा, "महाराजाधिराज के हाथों में ही उपाय है। वे हमें फिर से भजन-पूजन का हमारा जन्मजात अधिकार लौटा दें। यह मैं महाराज की दृष्टि से कह रही हूँ। मेरे लिए तो जैसी वह पूजा थी, वैसी यह भी है। मेरा अधिकार मुझसे कौन छीन सकता है।"

मैंने अवसर जानकर पूछा, "तो आप इस शर्त पर मेरे साथ चलेंगी न, देवि?" सुचरिता ने उत्साह के साथ कहा, "अवश्य, आर्य!"

मैंने श्रद्धावनत ग्रीवा को और भी झुकाकर उस महीयसी देवबाला को प्रणाम किया। हाय महाकवि, तुमने चतुरस्रशोभी शरीर को नवयौवन के द्वारा इस प्रकार विभक्त होते देखा था, मानो तूलिका द्वारा उन्मीलित चित्र हो या सूर्य-किरणों से उद्भिन्न अरविन्द हो?[1] परन्तु उस सर्वतोविसारि मन को कहाँ देखा, जो नवयौवन के प्रथम उद्रेक के साथ अखंडानन्द सन्दोह परम ज्योति की दीप्ति से इतना भास्वर हो गया हो? कौन कहता है, यौवन अन्ध और दुर्ललित है? उसमें अपूर्व उन्नायक गुण भी तो हैं! सुचरिता ने मुझे प्रणाम करते देखा, तो व्यस्त हो गई, बोली, "आर्य, मुझे अपराधी बना रहे हैं!" और उस निगडबद्ध अवस्था में भी साष्टांग प्रणिपात करके उसने अपने अपराध का मार्जन किया! उलाहने के स्वर में बोली, "मुझे लज्जित करने का आपने क्या कारण देखा, आर्य! अभ्यासदोष से कुछ अधिक बोलकर अपने को ज्ञानी दिखाने का प्रयत्न किया है, यही न? क्षुद्रता का बन्धन बड़ा कठोर है आर्य, जल्दी छूटता नहीं। मेरे पतिदेव ने एक बार जो रटी बोलियों का बोलना बन्द किया, सो अभी तक बन्द ही किए हुए हैं, और मैं भाग्यहीना अब भी रटी बोली बोलती जा रही हूँ! पर अनुताप भी क्या करूँ, मैं ऐसी ही हूँ, अच्छी या बुरी, निन्दिता या अवमानिता। मैं नारायण पर उत्सृष्ट पुष्पवृन्त के

---

1. कालिदास के निम्नलिखित श्लोक से तुलनीय—
उन्मीलित तूलिकयेव चित्रं सूर्यांशुभिर्भिन्नमिवारविन्दम्।
वभूव तस्याश्चतुरस्रशोभि वपुर्विभक्तं नवयौवनेन॥
—कुमारसम्भव. 1-32

समान गन्धहीन होकर भी सार्थक ही हूँ। मेरा मानापराध मन में न लाना, आर्य!'' मैंने नम्रतापूर्वक उत्तर दिया, ''तुम सार्थक हो, देवि! तुम्हारा शरीर और मन सार्थक है, तुम्हारा ज्ञान और वाणी सार्थक है, सबसे बढ़कर तुम्हारा प्रेम सार्थक है। तुमको प्रणाम करके भवसागर में निर्लक्ष्य बहनेवाले अकर्मा जीव भी सार्थक होंगे। तुम सतीत्व की मर्यादा हो, पातिव्रत्य की काष्ठा हो, स्त्री-धर्म का अलंकार हो।'' सुचरिता ने बीच में ही टोककर हँसते हुए कहा, ''तुम तो कविता करने लगे, आर्य!''

मैंने इसका व्यंग्यार्थ समझा। विरतिवज्र की काल्पनिक मूर्ति रचकर मैंने सुचरिता के स्नेह-मृदुल हृदय में जो आनन्द उल्लसित कर दिया था, उसकी स्मृति उसके मन से हटी नहीं थी। उसे आशंका हुई कि मैं फिर कहीं काल्पनिक सौन्दर्यमूर्ति गढ़ना न शुरू कर दूँ। जिसे वह मनोजन्मा देवता कहती रही, उसे मैं बराबर जड़ शरीर-धर्म समझता रहा। मेरा भ्रम उसके इस वक्तव्य से टूट गया कि विरतिवज्र जैसे पहले थे, वैसे अब भी हैं। मैं कितने निचले स्तर में बैठकर उसकी बात सुनता रहा। और अब जब उसके सतीत्व का गुणगान करने जा रहा हूँ, तब भी क्या उस अपूर्व शक्तिशाली मनोजन्मा देवता को पहचान सका हूँ, जिसने क्षणभर में दो हृदयों को एकत्र बाँध दिया था। मैंने झेंप मिटाने के लिए हँसते हुए कहा, ''ना देवि, मैं अपनी पहुँच के भीतर की सचाई की ही बात कर रहा हूँ। पर एक बात मैं बताऊँ, तो तुम्हें आश्चर्य हुए बिना नहीं रहेगा।'' सुचरिता ने उत्सुकतापूर्वक कहा, ''क्या, आर्य?'' सुचरिता के सहज-मनोहर मुख के औत्सुक्य को देर तक बढ़ाते हुए मैंने धीरे-से कहा, ''मैं अच्छा भविष्यवक्ता हूँ। काशी जनपद का वह ब्राह्मण युवा जिसने तुम्हारे चित्त में अकारण औत्सुक्य भर दिया था, मैं ही हूँ।'' सुचरिता के नयनपक्ष्म आश्चर्य के मारे जैसे आकाश में उड़ गए–उसकी टकटकी जो लगी, सो लगी ही रह गई। देर तक वह इसी अवस्था में रही। फिर सँभलकर उसने मूर्धा-निषक्त निगड़बद्ध करतलों को भूमि पर रखकर भक्तिपूर्वक प्रणाम किया।

पंचदश उच्छ्वास

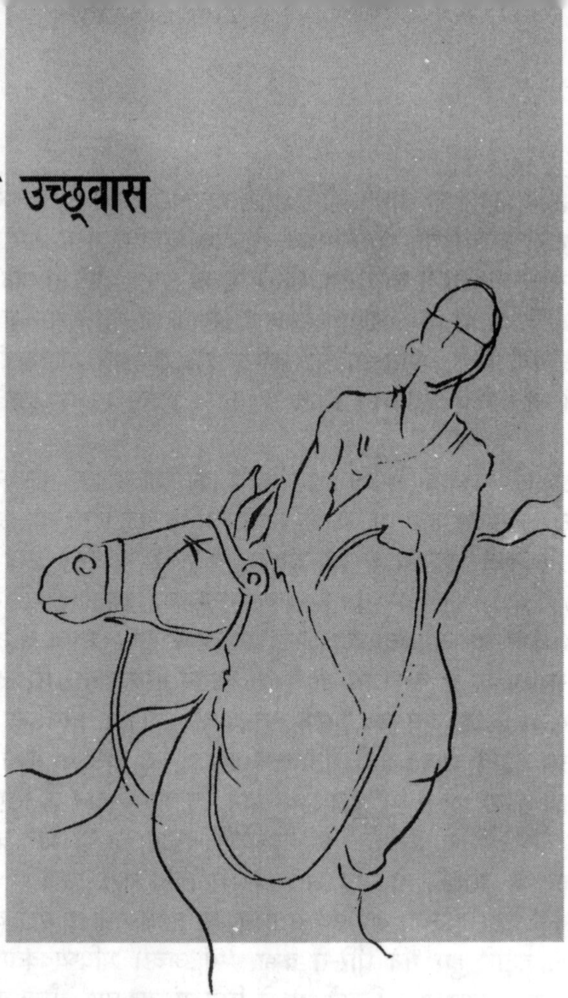

भद्रेश्वर दुर्ग का समीपवर्त्ती दुर्गम शरकान्तार दिखाई पड़ा। रजत-पट्ट के समान दूर तक चमकते हुए बालुका-प्रान्तर को आच्छादित करके वह सूना शरकान्तार इस प्रकार झूम रहा था मानो ज्वलन्त धरित्री की सहस्र-सहस्र जिह्वाएँ आकाश तक फैल जाने की तैयारी कर रही हों। रह-रहकर वात्यालुंठित बालुका-राशि उद्धूम अग्नि-कुंड की भाँति चित्त को भयभ्रान्त कर रही थी—नीचे से ऊपर तक कहीं भी शीतलता का नाम नहीं था। मैं निरन्तर कई दिनों से घोड़े की पीठ पर सवार भागा आ रहा हूँ। एक बार भट्टिनी का चिन्ताकातर मुख मन में उदय होता है, दूसरी बार सुचरिता का प्रसन्न रूप। एक भद्रेश्वर की ओर खींच रहा है, दूसरा स्थाण्वीश्वर की ओर। मुझे स्थाण्वीश्वर की घटनाएँ दर्पण में प्रतिभात छाया की भाँति सर्वत्र स्पष्ट दिखाई दे रही हैं। सुचरिता को कारागार से छुड़ाकर

जब मैं वेंकटेश भट्ट के पास ले आया तो वहाँ अवधूतपाद पहले से ही विराजमान थे और महामाया भी उपस्थित थीं। वह अपूर्व दृश्य था। सुचरिता चुपचाप प्रणाम करके एक कोने में बैठ गई, मैंने भी अनुकरण किया। देर तक वहाँ निस्तब्धता का राज्य रहा। अवधूतपाद ने महामाया को लक्ष्य करके कुछ थोड़े-से शब्द कहे थे। मैं जब-जब उन शब्दों को स्मरण करता हूँ तब-तब सारा शरीर रोमांचित हो उठता है। न जाने क्या घटनेवाला है! बाहर सबकुछ जल रहा है, काल देवता की विकट भृकुटियाँ किसी को छोड़ना नहीं चाहतीं। भद्रेश्वर के सौध-शिखरों को देखकर भट्टिनी की चिन्ता ही मेरे चित्त में प्रधान हो उठी। आज दीर्घ काल के बाद भट्टिनी को देख सकूँगा। परन्तु मुझे राजकार्य भी करना है। यद्यपि हृदय भट्टिनी की ओर ही पहले जाने को उतावला हो रहा था तथापि मैंने पहले लोरिकदेव से निवृत्त हो लेना ही उचित समझा। भद्रेश्वर के सौध-शिखर दिखाई दिए लेकिन मेरे लिए वे किसी अदृश्य देवता की अँगुलियों के ही समान थे। वे सब भट्टिनी को ही दिखा रहे थे। इस चिलकती धूप में, झनझनाते हुए शरकान्तार में वात्यालोल तप्त वायु में भी भट्टिनी का स्मरण आते ही हृदय में एक प्रकार की शीतलता अनुभूत हुए बिना न रही, जैसे वहाँ कोई कल्पलता उग आई हो, चन्द्रमरीचियाँ अंकुरित हो गई हों, चन्दनलता पल्लवित हो उठी हो। मेरा सम्पूर्ण शरीर उद्भिन्न-केसर कदम्ब-पुष्प की भाँति रोमांचित हो आया। सामने क्षीणधारा महासरयू दिखाई पड़ी।

महासरयू में स्नान करके मैं सीधे लोरिकदेव के पास गया। मुझे देखकर उस सहृदय आभीर सामन्त की आँखों में आँसू आ गए। बड़े आदर के साथ उन्होंने मुझे प्रणाम किया और कुशल पूछा। भट्टिनी का कुशल-संवाद भी उन्होंने उसी प्रेम और आदर के साथ सुनाया। उनकी वाणी गद्गद हो गई थी। बोले, "भट्टिनी इस वन्ध्य भव-कानन की कल्पलता है, आर्य! ऐसा देव-दुर्लभ स्वभाव न जाने किस तपस्या का फल है। प्रीत हूँ, कृतज्ञ हूँ, कनावड़ा हूँ, जो तुमने उन्हें यहाँ रहने दिया था। जाओ, वे तुम्हें देखकर बहुत प्रसन्न होंगी। उनकी आँखें दीर्घकाल से उपोषित हैं, उन्हें दर्शन दो।" मैंने विनीत भाव से आभीर सामन्त के प्रति कृतज्ञता प्रकट की और उनकी अनुमति पाकर महाराजाधिराज का पत्र उन्हें दिया। क्षणभर तक वे आश्चर्य के साथ मेरी ओर देखते रहे। फिर धीरे-से बोले, "अभी जाओ!" इस प्रकार लोरिकदेव के पास पत्र पहुँचा देने के बाद मैं तुरन्त भट्टिनी के पास गया। लोरिकदेव स्वयं पढ़ना नहीं जानते थे। उन्होंने पत्र रख लिया और तत्काल अपने मन्त्री को बुलवाया। मैंने छुट्टी ली।

इधर भट्टिनी ने महारानी राज्यश्री का पत्र पढ़कर केवल एक बार मेरी ओर

करुणदृष्टि से देखा और फिर सिर झुका लिया। उनके बन्धुजीव पुष्प के समान लाल-लाल अधर क्षण-भर में आतप-ग्लान केटक-पुष्प के समान फीके पड़ गए और बड़ी-बड़ी मनोहर आँखें भीगे हुए खंजन-शावक की भाँति हतचेष्ट हो गईं। बहुत दिनों के बाद मुझे देखकर जो सहज आनन्दधारा उनकी समूची अंगयष्टि को घेरकर लहरा उठी थी, वह एकाएक शान्त हो गई। मानो उत्तरंगित आनन्द सिन्धु अचानक हिम-झंझा के हिलोर में पड़कर हिम हो गया हो। उनका उत्तरोष्ठ स्फुरित होकर रह गया, भाल-भट्ट ईषत् कुंचित होकर शान्त हो गया और चिबुक-देश ईषत्-स्पन्दित होकर सारे घर को एक प्रकार की करुण-मनोहर शोभा से आर्द्र कर गया। मुझे यह समझने में बिलकुल देर नहीं लगी कि कोई बड़ा अपराध मुझसे जरूर हो गया है। मेरा सारा शरीर साध्वसजन्य पसीने से तर हो गया; मैं अपराधी की भाँति, हेय की भाँति, विधृत की भाँति उनके सामने कर्तव्यमूढ़ होकर ठिठक रहा। भट्टिनी को मेरे ऊपर दया आई, वे अपने-आपको सँभालने का प्रयत्न करने लगीं। इसी समय निपुणिका आ गई। निपुणिका अब भी दुर्बल थी, उसका शरीर पीला पड़ गया था। मेरे आने के समाचार से उस पांडु-दुर्बल शरीर में आनन्द का संचार हुआ था। स्पष्ट ही वह बहुत-कुछ सुनने की आशा लेकर आई थी। परन्तु भट्टिनी की और मेरी अवस्था देखकर वह भी ठिठक गई। धीरे-धीरे वह भट्टिनी की ओर अग्रसर हुई। मुझे उसने चुपचाप प्रणाम निवेदन किया और भट्टिनी के पास पड़ी हुई रजत-पटोलिका का पत्र देखने लगी। उसकी जिज्ञासा शान्त करने के लिए मैंने संक्षेप में पत्र का इतिहास कह सुनाया। निपुणिका के मुख पर नाना भाव आए और चले गए। मेरी बात समाप्त होते-न-होते वह क्रुद्ध नागिन की भाँति फुफकार उठी। उसकी आँखों से मानो अग्नि-स्फुलिंग की धारा ही उमड़ पड़ी। वह एक ही साँस में न जाने क्या-क्या कह गई। अन्त में पादाहत सिंहिनी की भाँति गरजकर अपना कन्धा झाड़ते हुए उसने कहा, "धिक्कार है भट्ट, तुम कैसे भट्टिनी का अपमान करने पर राजी हो गए! कान्यकुब्ज का लम्पट शरण्य राजा क्या भट्टिनी के सेवक को अपना सभासद बनाने की स्पर्धा रखता है? किस बुद्धि ने तुम्हें मौखरियों की रानी का निमन्त्रण ढोने को उत्साहित किया? धिक्कार है भट्ट, तुम अत्यन्त सहज बात भी नहीं समझ सके? क्या इस पत्र को चिथड़े कर फेंक देने लायक शक्ति भी तुम्हें नहीं थी?"—कहते-कहते भावावेश में वह सचमुच ही उस पत्र को चिथड़ने लगी। उसकी अँगुलियाँ इतनी तेजी से चल रही थीं मानो जल्दी-से-जल्दी वे मौखरियों के प्रत्येक वंशधर को रगड़ देना चाहती हों। भट्टिनी ने निपुणिका को धीरे-धीरे अपनी ओर खींच लिया। वे बड़े प्रेम से उसके ललाट पर हाथ फेरती

हुई बोलीं, "ना बहन, ऐसा भी कहते हैं! भट्ट हमारे अभिभावक हैं। उनको सब करने का अधिकार है। हमारे मंगल के लिए और सारे देश के मंगल के लिए उन्होंने जो कुछ भी किया है वह हमें मान्य होना चाहिए। तू अपनी भट्टिनी को इतना क्या समझती है बहन! छिः, इतना उत्तेजित हुआ जाता है!" निपुणिका भट्टिनी की गोद में अवसन्न होकर गिर पड़ी, उसकी आँखों से अविरल अश्रुधारा झड़कर गंडस्थल को धोने लगी।

अब भट्टिनी मेरी ओर फिरीं। उन्होंने पहले से भी अधिक करुणाभरी दृष्टि से मुझे देखा। बोलीं, "निपुणिका का अपराध क्षमा करना भट्ट, यह बहुत दुर्बल हो गई है, सहज ही उत्तेजित हो जाती है, इसका स्नायुमंडल बहुत कमजोर हो गया है।" कुछ देर तक वे निपुणिका के ललाट पर हाथ फेरती रहीं, ऐसा जान पड़ता था कि राहु-ग्रास से निकले हुए चन्द्र-मंडल पर कल्पलता किसलय-सुधा का लेप कर रही हो। निपुणिका धीरे-धीरे अवसन्न ही होती गई, उसकी आँखें बन्द हो गईं, ऐसा जान पड़ा कि वह एकदम सो गई। भट्टिनी उसके ललाट पर हाथ फेरते-फेरते कहने लगीं, "आजकल ऐसा ही हो रहा है। उत्तेजित होती है और अवसन्न होकर गिर जाती है। अच्छा भट्ट, महामाया माता से तुमने इसकी अवस्था बताई थी?" मैं अब तक लज्जा के समुद्र में डूबता-उतराता अपने को हतबुद्धि पा रहा था। भट्टिनी ने चतुरतापूर्वक मेरा ध्यान दूसरी ओर खींचा। मुझे वह औषधि याद आई जिसे अपराजितापुष्प के रस में मिलाकर निपुणिका को देने के लिए अवधूतपाद ने दिया था। मैंने औषध भट्टिनी को दे दिया, परन्तु साहसपूर्वक आँख उठाकर उनकी ओर देख नहीं सका। भट्टिनी मेरी अवस्था देखकर बहुत कष्ट पा रही थीं। मेरा चित्त अन्यत्र नियोजित करने के उद्देश्य से ही वे नाना भाव से निपुणिका की सेवा करने का आदेश देने लगीं। शय्या ठीक की गई, व्यंजन किया गया, शीतल जल से उपचार किया गया और अन्त में निपुणिका को चुपचाप वहीं छोड़कर आँगन में चलने का निश्चय किया गया। मैं चुपचाप भट्टिनी का आदेश पालन करता गया परन्तु एक क्षण के लिए भी निपुणिका के कड़े धिक्कार-वाक्यों की चोट को नहीं भुला सका। मुझे अपना प्रमाद स्पष्ट समझ में आ रहा था। मैंने यह क्या किया? क्यों मेरी बुद्धि इतनी भोथी हो गई थी! हाय अभागे बंड, तुमने भट्टिनी का सम्मान बचाने के लिए अपने को विपत्ति में क्यों नहीं झोंक दिया? जिस समय मदगर्वित कान्यकुब्जेश्वर ने तुम्हें लम्पट कहा था, उस समय तुमने भट्टिनी को उपयुक्त उत्तर क्यों नहीं दिया? धिक् भाग्यहीन, धिक्! मौखरियों की रानी का निमन्त्रण तुम्हें कान्यकुब्जेश्वर के सामने ही पैरों से कुचल देना था। परन्तु मेरा सारा स्वाभिमान उस समय कहाँ

चला गया था? हाय, मैंने भट्टिनी को अपमानित होने दिया है, मेरे पाप का कोई प्रायश्चित्त नहीं है! तुषाग्नि में जलने से भी यह पाप प्रशमित नहीं होगा।

आँगन में आकर भट्टिनी ने हँसने का प्रयत्न किया। वे दिखाना चाहती थीं कि उनके मन में कोई दुख नहीं है, ग्लानि नहीं है, लज्जा नहीं है। उनके प्रफुल्ल कमल के समान मुख पर यह प्रयत्न-साधित हँसी बहुत मनोहर लगती थी। मेरा हृदय इस हँसी से और भी फटने लगा। आहा, इस देवदुर्लभ महिमा को मैंने लांछित होने दिया है! मैंने इस कमल-कोमल हृदय पर आघात पहुँचने दिया है! मेरा हृदय गलकर देवी के चरणों पर ढरक जाने को व्याकुल हो गया। मेरा गला रुँध गया, वाक्-शक्ति लोप हो गई, अविरल अश्रु-धारा से दृष्टि आच्छादित हो गई, लज्जा और अनुताप से सारा शरीर दग्ध होने लगा। मुझे दिशाएँ शून्य-सी लगने लगीं। मैं स्थिर खड़ा नहीं रह सका, सिर घूम गया और मैं बैठ गया। भट्टिनी मेरे निकट आईं, बड़े स्नेह से उन्होंने मेरे ललाट पर हाथ दिया, फिर आवेगभरी भाषा में बोल उठीं, "तुम भी उत्तेजित होते हो, भट्ट? निपुणिका की बात से तुम इतने विचलित हो गए? उठो, देखो, तुम इस अपनी अभागी भट्टिनी की ओर देखो। तुमने कोई अपराध नहीं किया है। अगर तुम कान्यकुब्जेश्वर के सभासद हो गए तो इसमें मेरा अपमान कहाँ हुआ? क्यों व्यर्थ विचलित होते हो?" मेरी संज्ञा धीरे-धीरे लौट आई। घुटनों के बल बैठकर मैं केवल इतना ही कह सका, "देवि, तुम सब क्षमा कर सकती हो, तुम सब भुला सकती हो, पर अभागा बाण कैसे शान्ति पा सकेगा?"

भट्टिनी के चेहरे पर एक विचित्र कातरता दिखाई दी। उनका वचन रुद्ध हो गया था, किन्तु आँखें बहुत कुछ कह रही थीं। उनका मुँह पीला पड़ गया था और फिर भी रह-रहकर उसमें इस प्रकार रोमांच हो आता था मानो भीगा हुआ कदम्ब-कोरक सूर्यातप में उभरता जा रहा हो। मैंने फिर व्याकुल होकर कहा, "देवि, मैं अनुताप के समुद्र में डूब रहा हूँ, लज्जा के महापंक में निमग्न हूँ, कर्तव्य मुझे नहीं सूझ रहा है। निपुणिका ठीक कहती है। मौखरियों का निमन्त्रण मुझे उसी समय पैर से कुचल देना चाहिए था। जिसे भट्टिनी का सेवक होने का गौरव प्राप्त हो उसे सम्राटों का सभासद पद नहीं शोभता। परन्तु देवि, मैं न जाने किस शक्ति के दुर्वार आक्रमण से हतबुद्धि हो गया था। मैं किस मुँह से अपना अपराध क्षमा कराऊँ?"

भट्टिनी अब अपने को रोक नहीं सकीं। उनका मुखमंडल उदयगिरि के तटान्त-लग्न चन्द्र-मंडल के समान लाल हो गया। बोलीं, "मैं ऐसा नहीं समझती, तुम कुमार कृष्ण के कृतज्ञता-पाश में बद्ध थे। तुमने जो कुछ किया है कुमार के

अनुरोध से किया है। निपुणिका नहीं समझती, मैं समझती हूँ। क्यों तुम कुमार के कृतज्ञ हुए? मेरे ही लिए न? भट्ट, तुमको अपराधी समझने के पूर्व मेरा खंड-खंड उड़ जाना अच्छा है। तुमने मेरा अपमान कहीं भी नहीं होने दिया। निपुणिका स्नायु-दुर्बलतावश अनाप-शनाप बक गई है। तुम जो करोगे वही मेरे लिए विधि है। भट्ट, मुझे मुखरा बनने के दोष से बचाओ। विश्वास करो, तुम जो चाहोगे वही मेरे लिए धर्म होगा। उठो भट्ट, मुझे सँभालो, मैं इतनी लज्जा का भार नहीं ढो सकूँगी।'' क्षण-भर में

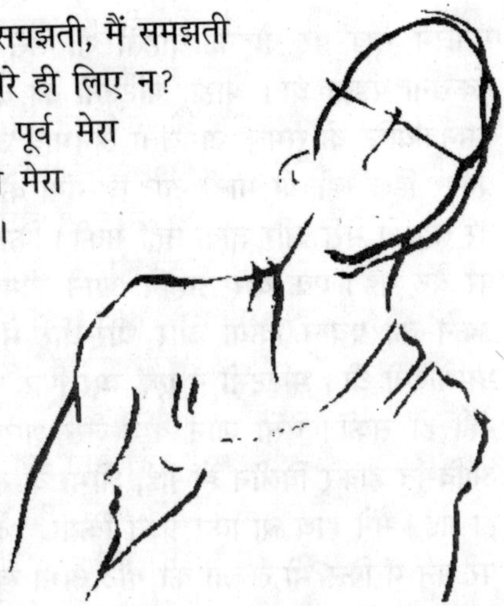

मेरी जड़िमा दूर हो गई। कुज्झटिका के हट जाने पर जिस प्रकार दिङ्मंडल प्रसन्न हो जाता है, अन्धकार के दूर होने पर जिस प्रकार पूर्व दिगंचल निर्मल हो जाता है और मेघ-पटल के कट जाने पर जिस प्रकार शारदीय नभोमंडल अकल्मष हो जाता है, उसी प्रकार मेरा मन प्रसन्न हो गया। भट्टिनी की आँखों में मैंने एक अपूर्व माधुरी देखी। मुझे ऐसा लगा कि मेरे अनेक जन्मान्तर कृतार्थ हो गए हैं। वह दृष्टि मुझे अभिनव रस से सींचती हुई-सी, स्नेहधारा से प्लावित करती हुई-सी, एक अननुभूत जगत् में खींच ले आई। मैं ससाध्वस उठ खड़ा हुआ और केवल इतना ही कह सका, ''देवि, भट्टिनी!'' और मेरा कंठ वाष्प-गद्गद हो गया। सजल नयनों से मैंने साहसपूर्वक उनकी ओर देखा। वे कुछ बोली नहीं; सिर्फ एक करुण-मनोहर अपांग से मेरी ओर देखकर आँखें झुका लीं।

उस समय भगवान् मरीचिमाली पश्चिमी-सरोवर की ओर झुक गए थे, धरित्री से आकाश तक लाल किरणों का जाल बिछ गया था, भवन-दीर्घिकाओं के सारस क्रेंकार-पूर्वक अपने-अपने नियत स्थान पर लौट रहे थे, क्रीड़ा मयूर वासयष्टियों की ओर उत्सुकतापूर्वक देखने लगे थे, जलहारिणी सुन्दरियों के नूपुर-विराव में मंथरता की ध्वनि स्पष्ट होने लगी थी और नभोमंडल से एक प्रकार की थकान धीरे-धीरे उतरकर सारे जगत् में व्याप्त होने लगी थी। भट्टिनी का मुख लज्जा से आरक्त हो उठा था, उनकी कपोल-पालि में एक विचित्र प्रकार का विकास दृष्टिगोचर हो रहा था, उनके वक्रिम नयनपात में एक अद्भुत लचीलापन आ गया था। दीर्घकाल की संचित मनोवेदना दूर हो जाने से जो निर्मल आनन्द-धारा उस

मनोरम मुख पर दौड़ना चाहती थी उसे सहज अनुभाव की तरंगों से बराबर टकराना पड़ता था। आहा, भट्टिनी की वह शोभा देखते ही बनती थी। प्रफुल्ल दमनकयष्टि के समान अंगलता अनुभाव और लज्जा के आघात-प्रत्याघात से इस प्रकार हिल रही थी मानो आकाश-गंगा के आवर्त्त में पड़ी हुई पारिजातलता हो। देर तक वे मेरी ओर ताक नहीं सकीं। फिर धीरे-धीरे जाकर एक स्थंडिल-पीठिका पर बैठ गईं। एक बार उन्होंने अपने सीमन्त को वासन्ती उत्तरीय के आँचल से ढकने का प्रयत्न किया और धीरे-धीरे मेरी ओर दृष्टि उठाई। वह दृष्टि बड़ी मर्मभेदिनी थी। भट्टिनी ने एक बार फिर मुस्कराने की कोशिश की, किन्तु सफल नहीं हो सकीं। ऐसा जान पड़ा जैसे शारदीय नभोमंडल में एकाएक विद्युच्छटा आविर्भूत होकर विलीन हो गई, शोभा के समुद्र में केवल एक तरंग उठकर शान्त हो गई। मैंने हाथ बाँधकर प्रश्न किया, "देवि, सेवक इस क्षमादान से कृतार्थ है, पर मन में फिर भी लज्जा की गाँठ अभी खुली नहीं है। यदि प्रसाद हो तो जानना चाहता हूँ कि महारानी राज्यश्री का पत्र पढ़कर आप उदास क्यों हो गईं? सेवक पर कृपा-कोप सर्वदा उचित है। यदि मुझसे कोई अपराध नहीं हुआ है तो आपका मुख म्लान क्यों हो गया था?" भट्टिनी ने देर तक अर्थहीन दृष्टि से मुझे देखा, मानो उनका मन कहीं खो गया हो, मानो हृदय में ग्राहिका संवेदना अवशिष्ट ही न रही हो, मानो स्नेह का स्रोत सूख ही गया हो, मानो अन्तःस्पन्दन एकदम रुक गया हो। उनका लाल मुख क्षण-भर में पारिभद्र के गर्भ-पटल की भाँति पांडुर हो गया। मैं नई आशंका से फिर सिहर उठा। किन्तु भट्टिनी ने फिर अपने को सँभाल लिया। आँखें झुक गईं, अधरोष्ठ स्पन्दित होकर रह गए, नासाग्र में ईषत् संकोच हुआ और अत्यन्त आर्द्र कंठस्वर में बोलीं, "मुझे अवधूतपाद की शरण में ले चलना। वे न हों तो मैं सुचरिता के घर रहूँगी।"

मुझे भट्टिनी के दोनों प्रस्तावों में से एक भी पसन्द नहीं आया। परन्तु इस समय प्रतिवाद करना उचित न समझकर मौन ही रह गया। भट्टिनी मेरे मनोभाव को समझ गईं। उन्होंने उठते हुए कहा, "अथवा जहाँ कहीं भी तुम्हें उचित जान पड़े। परन्तु मैं मौखरियों का या कान्यकुब्जेश्वर के राजवंश का आतिथ्य नहीं स्वीकार कर सकती।" इतना कहकर वे जल्दी से निपुणिका के पास चली गईं। मैं वहीं खड़ा रह गया। उस समय दो घटी रात्रि बीत गई होगी। घने अन्धकार से दिङ्मंडल इस प्रकार अवलिप्त था जैसे किसी ने काले अंजन का प्रलेप लगा दिया हो। मेरे मन में अनेक चिन्ताएँ आ-आकर चली गईं। मैं कर्तव्य निर्णय नहीं कर पा रहा था। इसी समय बाहर सहस्र-सहस्र कंठों का जय-निनाद सुनाई पड़ा। मैं ठीक समझ नहीं सका कि किस उत्सव का आयोजन हो रहा है। थोड़ा बाहर

निकलकर समझ लूँ, यही सोचकर मैं चला कि भट्टिनी ने पुकारा। निपुणिका की संज्ञा लौट आई थी। भट्टिनी उसे धीरे-धीरे प्यार से कुछ समझा रही थीं। वह रो रही थी। मुझे देखकर वह उठने लगी; पर भट्टिनी ने उसे उठने नहीं दिया। उसकी आँखें सहस्रधार होकर अपनी मनोव्यथा बहाने लगीं। मैंने निकट जाकर धीरे-से पूछा, "कैसा लग रहा है, निउनिया!" उत्तर में उसकी बड़ी-बड़ी आँखें और भी वेगपूर्वक झरने लगीं। भट्टिनी ने दुलार के साथ उसके ललाट पर हाथ फेरते हुए कहा, "प्रसन्न हो निउनिया, भट्ट सुचरिता का संवाद सुनाएँगे।" निपुणिका का चेहरा क्षण-भर में खिल गया। एकाएक उसमें विचित्र शक्ति आ गई। बोली, "मिली थी, भट्ट, कैसी है वह भाग्यहीना?" मैंने कहा, "भाग्यहीना नहीं निउनिया, वह अखंड सौभाग्यवती है। उसका पति लौट आया है।" निपुणिका की आँखें आश्चर्य और आनन्द से विस्फारित हो गईं। बोली, "सच!" मैंने रस लेते हुए कहा, "सच!"

इस समय जय-निनाद एकदम भट्टिनी के वास-गृह के द्वार पर आ गया। हमने ध्यान से सुना तो मालूम हुआ कि सैकड़ों-स्त्री-पुरुष अत्यन्त उल्लास के साथ देवपुत्र तुवरमिलिन्द की जय-घोषणा कर रहे हैं। भट्टिनी ने कुछ आश्चर्य और जिज्ञासा से मेरी ओर देखा। इसी समय एक दासी ने आकर सूचना दी कि महासामन्त लोरिकदेव अपनी रानी और अनुचरों के साथ द्वार पर खड़े हैं, उनके हाथ में पूजा के उपकरण हैं, वे अविलम्ब भट्टिनी के दर्शन का प्रसाद पाना चाहते हैं। भट्टिनी एक क्षण के लिए गम्भीर हो गईं। फिर उन्होंने स्वाभाविक स्वर में मुझे आदेश दिया, "देखो भट्ट, क्या बात है। मैं कुछ समझ नहीं रही हूँ!" मैंने तुरत आदेश पालन किया। द्वार पर आकर देखा तो आश्चर्य से स्तब्ध रह गया।

शत-शत उल्काओं के प्रकाश में एक विशाल जनसमूह नृत्य-गान और वाद्य से दिङ्मंडल को मुखरित कर रहा था। सबके आगे घोड़े पर लोरिकदेव थे, उनके पीछे उसी प्रकार के घोड़ों पर मन्त्री और राज-पुरोहित थे। उनके पीछे पालकी पर लोरिकदेव की रानी थीं। और भी पीछे मल्लों का एक विशाल यूथ था। वे नाना भाव से व्यायाम-कौशल प्रदर्शन कर रहे थे। यह कौशल एक ओर जितना ही उद्दाम था, दूसरी ओर उतना ही संयत। एक ही साथ सैकड़ों मल्ल नाना शस्त्रों से सुसज्जित होकर विकट भंगिमाओं से अंग-त्रोटन, नाटन, उन्मोटन, विकुंचन और सन्तोलन की क्रिया दिखा रहे थे; उनके अविरल तालोट्टंकन से रह-रहकर दिगन्तर चटचटा उठते थे, धनुष्कांस्य और यष्टिकोशियों की झनझनाहट से शून्य प्रकम्पित हो उठता था, उद्दाम अंग-विकुंचन से दर्शकों की आँखें चौंधिया जाती थीं, बार-बार ऐसा मालूम होता था कि एक का अंगमोटन दूसरे के विकुंचन से

उलझ जाएगा; पर आश्चर्य तब होता था, जब यह सारा छन्दोहीन विशृंखल व्यायाम-व्यापार एक ही साथ बन्द हो जाता था, समस्त मल्ल युगपत् उत्तम्भित होकर एक अद्‌भुत विरति-निनाद करते थे और क्षणभर में जन-समूह के इस सिरे से उस सिरे तक देवपुत्र तुवरमिलिन्द का जयनिर्घोष मेदिनी को प्रकम्पित कर देता था। भट्टिनी के गृह-द्वार पर मल्लों का दल अपने व्यायाम में ज्यों-का-त्यों लगा रहने पर भी विचित्र संयम के साथ वर्त्तुलाकार खड़ा हो गया और बीच में स्त्री-पुरुषों के पचासों जोड़े उसी के समानान्तर वर्त्तुलाकार फैल गए। उनके हाथ में छोटे-छोटे काष्ठखंड थे। लोकिरदेव घोड़े से उतर गए। साथ ही मन्त्री और पुरोहित भी उतर गए। लोरिकदेव के इंगित पर सारा व्यापार रुक गया। उन्होंने मुझसे अत्यन्त विनयपूर्वक भट्टिनी को यहाँ ले आने का अनुरोध किया। बोले, "आर्य, देवपुत्र-नन्दिनी को जब तक हम नहीं जानते थे तब तक हमसे चाहे जितने भी अपराध हुए हों, क्षम्य हैं। अब हम जान गए हैं तो उनकी पूजा में एक क्षण का विलम्ब भी असह्य है। तुमने कान्यकुब्जेश्वर का पत्र मुझे दिया था। उस पत्र से सारी बातें मालूम हुईं। तुमसे हमें बहुत-कुछ कहना है; पर इस विधि में देर होना एकदम वांछनीय नहीं है।" मैंने उनका सन्देशा भट्टिनी को कह सुनाया। वे कुछ क्षणों तक स्तब्ध-गम्भीर होकर सोचती रहीं। फिर बोलीं, "तुम क्या कहते हो, चलूँ?" बिना कुछ सोचे ही मेरे मुख से निकल गया, "अवश्य, देवि!"

भट्टिनी के आते ही लोरिकदेव ने तलवार खींचकर अभिवादन किया। साथ ही पुरोहित ने शंख-ध्वनि की। देखते-देखते देवपुत्र-नन्दिनी के जय-निनाद से दिशाएँ काँपने लगीं, भद्रेश्वर दुर्ग के सौध-कुहरों से प्रत्यावर्त्तित होकर वह ध्वनि और भी दीर्घायित हो गई। इसी समय लोरिकदेव ने अपनी बत्तीस अंगुलों की विकराल असि को ऊपर उठाया, देखते-देखते मल्लों की लाठियाँ खड़खड़ा उठीं। वह एक विकट व्यापार था। उल्काएँ उस यष्टि-संघट्ट से काँप उठीं। ऐसा जान पड़ा कि प्रत्येक व्यक्ति उस विचित्र संघट्ट का आखेट हो गया है, परन्तु आश्चर्य यह था कि यद्यपि लाठियाँ अनवरत वेग के साथ घूम रही थीं; पर किसी को कोई आघात नहीं लगा, कोई भी विचलित नहीं हुआ, कोई भी स्थान-भ्रष्ट नहीं हुआ। यष्टिका-वर्तुल सिमटता गया, एक बार तो वह इतना छोटा हो गया कि लाठियों के सिवा और कुछ दिखाई ही नहीं देता था। एक क्षण में लाठियाँ तड़तड़ा उठीं और सारा जन-समूह भट्टिनी की जय-ध्वनि से मुखरित हो गया। मैंने आश्चर्य के साथ देखा कि लाठियों के दो मंच बन गए हैं। मुहूर्त-भर में कुमारियों ने शृंगार-रस से सराबोर द्विपदी-खंड का गान गाया, छोटे-छोटे काष्ठ-खंड खटखटा उठे, उस कर्कशता की पृष्ठभूमि में कुमारी-कंठ की सुरीली तान बहुत मीठी लग

रही थी। कब मल्ल लोग फिर वर्त्तुलाकार खड़े हो गए और कब मध्यवर्ती वर्त्तुल की कुमारियाँ सिमटकर एक हो गईं, यह निपुण भाव से निरीक्षण करनेवालों की भी समझ में नहीं आया। यह नृत्यकौशल विचित्र था। जितना ही उत्ताल उतना ही तालानुग। कुमारियों ने विचित्र सुकुमार भंगिमा से भट्टिनी को घेर लिया, अत्यन्त लघु आयास से उन्हें उठाया और आगेवाले यष्टि-मंच पर बैठा दिया। फिर विकट रसिक-नृत्य चलने लगा। ऐसा जान पड़ता था कि भूतों के उत्सव में पार्वती बैठी हुई हैं। भट्टिनी का मुख सहज गम्भीर बना रहा। एक क्षण के लिए भी उसमें कोई विकार नहीं आया। कंटकी वृक्षों में खिली हुई चन्द्रमल्लिका की भाँति वह प्रफुल्ल-मनोहर वदन अपने में आप ही परिपूर्ण था। वह उद्दाम-मनोहर नृत्य चलता रहा, कांस्य-कोशी झनझनाते रहे और मुखर-नूपुर-विराव के साथ काष्ठ-खंडों की टंकार विचित्र ध्वनि से दिगंतराल को मुखरित करती रही।

भट्टिनी के पीछेवाले मंच पर लोरिकदेव और उनकी रानी समासीन हुईं। एक बार फिर वह नृत्य रुका। पुरोहित ने शंख-ध्वनि की और मन्त्री ने धूप-दीप-नैवेद्य के साथ भट्टिनी को अर्घ्य दिया। लोरिकदेव ने रजत के मनोरम थाल में नारिकेल, पूगीफल और ताम्बूल-पत्र भट्टिनी को निवेदन किए। अत्यन्त गद्गद कंठ से उन्होंने कहा, "अनजान में जो उपेक्षा हुई है उसे क्षमा करना देवि, हमारा अहोभाग्य है कि अज्ञात-प्रतिस्पर्द्धिविकट, प्रत्यन्तबाड़व, आर्यमानरक्षक तत्रभवान् देवपुत्र तुवरमिलिन्द की नयनतारा अत्रभवति ने मेरे इस गृह को पवित्र किया है। मेरे दश सहस्र मल्ल आपके ही सेवक हैं। लोरिकदेव गुण का दास है, सम्राटों की भृकुटियों की उसने बराबर उपेक्षा की है। या तो वह समुद्रगुप्त के वंशजों का आनुगत्य स्वीकार करेगा या स्वतन्त्र रहेगा। परन्तु देवि, आज गुप्तों का प्रतापानल निर्वापित है, मौखरियों का भुजबल अस्त हो गया है, धर्माचारहीन बौद्ध नरपति के निवीर्य शासन ने समूचे आर्यावर्त को विनाश की ओर धकेल दिया है। इस समय लोरिकदेव कहीं भी आशा की किरण नहीं देख रहा। देवि, घृणित म्लेच्छवाहिनी फिर से गिरिसंकट के उस पार एकत्र हो रही है। कौन है जो इस दुर्मद म्लेच्छवाहिनी को इस पवित्र भूमि में आने से रोक सके? कौन है जिसकी विशाल भुजाएँ इस समय गिरिसंकट के कपाट का कार्य करेंगी? कौन है जिसके प्रतापवह्नि की शिखा में दुर्दान्त म्लेच्छ शलभायमान होंगे? देवपुत्र ही ऐसे वीर हैं। आपके वियोग में वे कातर हो गए हैं, लोरिकदेव की मल्लवाहिनी की उल्लसित आनन्दध्वनि आज देवपुत्र को उद्बुद्ध करेगी। मुझे अत्रभवती की सेवा का अवसर प्राप्त हुआ है, इसमें समूचे आर्यावर्त की सेवा का अवसर अनायास मिल गया है। देवि, मुझे इस अवसर का प्रसाद प्राप्त हो।" भट्टिनी की आँखें सजल हो आईं।

उन्होंने कातर दृष्टि से लोरिकदेव की ओर देखा। बोलीं, "आर्य मुझे लज्जा दे रहे हैं।" लोरिकदेव ने उन्हें विशेष बोलने का अवसर ही नहीं दिया। अंगुलि-संकेत के साथ-ही-साथ नाना वाद्यों के तुमुल निनाद के भीतर देवपुत्र-नन्दिनी की जय-ध्वनि गूँज उठी। भट्टिनी ने प्रवाल-किसलय के समान कोमल अँगुलियों से ताम्बूल-पत्र छू दिए। पुरोहित ने दीर्घदीर्घायित शंखध्वनि से दिगन्तर कँपा दिए। नृत्य-गीत-वाद्य की गगनविदारी ध्वनि के बीच यह अर्घ्यदान समाप्त हुआ। मल्ल लोग संयत गति से तितर-बितर हो गए। कुमारियों ने अभिराम भंगी से भट्टिनी को उठाया और देर तक नृत्य-गति से उस छोटे घर को प्रदीप्त कर रखा। जिस समय यह उत्सव समाप्त हुआ उस समय रात प्रायः आधी बीत चुकी थी।

लोरिकदेव के वक्तव्य का एक अंश निश्चय ही मुझे सुनाने के उद्देश्य से कहा गया था। उससे इतना तो बिलकुल स्पष्ट था कि उन्होंने कान्यकुब्जेश्वर के सामन्त-पद को अस्वीकार कर दिया है और स्वयं ही भट्टिनी की सेवा करने का संकल्प किया है। यह एक नई समस्या है। आज मेरे ग्रह अप्रसन्न हैं। मैंने कुमार कृष्णवर्द्धन की कृतज्ञतावश अपने लिए और अपनी भट्टिनी के लिए अनेक उलझनें पैदा कर ली हैं, मुझे कोई मार्ग नहीं सूझ रहा है। राजनीति की कुटिल भुजंगी ने मुझे डँस लिया है, मेरा बचना अब असम्भव है। पर भट्टिनी क्या सामन्तों और महाराजाधिराजों की महत्त्वाकांक्षा की पूर्ति का साधन बनेंगी? यह असम्भव है। मुझे कुछ-न-कुछ रास्ता सोचना ही पड़ेगा। मैं द्वार के बाहर ही इस सोच में पड़ा बैठा रह गया। ऊपर वृश्चिक राशि पश्चिम आकाश में ढलने जा रही थी। उसके पार्श्व में मंगल-ग्रह की लाल तारिका दिखाई दे रही थी। वृश्चिक की पीठ पर मंगल-ग्रह एक विचित्र भय का भाव पैदा कर रहा था। कैसा विचित्र योग है! तो क्या संहिताओं में जो कहा है कि वृश्चिक राशि पर मंगल के संक्रमण से धरित्री रक्त-कर्दम से पिच्छिल हो उठेगी, वह सत्य है? क्या फिर आर्यावर्त की पवित्र भूमि पर वृकों का विकराल ताडंव शुरू होनेवाला है? मैंने मन-ही-मन नृसिंह भगवान् के उन विकराल नयनों का स्मरण किया, जिनके अवलोकनमात्र से असुर-राज का वक्षःस्थल फटकर पाटल-वर्ण हो गया था[1]! वृश्चिकस्थ मंगल उन्हीं भीषण नेत्रों की छाया है। शायद मेदिनी मानव-रक्त से पिच्छिल हो जाएगी, शस्यक्षेत्र कर्बुर भस्म में रूपान्तरित हो जाएँगे, जानपद-जन दस्युओं द्वारा आरोपित

---

1. तुल.–

जयत्युपेन्द्रः स चकार दूरतो विभित्सया यः क्षणलब्धलक्ष्यया।
दृशैव कोपारुणया रिपोरुरःस्वय भयाद्भिन्नमिवास्रपाटलम्॥

—कादम्बरी 13

वह्नि-शिखा में होम हो जाएँगे, नर-कंकालों की राशियों से मार्ग दुर्लंघ्य हो उठेंगे—विकराल काल का ताडंव आर्यावर्त को घृणित हाहाकार में पटक देगा।

हे भगवान्, क्या यह रक्तस्नान रोका नहीं जा सकता? क्या राजाओं और सामन्तों की हठधर्मिता की चक्की में इसका रहा-सहा उपाय भी पिस जाएगा? अवधूत अघोरभैरव ने महामाया को डाँटते हुए कहा था, "तुम त्रिपुरभैरवी की लीला नहीं रोक सकतीं, तुम महाकाल का कुंठनृत्त नहीं थमा सकतीं, तुम शूलपाणि की मुंडमाल की रचना में बाधा नहीं दे सकतीं, क्योंकि तुमने अपने को सम्पूर्ण रूप में त्रिपुरभैरवी के साथ एक नहीं कर दिया। जिस दिन तुम स्वयं उनसे अभिन्न हो जाओगी उसी दिन इस लीला को चाहे जिधर मोड़ सकती हो। भोली, त्रिपुरसुन्दरी को जितना दे दोगी उतना ही तुम्हारा अपना सत्य होगा। क्या सचमुच जनता के दुख को तुमने अपना दुख समझ लिया है? मैं कहता हूँ महामाया, सत्यवादिनी बनो, प्रपंच छोड़ो। तुमने अमृत के पुत्रों को सम्बोधन किया है, क्या तुम स्वयं अमृत की पुत्री बन सकी हो! तुमने जो कहा है वह करके तभी दिखा सकती हो जब तुम अपने-आपको निःशेष भाव से उनके चरणों में समर्पण कर दोगी। वाग्वीर होना अपना ही अपमान करना है। यदि त्रिपुरभैरवी की लीला को दूसरे रूप में देखना चाहती हो तो स्वयं त्रिपुरभैरवी बने बिना उपाय नहीं है। दुर्घटकाल आ रहा है!" महामाया ने अविकृत रहकर उत्तर दिया था, "आशीर्वाद लेने आई हूँ।" अवधूत ने इस पर डपटकर कहा था, "मिथ्या है, पाखंड है यह! तुम्हारे आशीर्वाद के लिए सारा जगत् व्याकुल है। तुम महाशक्ति का प्रतीक हो, मैं तुम्हें त्रिपुरभैरवी के रूप में देखकर कृतार्थ हूँगा। मैं सारे जीवन नारी की उपासना करता रहा हूँ। मेरी साधना अपूर्ण रह गई है। तुम विशुद्ध नारी बनकर मेरा उद्धार करो—विशुद्ध नारी—त्रिपुरभैरवी!" महामाया ने गले में आँचल बाँधकर गुरु को प्रणाम किया और त्रिशूल उठाकर खड़ी हो गईं। बोलीं, "आदेश शिरोधार्य है, गुरुदेव।" उनकी आँखों से विचित्र ज्योति झड़ने लगी, उनका मुखमंडल मध्याह्न-सूर्य के समान जल उठा। गुरु ने मेरुदंड सीधा किया, भृकुटियाँ ऊपर उठाईं और देर तक उस तेजोमंडित मुख में आँखें गड़ा रखीं। महामाया प्रतिमा की भाँति निश्चल खड़ी रहीं। गुरु ने जब आँखें हटाईं तो वे तेजी से एक ओर निकल गईं। मैं अब भी जब उस दृश्य को स्मरण करता हूँ तो मेरे रोएँ खड़े हो जाते हैं। पर अब तक यह नहीं समझ सका कि अवधूतपाद के वाक्यों का अर्थ क्या है? क्या धरित्री रक्तस्नान से बच जाएँगी या और भी डूब जाएँगी? और क्या महामाया सचमुच त्रिपुरभैरवी बन जाएँगी? क्या सचमुच महामाया महाकाल का कुंठनृत्त रुक जाएगा? कहाँ हो त्रिपुर-सुन्दरी, इस घृणा और जुगुप्सा के जगत् को

सुन्दर क्यों नहीं बना देतीं, क्या तुम विकराल तांडव से धरित्री पर महानाश का खेल ही खेलती रहोगी? कहाँ है रुद्राणी, वह तुम्हारा दक्षिण मुख, वह सुकुमार भाव, वह शामक हास्य, वह मनोरम-भंगिमा, जो कातर जगत् को शान्ति दे सके, जो व्याकुल विश्व को सांत्वना दे सके, जो धरती को रक्तस्नान से बचा सके। मैं इन्हीं विचारों में उलझा हुआ था कि सामने भट्टिनी आकर खड़ी हो गईं। उनकी बड़ी-बड़ी आँखों में आँसू भरे हुए थे, कंठ वाष्प-गद्‌गद था और मुखमंडल लाल आभा से आभासित था। तो क्या यही त्रिपुरसुन्दरी का दक्षिण मुख है! दक्षिण मुख–जिसमें करुणा की धारा प्रवाहित हो रही है, अनुराग की आभा उल्लसित हो रही है, स्नेह की स्निग्धता चमक रही है! आहा, भुवनमोहिनी का यही क्या वह रूप है जिसकी पूजा करने के लिए अवधूत गुरु ने मुझे इतना सिखाया था। यह कुरंग के समान भीत-चपल नेत्र, शरच्चन्द्र के समान आह्लादकारक मुख, बिम्बफलों के समान आताम्र अधरोष्ठ, चन्दन-गन्ध से आमोद-मुदिर अंग, करुणा के अश्रु से सिक्त मनोहर दृष्टि जो अन्तःकरण को मोहित कर डालती है–यही तो भुवनमोहिनी का रूप है। गुरु ने ही मुझे वह ध्यान-मन्त्र सिखा दिया था–

कुरंगनेत्रां शरदिन्दुवक्त्रां विम्बाधरां चन्दनगन्धलिप्ताम्।
दृशा गलत्कारुणिकास्रयान्तः सम्मोहयन्तीं त्रिजगन्मनोज्ञाम्॥

हाय, इससे बढ़कर 'त्रिजगन्मनोज्ञा' शोभा क्या हो सकती है? कितनी अन्तःशामक दृष्टि है, कितनी अमृत-स्रावी वाग्धारा है, कैसा उदार चारित्र्य है, कैसी निर्मल आभा है! भुवनमोहिनी के इस रूप को जिसने देखा है उसके लिए कुछ भी देखना बाकी नहीं रह गया। मैं गद्‌गद भाव से भट्टिनी की ओर देखता ही रह गया। भट्टिनी ने अनुयोग के स्वर में कहा, "थके-माँके आए, कुछ प्रसाद भी नहीं लिया। चलो भीतर चलें।" मैं चुपचाप मन्त्र-मुग्ध की भाँति भट्टिनी के पीछे-पीछे चल पड़ा। कहाँ खिंचा जा रहा हूँ!

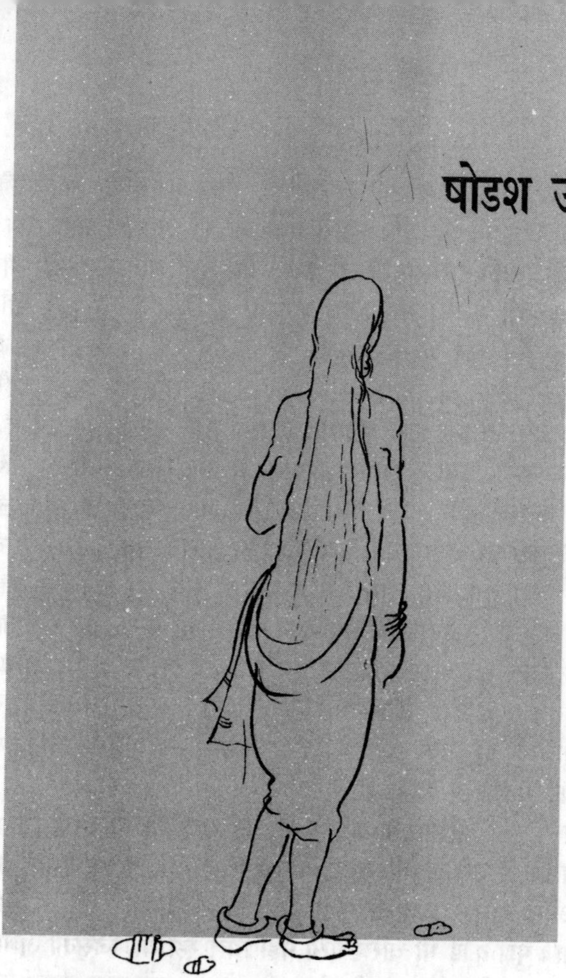

षोडश उच्छ्वास

प्रातःकाल जब उठा तो दिन चढ़ आया था। प्रथम दर्शन निपुणिका का ही हुआ। वह सद्यःस्नान से निवृत्त होकर आई थी–उसके केश तब भी आर्द्र थे। वे आपांडु-दुर्बल मुख के ऊपर इस प्रकार सुशोभित हो रहे थे, मानो प्रभातकालीन चन्द्रमंडल के पीछे सजल जलधर लटके हों। श्वेत साड़ी से आवेष्टित उसकी तन्वी अंगलता प्रफुल्ल कामिनी-गुल्म के समान अभिराम दिखाई दे रही थी। यद्यपि उसका मुख पीला पड़ गया था, तथापि उसकी खंजनचटुल आँखें बड़ी मनोहर लग रही थीं। आज उसके अधरों पर स्वाभाविक हँसी खेल रही थी। मुझे उठते देख उसने बड़े आदर के साथ प्रणाम किया। मुझे कुछ भी बोलने का अवसर न देकर वह स्वयं ही बोल उठी, ''तुमने मुझे क्षमा कर दिया है न, भट्ट? तुम महान् हो, मैं तुच्छ हूँ, तुमने अवश्य क्षमा कर दिया होगा। पर मैंने तुम्हें अब भी

क्षमा नहीं किया। तुमने मौखरियों की रानी का निमन्त्रण ढोकर अपने को भी हीन किया है और भट्टिनी को भी। मुझसे एक का भी अपमान नहीं सहा जाएगा। परन्तु मुझे बड़ी ग्लानि इसलिए हो रही है कि मैंने तुम्हें आते ही कठोर वाक्य कहे। मैं होश में नहीं थी, आर्य! मेरा हृदय कमजोर हो गया है, मैं कुछ भी सह नहीं सकती। परन्तु मैंने कल जो बातें कही थीं वह ठीक हैं।'' निपुणिका की आँखों से आज अग्नि-स्फुलिंग के स्थान पर स्मितधारा झड़ रही थी, उसके चेहरे पर तेज के स्थान पर चपलता का वास था, वह प्रसन्न और अग्लान दिखाई दे रही थी। मैंने स्नेहपूर्वक कहा, ''मुझसे प्रमाद हो गया है निउनिया, मैं रास्ता नहीं पा रहा हूँ। तू मुझे कर्तव्य बता। अब मेरी गलतियों के हिसाब से क्या लाभ है?'' निपुणिका के मुख पर स्वाभाविक मधुरिमा फिर खेलने लगी। उसने मन्दस्मित के साथ कहा, ''भूल तुम करो, रास्ता मैं बताऊँ?'' मैंने रस लेते हुए कहा, ''कोई नई बात तो नहीं है निउनिया।'' निपुणिका की आँखों में उल्लास का भाव दिखाई दिया, उसने हँसते हुए कहा, ''जटिल वटु की याद है न!'' और आँचल से मुँह ढककर देर तक रुद्ध हँसी से लोट-पोट होती रही। उसके आँचल पर वे मनोहर छरहरी अँगुलियाँ देर तक काँपती रहीं, जिनकी उपयोगिता देखकर ही मैंने निपुणिका को मंडली में लिया था।

क्षणभर में मुझे विदिशा के जटिल वटु की याद आ गई। वह नित्य मुझे तंग किया करता कि मैं उसे अपनी नाटक-मंडली में ले लूँ। उसका ललाट प्रशस्त और मोटा था, आँखें दाड़िम फल-सी फटी हुई और लाल-लाल थीं, कंठ-स्वर कर्कश और तीव्र था। मुझे कोई भी चरित्र ऐसा नहीं मिल रहा था, जिसका अभिनय उससे कराऊँ। वह डटा ही रहा। मंडली के सभी लोग उससे ऊब गए थे, केवल मेरे संकोच के कारण ही वे उसको सहते जा रहे थे। एक निपुणिका ही थी, जो उसे चिढ़ाती नहीं थी। केवल मेरी ओर देखकर ही वह अपना लोभ संवरण कर लेती। जटिल इस उदासीनता को अनुराग समझता। उसकी दाढ़ी सम्मार्जनी-शलाका के गुच्छ-सी लगती थी, मुख पर मूँछें इस प्रकार अस्त-व्यस्त होकर उगी थीं, मानो किसी चट्टान पर शर-गुल्म निकल आए हों। वह सदा रंगमंच पर उतरने के लिए कातर प्रार्थना जताया करता। एक दिन मेरी मंडली अभिज्ञानशाकुन्तल का अभिनय करनेवाली थी। उस दिन नगरी के सभी प्रतिष्ठित नगरवासी आनेवाले थे। स्वयं युवराज भट्टारक के भी पधारने की बात थी। उस दिन मारीच की भूमिका में उतरनेवाला देवरात एकाएक बीमार पड़ गया। मैंने सोचा कि जटिल वटु को इस भूमिका में उतार दूँ। विशेष कुछ करना नहीं था, उसे दिनभर आँख मूँदकर चुपचाप बैठने का अभ्यास कराया। सायं सन्ध्या के बाद अभिनय आरम्भ

हुआ। युवराज भट्टारक आ चुके थे। अभिनय बहुत सुन्दर हो रहा था। निपुणिका सानुमती की भूमिका में उतरी थी। उसकी मनोहर अंग-लता उस दिन मालती-कुसुम की अभिराम माला से बड़ी कमनीय लग रही थी। उसकी कवरी में लम्बित अशोक-पल्लव और कानों में झूलनेवाला आगंड-विलम्बित-केशर शिरीष-पुष्प उसकी शोभा को सौ-गुना बढ़ा रहे थे। वह उसी वेश में मत्तवारणी के ठीक पीछे खड़ी होकर अभिनय देख रही थी। अन्तिम अंक का अभिनय शुरू हुआ। मैं भी संयोगवश निपुणिका के पास ही खड़ा होकर अभिनय देखने लगा। जटिल वटु मारीच की भूमिका में मंच पर आया। उसने अद्‌भुत चेष्टाएँ शुरू कीं। रह-रहकर वह दर्शकों की ओर ताक लेता था, वह जान लेना चाहता था कि लोग उसका अभिनय पसन्द कर रहे हैं या नहीं। फिर वह पीछे फिरकर नेपथ्य की ओर भी ताक लेता। एक मूहूर्त भी वह स्थिर नहीं बैठ सका। मेरा सारा किया-कराया चौपट हुआ जा रहा था। सामाजिकों के चेहरों पर विनोद की हँसी मँडराने लगी! मैंने व्याकुल भाव से कहा, ''सब चौपट हुआ निउनिया!'' निपुणिका ने मुझे देखा तो एक क्षण के लिए चिन्तित हो गई, फिर बोली, ''कुछ नहीं बिगड़ा है, भट्ट, तुम मारीच की भूमिका में उतरने की तैयारी करो। मैं इसे सँभालती हूँ।'' इतना कहकर वह तितली की तरह नाचती हुई रंगमंच पर पहुँच गई। उसने अपना बायाँ हाथ कटि-देश पर रखा और चंचल चारी के साथ उद्धर्त-नर्त्तन से रंगमंच को झंकृत कर दिया। मूर्ख जटिल उठकर खड़ा हो गया। निउनिया ने दाहिने हाथ से उसकी दाढ़ी पकड़ी और सप्रश्रय कंठ से कहा, ''नागर मेरे नाचोगे नहीं?'' क्षणभर में सारा वातावरण हास्यमय हो गया। जटिल वटु ने उचकना शुरू किया; पर निउनिया ने उसकी दाढ़ी छोड़ी नहीं। प्रत्येक उछल-कूद के साथ वह रहस्य-भरे भाव के वाक्य कहती और मनोहर भंगिमा से ताल देती। यह विचित्र प्रहसन देर तक चलता रहा। नाना कौशल से निपुणिका ने जटिल वटु को अपने पैरों पर गिराया, कटि पकड़कर नचाया, सिर के केशों को मंच पर रगड़वाया और इस प्रकार बिगड़े हुए दृश्य को मनोरम प्रहसन का रूप देकर जटिल को खींचती हुई रंगभूमि से निकल गई। शत-शत नागरिक कंठ के उच्च अट्टहास्य और दीर्घ-दीर्घायित साधुवाद से रंगभूमि हिलने लगी। युवराज भट्टारक सहृदय थे। उन्हें सारी परिस्थिति समझ में आ गई थी। उन्होंने अपने बहुमूल्य उत्तरीय

के प्रसाद से निपुणिका को सम्मानित किया। बाद में इस अट्टहास्य की पृष्ठभूमि में मारीचाश्रम का शान्त सुखद दृश्य और भी चमक उठा। उस दिन निपुणिका ने मेरी लाज बचाई थी। उसी मनोरम दृश्य को याद करके आज निपुणिका की हँसी बाँध तोड़ देना चाहती थी। मुझसे भी हँसी रुकी नहीं। हँसी से लोट-पोट होता हुआ बोला, "हाँ निउनिया, भूल करता हूँ मैं और रास्ता निकालती है तू!" देर तक वह अपने ही विचारों में तरंगावर्त्त के डोलती रही। फिर एकाएक गम्भीर होकर बोली, "हँसी नहीं कर रही हूँ, भट्ट, मैं सचमुच रास्ता निकालने आई हूँ। सुनो, मेरी बात मानो।"

निपुणिका यद्यपि गम्भीर हो गई थी, पर अब भी उसकी कपोलपालि विकच पुंडरीक की शोभा धारण किए हुए थी, अब भी उसके चंचल नयनों में सरसता छलक रही थी, अब भी उसका आँचल मुख पर छाया हुआ था, अब भी उसके उत्तरोष्ठ थोड़ा-थोड़ा काँप रहे थे। उसकी मधुर मूर्ति बड़ी मोहक जान पड़ती थी, मानो शरच्चन्द्रिका का जमा हुआ रूप हो, दुग्ध-समुद्र की सिमटी हुई आभा हो, सुधाभांड का संयमित वैशद्य हो। उसने आँखें झुका लीं और इस प्रकार धीरे-धीरे बोलने लगी मानो अपने प्रत्येक शब्द को तौल-तौलकर देख लेती जा रही हो। मेरी ओर उसने देर तक नहीं देखा। बोली, "भट्टिनी स्थाण्वीश्वर जाएँगी; परन्तु वे वहाँ किसी की अतिथि नहीं होंगी। उनका अपना स्वाधीन राज्य उनके साथ-साथ रहेगा। लोरिकदेव को तुम इस बात पर राजी कर लो कि उनकी कम-से-कम एक सहस्र मल्ल-सेना भट्टिनी की सेवा में नियुक्त रहे। स्थाण्वीश्वर में भट्टिनी उसी प्रकार रहेंगी जिस प्रकार स्वतन्त्र देश की रानी अपने राज्य में रहती है। यह भाग्यहीना भी साथ रहेगी। स्थाण्वीश्वर के महाराजाधिराज को भी यह अधिकार नहीं होगा कि भट्टिनी की सेविका की छाया भी छू सकें। अगर निउनिया को स्थाण्वीश्वर के व्यवहार में घसीटा गया तो वहाँ रक्त की नदी बह जाएगी। पहली बलि कान्यकुब्जेश्वर के सभापंडित बाणभट्ट की ही होगी। तुम तैयार हो भट्ट, एक सामान्य दासी के लिए अपने प्राणों की बाजी लगा देने का साहस तुममें है?" इस बार उसने मेरी ओर आँख उठाई। स्वर कुछ और ऊँचा करके बोली, "भट्ट, किस अपराध पर कान्यकुब्ज का लम्पट-शरण्य राजा मुझे फाँसी देना चाहता है? मेरे उसी अपराध के बल पर वह देवपुत्र तुवरमिलिन्द से मित्रता करना चाहता है? मेरी-जैसी असहाय अबलाओं को दंड देनेवाला उसका कठोर भुजदंड क्या म्लेच्छवाहिनी से अपनी प्रजाओं को नहीं बचा सकता? सचमुच तुम विश्वास करते हो, आर्य, कि इस निर्वीर्य शासन-तन्त्र से देवपुत्र की सेना का मिलाप होते ही आर्यावर्त रक्त-स्नान से बच जाएगा? आर्यावर्त के समाज के मूल में घुन लग गया

है, उसे महानाश से कोई नहीं बचा सकता। मैं पूछती हूँ, आर्य, क्या छोटा सत्य बड़े सत्य का विरोधी होता है?'' निपुणिका ने उत्तर पाने की आशा से मेरी ओर देखा। मैं इस प्रश्न का कोई प्रयोजन नहीं समझ सका, सहज भाव से उत्तर दिया, ''सत्य अविरोधी होता है, ऐसा ही तो सुना है।'' निपुणिका ने आश्वस्त होकर कहा, ''आर्य, तुम्हीं मेरे देवता हो, तुम्हीं मेरे सत्य हो। तुम्हारे साथ दीर्घ काल तक रहने का सौभाग्य मुझे मिला है, मेरी ही शपथ करके तुम सत्य-सत्य कहो, मेरा कौन-सा ऐसा पापचरित्र है जिसके कारण मैं निदारुण दुख की भट्ठी में आजीवन जलती रही? क्या स्त्री होना ही मेरे सारे अनर्थों की जड़ नहीं है? तुम इस छोटे-से सत्य के साथ राष्ट्र-जीवन के बड़े सत्य को अविरोधी पा रहे हो? क्या बृहत्तर सत्य के नाम पर मिथ्या का तांडव नहीं चल रहा है? कैसे आशा करते हो, आर्य, कि देवपुत्र का प्रबल भुज-दंड इस समाज को नाश के गर्त से बचा लेगा? महाकालिका खुलकर इस देवभूमि पर नृत्य करेंगी, और करेंगी; महानाश के बवंडर में यह सबकुछ तूल खंड की भाँति उड़ जाएगा, विच्छिन्न अदृश्य खंड-पापों का प्रायश्चित्त असम्भव है। निपुणिका सामान्य अपमानिता नारी है। समाज की कुत्सित रुचि पर तिल-तिल करके उसने अपने को होमा है, उसकी यह वाणी हृदयाग्नि के अतल गह्वर से निकल रही है। तुम लोग आँधी को रोकने का व्यर्थ प्रयत्न कर रहे हो। पर आर्य, मेरी इच्छा है कि एक बार तुम सम्राटों की भृकुटियों की उपेक्षा करके इस महासत्य को ऊँचे सिंहासनों तक पहुँचा दो। यदि थोड़ा भी वह स्वर वहाँ तक पहुँच जाएगा तो सम्भव है कि महाकाल की क्रोधाग्नि प्रशमित हो जाए। बड़ा दुख है आर्य, इसी विराट् दैन्य के अन्तःस्पन्दनहीन ढूह पर यह साम्राज्य की नयनहारी रथयात्रा चली जा रही है। मैं इस ढूह की एक नगण्य कणिकामात्र हूँ। मुझे इस योग्य बना दो कि आप अपनी अग्नि से धधककर समूचे जंजाल को भस्म कर दूँ। मैं तुम्हारा करावलम्ब चाहती हूँ। नारी का जन्म पाकर केवल लांछना पाना ही सार नहीं है। तुमने ही मुझे आनन्द की ज्योतिष्कणिका दी थी। तुम्हीं मुझे तेज की चिन्गारी दो, आर्य!''

मैं आश्चर्य से स्तब्ध होकर यह व्याख्यान सुन रहा था। यह क्या प्रलाप है? क्या फिर यह हतभागी स्नायु-दुर्बलतावश बकवास करने लगी है? अगर यह प्रलाप है तो ऐसा सत्यपूर्ण प्रलाप पहली बार सुन रहा हूँ। मेरे मर्मस्थल को बेधकर एक प्रश्न अन्तस्तल के असीम गाम्भीर्य में गूँजता रहा—क्या छोटा सत्य बड़े सत्य का विरोधी होता है? ऐसा ही तो देख रहा हूँ। सामान्य मनुष्य जिस कार्य के लिए लांछित होता है, उसी कार्य के लिए बड़े लोग सम्मानित होते हैं! कैसा घोर परिवर्तन हुआ है निपुणिका में! वह आज परिताप की ज्वलन्त उल्का बनी हुई है।

क्या करेगी यह? अकेला चना क्या भाड़ फोड़ सकता है? समाज की अग्निशिखा तो नित्य ही व्यक्तियों की आहुति ले रही है; पर रास्ता क्या है? नारी से बढ़कर अनमोल रत्न और क्या हो सकता है; पर उससे अधिक दुर्दशा किसकी हो रही है? मुझसे निपुणिका क्या आशा रखती है? अवधूतपाद की साधना इसलिए अधूरी है कि उन्हें विशुद्ध नारी का सहयोग नहीं मिला और निपुणिका की बलिदानाकांक्षा इसलिए अपूर्ण है कि उसे पुरुष का करावलम्ब नहीं मिला! सत्य क्या है? मैंने स्पष्ट ही देखा कि निपुणिका की आँखों से अग्निस्फुलिंग झड़ने लगे हैं। क्या यह फिर मूर्च्छित होने जा रही है? मैं क्या उत्तर दूँ, यह सोच ही रहा था कि निपुणिका पर-कटे पक्षी की भाँति मेरे चरणों पर लोट गई। मैं हाहाकार कर उठा। आवाज सुनकर भट्टिनी दौड़ आईं। पूजा-वेदी से वह सीधे उठकर आई थीं।

निपुणिका अपनी संज्ञाहीन अवस्था में भी कसकर मेरा पैर पकड़े रही। बड़ा कठोर बन्धन था वह। मैं भट्टिनी को देखकर साध्वसवश उठने लगा; पर उस बन्धन ने मेरी चेष्टा में बाधा दी। भट्टिनी ने करुण स्वर में कहा, ''मत छुड़ाओ, भट्ट, उसे शान्ति मिल रही होगी!'' मैं अर्द्धोत्थित अवस्था में ही रुक गया। भट्टिनी नीचे बैठ गईं और उसके भीगे केशों में अपनी अँगुलियाँ डाल दीं। बड़े आयास से मैं भी नीचे बैठा। निउनिया के हाथ मेरे पैरों से उसी प्रकार कसे रहे। मैंने संक्षेप में भट्टिनी को निपुणिका के उत्तेजित वाक्यों का सार मर्म बताया। वे कुछ बोलीं नहीं। उसके अधोलम्बित ललाट को अपने किसलय-कोमल करतलों से दबाने लगीं। उनकी बड़ी-बड़ी आँखों में अश्रु-बिन्दु ढरक आए! भट्टिनी ने नयनाबु से मेरा हृदय गलने लगा। क्या करूँ कि इन आँखों में कभी अश्रु दिखाई ही न दे। कैसे क्या कहूँ कि भट्टिनी का कोमल हृदय व्यथा-व्याकुल न हो सके। भट्टिनी ने अपने आँचल से औषधि निकाली और बड़े सुकुमार भाव से उसकी आँखों और ललाट में प्रलेप करने लगीं। थोड़े उपचार के बाद निपुणिका की आँखें खुलीं। भट्टिनी को देखकर उसने धीरे-धीरे कातर भाव से कहा, ''मुझे छोड़ तो नहीं दोगी, भट्टिनी? मैं कान्यकुब्ज के लम्पट-शरण्य राजा से नहीं डरती।'' भट्टिनी ने स्नेहपूर्वक डाँटा, ''छिः बहन, तुझे छोड़कर मैं जी सकती हूँ?'' निपुणिका का पांडुर गंड-मंडल दरविगलित अश्रुधारा से प्लावित हो गया।

निपुणिका फिर उठकर बैठ गई। वह फिर बोलना चाहती थी; पर भट्टिनी ने बोलने नहीं दिया। देर तक वह सिर झुकाए भट्टिनी के पार्श्व में बैठी रही, देर तक उसके आर्द्र केशों में भट्टिनी की अँगुलियाँ उलझी रहीं, देर तक मैं अपने ही विचारों के ताने-बाने में जकड़ा रहा, देर तक वह स्तब्ध नीरवता उस घर में व्याप्त रही।

फिर निपुणिका ने ही भट्टिनी से कहा, "भीतर से बाहर तक जल रहा है, आर्ये! मुझे एक बात भट्ट से और कह लेने दो, मेरा अन्तस्तल धधक रहा है, मैं जल जाना चाहती हूँ, मेरा धूमायित समाप्त हो आया है।" भट्टिनी ने उसके मुख पर अंगुलि रखकर चुप कराते हुए कहा, "केवल एक वाक्य में तुम्हें अपना वक्तव्य समाप्त करना होगा।" निपुणिका ने निराश होकर कहा, "तो अभी नहीं कहूँगी।" भट्टिनी ने कहा, "यही ठीक है।"और उसे खींचकर भीतर ले गईं। मैं चिन्ताकातर होकर वहीं बैठा रह गया।

एक वृद्धा दासी ने आकर संवाद किया कि भट्टिनी ने स्नान करने का निदेश दिया है, क्योंकि शीघ्र ही आभीरराज लोरिकदेव ने मुझसे मिलने की इच्छा प्रकट की है। मैं तुरन्त उठ खड़ा हुआ। उस पूर्वमध्याह्नकाल में ही धरित्री पर अंशुमाली की तीक्ष्ण किरणें उत्तप्त रजतशलाकाओं की भाँति बिछ गई थीं, महासरयू के तट-प्रदेश को घेरकर दूर तक फैले हुए सैकत-पुलिन में दारुण ताप संचरित हो गया था, दूरस्थित अश्वत्थ वृक्ष पर सुनाई देनेवाले वन्य पारावतों के घूत्कार के सिवा कहीं से भी कोई शब्द नहीं आ रहा था, तृषार्त्त कृकलास (गिरगिट) शरमूल छोड़कर जल के सन्धान में व्यर्थ ही झुलस रहे थे, अत्यन्त क्षीणधारा महासरयू पारद-रेखा की भाँति दिखाई दे रही थी, धूसर आकाश-मंडल तांडव-क्लान्त धूर्जटि की भस्माच्छादित जटा की भाँति दिगन्त तक फैला हुआ था और वायुमंडल के प्रत्येक स्तर में झंझा का पूर्वाभास स्तब्ध रहकर विचित्र आशंका उत्पन्न कर रहा था। स्नानादि से निवृत्त होकर जब मैं लोरिकदेव की सभा में पहुँचा तो मध्याह्न का शंख बज चुका था। मुझे बताया गया कि लोरिकदेव ने भोजनोपरान्त अपराह्नकाल में अपने विश्राम-कक्ष में ही मुझसे मिलने का प्रसाद प्रकट किया है।

अपराह्नकाल में जब लोरिकदेव के विश्राम-कक्ष में पहुँचा तो मुझे बड़ा आश्चर्य हुआ। मैंने मन-ही-मन सोचा–लोरिकदेव के प्रासाद के विशाल बहिःप्रकोष्ठ में शुक-सारिका, लाव-तित्तिर, कुक्कुट-मयूर आदि पक्षियों का कलरव गूँज रहा होगा, गोमयोपलिप्त अजिरभूमि के सामनेवाले द्वार पर मालतीमाला लटक रही होगी, पार्श्ववर्त्ती बलिवेदिकाओं के ऊपर अभिराम शालभंजिकाएँ न्यस्त या उत्कीर्ण होंगी, शयनकक्ष में स्यन्दन, देवदारू या हरिचन्दन की शय्या और असित की प्रतिशय्यिका होंगी जिनमें मांगलिक दन्तपत्र सुशोभित होंगे, शय्या के सिरहाने कूर्चस्थान पर उनके इष्टदेव की मनोहर मूर्ति सजी होगी, पास ही किसी वेदिका पर माल्यचन्दन और उपलेपन रखे होंगे, यदि वे कुछ अधिक शिल्पविनोदी होंगे तो गजदन्त पर वीणा ज़रूर रखी होगी और उसे वलयाकार घेरकर कुरंटक पुष्पों

की माला भी लटक रही होगी। शय्या से ज़रा दूर हटकर कोई गंधार देश का आस्तरण बिछा होगा और सहृदय बिट-विदूषकों के मनोरंजन के लिए ताम्बूल और सौगन्धिक पुटिका (इत्रदान), मातुलुगत्वक् और सिक्थ-करंडक (मोम की पिटारी) भी होंगे। वात्स्यायन ने सैकड़ों वर्ष पहले पाटलिपुत्र के नागरिकों की जीवनचर्या को देखकर जो व्यवस्था सुझाई थी, वह आज समूचे भरतखंड के अभिजात-जनों का आदर्श बन गई है। आर्यावर्त के रईसों की रुचि इसी आदर्श पर ढलती है। परन्तु लोरिकदेव का विश्राम-कक्ष एकदम भिन्न था। प्रस्तर-भित्तियों में गजदन्त के नाम पर कुछ लौह-कीलक थे जिन पर धनुष्कांस्य और मुद्गर रखे हुए थे। वीणा का तो वहाँ नाम-गन्ध भी नहीं था। लोरिकदेव की काष्ठशय्या पर ऊर्णास्तरण (कम्बल) बिछे हुए थे; न कहीं ताम्बूल था, न सौगन्धिक पुटिका और द्यूत-फलक। समूचा कक्ष उनकी विशाल बलिष्ठ देह के छन्द के साथ पूर्ण सामंजस्यमय था। चारों कोनों में धूपवर्तिकाएँ जल रही थीं और कूर्च-स्थान पर बाल-वासदेव की गोवर्धनधारी मूर्ति के पाद-देश में कर्पूर दीपक दीप्त हो रहा था। सुरुचि उस घर में पूर्ण मात्रा में थी; पर सुकुमारता को जान-बूझकर दूर रखा गया था। मुझे देखकर लोरिकदेव बड़े प्रेम से उठे, आसन देकर सम्मानित किया और दुर्लभ गन्धराज पुष्पों का सुन्दर स्तवक उपहार में दिया। फिर स्वयं अपनी काष्ठ-शय्या पर आसीन हुए।

बिना किसी भूमिका के ही उन्होंने पूछा, "भट्ट, तुमने देवपुत्र-नन्दिनी का परिचय मुझे न देकर कान्यकुब्जेश्वर को क्यों दिया?" मैंने भी बिना भूमिका के ही उत्तर दिया, "मैं भट्टिनी का विनीत सेवक हूँ। उनकी आज्ञा थी कि मैं किसी को उनका यथार्थ परिचय न बताऊँ। मैंने कान्यकुब्ज-नरेश को भी उनका कोई परिचय नहीं दिया। उन्हें कुमार कृष्णवर्द्धन से मालूम हुआ। कुमार को भट्टिनी का परिचय मालूम था। क्यों और कैसे उन्हें मालूम हुआ, यह मैं अभी नहीं बता सकता।"

लोरिकदेव की कुंचित भृकुटियों में सहज भाव आया, ललाट-देश की धनुषायित वलियाँ सरल हो आईं, आकृष्ट गंड-कुंचिकाएँ तिरोहित हो गईं, उनकी आँखों में सहज विश्वास का भाव लौट आया। थोड़ा रुक करके धीर-संयत भाषा में बोले, "देखो भट्ट, मेरी शिराओं में गुप्तों के अन्न से बना हुआ रक्त है, मैं अट्ठारह वर्ष की अवस्था से गुप्त-सेना का सैनिक रहा हूँ। मैंने सिन्धु और कुभा के उस पार तक समुद्रगुप्त के गरुड़ध्वज को फहराया है! मेरी अवस्था इस समय साठ से ऊपर हो गई है। तुम क्या आशा रखते हो कि इस प्रौढ़ अवस्था में अपने अन्नदाताओं को दुर्बल देखकर कल के बनियों को राजाधिराज मान लूँ? यह

असम्भव है। अगर मुझे अधीनता माननी है तो वह गुप्तों की ही मान्य होगी। कान्यकुब्ज के राजा को मैं चरणाद्रि दुर्ग के पूर्व किसी प्रकार नहीं आने दूँगा।'' उनकी आँखों में रोष का भाव प्रकट हुआ; किन्तु उन्होंने फिर अपने को सँभालकर कहना शुरू किया, ''बड़ा विकट संवाद गिरिवर्त्म के उस पार से आया है। भट्ट, कान्यकुब्ज का नपुंसक शासन उस संकट को दूर नहीं कर सकता। देवपुत्र तुवरमिलिन्द से मित्रता स्थापित करने मात्र से यह धर्माचारहीन शासन बलवान् नहीं हो जाएगा। हाय, इस समय गुप्तकुल में कोई शक्तिशाली बच्चा भी नहीं बच रहा। स्कन्दगुप्त के साथ ही गुप्तों का प्रतापानल शान्त हो गया है। योग्य से ही योग्य के मिलन से शक्ति उत्पन्न हो सकती है; भट्ट, तुम स्वप्न में भी यह विश्वास मन में न जमने दो कि अयोग्य राजा से मित्रता होने पर देवपुत्र तुवरमिलिन्द शक्तिशाली हो जाएँगे। देखो, मैं कूटनीति नहीं जानता, तुम लोगों ने नाना शास्त्रों के अभ्यास से जिस प्रकार अपनी बुद्धि शाणित की है वैसा करने का अवसर मुझे कभी मिला ही नहीं, मैंने घोड़े की पीठ पर ही विश्राम पाया है और जुझाऊ बाजों की गड़गड़ाहट से रात्रि-यापन किया है, मुझे नीतिपटु होने का गर्व एकदम नहीं है। मैं सहज बात को सहज ढंग से ही समझ पाता हूँ। सत्य और असत्य का मेल नहीं हो सकता। आर्यावर्त के समाज में अनेक स्तर हो गए हैं। यह भगवान् का बनाया विधान नहीं है। यह असत्य है। गिरिवर्त्म के उस पार से जो म्लेच्छवाहिनी आ रही है, उसने इस मिथ्या को कभी प्रश्रय नहीं दिया है। मैं अपनी आँखों देखी बात ही तुमसे कह रहा हूँ। प्रबल प्रतापी गुप्त-नरपतियों ने इस मिथ्या समाज-भेद के साथ उदात्त भावनाओं का समन्वय करना चाहा था। यह गलती थी। गोविन्दगुप्त ने इस रहस्य को समझा था, तुवरमिलिन्द ने भी समझा है; पर गुप्त सम्राट्गण इसे नहीं समझ सके। वे उच्छिन्न हो गए। यही होना था। आर्य गोविन्दगुप्त के परामर्श से ही मैंने अपनी इस आभीर-वाहिनी में स्तर-भेद नहीं होने दिया। मेरे दस सहस्र मल्ल भीतर से बाहर तक एक हैं। जब कभी गुप्त नरपतियों को म्लेच्छसेना से भिड़ना पड़ा है तभी यह आभीर-सेना उनके काम आई है। मैं दीर्घ अनुभव के बाद कह रहा हूँ, भट्ट, देवपुत्र की सेना के साथ यदि किसी की मित्रता हो सकती है तो गुप्तों की इस आभीरसेना की ही हो सकती है। कान्यकुब्ज की सेना देवपुत्र के लिए बोझ ही सिद्ध होगी। तुम मेरी बात समझ रहे हो न, भट्ट?''

मैंने विनीत भाव से सिर हिलाया। लोरिकदेव ने फिर कहा, ''समूचा आर्यावर्त रक्तकर्दम से पिच्छिल होने जा रहा है, कान्यकुब्ज की कुटिल नीति इस समय इस देवभूमि को महानाश से नहीं बचा सकती। मैं किसी अभिमानवश कुछ नहीं कह

रहा हूँ, समूचे देश के कल्याण के लिए तुम्हें सावधान कर देता हूँ। भट्टिनी को कान्यकुब्ज-नरेश के हाथों कभी मत पड़ने देना।" इतना कहकर उन्होंने मेरी ओर प्रश्नभरी दृष्टि से देखा। मैंने नम्रतापूर्वक किन्तु दृढ़ता से उत्तर दिया, "आभीरराज, आपके स्पष्ट और उदार परामर्श के लिए अत्यन्त कृतज्ञ हूँ। मैंने सारा जीवन उच्छृंखल अनड्वान की भाँति मस्ती में ही बिताया है। मुझे न कूटनीति से ही कोई परिचय है, न युद्ध-विग्रह से ही। मैं प्रमाद और परिस्थितिवश राजनीतिक दाँव-पेंच में फँस गया हूँ। परन्तु इतना आप विश्वास मानें कि मेरे हाथों से अब भट्टिनी को काल भी नहीं खींच सकता। भट्टिनी जहाँ भी रहेंगी, रानी होकर रहेंगी। आप अगर अपराध मन में न लाएँ तो आपके अन्तःपुर में भी मैं उन्हें स्वतन्त्र रानी ही मानता हूँ।" लोरिकदेव हँसे। उस हँसी का स्पष्ट तात्पर्य था कि तुम बहुत भोले हो। पर कुछ बोले नहीं। थोड़ी देर बाद मौन रहकर उन्होंने कहा, "मैंने अपने दस सहस्र मल्ल भट्टिनी की सेवा के लिए दे दिए हैं। वे उन्हें चाहे जिस प्रकार सेवा में नियुक्त कर सकती हैं। मैं चाहता हूँ कि वे ही पुरुषपुर तक देवपुत्र-नन्दिनी को साथ लेकर जाएँ। इस प्रस्ताव में मेरा कोई निजी स्वार्थ नहीं है। अगर है तो सिर्फ इतना ही कि मैं गुप्तों के शत्रुओं के कन्धे पर इस पवित्र भूमि की रक्षा का भार नहीं देना चाहता। मैं उनके और किसी भी कार्य में हस्तक्षेप नहीं करना चाहता। गुप्त सम्राट् उनसे वचन हार चुके हैं। सोचकर देखो, भट्ट, सारे देश का कल्याण इसी में है या नहीं।"

मैं सचमुच सोच में पड़ गया। कुमारकृष्ण को मैं क्या उत्तर दूँगा? क्या यह सम्भव है कि कान्यकुब्ज की छाती चीरती हुई इतनी बड़ी सेना निकल जाए और संघर्ष न हो? और संघर्ष से क्या महानाश का मार्ग और भी प्रशस्त नहीं हो जाता? भट्टिनी का भविष्य भी क्या अनिश्चित नहीं हो जाता? लोरिकदेव सरल हैं; पर महाराजाधिराज के विषय में उन्हें बहुत भ्रान्त बातें बताई गई हैं। फिर साठ वर्षों का बद्ध वैर आसानी से शिथिल भी तो नहीं हो सकता। क्या उपाय है?

मैंने विनीत भाव से उत्तर दिया कि मुझे भट्टिनी की आज्ञा लेने का अवसर दिया जाए। लोरिकदेव ने प्रसन्नतापूर्वक अनुमति दे दी।

लोरिकदेव के विश्राम-कक्ष से जब बाहर निकला तो मेरा मस्तिष्क नाना चिन्ताओं से व्याकुल हो रहा था। मुझे स्पष्ट ही दिख रहा था कि आर्यावर्त की पवित्र देवभूमि नर-कंकालों से भरकर श्मशान होने जा रही है। इस महानाश को रोकने का जो अस्त्र विधाता ने संयोग और सौभाग्यवश मेरे हाथ में दे दिया है उसकी उपयोग-विधि से मैं एकदम अनभिज्ञ सिद्ध हो रहा हूँ। मुझे एक-एक करके बीती हुई घटनाएँ याद आने लगीं, निपुणिका का अचानक मिल जाना, छोटे

महाराज के अन्तःपुर में स्त्री-वेश में भट्टिनी का उद्धार, भदन्त और अवधूत का संयोगवश मिलन और कुमार कृष्णवर्द्धन से परिचय। यह क्या सब पूर्वचिन्तित विधि-विधान है? इतने संयोग कैसे एकत्र हो गए? कितनी विचित्र बात है यह? ऐसा जान पड़ता है कि यह किसी निपुण कवि की निबद्ध आख्यायिका हो। अवधूतपाद ने पहले ही दिन मेरे समूचे अस्तित्व को झकझोरकर कहा था कि भट्टिनी ही मेरी देवता हैं। आज घटना-चक्र ने मेरी सिद्धि को ही साधन बना दिया है। मुझे कहीं से कोई प्रकाश-रेखा नहीं दिखाई दे रही; पर सिद्धि को साधन समझना कच्चे चित्त की कच्ची कल्पना है। इसे रूप ग्रहण करने देना प्रमाद होगा। इससे चाहे सारे संसार का कल्याण हो जाए, मेरा सत्यानाश निश्चित है। एक ओर आर्यावर्त का कल्याण है, दूसरी ओर मेरा सत्यानाश। कौन-सा चुनूँ? मुझे अवधूत अघोरभैरव के वाक्य याद आए, उन्होंने विरतिवज्र से कहा था, "देखो विरति, सत्य अविभाज्य है। तुम्हारे बौद्ध दार्शनिकों ने संवृति-सत्य (व्यावहारिक सत्य) और परामर्श-सत्य कहकर उसे विभक्त करने का दम्भ फैलाया है। मानो ये दोनों परस्पर विरुद्ध हों। जो मेरा सत्य है वह यदि वस्तुतः सत्य है तो वह सारे जगत् का सत्य है, व्यवहार का सत्य है, परमार्थ का सत्य है, त्रिकाल का सत्य है!" अवधूतपाद के इस कथन का क्या तात्पर्य हो सकता है? एक बात मुझे हस्तामलक की भाँति स्पष्ट दिखाई दे रही है। मैं अपने सत्य को ही आचरण में उतार सकता हूँ, सारे जगत् के कल्याण को मैं चाहूँ भी तो अपने भीतर उतार नहीं सकता। भट्टिनी को मैं राजनीति का खिलौना नहीं बनने दूँगा। भट्टिनी मेरी राजराजेश्वरी हैं, उनके सामने महाराजाधिराज श्रीहर्ष ही क्या और आभीरराज लोरिकदेव ही क्या। मेरा कर्तव्य बस एक है। राजराजेश्वरी की अकुंठ सेवा। प्राण रहते मैं किसी को इस कर्तव्य में बाधक नहीं होने दूँगा। आज आभीरराज ने जो कहा है उससे मेरे कर्तव्य का क्या कहीं विरोध है? ऐसा तो नहीं दिखता। और कुमार कृष्णवर्द्धन ने जो कुछ कहा था उससे क्या मेरे कर्तव्य से कोई विरोध है? ऐसा भी तो नहीं दिखता। कुमार ने कहा था, "चाहे जैसे हो, भट्टिनी को यहाँ ले जाओ।" मैं भट्टिनी को राजराजेश्वरी बनाकर ले चलूँगा, एक सहस्र आभीर-मल्ल उनकी सेवा में नियुक्त होंगे, जो उनके इंगित पर अपने प्राणों की आहुति दे देंगे—इसमें विरोध कहाँ है? भट्टिनी की सेना कान्यकुब्ज की छाती चीरती हुई निकल जाएगी, इसमें बाधा देनेवाला या तो मुझे मार डालेगा या मैं उसे मार डालूँगा। मेरे मर जाने पर भट्टिनी का क्या होगा? धिक् भंड बाण! फिर तू अपने को भट्टिनी का रक्षक समझने लगा। भट्टिनी तेरी सिद्धि है, तुझे उनकी सेवा के लिए प्राण उत्सर्ग करने का ही अधिकार है। मैं इसी प्रकार शत-शत चिन्ताओं में उलझा चला जा रहा था कि

पीछे से गम्भीर कंठ से किसी ने सम्बोधन किया, "आर्य, हमें भूल ही गए!"

पीछे मुड़कर देखता हूँ तो मौखरि-वीर विग्रहवर्मा है। श्रद्धातिरेकवश उसने झुककर भूमि में मस्तक टिकाकर प्रणाम किया। मैंने आशीर्वाद देकर उसका और उसके सैनिकों का कुशल-संवाद पूछा--उसने यथोचित उत्तर देने के बाद कहा, "आर्य, आभीर-सेना के दस सहस्र मल्लों की ओर देखकर मौखरियों के दस सैनिकों की उपेक्षा नहीं होनी चाहिए। हम महारानी राज्यश्री के किंचन सेवक हैं; पर यदि किसी ने आँख दिखाई तो हम उसका उचित उपचार जानते हैं। बड़ी कठिनता से हमारे सैनिक आपके निर्देश की प्रतीक्षा में अपने को रोके हुए हैं, नहीं तो जिस समय हमें यह समाचार मिला कि आभीरराज ने कान्यकुब्जेश्वर को अपशब्द कहे हैं, उसी समय यहाँ रक्त की नदी बह जाती। आर्य, हम मन्त्र और औषध से रुद्धवीर्य काल-सर्प की भाँति समय बिता रहे हैं। आदेश मिले और इन सर्पों को दस लोल जिह्वाएँ भद्रेश्वर के मदगर्वित सैन्यों को चाट जाएँ।" इतना कहकर विग्रहवर्मा ने कोश से अपनी विशाल तलवार खींच ली।

और बना! मेरे मस्तक पर श्रम-बिन्दु झलक आए। मैंने विग्रहवर्मा को शान्त करने के उद्देश्य से कहा, "हे नरव्याघ्र! इस समय छोटी-छोटी बातों में शक्ति अपचय करना उचित नहीं है। तुमने मौखरिगुरु आचार्य भर्वुपाद का शपथशप्त पत्र पढ़ा है न? दुरन्त म्लेच्छवाहिनी गिरिसंकट के उस पार एकत्र हो रही है, मौखरियों के वीर्य की परीक्षा वहीं होगी। तुम इस समय कान्यकुब्जेश्वर के निदेश से निखिल राज-राजेश्वरी देवपुत्र-नन्दिनी की सेवा में नियुक्त हो। जब तक तुम्हें फिर से अन्यत्र नियुक्त नहीं किया जाता तब तक तुम्हारा उनकी रक्षा के अतिरिक्त और कोई कर्तव्य नहीं है। आभीर-सेना इस कार्य में तुम्हारी सहायता ही तो करेगी। देखो नरवीर, आर्यावर्त को महानाश से बचाना है। बड़े उद्देश्य के लिए अपने को बलि दो; बलि देने का ऐसा अवसर नहीं मिलेगा।" विग्रहवर्मा ने झुककर प्रणाम किया। अपनी तलवार को कोश-बद्ध करते वह कहने लगे, "सबसे बड़ा उद्देश्य अन्नदाता की मान रक्षा है, आर्य! परन्तु तुम्हारा आदेश ही हमारा कर्तव्य है। केवल इतना भूल न जाना कि भट्टिनी की रक्षा का मुख्य भार हमारे ऊपर है।" विग्रहवर्मा प्रणाम करके चला गया।

उस समय आकाश का पश्चिमी दिगन्त लाल हो आया था, एकाध विच्छिन्न मेघ-पटल उस गाढ़ लालिमा से सर्वांग-लिप्त हो गए थे मानो महाकाल ने अपने अकुंठ इंगित से यह बताना चाहा हो कि आर्यावर्त के विच्छिन्न प्रयत्न इसी प्रकार रक्त-धारा में आमस्तक डूब जाएँगे। मज्जमान जरठ भास्कर की दो-चार किरणें दिगन्त के छोर तक फैल गई थीं जो रक्तस्नान से सद्योविनिर्गता महाकालिका की

नृत्यविकीर्ण पिंगल जटाओं का भ्रम उत्पन्न कर रही थीं; सारा आकाश उद्धूम अग्नि-कुंड की भाँति जल रहा था, वृक्षों की उच्च शिखाओं पर चिपकी हुई लाल आभा भयंकर आशंका उत्पन्न कर रही थी मानो ज्वाला के भय से भागनेवाली वनदेवियों के चरणालक्तक की ही लालिमा हो। धरती से आकाश तक फैली हुई यह लाल शोभा न जाने किस विकट भविष्य की सूचना दे रही है, त्रिपुरभैरवी की इस वाम लीला का साक्षी क्या मैं ही होने जा रहा हूँ? क्या होनेवाला है!

सप्तदश उच्छ्वास

निपुणिका के स्वास्थ्य की अवस्था देखकर मैं बहुत चिन्तित हो गया। मुझे उसके साथ बिताए हुए एक-एक दिन याद आने लगे। पहली बार जब वह मेरे पास आई थी उस समय उसकी अवस्था कठिनाई से सोलह वर्ष की होगी। वह बहुत डरी हुई मालूम हो रही थी। मेरे सामने आने पर वह इस प्रकार भीत और लज्जित हुई कि न ताक ही सकी, न बोल ही सकी। मैंने उस दिन उससे कुछ बात नहीं की। उसे आश्रय देने में भय की आशंका थी; फिर भी उसे आश्रय दिया। वह बहुत रोती रही। मुझे उस पर इतनी दया आई कि उस दिन रात-भर सो भी नहीं सका। वह वसन्त का मादक काल था, दिगन्त सहकार-मंजरी के केसर के मूर्च्छमान हो रहा था, मधुपान से छके हुए भ्रमर गली-गली घूम रहे थे, पुष्पों और पल्लवों के भार से वृक्ष और लताएँ लदी हुई थीं, मलयानिल के मन्द-मन्द

झोंकों से लतागुल्मों के पुष्पस्तवक लहरा रहे थे, मदमत्त कोकिल अकारण ही लोकचित्त को औत्सुक्य से हिल्लोलित कर देते थे, वनभूमि लताओं के उन्मद-नर्त्तन से उल्लसित हो उठी थी, शोभा और सौहार्द की इसी पृष्ठभूमि में निपुणिका का कातर मुख दिखाई दिया। मेरा चित्त दिन-भर हाय-हाय करता रहा। क्या उमर थी उसकी! इसी सुकुमार अवस्था में न जाने वह कौन-सा मर्मंतुद दुख था जिसने इस कच्ची बालिका को ऐसा साहसिक कार्य करने को उद्बुद्ध किया। उस दिन मैंने पहली बार अनुभव किया कि मनुष्य के सामाजिक सम्बन्धों की जड़ में ही कहीं बहुत बड़ा दोष रह गया है। वह दोष क्या है? मैं बहुत सोचकर भी उसे नहीं समझ सका। निपुणिका ने बाद में भी बहुत कम बातें बताईं। मैंने भी उतना जानकर ही सन्तोष करना उचित समझा जितना वह अनायास कह जाती। तब से उसके साथ मेरा वैसा ही व्यवहार है। जब प्रसन्न होकर कुछ कहती है तो सुन लेता हूँ। अधिक पूछने का प्रयोजन भी नहीं होता, सार्थकता भी नहीं रहती। बड़े करुणाजनक संयोगों के बीच से मैंने यह अनुभव किया है कि स्त्री के दुख इतने गम्भीर होते हैं कि उसके शब्द उसका दशमांश भी नहीं बता सकते। सहानुभूति के द्वारा ही उस मर्मवेदना का किंचित् आभास पाया जा सकता है। निपुणिका ने कहा था कि मेरी ही शपथ करके तुम सत्य-सत्य कहो आर्य, मेरा कौन-सा ऐसा पाप-चरित्र है जिसके कारण मैं आजीवन दुख की निदारुण भट्ठी में जलती रही; क्या स्त्री होना ही मेरे सारे अनर्थों की जड़ नहीं है? इन शब्दों में कितना मर्मान्तक दुख है, वह मैं ही जानता हूँ। निपुणिका में इतने गुण हैं कि वह समाज और परिवार की पूजा का पात्र हो सकती थी, पर हुई नहीं। इतने दिनों से साथ हूँ, उसके चरित्र में मैंने कहीं कलुष नहीं देखा। वह हँसमुख है, कृतज्ञ है, मोहिनी है, लीलावती है—ये क्या दोष हैं? मेरा चित्त कहता है कि दोष किसी और वस्तु में है, जो इन सारे सद्गुणों को दुर्गुण कहकर व्याख्या करा देती है। वह वस्तु क्या है? निश्चय ही कोई बड़ा असत्य समाज में सत्य के नाम पर घर बना बैठा है। निपुणिका में सेवा-भाव इतना अधिक है कि मुझे आश्चर्य होता है। उसने मेरी सेवा इतने प्रकार से और इतनी मात्रा में की है कि मैं उसका प्रतिदान जन्म-जन्मान्तर में भी नहीं कर सकूँगा। निपुणिका ने स्वयं मुझे बताया था कि मेरे प्रति उसका मोह था, जो मेरे एक अविचारित हास से बुरी तरह आहत हुआ था। निपुणिका-जैसी सेवा-परायणा, चारुस्मिता, लीलावती ललना के प्रति जिस पुरुष की श्रद्धा और प्रीति उच्छ्वसित न हो उठे वह जड़ पाषाण-पिंड से अधिक मूल्य नहीं रखता। निपुणिका ने मुझे जिस दिन जड़ कहा था उस दिन उसका मोह क्या सचमुच कट चुका था? उसने पहले कभी भी अपना राग मेरी ओर प्रकट नहीं

किया था; परन्तु उसकी प्रत्येक भाव-भंगी में, प्रत्येक सेवा में एक मौन उल्लास बराबर बताया करता कि इस क्रिया-कलाप की अत्यन्त गहराई में कोई और वस्तु है। आज भी वह वस्तु जहाँ-की-तहाँ है। केवल उसके ऊपरी सतह का फेन हट गया है। आज भी उसके हृदयमन्दिर के अत्यन्त निभृत में कोई देवता स्तब्ध बैठा है जो निश्चय ही मेरी मौन पूजा से ही सन्तुष्ट रहता है। मेरे मानस को निपुणिका के दर्शन ने एकदम उत्तरंग बनाया ही नहीं–ऐसा कहना असत्य होगा। मैंने उसकी-सी मानसी मूर्ति की कितनी आराधना की है, वह मेरा अन्तर्यामी ही जानता है; पर मैं अपनी सीमा को जानता हूँ, भगवान् ने मुझे रुक सकने की शक्ति दी है। हाय, निपुणिका का जीवन दुख की भट्ठी में ही जलते कटा है। मैं उसकी क्या सेवा कर सका हूँ! आज मेरी ही प्राण-रक्षा के लिए उसने सम्मोहन के प्रतिप्रसव की बलि-वेदी पर अपने को होम दिया है। ऐसा लगता है कि भट्टिनी से उसने अपने पूर्व आकर्षण की बात कह दी है, नहीं तो भट्टिनी क्यों कहतीं कि अपना पैर मत छुड़ाओ, उसे शान्ति मिल रही होगी। छिः, कैसी लज्जा की बात है! मेरा मन कह रहा है कि निपुणिका का मोह अभी कटा नहीं है। कहीं कोई चिनगारी अब भी सुलगी हुई रह गई है। हाय, मुग्धा ही तो यह अब तक! और मैं? मैं जब अपना ही विश्लेषण करके देखता हूँ तो करतलगत आमलक-फल के समान स्पष्ट प्रतिभात होता है कि मेरी आराधना वन्ध्य रही है, इसमें कहीं फल-फूल का कोई चिह्न भी नहीं है। प्रत्येक कर्तव्य का कोई-न-कोई मानस उत्स होता है। कोई यश की लिप्सा से, कोई अर्थ की इच्छा से, कोई भक्ति की कामना से अपना कर्तव्य निर्धारित करता है। मैंने अपनी नाटकमंडली क्यों तोड़ दी? क्यों मैं छह वर्षों तक आवारा की तरह घूमता रहा? क्या मेरे इस कर्तव्य का कोई मानस उत्स है? निपुणिका के प्रति कोई मोह मेरे मन में रह गया था क्या? हाय, निपुणिका ने जब कहा था कि मेरा धूमायित होना बन्द हो गया है, मैं अब धधक उठूँगी, उस समय उसका चित्त कितना उत्क्षिप्त था! भट्टिनी तभी से किसी व्याकुल आशंका से बेचैन हैं, उसकी वाष्पप्लुत आँखें मेरी समूची सत्ता को गला डालती हैं। यहाँ मुझे आए तीन दिन हो गए। इतने ही में मैं क्या-क्या देख रहा हूँ! भट्टिनी ने आज बड़े कातर स्वर में कहा कि सौरभ-ह्रद के निकटवर्ती किसी शिवसिद्धायतन में प्रणिपात करने से सम्मोहन की सभी बाधाएँ दूर हो जाती हैं, ऐसा उन्होंने सुना है। मैंने उनसे जब कहा कि अवधूतपाद की दी हुई औषधि पर विश्वास करना ही शुभ है तो उनकी बड़ी-बड़ी आँखों में आँसू ढरक आए। मैंने अधिक कुछ न कहकर सौरभ-ह्रद में निपुणिका को ले जाने का ही आश्वासन दिया। भट्टिनी की आँखों में आँसू देखता हूँ तो मेरा अन्तस्तल विदीर्ण होने लगता

है, अधरोष्ठ सूखने लगता है, मस्तक स्वेदार्द्र हो जाता है और श्वास-प्रक्रिया विक्षुब्ध हो आती है। मैं कितना अवश हूँ।

भट्टिनी में एक और परिवर्तन देख रहा हूँ। ऐसा लगता है कि कुछ अघटित घटने की आशंका ने उनके भीतर को झकझोर डाला है। ऊपर से वह हृदयन्तुद आलोड़न बिलकुल नहीं दिखाई देता। पर उनके प्रत्येक कार्य में एक प्रकार की अन्यमनस्कता आ गई है; चित्त में कहीं उत्कंठा की झंझा जरूर बह रही है, जो उनकी सहज व्यवस्थित बुद्धिता में व्यतिक्रम पैदा कर रही है। मुझसे निपुणिका के बारे में जब यह बात कहने आई तो ऐसा लगा कि अपना वक्तव्य ही भूल गई हैं। कुछ देर तक निर्निमेष मेरी ओर देखती रहीं। भट्टिनी को इतनी देर तक निर्निमेष भाव से देखते मैंने नहीं देखा था। जब मैंने उनका वक्तव्य जानने का आग्रह किया तो वे इस प्रकार अचकचा गईं जैसे कच्ची नींद से किसी ने जगा दिया हो। उस समय उनकी शोभा देखते ही बनती थी—अयत्न-विस्रस्त चिकुर-राजि के भीतर वह आर्द्रार्द्र मुखमंडल शैवाल-जाल से घिरे हुए सीकर-सिक्त प्रफुल्ल शतदल के समान मनोहर लगता था, किन्तु कातरता के कारण शिथिल बनी हुई भ्रू-लताएँ मनोजन्मा देवता के भग्नचाप की भाँति भीषण-मनोहर शोभा-विस्तार कर रही थीं। उनके पाटल-शोण अधर सूख आए थे और मेरे मन में अद्भुत आशंका का भाव उत्पन्न कर रहे थे। भट्टिनी की कपोल-पालि में न उल्लास था, न विकार था, न कोई स्फूर्ति थी। मानो समस्त बाह्य विकार भीतर चले गए हों, मानो समस्त अन्तःस्फुरण किसी और गहरे केन्द्र में निमग्न हो गए हों। उस शोभा के सरोवर में कहीं तरंग नहीं था, चांचल्य नहीं था, धरातल पर केवल एक गाम्भीर्य की स्थिरता दिखाई दे रही थी। हाय, वह कौन-सा दुख है जो भट्टिनी के भीतर आलोड़न पैदा किए हुए हैं?

सौरभ-हृद[1] भद्रेश्वर से बहुत दूर नहीं था। भट्टिनी की इच्छा जानकर आभीर सामन्त ने निपुणिका के लिए एक शिविका और मेरे लिए घोड़े की व्यवस्था कर दी। हमारे साथ कुछ विश्वस्त अनुचर भी दिए।

पहर दिन चढ़ने पर हम वहाँ पहुँचे। निपुणिका को इस मनोहर हृद के देखने से बड़ा उल्लास हुआ। मुझे भी देखकर बड़ी शान्ति मिली। ऐसा जान पड़ता था जैसे प्रलय-काल में जब समस्त दिशाओं का सन्धि-बन्धन स्खलित हो गया था उस समय आकाश-मंडल ही पृथ्वी पर उलटकर इस हृद के रूप में रूपान्तरित हो गया था, या फिर आदि-वराह के दन्त द्वारा उद्धारित धरित्री का रन्ध्र ही वारिपूरित होकर यह विशाल सर बन गया था। पूर्व से पश्चिम तक प्रसारित सौरभ-हृद

1. सम्भवतः वर्तमान सुरहा झील; जिला बलिया, उत्तर प्रदेश।

अपनी शोभा का उपमान आप ही है। इस भीषण ज्वाला-वर्षी ग्रीष्मातप के समय भी उत्फुल्ल कुमुद, कुवलय और कह्लार हृदय-शामक शोभा बिखेर रहे थे, विकसित पुंडरीक के मधुबिन्दु जल पर फैलकर मयूर-पुच्छस्थ चन्द्राकृति के चिह्न से हृदयतल को रंगीन बना रहे थे, अलिकुल पटल से सौगन्धिक पद्म आच्छादित हो रहे थे, पद्म-मधु पानमत्त कलहंसवधुओं के कोलाहल से सारा सरोवर मुखरित हो रहा था, उन्मद सारसों के कल क्रेंकार से वायुमंडल विद्ध हो रहा था, अनेक जलचरों के चटुल संचार से उसकी तरंग-वीचियाँ भी वाचाल हो रही थीं, वायुलहरियों से आलोड़ित सरोवर की तरंगें ऊपर उठ-उठकर टूट जाती थीं, और दूर तक उनसे विकीर्ण सीकर-बिन्दुओं से वर्षाकाल का दृश्य उपस्थित हो जाता था; सारा ह्रद इतना सुगन्धित था कि रह-रहकर भ्रम होता था कि कहीं स्नानावतीर्ण वनदेवियों के केश-लग्न पुष्पों की सुगन्धि से ही तो इतना आमोद नहीं फैल गया है। श्वेत कुमुदों में श्वेत कलहंस इस प्रकार मिल गए थे कि जब तक वे अपनी प्रियतमाओं को निकट बुलाने के लिए चिल्ला न पड़ते थे तब तक उनकी उपस्थिति की सम्भावना भी नहीं मालूम पड़ती थी। आपांडुर किंजल्क समूचे सरोवर को आच्छादित करके ऐसी कमनीय शोभा विस्तार कर रहे थे कि छायारूप में अवतीर्ण चन्द्र-मंडल की तरंगधौत अमृत-धवलिमा का भ्रम उत्पन्न हो जाता था, तट के उपान्त भाग में अवस्थित वृक्षों के पल्लव-पुट की वायु से वीजित होकर सरोवर की तरंगें इस प्रकार खेल रही थीं मानो जलदेवियों के अदृश्य शिशु शीलापूर्वक तैर रहे हों।[1] इस मनोरम सरोवर को देखकर उत्कंठित का चित्त भी विश्राम पा सकता है, विरही का हृदय भी शान्त हो सकता है, उन्मत्त का मस्तिष्क भी निर्मल बन सकता है, उकताए हुए मनुष्य को भी शान्ति मिल सकती है। दूर तक फैले हुए वन-पनस के झुरमुट, वन्य वदरियों के गुल्म, खदिर वृक्षों की झाड़ियाँ और तिंतड़ी के तरुषंड सरोवर की शोभा को और भी बढ़ा रहे थे। जबकि पश्चिमी ओर से चली हुई उष्णोष्ण वायु आग बरसाती हुई त्रिलोक की समूची आर्द्रता सोख लेने पर उतारू थी और दावाग्नि से भी अधिक भयंकर बनकर वनराजि की नीलिमा को भस्म कर रही थी, जबकि विकराल बवंडरों से उड़ाई हुई धूल से सारा आसमान धूसर हो रहा था और जबकि प्रचंड मार्त्तंड की खरतर किरणें धरती पर से हरीतिमा को दूर करने को बद्धपरिकर थीं, उसी भयंकर काल में सौरभ-ह्रद अपने आसपास के वन-वृक्षों को नील मसृण बनाए हुए था। यहाँ आकाश शरत्कालीन निर्मेघ नमो-मंडल की याद दिला रहा था, उत्तप्त पश्चिमी वायु सिखाए हुए शार्दूल की भाँति अपना स्वभाव भूल गई थी। निपुणिका को यह शोभा बहुत

1. तुलनीय—कादम्बरी-कथामुख की पम्पासरोवर-वर्णना।

मनोहर मालूम हुई। उसने छककर इस मदिर माधुरी का पान किया।

स्नान करने के बाद जब हम शिव-सिद्धायतन की ओर चले तो ह्रद-सीकर-सिक्त वायु ने मन और प्राण को शीतल कर दिया। एक क्षण के लिए भ्रम हुआ कि हम कैलास पर तो नहीं आ गए हैं। आहा, यही क्या वह वायु है जिसने कैलास के निर्झरों का सीकर आत्मसात् किया है, भूर्जपत्रों को स्खलित किया है, नान्दी के रोमंथफेन के स्पर्श से अपने को धन्य बनाया है, हरजटाविहारिणी भगवती मन्दाकिनी का जलपान किया है, पार्वती के कर्णपल्लवों को आन्दोलित किया है, रुद्राक्ष के पुष्परेणु से अपने को सुगन्धित बनाया है, नमेरु पल्लवों के बीजन से महादेव की क्लान्ति को दूर किया है। इस शिव-सिद्धायतन में लोक-समागम क्वचित्-कदाचित् ही होता होगा। दूर तक यह जो मरकत-हरित वनराजि फैली हुई है, जो मनोहर हारीत पक्षियों के सुन्दर शब्दों से रमणीय हो गई है, जिसके कुड्मल भ्रमन्त भ्रमरों के नखराघात से जर्जरित हैं, जहाँ आज भी उन्मत्त कोकिल वन्य सहकार के पल्लवों को कुतर रहे हैं, जो उन्मद षट्चरण-चक्रवाल के मधुर गुंजार से वाचाल बनी हुई है, जहाँ अचकित चकोर-तरुण मरीचांकुर का स्वाद ले रहे हैं, जिसके चम्पों के पिंजर पराग से कपिंजल (तित्तिर पक्षी) पिंगल वर्ण के बन गए हैं, जिसमें फल-भार से निपीड़ित दाड़िमी वृक्षों के नीड़ में कलविङ्क (गौरैया) दम्पती केलिकलह में व्यस्त हैं, जहाँ एक-दूसरे से उलझे हुए वन्य कपोतपोत अपने छोटे पक्षकों से कुसुम-धूलि झाड़ रहे हैं, जहाँ शुक-सारिकाओं के कुतरे हुए फलों के वल्कल वन-भूमि को आमोद-मग्न कर रहे हैं, जिसमें रहनेवाले तरुण मदमत्त पारावत अपने पक्ष-क्षेप से पुष्पस्तवकों को चारों ओर विस्रस्त कर रहे हैं—यह मधुर मनोहर शोभा की खानि वनराजि मनुष्य-जाति से बहुत कम परिचित जान पड़ती है। भगवान् शूलपाणि ने अपने निवास के लिए क्या ही सुन्दर वन निर्वाचित किया है! निपुणिका आज बहुत प्रसन्न है, वह उड़ती-सी चल रही है। ऐसा लग रहा है कि वह जीवन का फल पा गई है। ह्रद-तट से सिद्धायतन तक हरित तृण-शाद्वलों का ऐसा मनोरम आस्तरण देखकर बैठ पड़ने की वासना स्वाभाविक है। बड़े आयास से हमने अपने को रोका। पहले भगवान् शूलपाणि को प्रणिपात, फिर प्रदक्षिणा और फिर अन्य कार्य। हम सीधे मन्दिर में गए। चार स्तम्भों के ऊपर स्फटिक का एक छोटा-सा मंडप था। उसी के नीचे त्रिलोकगुरु महादेव का चतुर्मुखी लिंग था जो मुक्ताधवल प्रस्तर से बना था। निपुणिका ने भक्ति-गद्गद होकर उस दिव्य-मूर्ति के चरण-तल में तत्काल उद्धृत ग्यारह आर्द्र पद्म चढ़ाकर प्रणिपात किया। ऐसा जान पड़ता था कि मदनविरह-विधुरा रति देवी ही त्रिनयन का कोप शमन करने के लिए प्रणत हुई हैं। निपुणिका के रोम-रोम से कृतज्ञता

की ज्योति निर्गत हो रही थी। महादेव पर चढ़ाए हुए उन जलबिन्दु-स्रावी कमलों को देखकर मेरा मन विगलित हो गया। वे ऊर्ध्वविपाटित चन्द्रदलों की भाँति तांडव-विहारी मत्त धूर्जटि के विकट अट्टहास के छोटे-छोटे अवयवों की भाँति, तांडव-विध्वस्त वासुकि नाग के फण-शकलों की भाँति, पांचजन्य शंख के सहोदरों की भाँति, क्षीरोद सागर के हृदय-पद्मों की भाँति, ऐरावत-समर्पित मुक्तामय मुकुटों की भाँति महादेव की मूर्ति की शोभा बढ़ा रहे थे। उनके सामने जानुपातपूर्वक झुकी हुई निपुणिका स्वर्मन्दाकिनी धारा की तरह मन में शत-शत पवित्र उर्मियों को संचालित कर रही थी। महादेव को प्रणाम करते समय मेरा मन इस पवित्रता की मूर्ति को, भक्ति की स्रोतस्विनी को, श्रद्धा की निर्झरिणी को, अनुराग की खानि को, सेवा की उत्सधारा को चुपचाप प्रणाम किए बिना न रह सका। प्रदक्षिणा करने के बाद बहिर्द्वार पर एक बार फिर निपुणिका थकित की भाँति, स्तब्ध की भाँति, खोई हुई की भाँति, रुक गई। उसका कंठ रुद्ध था, आँखें वाष्पप्लुत थीं, मुखमंडल रोमांचित था, देर तक वह चतुर्मुखी शिव-मूर्ति को कृतज्ञ नेत्रों से देखती रही। फिर धीरे-धीरे मेरे पास आई। मैंने भी अपना अन्तिम प्रणाम निवेदन किया और हृद-तट की ओर अग्रसर हुआ। सिद्धायतन से थोड़ी दूर पर ही एक विशाल बकुल वृक्ष था। हम दोनों थोड़ी देर वहीं बैठे रहे।

देर तक मौन रहने के बाद निपुणिका ने ही मौन भंग किया। बोली, "आर्य, आज मेरे जन्म-जन्मान्तर कृतार्थ जान पड़ते हैं। मेरे हृदय की ज्वाला आज शान्त मालूम हो रही है। तुमने बार-बार कहा है कि मेरा जन्म निरर्थक नहीं है, आज इस बात को जितना स्पष्ट समझ रही हूँ उतना पहले कभी नहीं समझा था। वह दूर कमलिनी-पत्रों में सोई हुई निश्चल-निष्पन्द बलाका को देख रहे हो न आर्य, ऐसा लग रहा है मानो मरकत-पात्र में रखी हुई शंख-शुक्ति हो! मेरा मन आज उसी प्रकार निश्चल हो गया है, उतना ही निर्मल निर्विकार।" मैंने प्रसन्न होकर कहा, "बहुत प्रीत हुआ हूँ निउनिया, तेरी शान्ति से आश्वस्त हुआ हूँ।" निपुणिका की आँखों में क्षण-भर में लीला की रेखा चमक गई, बोली, "तुम्हें अप्रसन्न होना चाहिए था, भट्ट! तुम अगर यह सुनकर उदास हो जाते तो मेरा चित्त और भी विगत-कल्मष हो जाता।" निपुणिका का लीलावती रूप क्षण-भर में निखर आया, उसकी अनुपम आँखें स्मितधारा में स्नान करने लगीं। मैंने उसके इस कथन का रहस्य समझते हुए कहा, "दीर्घकाल की मेरी उदासी क्या तेरे विकारों को दबा सकी है, निउनिया! फिर आज की उदासी से क्या बन या बिगड़ जाएगा!" निपुणिका के पांडुर कपोल अनुराग की लालिमा से दमक उठे, उसकी चुहल-भरी आँखों में प्रेम-विकार लहरा उठे, ललाटपट्ट सात्त्विक भाव से स्विन्न हो उठा, उसने

एक क्षण मेरी ओर देखकर आँखें झुका लीं। थोड़ी देर बाद उसने गद्गद कंठ से कहा, "हाँ, आर्य, तुम्हारी उदासी मेरे लिए बड़ी निधि रही है। मैं जब तुमको उदास देखती थी तो यही समझती थी कि मेरा जन्म सार्थक है, तुमने इस गन्धहीन पुष्प को चरणों तक पहुँचने देने के अयोग्य नहीं समझा। उस रात को तुम्हारी हँसी ने मेरा हृदय दीर्ण-विदीर्ण कर डाला था। परन्तु वह मेरी भूल थी। तुमने नाटक-मंडली तोड़कर मेरे विकारों को सत्य बना दिया था। हाय, मैंने कितनी दुर्लभ वस्तु का लोभ किया था! मैं उसके अयोग्य थी। छह वर्षों के प्रायश्चित्त से मैं अपना मोह काट सकी। भगवान् ने पुरस्कार में मुझे फिर तुम्हारा आश्रय दिया। पर जो विकार सत्य हैं वे कहाँ जाएँगे भला? तुमने उस दिन अभियोग के स्वर में कहा था कि आर्य वेंकटेशपाद से दीक्षा लेने की बात मैंने तुमसे क्यों नहीं कही। वह दीक्षा असत्य थी, आर्य! मैंने जिस दिन तुमको देखा, उसी दिन मैंने उसे भुला दिया। मैं विकारों को नारायण को अर्पण करने की साधना में असफल रही। सुचरिता सफल हुई है, वह धन्य है। परन्तु तुम्हें पाकर मैंने अपने विकारों को ही सिद्धि-सोपान मान लिया है; पर एक बात पूछने का लोभ होता है, भट्ट!" निपुणिका की आँखों में लज्जा और आग्रह एक ही साथ उदय हो आए। मैंने स्नेहभरे कंठ से कहा, "क्या जानना चाहती है, निउनिया?" उसकी आँखें झुक गईं, पतली-छरहरी अँगुलियाँ एक दूर्वादल को नोचने में उलझ गईं, आँचल को उसने अकारण ही सीमन्त के ऊपर सरका लिया और गद्गद भाव से बोली, "तुम्हारी उदासी का कुछ श्रेय क्या अभागिनी को प्राप्य था, भट्ट!" मैंने प्रेमपूर्वक उत्तर दिया, "अवश्य था निउनिया, मैं क्या सचमुच जड़ पाषाण-पिंड हूँ!" निपुणिका का मुखमंडल रागदीप्त हो गया। उराकी स्वर-जड़िमा जाती रही। मेरी ओर सजल नयनों से देखती हुई बोली, "कृतार्थ हूँ आर्य, मेरे वन्ध्य जीवन की यही परम सार्थकता है। अधिक के लिए मेरा लोभ भी नहीं है, योग्यता भी नहीं है। मैं बड़ी पापिनी हूँ आर्य, क्यों मुझे दूसरे के मुख से ईर्ष्या हो जाती है! मैं सेवा-धर्म में भी असफल हूँ और सखि-धर्म में भी। हाय, तुम अगर मेरी पाप-ज्वाला देख सकते! सौरभेश्वर के दर्शन से यदि यह पाप-ज्वाला शान्त हो जाए तो मेरा जीवन बन जाए। परन्तु तुम मुझे क्षमा करना,

आर्य! मेरा मन आज हल्का मालूम हो रहा है!"

निपुणिका यह सब क्या कह रही है!

एक प्रहर दिन रहते हम वहाँ से प्रस्थित हुए और जब तक भगवान् मरीचिमाली अपनी लाल किरणों को समेटने में कृतकार्य हुए तब तक हम फिर भद्रेश्वर दुर्ग आ पहुँचे। भट्टिनी व्याकुल भाव से हमारी प्रतीक्षा कर रही थीं। उन्होंने बड़े स्नेह से हमारा स्वागत किया। हम जब कुछ सुस्ता लिए तो भट्टिनी ने मुझे बुलाकर एक पत्र दिया। पत्र कुमार कृष्णवर्द्धन का था। बड़े संक्षेप में उन्होंने अपनी बहिन कुमारी चन्द्रदीधिति को स्नेह-सम्भाषण कहा है और महाराजाधिराज का यह सन्देशा लिख भेजा है कि वे अपनी अपरिचित भगिनी का स्वागत करके धन्य होंगे। उन्होंने मुझे लिखा है कि जिस शर्त पर भी भट्टिनी आना चाहें उसी शर्त पर उन्हें ले आओ। यह पढ़कर मुझे आश्चर्य हुआ कि कुमार ने आभीरराज को भी हर प्रकार से प्रसन्न करके अनुकूल करने का आदेश दिया है और साथ ही यह भी लिख दिया है कि गिरिसंकट के उस पार जो म्लेच्छवाहिनी जमी हुई है वह वर्षा-काल बीतते ही टिड्डियों के दल की भाँति उतरने लगेगी, उसकी गति केवल आभीर-सेना ही रोक सकती है। अपनी प्यारी बहिन कुमारी चन्द्रदीधिति से उन्होंने अनुरोध किया है कि वें आभीरराज से उनकी सेना को इस पवित्र कार्य में नियोग करने को कहें। मुझे तो स्पष्ट लिखा है कि यदि आभीरराज सामन्त बनने को प्रस्तुत न हों तो उन्हें मित्र राजा के रूप में भी निमन्त्रित किया जा सकता है। सबके अन्त में उन्होंने अत्यन्त आवश्यक कहकर यह भी लिख दिया है कि मैं अपने बड़े भाई उडुपतिभट्ट को, जो इन दिनों काशी के मीमांसकों में श्रेष्ठ माने जाते हैं, अवश्य साथ लेता जाऊँ। अन्त में यह लिखना वे नहीं भूले हैं कि कुमारी के मिलने का समाचार देवपुत्र के पास पहुँचा दिया गया है। स्वयं आचार्य भर्वुपाद ही कुमारी को देखने के लिए दो-चार दिनों के भीतर ही उपस्थित हो सकते हैं, इसलिए भद्रेश्वर से प्रस्थान करने में विलम्ब नहीं होना चाहिए। अन्त में उन्होंने अपनी बहिन कुमारी चन्द्रदीधिति के स्नेह पाने की तीव्र लालसा व्यक्त की है। सारा पत्र कूटनीति का विचित्र जाल है। किसी को भी छोड़ा नहीं गया है, प्रत्येक को फँसाने का प्रयत्न है और फिर भी नपी-तुली भाषा में। कहीं उच्छ्वास नहीं है। अधिकन्तु लिखनेवाले की सहृदयता और उदाराशयता प्रत्येक शब्द से प्रकट हो रही है। मैं पत्र पढ़कर कुछ चिन्ता में पड़ गया। ऐसा न हो कि फिर किसी जाल में फँस जाऊँ। अब मैं कुछ सावधान हो गया था।

भट्टिनी ने कुछ देर प्रतीक्षा करने के बाद कहा, "क्या सोच रहे हो, भट्ट?" मैंने उनकी ओर देखा। बोला, "देवि, भट्टिनी, आपका आदेश ही मेरा कर्तव्य है।

मैं केवल यही सोच रहा हूँ कि फिर किसी जाल में ना फसूँ।" निपुणिका मुझे तिरस्कार-सी करती हुई बोली, "कैसा जाल, भट्ट! स्पष्ट बात को तुम फिर अस्पष्ट बना रहे हो। आभीर-राज्य की सेना के साथ भट्टिनी स्वतन्त्र राज्य की रानी की भाँति चलेंगी। महाराजाधिराज को गरज होगी, सौ बार भट्टिनी के दर्शन का प्रसाद जाँचने आएँगे। भट्टिनी की मर्यादा के विरुद्ध पत्ता भी खड़का तो रक्त की नदी बह जाएगी। और कोई नहीं मरेगा तो तुम और मैं तो निश्चय ही इस कार्य में बलि हो जाएँगे। इसमें डर कहाँ है? मैं भट्टिनी की मर्यादा की कसौटी होकर चलूँगी। तुम प्राण देने में क्यों हिचकते हो?" मैंने शान्तिपूर्वक कहा, "मरना जब जरूरी हो जाएगा तो बाणभट्ट अवश्य मरेगा, पर उसके पहले ही वह क्यों मरे?" भट्टिनी ने मानो कुछ सुना ही नहीं। बोलीं, "यदि स्थाण्वीश्वर चलना ही है तो चलो। विलम्ब की क्या जरूरत है? यदि आचार्य भर्वुपाद वहाँ आ गए होंगे तो अवश्य वे इधर चल पड़ेंगे। वे अशीतिपर वृद्ध हैं, उन्हें बहुत कष्ट होगा। आभीरराज के एक सहस्र सेवक इस समय पर्याप्त हैं। कुमार मेरे भाई हैं। उनका स्नेह मेरी अमूल्य निधि है, पर उनके राजकीय आदेश मेरे लिए मान्य नहीं हैं। मैं आभीरराज से कुछ भी कहने को प्रस्तुत नहीं हूँ। उन्होंने मेरे ऊपर जो कृपा की है वह केवल वे ही कर सकते हैं। वे अपना कर्तव्य स्वयं निर्णय कर लेंगे।" भट्टिनी के इस द्विधाहीन, संकोचहीन स्पष्ट आदेश से मेरे नसों से जान आ गई। आज तक भट्टिनी ने इतना स्पष्ट आदेश इतनी अस्खलित भाषा में कभी नहीं दिया है। उन्होंने निश्चय ही अपना कर्तव्य निश्चय कर लिया है। पर इस कर्तव्य का उत्स क्या है? भट्टिनी ने मुझे दुविधा और असमंजस से बचाने के लिए यह निश्चय किया है, या उनके दुखदग्ध हृदय में पितृदर्शन की उत्कंठा प्रबल हो गई है? अब तक भट्टिनी के आदेश 'आदेश' की मर्यादा पाने योग्य होते ही नहीं थे, उनमें एक प्रकार की दीनता का भाव होता था। इस बार उसमें प्रभुता है, मर्यादा-ज्ञान है और निश्चय की भावना है। कितना गम्भीर है यह कुसुम-कोमल हृदय! कहाँ हो महाकवि, तुमने अपनी कल्पना के नेत्रों से तपोनिरता पार्वती का जो शुभ्रवेश देखा था उसका प्रत्यक्ष विग्रह आज धरती पर विराज रहा है। सुकुमारता और गाम्भीर्य का ऐसा मणिकांचन योग कहाँ मिलेगा? आज नारायण की कल्याण भावना ने, महादेव की तपोनिष्ठा ने, देवराज की ईश्वरता ने, सुरगुरु की निर्मल मनीषा ने, मदन देवता की जय-लालसा ने, पार्वती की दृढ़मानिता ने और सरस्वती की सम्पूर्ण शुचिता ने रूप-परिग्रह किया है। भट्टिनी आज आर्यावर्त का त्राण करने का संकल्प कर चुकी हैं। लाख-लाख निरीह प्राणियों की ममता ने उनके नवनीत-कोमल हृदय को निश्चय ही गला डाला है। ऊपर से थोड़ा भी

धुआँ नहीं दिखाई दे रहा है, पर इस अतल-गम्भीर हृदय में निश्चय ही हाहाकार की ज्वाला धधक रही है। भट्टिनी स्थाण्वीश्वर जाने को प्रस्तुत हैं!

स्थाण्वीश्वर! यहीं वह भंड राजकुल है जहाँ भट्टिनी-जैसी सैकड़ों ललनाएँ मनुष्य की पशुता को भेंट चढ़ाई गई हैं। भट्टिनी फिर वहीं जा रही हैं, क्या उनके रोम-रोम से उस लम्पट राजकुल को भस्म कर देने की ज्वाला नहीं निकल रही? कहीं-न-कहीं उस ज्वाला का अस्तित्व है अवश्य। भट्टिनी बहुत गम्भीर हैं, शायद वे मुझे अधिक उलझनों में डालना भी नहीं चाहतीं, पर वे क्या इस विषय में कुछ भी नहीं सोच रही हैं? निपुणिका बार-बार जो मरने को ललकारती है वह किसलिए? क्या उसका यही रहस्य है? बाणभट्ट इस छोटे राजकुल को कभी क्षमा नहीं करेगा। कूटनीति की कुटिल भुजंगी भी उसे अपने स्पष्ट कर्तव्य के मार्ग से दूर नहीं हटा सकती। मदमत्त छोटा राजकुल अपने किए का प्रतिफल अवश्य पाएगा। स्थाण्वीश्वर की यात्रा का यह एक मंगलमय परिणाम होगा। भट्टिनी कल वहाँ अवश्य चलेंगी।

अब कुछ सोचना नहीं है। वर्षाकाल आने ही वाला है। जब तक आकाश मेघमाला से, धरित्री नवीन जल-धारा से, दिग्वलय विद्युल्लताओं से, वायुमंडल वारिसीकरों से भर नहीं जाते, तभी तक यात्रा निरापद है। शीघ्र ही मालती पुष्पित होगी, कदम्ब केसरित होगा, कुमुद कुड्मलायित होंगे, मयूर नाचने लगेंगे, मेघ और विद्युत आँखमिचौनी शुरू कर देंगे। उस समय भट्टिनी को शिविकाओं और गोशकटों पर दौड़ाना उचित नहीं होगा। यह शुभ अवसर है, अभी चलने को तैयार हो जाना चाहिए। निपुणिका के स्वास्थ्य ने हमें चार-पाँच दिन और रुकने को बाध्य किया। निपुणिका जब कुछ स्वस्थ हो आईं तो गंगा-दशहरा के एक दिन सहस्र आभीर मल्लों ने देवपुत्र-नन्दिनी के जय-निनाद से धरती कँपा दी। भट्टिनी की शिविका को घेरके दस मौखरि-वीरों की कराल तलवारें चमक उठीं। निपुणिका के लिए अलग पालकी सजाई गई। विग्रहवर्मा ने देवपुत्र-नन्दिनी के सबसे निकट रहने के आग्रह में विजय पाई। भट्टिनी की विशाल वाहिनी स्थाण्वीश्वर को प्रस्थित हुई।

अष्टादश उच्छ्वास

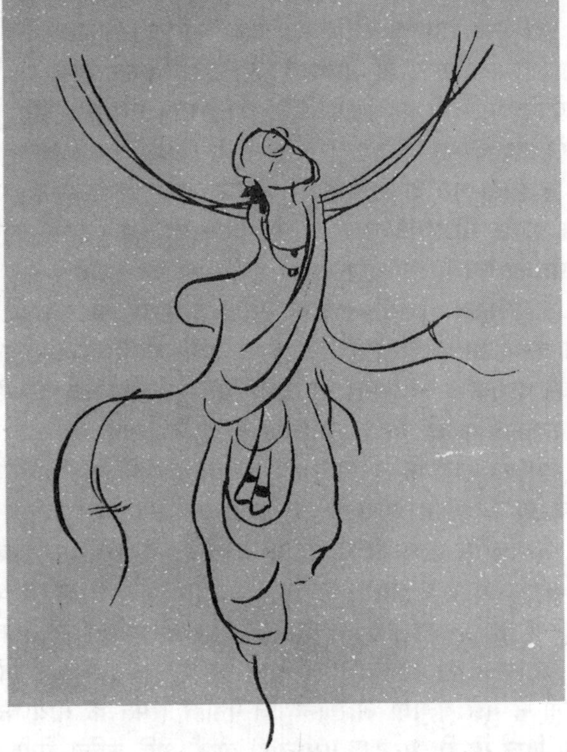

स्थाण्वीश्वर से लगभग कोस-भर की दूरी पर भट्टिनी का स्कन्धावार सज्जित हुआ। कुमार कृष्णवर्द्धन स्वयं उपस्थित थे। उन्होंने बड़े प्रेम और आग्रह के साथ अनुरोध किया कि महाराजाधिराज द्वारा आयोजित उत्सव में वे सम्मिलित हों; पर भट्टिनी ने दृढ़-शान्त कंठ से अस्वीकार कर दिया। केवल अन्यथा शंका दूर करने के उद्देश्य से मुझे उत्सव-सभाओं में उपस्थित रहने की अनुमति दे दी। भट्टिनी प्रसन्न थीं। कुमार से बातचीत हो जाने से उनके मन के अनेक विकार साफ हो गए थे। भट्टिनी को यह जानकर बड़ी प्रसन्नता हुई कि वाभ्रव्य कुशलपूर्वक है और महारानी राज्यश्री की सेवा में नियुक्त हो गया है। ऐसा लगता था कि भट्टिनी के चित्त से एक दीर्घ शल्य निकल गया है। कुमार ने उन्हें यह भी बताया कि छोटे महाराज की सम्पत्ति राज-कोष में ले ली गई है और यह लम्पट

सामन्त भट्टिनी की जैसी इच्छा होगी वैसा ही दंड पाएगा। कुमार ने दग्ध कंठ से कहा, "महाराजाधिराज श्री हर्षवर्द्धन की भगिनी के प्रति अशिष्ट आचरण का उचित दंड इस दुर्मद सामन्त को अवश्य दिया जाएगा।" कुमार के आ जाने से भट्टिनी ही नहीं, निपुणिका भी आश्वस्त हुई। उन्होंने उनके साथ वैसा ही व्यवहार किया जो देवपुत्र-नन्दिनी की सखी के उपयुक्त था। सब मिलाकर कुमार कृष्ण विजयी हुए। सद्व्यवहार और मधुर भाषण ही उनके अमोघ अस्त्र सिद्ध हुए। भट्टिनी ने कृतज्ञता-भरी दृष्टि से कुमार को देखा और मौन रह गईं। उनके सहज अनुभाव से कुमार भी प्रभावित हुए। भाई-बहन का यह मिलन अपूर्व था।

भट्टिनी का मन प्रसन्न था। उनकी दुग्ध-मुग्ध मधुरच्छवि इस सहज आनन्द की आभा से उत्फुल्ल मालती-लता की भाँति अभिराम हो गई थी। मानसिक आनन्द भी कैसा अद्भुत रसायन है! भट्टिनी की शोभा आज सौगुनी बढ़ गई है—अधरों की बन्धूक-बन्धुता और भी निखर आई है, आँखों की वह स्निग्ध शोभा जो तरुण केतक-पत्रों को भी लज्जित करती थी, कई गुना बढ़ गई है। कपोलों की मधूक पुष्प की कली के समान मोहक-कान्ति और भी मधुर हो उठी है, ग्रीवा का कम्बु-विडम्बन उल्लास और भी उत्तरंग हो उठा है। आहा, वातुल कवि व्यर्थ ही कल्पना के जाल में उलझकर छटपटाया करते हैं। उन्होंने रामणीयक निधि की अधिदेवता को, सौन्दर्य के मुग्ध निकेतन को, शोभा के उद्वेल समुद्र को देखा ही कहाँ! भट्टिनी को प्रसन्न देखकर मेरा रोम-रोम उच्छ्वसित हो उठा। उन्हें भी शायद मेरी प्रसन्नता का आनन्द मिला था। उस समय बाहर कोई गान कर रहा था। भट्टिनी ने मुझे बुलाया और निर्व्याज-मनोहर स्मित के साथ कहा, "आज बहुत प्रसन्न दिख रहे हो, भट्ट!" प्रसन्न ही तो हूँ! यदि शक्ति होती तो भट्टिनी की इस शोभा की प्रतिमूर्ति अपना हृदय गलाकर गढ़ लेता। अँगुली से संकेत करते हुए उन्होंने कहा, "देखो तो बाहर कौन गा रहा है!" आनन्द के तरंग में डूबता-उतराता मैं बाहर आया। देखता हूँ तो दो गैरिकधारिणी भैरवियाँ मधुर उदात्त कंठ से गान गा रही हैं और आभीर सैनिक मन्त्रमुग्ध से बने सुन रहे हैं। गान अपभ्रंश भाषा में था। भैरवियों ने गाया—

"अमृत के पुत्रो, नगाधिराज हिमालय की शीतल छाती में आज हलचल दिखाई दे रही है। कोई जानता है कि पार्वती-गुरु के हृदय में आज इतनी व्याकुलता क्यों है? जवानो, प्रत्यन्त-दस्यु आ रहे हैं!

"समुद्रगुप्त के प्रताप ने क्या किया, चन्द्रगुप्त के रण-हुँकार ने क्या किया, मौखरियों की दुर्दान्त वाहिनी ने क्या किया? म्लेच्छ अब भी जीवित हैं! अमृत के पुत्रो, प्रत्यन्त-दस्यु आ रहे हैं!

‘‘आर्यावर्त के तरुणो, जीना सीखो, मरना सीखो, इतिहास से सीखना सीखो। आर्यावर्त्त नाश के कगार पर खड़ा है। जवानो, प्रत्यन्त-दस्यु आ रहे हैं!

‘‘राजाओं का भरोसा करना प्रमाद है, राजपुत्रों की सेना का मुँह ताकना कायरता है। आत्म-रक्षा का भार किसी एक जाति पर छोड़ना मूर्खता है। जवानो, प्रत्यन्त-दस्यु आ रहे हैं!

‘‘समस्त आर्यावर्त एक है—एक समाज, एक प्राण, एक धर्म। देश-रक्षा सबका समान धर्म है। जवानो, प्रत्यन्त-दस्यु आ रहे हैं!

‘‘उन देवपुत्रों की आशा छोड़ो जो सामान्य शोक के आघात के छुई-मुई की भाँति मुरझा जाते हैं। जिस आधार पर खड़े होने जा रहे हो, वह दुर्बल है। सँभल जाओ जवानो, प्रत्यन्त-दस्यु आ रहे हैं!

‘‘अरे ओ अमृत के पुत्रो, इन राजाओं में लम्पटता बढ़ गई है, इनके अन्तःपुर निर्यातित वधुओं के क्रन्दन से भरे हुए हैं। राजशक्ति के मूल में घुन लग गया है। जवानो, प्रत्यन्त-दस्यु आ रहे हैं!

‘‘अमृत के पुत्रो, आँधी की भाँति बहो, तिनके की भाँति म्लेच्छ-वाहिनी को उड़ा ले जाओ। संकट के भय से कातर होना तरुणाई का अपमान है। जवानो, प्रत्यन्त-दस्यु आ रहे हैं!

‘‘वह देखो, कुल-वधुएँ आँखों में आँसू भरकर तुम्हारी ओर देख रही हैं। उनका सुहाग तुम्हारे हाथों है। जवानो, प्रत्यन्त-दस्यु आ रहे हैं!

‘‘वह देखो, माताएँ तुम्हारी ओर ताक रही हैं; अरे वह देखो, दुधमुँहे बच्चे तुम्हारी ओर ताक रहे हैं। रुको मत, जवानो, प्रत्यन्त-दस्यु आ रहे हैं!

‘‘तुम्हें माता के दूध की शपथ है, कुल-वधुओं के सुहाग की शपथ है, दुधमुँहे बच्चों के दुलार की शपथ है। उठो, भेदभाव भूल जाओ, प्रत्यन्त-दस्यु आ रहे हैं!

‘‘कौन है जो आर्यावर्त को हाहाकार के बवंडर से बचाएगा?—कोई देवपुत्र नहीं, कोई राजाधिराज नहीं, कोई महासामन्त नहीं। जवानो, प्रत्यन्त-दस्यु आ रहे हैं!

‘‘तो फिर कौन है जो आर्यावर्त को हाहाकार के बवंडर से बचाएगा?—आर्यावर्त के जवान, आर्यावर्त के जवान! जवानो, प्रत्यन्त दस्यु आ रहे हैं!

‘‘अमृत के पुत्रो, मरण-यज्ञ की आहुति बनो। माताओं के लिए, बहिनों के लिए, कुल-ललनाओं के लिए प्राण देना सीखो। उठो जवानो, प्रत्यन्त-दस्यु आ रहे हैं!

‘‘अमृत के पुत्रो, मृत्यु का भय मिथ्या है, जीने के लिए मरो, मरने के लिए

जिओ, नगाधिराज तुम्हारी ओर ताक रहे हैं! जवानो, प्रत्यन्त-दस्यु आ रहे हैं!

''महामाया तुम्हें पुकार रही है। महामाया तुम्हारी माता है, माता की लाज रखो। अमृत के पुत्रो, प्रत्यन्त दस्यु आ रहे हैं!

''वीरो, महामाया के त्रिशूल की शपथ है, म्लेच्छ-वाहिनी की छाया भी इस देश पर न पड़ने पावे। जवानो, प्रत्यन्त-दस्यु आ रहे हैं!

''अमृत के पुत्रो, मृत्यु का भय मिथ्या है, कर्तव्य में प्रमाद करना पाप है, संकोच और दुविधा अभिशाप है। जवानो, प्रत्यन्त-दस्यु आ रहे हैं!''

गान समाप्त हुआ। भैरवियों ने उल्लास के साथ अपने त्रिशूलों को शून्य में उछालते हुए कहा, ''जय! आर्यावर्त के तरुणों की जय! महामाया माता की जय!'' एक सहस्र गम्भीर कंठों से आभीर-सेना ने प्रतिध्वनि की, ''महामाया माता की जय!'' भैरवियों ने फिर गाया–

''वह सहस्रफण अजगर के फूत्कार के समान कौन गरज रहा है?–यह उत्ताल समुद्र नहीं है, विद्युद्गर्भ मेघ नहीं है–यह है आर्यावर्त के तरुणों की दुरंगम वाहिनी!

''कौन है जो इसकी गति रोक सके, कौन है जो इसके तरंगावर्त में न डूब जाए, कौन है जो इसके भीमवेग में न बह जाए–यह है आर्यावर्त के तरुणों की दुरंगम वाहिनी।

''अमृत के पुत्रो, कुल-वधुओं का सुहाग तुम्हारे हाथ में है, बालिकाओं की लाज तुम्हारे हाथ में है, वृद्धों का मान तुम्हारे हाथ में है–यह है आर्यावर्ता के तरुणों की दुरंगम वाहिनी!''

एक बार फिर महामाया माता की जयध्वनि हुई और भैरवियाँ चुपचाप चली गईं। आभीर-सेना ने अपने-आप जय-ध्वनि करते हुए कहा, ''म्लेच्छवाहिनी इस देश की छाया भी न छू सकेगी।''

मेरे रक्त में एक विचित्र आलोड़न हुआ। आर्यावर्त के नौजवानों के ऊपर एक अपूर्व विश्वास से वक्षःस्थल स्फीत हो उठा। रणचंडिका विकट नृत्य करनेवाली हैं; पर आर्यावर्त का कुछ भी नहीं बिगड़ेगा। महामाया की इन शिष्याओं ने आर्यावर्त को महानाश से उद्धार करने का रास्ता दिखा दिया है। नारी के कोमल कंठ में कैसी अद्भुत शक्ति है, यह ओजपूर्ण संगीत भी इस कोमल कंठ से निकलकर सौ गुना प्रभावोत्पादक हो गया है। जब उनका कोमल कंठ ईषतकम्पित होकर पुकारता था–'जवानो, प्रत्यन्त-दस्यु आ रहे हैं,' तो ऐसा लगता था जैसे वायुमंडल का प्रत्येक स्तर काँप उठा है, आकाश का कोना-कोना गुंजरित हो उठा है, दिगन्तराल का प्रत्येक बिन्दु उच्छलित हो गया है और फिर भी कहीं भय का लेश नहीं है। आर्यावर्त का नौजवान आज कृतार्थ है, देवमन्दिर और शस्यक्षेत्र निरापद

हैं, स्त्रियाँ और बालक आश्वस्त हैं—आज जगत् का अशेष तारुण्य आलोड़ित हो गया है।

भट्टिनी ने आग्रहपूर्वक भैरवियों के गान का सार-मर्म सुना। वे थोड़ी देर तक कुछ भूली हुई-सी बात में उलझी दिखीं। मुझे ऐसा लगा कि उन्हें महामाया के गान के उस अंश से कुछ कष्ट हुआ है जिसमें देवपुत्र की चर्चा है। मैंने भट्टिनी की चिन्ता दूर करने के उद्देश्य से कहा, "महामाया माता ने आधा सत्य ही पाया है देवि, आधा और भी पा सकतीं तो समझतीं कि छुई-मुई की भाँति मुरझा सकना कितनी बड़ी शक्ति का सुप्त रूप है।"

भट्टिनी के मुख पर स्मिति-रेखा खेल गई! एक अपूर्व रस-माधुरी उनके अधरों पर अचानक उदय हो आई, नयन-कोरकों में एक प्रकार की लीला-लोस-विलास चमक गया, बोलीं, "तुम भी तो उस आधे सत्य से वंचित हो, भट्ट!" भट्टिनी के इस परिहास का अर्थ मेरी समझ में आया; लेकिन क्या उत्तर दूँ, यह ठीक नहीं समझ सका। सचमुच ही तो मैं उस आधे सत्य से वंचित हूँ। पिता के हृदय में अपनी सन्तति के प्रति जो ममता है वह कितनी बड़ी शक्ति है, यह मैं केवल अनुमान के बल पर ही तो जानता हूँ। मुझे क्या महामाया की आलोचना करने का अधिकार है? भट्टिनी ने मेरी कमजोरी ठीक पहचान ली है। मेरी झेंप से भट्टिनी का मुख और भी प्रसन्न हो गया। उन्होंने फिर कहा, "मैं दूसरी बात सोच रही थी, भट्ट! महामाया ने ठीक कहा है कि राजाओं और राजपुत्रों की ओर ताकते रहने से आर्यावर्त का उद्धार नहीं होगा। परन्तु यह भी आधा ही सत्य है।" भट्टिनी फिर चुप हो गईं, वे कुछ कहना चाहती थीं; पर उनके वाक्य सहज-कौलीन्य के भार से दब गए! मैं उनके मुख की ओर उत्सुकतापूर्वक देख रहा था। उनकी आँखें झुकी हुई थीं, ग्रीवा अवनमित थी, और अनवधानतावश उत्तरीय-प्रान्त सीमन्त देश से हट गया था। घन-मेचक केशपाश के बीचोबीच उज्ज्वल सीमन्त-रेखा ऐसी मनोहर दिख रही थी मानो मन्दाकिनी की धलव-धारा क्षण-भर के लिए पार्वती की चिकुरराजि के मध्य में आई हो और आकर रास्ता ही भूल गई हो। वह दिन कितना शुभ होगा जब इस सीमन्त-रेखा पर सिन्दूर की अरुणिमा दिखेगी, जिस दिन इस प्रबल कबरी-भार की तिमिरकान्ति बालसूर्य को बन्दी बनाएगी, जिस दिन चन्द्रमंडल के मध्य उषःरेखा स्फुरित होगी, जिस दिन घन-मसृण मेघ-माला में अचंचल विद्युल्लता निरन्तर चमकती रहेगी। आहा, वह दिन कितना मंगलमय होगा! भट्टिनी ने तिर्यक् अपांग से देखा, बोलीं, "क्या सोच रहे हो, भट्ट!"

क्या सोच रहा हूँ!

भट्टिनी ने किसलय के समान लाल अँगुलियों से अपने उत्तरीय प्रान्त को सीमन्त-रेखा पर खींच लिया और धीरे-धीरे कहने लगीं, "एक बात बताऊँ भट्ट, मेरा जन्म रोमकपत्तन के उत्तरवर्ती अस्त्रीय वर्ष में हुआ था, मैं वहाँ से पुरुषपुर तक पिता की गोद में बड़ी हुई हूँ। मैंने अनेक देश देखे हैं, अनेक समाज देखे हैं, अनेक जातियाँ देखी हैं, बाल्यभाव के कारण सबका रहस्य नहीं समझ सकी हूँ; परन्तु आर्यावर्त-जैसी विचित्र समाज-व्यवस्था मैंने कहीं नहीं देखी है। यहाँ इतना भेद-स्तर है कि मुझे आश्चर्य होता है कि यहाँ के लोग कैसे जीते हैं। फिर यहाँ एक से बढ़कर एक ऐसे सत्पुरुष और सती स्त्रियाँ देखी जाती हैं कि मुझे कभी-कभी यह भी आश्चर्य होता है कि ये देवता-समान लोग क्यों मर जाते हैं! यहाँ का जीवन और मृत्यु दोनों ही मेरे लिए पहेली हैं!" भट्टिनी ने अपने चेहरे पर निर्विकार भाव बनाए रखने का थोड़ा-सा प्रयत्न किया और फिर बोलीं, "यह देखो, तुम यदि किसी यवन-कन्या से विवाह करो तो इस देश में यह एक भयंकर सामाजिक विद्रोह माना जाएगा। परन्तु यह क्या सत्य नहीं है कि यवन-कन्या भी मनुष्य है और ब्राह्मण युवा भी मनुष्य है! महामाया जिन्हें म्लेच्छ कह रही हैं वे भी मनुष्य हैं। भेद इतना ही है कि उनमें सामाजिक ऊँच-नीच का ऐसा भेद नहीं है। जहाँ भारतवर्ष के समाज में एक सहस्र स्तर हैं वहाँ उनके समाज में कठिनाई से दो-तीन होंगे। बहुत कुछ इन आभीरों के समान समझो। भारतवर्ष में जो ऊँचे हैं वे बहुत ऊँचे हैं, जो नीचे हैं उनकी निचाई का कोई आर-पार नहीं; परन्तु उनमें सब समान हैं। उनकी स्त्रियों में रानी से लेकर परिचारिका तक के और गणिका से लेकर वार-विलासिनी तक के सैकड़ों भेद नहीं हैं। वे सब रानी हैं, सब परिचारिका हैं। तुम उनके दुर्धर्ष रूप को ही जानते हो, उनके कोमल हृदय को एकदम नहीं जानते। क्यों भट्ट, ऐसा क्या नहीं हो सकता कि ऊँची भारतीय साधना उन तक पहुँचाई जा सके और निकृष्ट सामाजिक जटिलता यहाँ से हटाई जा सके? जब तक ये दोनों बातें साथ-साथ नहीं हो जातीं तब तक शाश्वत शान्ति असम्भव है। महामाया आधा ही देख रही हैं। बौद्ध-संन्यासियों ने भी आधा ही देखा था। भट्ट, तुम यदि इस पूर्ण सत्य का प्रचार करो तो कैसा हो!"

''मैंने विनीत भाव से उत्तर दिया, ''मैं नया सुन रहा हूँ, देवि! तुम जो भी आदेश दोगी, वह मेरे सिर-माथे होगा।''

भट्टिनी के वंकिम अपांग विकसित हो गए, चेहरा मध्याह्नकालीन तरुमल्लिका कुसुम के समान खिल गया। बोलीं, ''मुझे भागवत धर्म में यह पूर्णता दिखाई देती है, भट्ट!'' मेरी उत्सुकता और बढ़ गई। मैंने अधिक सुनने की आशा से पूछा, ''मैं किस काम आ सकता हूँ, देवि?'' भट्टिनी ने दीप्त कंठ से कहा, ''तुम? तुम इस आर्यावर्त के द्वितीय कालिदास हो, तुम्हारे मुख से निर्मल वाग्धारा झरती रहती है, तुम्हारा अन्तःकरण पर-कल्याण कामना से परिशुद्ध है, तुम्हारी प्रतिभा हिम-निर्झरिणी की भाँति शीतल और धवल है, तुम्हारे मुख में सरस्वती का निवास है। तुम इस म्लेच्छ कही जानेवाली निर्दय जाति के चित्त में समवेदना का संचार कर सकते हो, उन्हें स्त्रियों का सम्मान करना सिखा सकते हो, बालकों को प्यार करना सिखा सकते हो। भट्ट, तुम इस भव-कानन से पारिजात हो, तुम इस मरुभूमि के निर्झर हो। तुम्हारी वाणी मेरी-जैसी अबलाओं में भी आत्मविश्वास का संचार करती है। तुम्हारी छाया पाकर अबलाएँ भी इस देश की सामाजिक जटिलता को कुछ शिथिल कर सकती हैं।''

भट्टिनी की वाग्धारा आज बाँध तोड़ देना चाहती है। यहाँ आकर उन्होंने अपने को रोकना चाहा; परन्तु मुँहजोर घोड़ा जिस प्रकार वल्गा की बाधा पाकर भी कुछ दूर चला ही जाता है उसी प्रकार उनकी वाग्धारा संयत होने पर भी थोड़ा और बढ़ ही गई, ''एक जाति दूसरी को म्लेच्छ समझती है, एक मनुष्य दूसरे को नीच समझता है, इससे बढ़कर अशान्ति का कारण और क्या हो सकता है, भट्ट! तुम्हीं ऐसे हो जो नर-लोक से लेकर किन्नर-लोक तक व्याप्त एक ही रागात्मक हृदय, एक ही करुणायित चित्त को हृदयंगम करा सकते हो। मनुष्य लोभ-वश, मोह-वश, द्वेष-वश पशुता की ओर बढ़ता जा रहा है, तुम इसके हृदय को संवेदनशील और कोमल बना सकते हो। देखो भट्ट, इस शुष्क कान्तार में अन्तःस्रोता सरिता भी बह रही है, इस भोग-पूजा के वल्कल के नीचे निर्मोह वैराग्य का देवता स्तब्ध है, यह संवाद तुम्हारे सिवा दूसरा कौन दे सकता है! भट्ट, मैं तुम्हारी काव्य-सम्पद् पाकर शक्ति पा जाऊँगी। तुम मेरी विनती स्वीकार करो।''

भट्टिनी के स्वर में यह कैसी जड़िमा है? प्रथम परिचय के समय भी भट्टिनी ने मुझे भारतवर्ष का द्वितीय कालिदास कहा था और आज भी कह रही हैं। परन्तु उस दिन वाणी में ऐसी जड़िमा नहीं थी, उस दिन उनके अपांग इतने शिथिल नहीं थे, उनका मुख इतना दीप्त नहीं था, वाग्धारा इतनी खर-प्रवाह नहीं थी। मैं नया सुन रहा हूँ। मेरे रोम-रोम से भट्टिनी की वाणी झंकृत होना चाहती है—इस

नर-लोक से लेकर किन्नर लोक तक एक ही रागात्मक हृदय व्याप्त है! क्या इस सत्य के प्रचार से मनुष्य की दुर्मद वासनाएँ, अनियन्त्रित कामनाएँ, अविचारित धारणाएँ कुछ कम भीषण हो जाएँगी? क्या यह सम्भव है कि काव्य से मनुष्य की दयाहीन-विवेकहीन-धर्महीन वृत्तियाँ उच्चतर कार्य में नियोजित हो जाएँ? कालिदास के काव्य से यह उद्‌देश्य क्या सिद्ध हुआ है? भट्टिनी क्या चाहती है? कैसे म्लेच्छ समझे जानेवाले मनुष्यों का चित्त कोमल होगा, संवेदनशील बनेगा, स्त्री-शक्ति का सम्मान करना सीखेगा? हाय महाकवि, क्यों नहीं तुम मेरे चित्त में सचमुच अवतार ग्रहण करते? कम-से-कम भट्टिनी का आदेश पालन करने की बुद्धि मुझे दो! ऐसा हो कि मेरी प्रतिभा का अकुंठ विलास नर-लोक से किन्नर-लोक तक फैले हुए एक ही रागात्मक हृदय का परिचय पा सके! भट्टिनी मेरी काव्य-सम्पद् पाकर शक्तिमती होंगी? हाय, मेरे पास क्या है जो मैं भट्टिनी को न दे सकूँ! मैंने व्याकुल गद्‌गद कंठ से कहा, "देवि, मेरे पास जो कुछ भी है वह तुम्हारा है। अगर कोई काव्य-शक्ति मेरे पास है तो वह निश्चय ही तुम्हें समर्पित होकर धन्य होगी।" मेरी बात से भट्टिनी का मुखमंडल खिल उठा। उस शोभा और श्री की निर्झरिणी आयताक्षी के स्मयमान मुख को देखकर अर्द्धोद्-भिन्न-केसर पद्‌म-पुष्प की याद बरबस आ गई। उस मन्द स्मित ने मेरा मन धवलित कर दिया, चित्त उत्फुल्ल बना डाला और हृदय को अननुभूत राग से रँग डाला। मेरी वाणी कृतार्थ मालूम हुई, मेरी प्रत्येक चेष्टा सफल जान पड़ी, मैं मानो देह-धारण का फल पा गया। मैं विनय-गद्‌गद स्वर में कहा, "देवि, आपके अनुग्रह ने मुझे कुछ अविनीत बना दिया है, मेरी मानव-सुलभ लघिमा मुझे कुछ पूछने को बाध्य कर रही है, प्रभुओं के प्रसाद का लेशमात्र पाकर भी अधीर-प्रकृति मनुष्य चंचल हो उठता है, एक स्थान पर थोड़ी भी अवस्थिति होने से चपल व्यक्ति प्रगल्भ हो जाता है, सद्‌व्यवहार का कण-मात्र भी मनुष्य को प्रणय-जड़ बना देता है; सो देवि, यदि प्रसाद हो तो मैं जानना चाहता हूँ कि आपके सारे वक्तव्य का फलितार्थ क्या है? यह कुसुम-कोमल शरीर, यह नवनीत-मृदुल हृदय, यह वज्रसार दृढ़ व्रत, यह अपूर्व भक्ति-भाव, ये देवलोक में भी दुर्लभ है। एक क्षण के लिए भी मैंने इसे गलत नहीं समझा है। मैं भली-भाँति जानता हूँ कि जाह्नवी की निर्मल धारा का उत्स कितना मनोरम होगा, पार्वती की उत्पत्ति-भूमि कितनी पवित्र होगी, पद्मा की जन्मदात्री कितनी गम्भीर होगी। जिस कुल ने इस देव-दुर्लभ सौन्दर्य को, इस ऋषि-दुर्गम सत्य व्रत को, इस कुसुम-कमनीय चारुता को उत्पन्न किया है– वह धन्य है, वह कुल पवित्र है, वह जननी कृतार्थ है, वह पिता सफलकाम है। देवि, तुममें निश्चय ही वह शक्ति है जिससे म्लेच्छ जाति का हृदय संवेदनशील

बनेगा, उनमें उच्चतर साधना का संचार होगा, वे सम्मानित-भूमि का सम्मान सीखेंगे। परन्तु मैं चाहूँ भी तो अपनी काव्य-शक्ति कैसे तुम्हारे भीतर संचारित कर सकूँगा? फिर भी इस आर्यावर्त के जटिल स्तर-भेद को दूर करने के लिए तो मेरे पास कोई शक्ति है ही नहीं। मैं स्पष्ट सुनना चाहता हूँ देवि, यह सम्भव कैसे होगा!''

भट्टिनी के अधरों पर मन्द स्मित दिखाई दिया, बोलीं, ''अद्‌भुत है भट्‌ट, आश्चर्य है, अपूर्व है यह तुम्हारी निर्मल वाग्धारा। मेरा जन्म सार्थक है, मेरा भाग्यहीन जीवन भी आज कृतार्थ है, तुम्हारी इन स्तुतियों ने मेरे अन्तर में अपूर्व आत्मगरिमा संचरित की है। तुम क्या समझते हो कि मैं रानी की मर्यादा पाने से सन्तुष्ट हो गई हूँ? ना भट्‌ट, तुम्हारी इस पवित्र वाक्-स्रोतस्विनी में स्नान करके ही मैं पवित्र हुई हूँ। इसी से मुझमें आत्मबल आया है। तुम्हारे निष्कलुष हृदय को देखकर ही मुझे सेवा का प्रशस्त पथ दिखा है। तुम जो कहते हो वह कठिन क्या है भला!''

भट्टिनी ने मुझे बहुत सोचने का अवसर नहीं दिया। बोलीं, ''लेकिन छोड़ो अभी इस बात को। आचार्य भर्वुपाद एक सप्ताह के भीतर ही आ जाएँगे। कौन जाने, मेरे भाग्य में कहाँ जाना बदा है; इस बीच कुमार कृष्णवर्द्धन महाराजाधिराज को यहाँ ले आनेवाले हैं। मेरे मन में आज किसी के प्रति कोई कल्मष नहीं है। मेरे पास ऐसा क्या है जो उन लोगों के अनुग्रह के प्रतिपादन में दे सकूँ। मेरे एक तुम हो, सब प्रकार से तुम्हारे ऊपर ही मुझे निर्भर रहना है। कुछ ऐसा करना कि महाराजाधिराज के अनुकूल उनका स्वागत हो सके। सुना है, आज हमारे स्वागत के लिए नगर के श्रेष्ठ कलाविद् जुटाए गए हैं, हमारे तो सर्वस्व तुम्हीं हो।'' इतना कहकर भट्टिनी ने मेरी ओर विश्वास के साथ देखा। उनकी आँखों में कृतज्ञता के आँसू थे।

इसी समय द्वारी ने आकर समाचार दिया कि कोई सज्जन मुझसे मिलने आए हैं। बाहर आकर देखता हूँ तो धावक है। धावक का वही मस्त चोला, वही सदा-प्रफुल्ल मुख, वी फक्कड़ाना अलबेली छवि। इस भरे आषाढ़ में मालती और जाती कुसुमों का क्या अभाव है? धावक ने बाहुमूल, कंठदेश और चूड़ा में जमकर मालती-दाम का व्यवहार किया है। कस्तूरिका-धूपित उत्तरीय के साथ जाती कुसुमों के मिलित आमोद से धावक ने अपने इर्द-गिर्द एक अद्‌भुत सुगन्धित वातावरण तैयार कर लिया था। एक मालती-दाम मेरे लिए भी वह लेता आया था। ताम्बूल का तो धावक को रोग है। आज भी उसने निर्दयतापूर्वक ताम्बूल-पत्र चबाए थे। मुझे देखकर वह धधाकर मिला। देर तक हम दोनों गाढ़ आलिंगनपाश में बँधे रहे।

कुशल-क्षेम के बाद धावक ने मेरी पीठ थपथपाते हुए कहा, "लो गुरु, पौ बारह हैं तुम्हारे। आज चारुस्मिता का मयूरनृत्य है तो कल विद्युदपांगा का मनोहर संगीत। देवपुत्र-नन्दिनी ने तो तुम्हें निर्बाध राज्य दे दिया है। हो भाग्यवान्, बन्धु! सुनो, मुझे भी अपने पार्श्व में बैठने देना; देखो भाई, मित्र को ऐसे समय में भूलने का परिणाम बुरा होता है।" धावक की आँखों में रहस्यचपलता देखकर मैंने छेड़ा, "क्या परिणाम होता होगा, मित्र!" धावक ने ताम्बूलजड़िम वाणी में कहा, "बड़ा कठिन, मित्र! किसी मृणाल-कोमल वस्तु में बँधना पड़ता है और खेद यह है कि न वह बन्धन छूटता ही है, न छुड़ाने की इच्छा ही होती है।" मैंने फिर बढ़ावा दिया, "कै बार बँध चुके हो, बन्धु!" धावक ने लापरवाही के साथ उत्तर दिया, "अरे गुरु, धावक की बात छोड़ो! पद्म-पत्र पानी में रहकर भी निर्विकार रहता है। लेकिन तुमसे सच-सच कहूँ न मित्र, वह नृत्योत्सव मुझे अच्छा नहीं लगता। किसी वातुल कवि ने एक बार वर्षा-काल के साथ नर्तकी के नृत्योल्लास का अनुप्रास सुना था; पर एक क्षण के बाद ही वह इतना कल्पना-दरिद्र बना कि कुछ मत पूछो। कविराज ने अम्बर में मेघ का आडम्बर देखा, नर्तमान विद्युल्लता देखी और घन-गर्जन सुना तो बोल उठे कि इस नाट्याडम्बर के समय विद्युत-नर्तकी के नृत्यारम्भ का मंगल-मृदंग बज उठा है! और फिर! फिर जानते हो क्या हुआ! दिल-जले बटोही केलि-मन्दिर में घुस गए जिसमें आँगन के फुल्ल तरु की शाखा पर बैठे हुए कौए की आवाज सुनकर उत्सुक प्रियतमा पहले से ही जा बैठी थी![1] छिः, यह भी कोई तुक है?" मैंने छेड़ने के उद्देश्य से कहा, "तुम्हें किसमें तुक मिलता दिखता है, मित्र!" धावक की जीभ ज़रा भी उलझी नहीं, झम-से बोल उठा, तुक तो, मित्र, प्रेंखा विलास (झूला) में है। मेघनिःस्वन और धारा की रिमझिम के साथ तो बस प्रेंखा का ही तुक मिलता है। अमन्द सुवर्ण-किंकणियों का मन्द-मन्द क्वणन, क्षणज्झणित मेखला की तरह झंकार और वाचाल कंकणों की मधुर रुनझुन के साथ झूलती हुई विद्युद्गौर किशोरियाँ ही इस वर्षाकाल में द्युलोक के साथ भूलोक का अनुप्रास मिला सकती हैं।" मैंने फिर छेड़ा, "कुछ वर्णन करके सुनाओ न बन्धु, सूखी बातों में क्या धरा है।" धावक अपनी मस्ती में शिखान्त तक मग्न था। बोला, "गुरु, इस शोभा को एक ही कवि वर्णन कर सकता है, सो भी यदि

---

1. एक अज्ञात कवि के निम्नलिखित श्लोक से तुलना की जा सकती है–
दृष्ट्वाडम्बरे घनकृतं सौदामिनी नर्तकी–
नृत्यारम्भमुदङ्गमङ्गलरवं श्रुत्वा च तद्गर्जितम्।
पुष्यत्पुष्पभरानताङ्गणतरुस्कन्धावसद्वासस–
क्वणाकर्णनसोत्सप्रियतमं पान्था ययुर्मन्दिरम्।

कल-नयनाओं का प्रसाद पा सका हो तब। जानते हो वह कौन है? अंगहीन देवता कोई!"[1]—धावक ने इस प्रकार आँखें नचाईं मानो एकमात्र वही उस देवता का पता जानता है! मैंने रस लेते हुए पूछा, "फिर कान्यकुब्जेश्वर को यह बुद्धि तुमने क्यों नहीं दी?" धावक ने उल्लसित भाव से कहा, "हे भगवान्, मिला है मगध देश का भकुआ! अरे गुरु, यह उत्सव क्या तुम्हारी भट्टिनी के लिए हो रहा है? यह तो कान्यकुब्ज की विद्रोही जनता को राजशक्ति की ओर से मदिरा पिलाई जा रही है। भट्टिनी का स्वागत तो उपलक्ष्य है। यहाँ की भोंड़ी जनता को अनुप्रास से क्या मतलब। चारुस्मिता और विद्युदपांगा का नृत्य जो भी हो और जैसा भी हो, यहाँ धूम मच जाएगी। मेधातिथि और वसुभूति सिर पटकके मर जाएँगे, कान्यकुब्ज की जनता महाराजाधिराज का यश गाएगी। गुरु, तुम इतना भी नहीं समझते और देवपुत्र-नन्दिनी के मन्त्री बने हो!" धावक ने बिलकुल परवा न की कि उसके इस कथन का मेरे ऊपर क्या प्रभाव पड़ा। वह अनर्गल बकता ही गया, "लेकिन चारुस्मिता है उत्तम नर्तकी। हाव-भाव-हेला में वह अद्वितीय है; सात्त्विक अभिनय तो वैसा नहीं कर सकती, किन्तु विचित्र माधुर्य है उसकी चारियों में। जितना सुन्दर वंशी बजाती है, उतना सुन्दर मृदंग भी; आलस्य तो उसे छू नहीं गया, नाचती है तो देखते ही बनता है और भरतमुनि ने नर्तकी के गुण तो मानो उसे देखकर ही लिखे थे! अर्थ में, रूप में, गुण में, औदार्य में, सौभाग्य में, धैर्य में, वीर्य में वह अपना प्रतिद्वन्द्वी नहीं जानती। जितनी ही मृदुल है उतनी ही मधुर है; जितनी ही स्निग्ध, उतनी ही लीलावती है।[2] इस नगर का तो वह शृंगार है। वस्तुतः उसके नाच को उसकी शोभा ही चमका देती है।"

मैं धावक की मस्ती का रस ले रहा था। और भी जानने की इच्छा से पूछा, "भला विद्युदपांगा में क्या गुण हैं, बन्धु!" विद्युदपांगा की बात और है। वह गाती अच्छा है और रूप तो बस, नाम से ही समझ सकते हो। कहते हैं लोलकटाक्ष भी तब तक हृदय-बेधक नहीं होते जब तक सौ-पचास हृदयों को बेध नहीं डालते। विद्युदपांगा के पास वैसे ही कटाक्ष हैं। मैंने फिर टोका, "बिंध चुके हो क्या, कवि?" इस बार धावक ठठाकर हँसा। बोला, "कवि बिन्धता नहीं मित्र, बेधा

---

1. तुलनीय
   सौकर्यमिन्दीवरलोचनानां दोलासु लोलासु यदुल्ललास।
   यदि प्रसादाल्लभते कवित्वं जानाति तद् वर्णयितुं मनोभूः॥
2. तुल.—अर्थरूपगुणौदार्य-सौभाग्य-धैर्य-वीर्य-सम्पन्ना।
   पेशलमधुरा स्निग्धा न च विकला चित्रकर्मकुला च॥
   —नाट्यशास्त्र, 34।46

करता है। अपांग-बाण से नहीं, व्यंग्य-बाण से।''

देर तक धावक इसी प्रकार हँसाता-हँसता रहा। मुझे यह कवि कुछ विचित्र लगता है, उसकी दुनिया निर्लिप्त मस्ती की दुनिया है। जिस बात से अन्य कवि द्रवित हो जाते हैं उससे भी वह अपनी मस्ती का खाद्य निकाल लेता है। चलते-चलते धावक ने कहा, ''एक बात से सावधान रहना मित्र, कान्यकुब्ज में किसी पर विश्वास न करना, सब तुम्हें कतरना ही चाहेंगे और वह जो काशीवाले मीमांसक को ले आ रहे हो उसे भी समझा देना कि बेकार जहाँ-तहाँ न भिड़ता फिरे। कान्यकुब्ज विचित्र देश है, यहाँ एक बार यदि ताली बज गई तो बस बज ही गई। विरोधी विद्वानों को तो यहाँ के लोग यों चुटकी पर उड़ा देते हैं।'' धावक जाते समय बड़े गाढ़ आलिंगन में मुझे बाँधकर तब बिदा हुआ। मैं दूर तक उसे पहुँचाने गया। एक क्षण के लिए भी उसने अपनी रसना को विश्राम नहीं दिया। उससे बहुत-सी बातें मालूम हुईं। अवधूत अघोरभैरव यहीं चंडीमंडप में हैं। सुचरिता और विरतिवज्र की तीन लोक से न्यारी साधना अब शान्ति से चल रही है। उड्डियानपीठ का भंड वैष्णव न जाने कहाँ लोप हो गया है। महाराजाधिराज ने रत्नावली नाम से एक सुन्दर नाटिका लिखी है। इसमें उन्होंने मार-वधुओं के शरप्य बोधि-स्थित मुनीन्द्र (बुद्ध) की प्रार्थना नहीं की है,[1]—बल्कि पार्वती और लक्ष्मी के नाम लेकर शिव और हरि की प्रार्थना की है, धावक ने कुछ श्लोक भी उसमें छोड़ दिए गए हैं। ऐसी ही और भी बहुत-सी बातें इस मस्तराम से अनायास ही मालूम हो गईं। जब मैं धावक को पहुँचाकर लौटा तो मन में उसकी बताई बातें चक्कर काट रही थीं। कितनी सहज आनन्द-धारा इस कवि के सर्वांग को घेरकर उच्छ्वसित हो रही है! वह कौन-सा रस-निर्झर है जिससे इतनी उमंग, इतना उल्लास, इतनी निःसंगता झरती रहती है। न कहीं विरोधी पक्ष की सम्भावना से आशंका है, न किसी पर भले-बुरे प्रभाव से प्रयोजन। मानो वह इस दुनिया से उमंग का रस खींचने के लिए ही पैदा हुआ है। दूसरे को उससे सुख पहुँचे या दुख, वह

---

1. नागानन्द के इन श्लोकों से तुलनीय–
ध्यानव्याजमुपेत्य चिन्तयसि कामुन्मील्य चक्षुः क्षणं
पश्यानङ्गशरातुरं जनमिमं त्रातापि नो रक्षसि।
मिथ्याकारुणिकोऽसि निर्घृणतरस्त्वत्तः कुतोऽन्यः पुमान्
इत्थं मारवधूभिरित्यभिहतो बोधौ जितः पातुः वः ॥1॥
कामेनाकृष्य चापं हतपटुपटहावल्गिभिर्मारवीरै–
भूर्भङ्गोत्कम्पजृम्भास्मितललितवता दिव्यनारीजनेन।
सिद्धैः प्रह्वोत्तमांगैः पुलकितवपुषा विस्मयाद्वासवेन
ध्यायम् बोधेरवाप्तावचालित इति वः पातु दृष्टो मुनीन्द्रः ॥2॥

अपना रस उसी प्रकार निकाल लेगा जिस प्रकार दलित इक्षुदंड से किसान निकाल लेता है।

धावक ने कहा कि चारुस्मिता का नृत्य कान्यकुब्ज की विद्रोही जनता को वश में ले आने का अस्त्र है। यह क्या सत्य है? यह कितना मर्मंतुद संवाद है; पर धावक कितने सहज भाव से यह संवाद कह गया? चारुस्मिता का यश मैंने सुना है, उसके गुण आज धावक ने बताए हैं; हाय, कितनी गुण-सम्पत्ति है और कितने नीच उद्‌देश्य से उसका उपयोग हो रहा है। गणिका नगर का शृंगार होती है नगर का अंगार? वह क्या एक ही साथ अमृत और विष का मिश्रण है? शूद्रक ने वसन्तसेना को पद्महीन लक्ष्मी, अनंग देवता का ललित अस्त्र, कुलवधुओं का शोक और मदन वृक्ष का पुष्प कहा था।[1] भाग्य का कैसा दुर्ललित परिहास है! जो लक्ष्मी है वही शोक भी है, जो फल है वही मारणास्त्र भी। भट्टिनी कहती हैं कि जिन्हें तुम म्लेच्छ समझते हो उनका स्त्रियों में रानी से लेकर परिचारिका तक के और गणिका से लेकर वार-वनिता तक के सैकड़ों स्तर नहीं हैं। यह मेरे लिए एकदम विचित्र संवाद है। मेरा मन कहता है कि स्वर्ग उसी समाज में होगा। यह जो दुख-ताप है, निर्यातन है, धर्षण है, परदाराभिमर्श है, यह विकृत समाज-व्यवस्था के विकृत परिणाम हैं। भट्टिनी इस बात को समझ गई हैं। उनके रक्त की ज्वाला में जलकर यह पवित्र ज्योति प्रकट हुई है। म्लेच्छों में शायद शास्त्रचर्चा का अभाव है, धर्म-साधना की कमी है, दरिद्रता का वास है। ये बातें अगर सुधार दी जाएँ तो वहाँ स्वर्ग बना ही हुआ है। यहाँ स्वर्ग बनना कठिन है। यहाँ स्वार्थों का सन्घात है, लोभ-मोह का प्राबल्य है। महाकवि ने जिस यक्ष-लोक की कल्पना की थी उसमें सामाजिक मर्यादा समान थी, आँसू अगर थे तो सिर्फ आनन्द के, पीड़ा अगर थी तो प्रेम की, वियोग अगर था तो प्रणय-कलह का और जरा-मृत्यु का तो वहाँ कोई चिह्न भी न था।[2]—भट्टिनी जो कुछ कह रही हैं उससे गिरिसंकट

---

1. तुल.
अपद्मा श्रीरेषा प्रहरणमनङ्गस्य ललितं
कुलस्त्रीणां शोको मदनवरवृक्षस्य कुसुमम्।
सलीलं गच्छन्ती रतिसमयलज्जाप्रणयिनी
रतिक्षेत्रे रंगे प्रियपथिकसार्थैरनुगता॥

2. कालिदास के बताए जानेवाले निम्नलिखित श्लोक में तुल.—
आनन्दोत्थं नयनसलिलं यत्र नान्यैर्निमित्तै-
र्नान्यस्तापः कुसुमशरजादिष्टसंयोगसाध्यात्
नाप्यन्यस्मात् प्रणयकलहा द्विप्रयोगोपपत्ति-
र्वित्तेशानां न च खलु वयो यौवनादन्यदस्ति। मेघ. 214

के उस पार इस कल्पलोक का साक्षात्कार पाया जा सकता है। परन्तु मुझमें क्या वह शक्ति है?

मैंने सुना है कि गिरिसंकट के उस पार अत्यन्त घृणित म्लेच्छ जातियाँ बसती हैं। लूट-मार ही उनका व्यवसाय है, देवायतनों को भ्रष्ट करना ही उनका धर्म है, ब्राह्मणों और श्रमणों का वध करना ही उनका आमोद है, कुल-वधुओं और बालिकाओं का धर्षण ही उनका विलास है, हत्या और आग लगाना ही उनका पावन कर्तव्य है। पुरुषपुर से साकेत तक विशाल जनपद को उन्होंने रौंद डाला था। परम्परा क्रम से हम सुनते आ रहे हैं कि महाकवि ने रघुवंश में विध्वस्त अयोध्या का वर्णन करने के बहाने इन्हीं निर्घृण लुटेरों के कुकृत्यों का वर्णन किया है। इस दारुण विध्वंस-लीला को स्मरण करता हूँ तो रोएँ खड़े हो जाते हैं—दिनान्तकालीन प्रचंड आँधी से छिन्न-भिन्न मेघ-पटल की भाँति नगरियाँ श्रीहीन हो गई थीं; जिन राजपथों पर घनी रात में भी निर्भय विचरण करनेवाली अभिसारिकाओं के नूपुरों की रुनझुन सुनाई देती थी उन पर शृंगालों के विकट रव सुनाई देने लगे थे; जिन पुष्करिणियों में जल-क्रीड़ाकालीन मृदंगों की मधुर ध्वनि गमगमाया करती थी, उनका निर्मल जल जंगली भैंसों के लोटने से गँदला हो गया था; मृदंग के ताल पर नाचने के अभ्यस्त और सुवर्णयष्टियों पर विश्राम करनेवाले क्रीड़ामयूर जंगली बन गए थे और उनके मृदुल बर्हभार दावाग्नि से झुलस गए थे; अट्टालिकाओं की जिन सीढ़ियों पर रमणियों के सराग पद संचरण किया करते थे उन पर व्याघ्रों के लहूलुहान पैर दौड़ा करते थे; बड़े-बड़े राजकीय मदमत्त गजराज जो पद्मवन में अवतीर्ण होकर मृणाल-नालों द्वारा करेणुकाओं की सम्वर्धना किया करते थे, सिंहों से आक्रान्त हो रहे थे; सौधस्तम्भों पर लकड़ी की बनी स्त्री-मूर्तियों का रंग धूसर हो गया था और उन पर साँपों की लटकती हुई केंचुलें ही उत्तरीय का कार्य करने लगी थीं; राजमहलों के अमल-धवल प्राचीर काले पड़ गए थे, दीवार के दरारों से तृणावली निकल पड़ी थी। चन्द्रकिरणें भी उन्हें पूर्ववत् उद्भासित नहीं कर सकती थीं; जिन उद्यानलताओं से विलासिनियाँ बड़े सदय भाव से पुष्प-चयन किया करती थीं उन्हीं को वानरों ने बुरी तरह से छिन्न-भिन्न कर डाला था; अट्टालिकाओं के गवाक्ष न तो रात में मांगल्य-प्रदीप से ही और न दिन में गृह-लक्ष्मियों की मुखकान्ति से ही उद्भासित हो रहे थे, मानो उनकी लज्जा ढकने के लिए ही मकड़ियों ने उन पर जाला तान दिया था, नदियों के सैकतों पर पूजन की सामग्री नहीं पड़ती थी, स्नान की चहल-पहल जाती रही थी और उपान्त देश के वेतसलताकुंज सूने पड़ गए थे।[1] इस प्रकार के महानाश

1. तुल.—रघुवंश 16-11-21

का खेल खेलनेवाले म्लेच्छों में भी मनुष्य का हृदय है। भट्टिनी यह क्या कह रही हैं? यह क्या सम्भव है कि मनुष्य इतना निर्दय हो, इतना बीभत्स हो, इतना क्रूर हो! पर भट्टिनी कह रही हैं कि उनमें भी एक ही रागात्मक हृदय है!

मैं इसी प्रकार चिन्ता-जाल में उलझा हुआ बैठा था कि निपुणिका ने पुकारा। उस समय आकाश नील मेघों से मेदुर हो गया था, वृक्षों की काली रेखाओं के ऊपर मेघों की छाया पड़ने के कारण दूर की वनभूमि और भी काली हो आई थी, ऐसा जान पड़ता था कि आकाश सूर्य-बिम्ब को एकदम पी ही गया है। यद्यपि उस समय भी दिन अभी कुछ शेष था तथापि प्रकाश का लोप हो चुका था। इस कालिमा की पृष्ठभूमि में निपुणिका निकष-ग्रीवा पर अंकित सुवर्णरेखा के समान कमनीय लग रही थी। उसके पांडुर कपोल इन दिनों आनन्द के रसायन से अपूर्व सुन्दर हो गए हैं, उनकी वाणी में और भी मिठास आ गया है, नयन-कोरकों में और भी मेदुरता निखर आई है। निपुणिका को देखकर मुझे बड़ी प्रसन्नता हुई। उसके अधरों पर स्मिति-रेखा थी, लोचनों में लीला-विलास था और वाणी में उन्मद भाव था! मैंने प्रसन्न होकर कहा, ‘‘क्या कहती है, निउनिया!’’ निपुणिका मेरी ओर देखे बिना ही बोली, ‘‘भट्टिनी ने जो कहा है उसका अर्थ तुमने समझा है?’’ मैंने कहा, ‘‘भट्टिनी ने बहुत-सी बातें कही हैं, कुछ का अर्थ मैंने समझा है, कुछ का अर्थ नहीं समझा है, कुछ का समझने का प्रयत्न कर रहा हूँ।’’ निपुणिका ने फिर हँसते हुए कहा, ‘‘नहीं-नहीं, मैं सबका अर्थ नहीं पूछ रही हूँ। महाराजाधिराज के योग्य कुछ करने का उन्होंने जो आदेश दिया है उसका अर्थ पूछती हूँ।’’ मुझे नाना चिन्ताओं में वह बात भूल ही गई थी। मैंने उस विषय में कुछ सोचा भी नहीं था। निपुणिका के प्रश्न का क्या उत्तर दूँ, कुछ समझ नहीं सका। मुझे चिन्तित देखकर निपुणिका फिर बोली, ‘‘घबराने की बात नहीं, मैं बताए देती हूँ। तुम्हें फिर से अभिनय का अभ्यास करना पड़ेगा और मुझे भी। मेरे मुँह से भट्टिनी ने तुम्हारे अभिनय-कौशल की अनेक बातें सुनी हैं। उनकी प्रच्छन्न अभिलाषा है कि तुम्हारा मनोहर अभिनय देखें। तुम्हारा यह कविमित्र कहता था कि महाराजाधिराज ने कोई नई नाटिका लिखी है। उसी को उस दिन क्यों नहीं रंगभूमि पर उतार देते?’’ निपुणिका ने मुझे एकदम नई उलझन में डाल दिया। मैंने तो यह अभिनय का व्यापार बहुत दिनों से छोड़ दिया है। भट्टिनी के सामने अभिनय करना तो एकदम असम्भव-सा ही लग रहा है। पर उनकी अभिलाषा है तो असाध्य में भी कूदना ही पड़ेगा। मैंने अधिक जानने के उद्देश्य से पूछा, ‘‘तुझे रंगभूमि पर अब भी उतरने का साहस है, निउनिया!’’ निपुणिका ने आँखें नीची कर लीं। उसकी हँसी क्षण-भर में लुप्त हो गई, एक दीर्घ निःश्वास ने उसके पांडुर

मुखमंडल को धूमिल बना डाला, बोली, "अभिनय ही तो कर रही हूँ। जो वास्तव है उसको दबाना और जो अवास्तव है उसका आचरण करना–यही तो अभिनय है। सारे जीवन यही अभिनय किया है। एक दिन रंगमंच पर उतर जाने से क्या बन या बिगड़ जाएगा।" निपुणिका की बातों ने मेरा हृदय कुरेद डाला। सचमुच ही क्या यह जीवन अभिनय है? यह पग-पग का बन्धन, श्वास-श्वास का दमन अभिनय ही तो है! निपुणिका इसके लिए दुख है, परन्तु यह छूटेगा कैसे! एक क्षण में मेरा मन जीवन की इस बन्धन-जड़िमा की ओर चला गया। परन्तु दूसरे ही क्षण मुझे इसकी उत्तम कोटि भी समझ में आ गई। यह बन्धन ही चारुता है, संयम है। निपुणिका व्यर्थ परेशान हो रही है। इस बाधा के कगारों से बँधी हुई जीवन-सरिता ही गतिशील होती है, सरस होती है, मधुर होती है। "न निउनिया, बन्धन ही सौन्दर्य है, आत्म-दमन ही सुरुचि है, बाधाएँ ही माधुर्य हैं। नहीं तो यह जीवन व्यर्थ का बोझ हो जाता। वास्तविकताएँ नग्न रूप में प्रकट होकर कुत्सित बन जाती हैं।" उद्दीप्त दीपशिखा जिस प्रकार अन्धकार को दूर कर देती है उसी प्रकार इस छोटी-सी बात ने मेरे हृदय को प्रकाशित कर दिया। म्लेच्छ जाति में इसी संयम का अभाव है, आत्म-नियन्त्रण की कमी है। उन्हें यही चाहिए। भारतीय समाज ने बन्धन को सत्य मानकर संसार को बहुत बड़ी चीज दी है। हम दोनों देर तक मौन बैठे रहे। बाहर घनघोर वर्षा हो रही थी और भीतर विचार-प्रवाह तीव्र वेग से बह रहे थे। ऐसे ही समय मधुर-कोमल कंठ से समस्त शून्यता को भरती हुई भट्टिनी ने महावराह की स्तुति पढ़ी–

जलौघमग्ना सचराचरा धरा, विषाणकोट्याऽखिलविश्वमूर्तिना।
समुद्धृता येन वराहरूपिणा स मे स्वयंभूर्भगवान् प्रसीदतु॥

हमारा ध्यान भंग हुआ। भट्टिनी की पूजा समाप्त हो गई है। निपुणिका जैसे नींद से उठी। बोली, "हाँ भट्ट, बन्धन ही माधुर्य है!" और भट्टिनी के पास चली गई!

उन्नीसवाँ उच्छ्वास

महाराजाधिराज श्रीहर्षबर्द्धन और महारानी राज्यश्री से मिलकर भट्टिनी बहुत प्रसन्न हुईं। महाराज के सौजन्य और स्नेह ने उनका हृदय जीत लिया। वे सचमुच ही उनकी सगी बहिन बन गईं। महारानी राज्यश्री की आज्ञा से मैं वृद्ध वाभ्रव्य को भट्टिनी के पास ले आया। उन्होंने उससे मिलने की इच्छा प्रकट की थी। वृद्ध को अभी तक यह मालूम नहीं था कि जिस देवपुत्र-नन्दिनी के स्वागत के लिए सारा साम्राज्य उबल पड़ा है वह किसी समय उसी के शासन में आबद्ध अपहृता राजकुमारी थीं। रास्ते में उसने कई बार पूछा कि, "भद्र, देवपुत्र-नन्दिनी मुझे क्यों बुला रही हैं?" वृद्ध की सरलता बड़ी मनमोहक थी। मैंने भी आश्चर्य का भाव दिखाते हुए कहा, "हाँ आर्य, मुझे भी आश्चर्य हो रहा है कि देवपुत्र-नन्दिनी आपको क्यों बुला रही हैं।" अन्त में उसने स्वयं समाधान कर लिया।

बोला, ''दुर्भाग्य का परिहास है, भद्र! बीस वर्ष से मौखरिराजकुल के अन्तःपुर में कुंचुकी का कार्य कर रहा हूँ। भाग्य ने मौखरि-वंश का अन्न अन्त तक छीन लेने का ही निश्चय किया है। अब मेरे ऊपर कौन विश्वास करेगा? मैं अन्तःपुर की रक्षा में अपनी अयोग्यता का परिचय दे चुका हूँ। जान पड़ता है, महारानी का विश्वास भी मुझ पर से उठ गया। कौन जाने इस वृद्ध वयस में पुरुषपुर जाना पड़ेगा या गिरिसंकट के भी उस पार जाना होगा!'' वृद्ध की आँखें सजल हो आईं। मौखरिवंश के अन्न का मोह कितना द्रावक था!

स्कन्धावार के बाहरी अलिन्द में वृद्ध को बैठाकर मैं भट्टिनी को संवाद भिजवाना ही चाहता था कि निपुणिका आ गई। उसने गले में आँचल बाँधकर जानुपातपूर्वक वृद्ध को प्रणाम किया। वृद्ध की शिथिल दृष्टि ने पहले तो उसे नहीं पहचाना; परन्तु जब वह प्रणाम करके उठी तो पहचान लिया। क्षणभर में उसका मुखमंडल विवर्ण हो गया। उसने भीत-भाव से कहा, ''निउनिया, तू है!'' निपुणिका ने वृद्ध की मनोदशा देखकर उसे आश्वस्त करते हुए कहा, ''मैं ही हूँ, आर्य, पर तुम इतने विवर्ण क्यों हो गए? चलो, तुम्हें भट्टिनी के पास ले चलूँ।'' वृद्ध को जैसे बिच्छू ने काट लिया हो। चकित भाव से पूछा, ''भट्टिनी?'' निपुणिका ने कहा, ''हाँ आर्य, भट्टिनी ने ही तो तुम्हें बुलवाया है।'' वृद्ध के शरीर से पसीना बह चला। वह कुछ समझने का प्रयत्न करने लगा; पर उसकी आँखों की जड़िमा से स्पष्ट मालूम हो रहा था कि वह कुछ समझ नहीं रहा है। उसने हैरान होकर फिर पूछा, ''क्या कहती है निउनिया, कौन भट्टिनी?'' निउनिया ने धीरभाव से कहा, ''घबराओ मत आर्य, देवपुत्र-नन्दिनी के पास तुम्हें ले जा रही हूँ।'' वृद्ध ने सन्देह की दृष्टि से मुझे देखा और अनिच्छापूर्वक निपुणिका के साथ भीतर चल पड़ा।

वृद्ध को देखकर भट्टिनी के बड़े-बड़े नयनों में आँसू भर आए। उन्होंने प्रेमपूर्वक उसे प्रणाम किया। वृद्ध कुछ ऐसा अकचकाया कि वह प्रणाम का उत्तर भी न दे सका। अत्यन्त आश्चर्य और साध्वस से वह चिल्ला उठा, ''जय हो, भावी महादेवी की जय हो!'' भट्टिनी की कपोल-पालि पर दरविगलित अश्रुधारा बह चली। वृद्ध ने कुछ समझते हुए कहा, ''अपराध मार्जित हो, देवि, मैं अभ्यासवश कुछ अनुचित कह जाऊँ तो क्षम्य ही हूँ। क्या छोटे राजकुल की भावी महादेवी को पहचानने में भूल कर रहा हूँ? देवि, मौखरियों के कंचुकी की सारे जीवन की कमाई मैं नष्ट कर चुका हूँ, आज महादेवी को देखकर मुझे यह समझ में नहीं आ रहा है कि मैं प्रसन्न होऊँ या विषण्ण। देवि, शिथिलांग वृद्ध दया का पात्र है। मैं कुछ विशेष जानने का प्रसाद पाना चाहता हूँ।'' भट्टिनी ने कुछ उत्तर नहीं

दिया। वे पथराई आँखों से देर तक वृद्ध को देखती रहीं। निपुणिका भी नाना स्मृतियों के आकस्मिक उद्रेक से हतचेष्ट हो गई थी। वृद्ध बारी-बारी सबकी ओर देखता रहा और कुछ समझने का प्रयत्न करता रहा। अन्त में मैंने ही कहा, "आर्य वाभ्रव्य, क्यों चकित की भाँति देख रहे हो? तुम्हारे सामने देवपुत्र-नन्दिनी ही विराजमान हैं। इन्हीं को मौखरियों के छोटे महाराज ने अपने अन्तःपुर में बलात् बन्द कर रखा था। भावी महादेवी कहकर तुम व्यर्थ ही अत्रभवती के पुराने घावों को ताजा कर रहे हो। निउनिया को साधुवाद दो, उसी के साहस का प्रभाव है कि आज आर्यावर्त नाश के गह्वर में पतित होने से बचने की आशा रखता है।" इतना सुनने के बाद वृद्ध की विस्मय-विमूढ़ता कुछ कम हुई। वह अपने को सँभालने में कृतकार्य हुआ। उसने गद्गद कंठ से आशीर्वाद देते हुए भट्टिनी के सिर पर हाथ फेरा। बोला, "प्रीत हूँ बेटी, आज मेरा परिताप धुल गया है। मौखरियों के अन्तःपुर की मान-रक्षा न कर सकने का क्षोभ आज मेरे मन से दूर हो गया है। बीस वर्ष से मैंने कंचुक धारण किया है। इस लम्बी अवधि में केवल दो बार मुझे कर्तव्य से च्युत होने का अपराध स्वीकार करना पड़ा है, पर त्रिपुर-भैरवी की कुछ ऐसी विचित्र माया रही है कि दोनों ही बार मेरे अपराधों से बृहत्तर-जगत् को लाभ हुए हैं। बड़े अनुताप के साथ मैंने पिछले कई महीने बिताए हैं। मैं बराबर ऐसा ही समझता रहा हूँ कि मैंने अन्तिम जीवन में कलंक लगा लिया है; लेकिन तुम्हारा परिचय पाकर मैं आश्वस्त हो गया हूँ। त्रिपुरसुन्दरी की माया को कौन जान सकता है!"

भट्टिनी ने वृद्ध को आसन ग्रहण करने का संकेत किया। उनका गला तब भी भरा हुआ था। वृद्ध के आसन ग्रहण करने के बाद हम सबने आसन ग्रहण किया। उसकी आँखों में स्नेह का जल उमड़ पड़ा था। वह देर तक किसी भूली घटना को याद करता रहा। भट्टिनी की ओर वह देर तक देखता रहा। इस बीच निपुणिका प्रकृतिस्थ हो गई थी। उसने भी गद्गद कंठ से कहा, "विश्वासघातिनी निपुणिका क्षमा-याचने योग्य भी नहीं है, आर्य! परन्तु मेरी अन्तरात्मा ने आज तक मुझे इस विश्वासघात के लिए दोषी नहीं बताया। आर्य को संकट में छोड़ देने का दुख मुझे बहुत था और मुझसे भी अधिक भट्टिनी को था। प्रथम सुयोग मिलते ही भट्टिनी ने तुम्हें बचाने का प्रयत्न किया था। पर तुम्हें कष्ट ही तो हुआ, आर्य!" वृद्ध की आँखों में आँसू आ गए। बोला, "अगर मुझे जीवित जला दिया गया होता तो भी मुझे उतना दुख नहीं होता बेटी, जितना तिल-तिल करके पश्चात्ताप की अग्नि में जलने से हुआ है। हाय, जब मैं कुमार कृष्ण के घर अचानक बुला लिया गया उसी समय किसी ने देवपुत्र-नन्दिनी का यथार्थ परिचय

बता दिया होता तो मैं परिताप की अग्नि में इस प्रकार न जलता।" इस बार भट्टिनी ने टोका, "आर्य को कोई दंड दिया गया था क्या!" वृद्ध ने उत्तर दिया, "दंड कहाँ दिया गया बेटी, मैं कुछ समझ नहीं सका कि इतने बड़े अपराध के लिए मैं शूल-बिद्ध क्यों नहीं किया गया!"

वृद्ध थोड़ी देर तक आँखें बन्द करके कुछ सोचता रहा। फिर भट्टिनी की ओर देखकर बोला, "बेटी, तुम्हारे चले जाने के बाद मैं बहुत दुखी हूँ। मुझे बराबर ऐसा लगता रहा है कि मैंने अपने अन्नदाता की सेवा में प्रमाद किया है, तुषानल में जलने पर भी पाप का प्रायश्चित्त नहीं होगा, परन्तु देवि, बेटी, आज मुझे ऐसा लगता है कि मेरा विश्वास हिल गया है। तान्त्रिक योगी ने आज से पन्द्रह वर्ष पूर्व जो भविष्यवाणी की थी वह अक्षरशः सत्य सिद्ध हो रही है। आज मैं सम्भवतः जीवन का सबसे बड़ा सत्य देख रहा हूँ। मेरा रोम-रोम सिहर रहा है।"

भट्टिनी ने आश्चर्यपूर्वक पूछा, "तान्त्रिक योगी ने क्या कहा था, आर्य!"

वृद्ध के अंग अवश हो गए। भट्टिनी ने निपुणिका की ओर देखा। निपुणिका जल्दी-जल्दी चली गई और थोड़ा दूध लेकर लौटी। दूध पी लेने के बाद वृद्ध में कुछ चेतना आई। निपुणिका धीरे-धीरे पंखा झलने लगी। वृद्ध ने कहना शुरू किया–

"मैंने बीस वर्ष पहले कंचुक धारण किया था। आरम्भ में मैं मौखरिनरेश के अन्तःपुर में कंचुकी-पद पर नियुक्त हुआ। उस समय यद्यपि मैं सत्तर वर्ष का वृद्ध था तो भी इन नाड़ियों में शक्ति थी। क्या बताऊँ बेटी, राजा के अवरोधगृह में वेत्रयष्टि धारण करने का नियम है। मैंने उन दिनों इस बेंत की लाठी को आचार समझकर ही धारण किया था। अब शरीर में प्राणशक्ति जब क्षीण हो आई है, तब यही वेत्रयष्टि टेकने की लाठी बन गई है! अब मेरे लिए अस्खलित गति से चलना भी दूभर हो गया है। छोटे राजकुल में तो मैं केवल पाँच ही वर्ष से हूँ। इन बीस वर्षों में इस अवरोध-गृह में न जाने कितनी बालाएँ लाई गईं। मैंने सबका उसी सम्मान के साथ स्वागत किया जो मौखरियों की कुल-वधू के योग्य है। यही मेरे पितृ-पितामहों की शिक्षा रही है। मैंने किसी बाला का परिचय जानने का प्रयत्न नहीं किया। मेरे लिए उनका एक ही परिचय था--वे मौखरिवंश की कुलवधुएँ थीं। केवल जीवन में दो ऐसे अवसर आए जब मुझे अनिच्छापूर्वक इन कुलवधुओं के पूर्व-जीवन की बातें जाननी पड़ीं। एक तो आज ही और एक आज से पन्द्रह वर्ष पूर्व।"

वृद्ध की आँखों में कुछ नई ज्योति दिखाई दी। उसने खाँसकर गला साफ किया और फिर कहने लगा–

"आज से पन्द्रह वर्ष पूर्व ग्रहवर्मा के अन्तःपुर में एक ऐसी घटना घटी जो साधारणतः राजकीय अवरोध-गृहों में अपरिचित है। मौखरिनरेश ने कुलूतराज की कन्या से विवाह किया था। यह विवाह मेरी नियुक्ति के पहले ही हो चुका था। कभी-कभी मुखरा दासियाँ मुझे बता जाती थीं कि राजा और रानी में बनती नहीं। परन्तु मैंने रानी में कोई कठोरता या दुख का भाव नहीं देखा। वे दिन-रात पूजा-पाठ में लगी रहतीं। महाराज उनके पास कदाचित् ही आते थे; परन्तु जब आते तो रानी उनका पर्याप्त सम्मान करतीं, फिर भी कहीं कुछ-न-कुछ गड़बड़ जरूर थी क्योंकि राजा एक मुहूर्त से अधिक कभी उनके पास नहीं रुकते थे। मैंने इस रहस्य को समझने का कभी प्रयत्न नहीं किया। अन्तःपुरिकाओं के रहस्य के प्रति जिज्ञासा का भाव कंचुकि-धर्म के विरुद्ध है। मेरे पितृ-पितामहों ने मुझे केवल एक ही शिक्षा दी है। प्राण देकर भी कुलवधुओं की मान-रक्षा करना। मेरे लिए सभी नमस्य हैं, सभी समान हैं। अन्तःपुर की मर्यादा लंघन करनेवाले का सिर उतार लेना मेरा धर्म है, चाहे वह राजा ही क्यों न हो। मेरे पितृ-पितामहों ने यह शिक्षा दी है कि राजा सारे संसार का राजा हो सकता है, पर अन्तःपुर में वह स्वतन्त्र नहीं है। कंचुकी राजा का नहीं, रानी का अन्न खाता है। सो, मैंने कुलूतराज-दुहिता का रहस्य जानने का कभी प्रयत्न नहीं किया।

"एक दिन रानी ने मुझे स्वयं बुलवाया और आज्ञा दी कि महाराज से कह दो कि महामाया ने संन्यास ग्रहण किया है। मैंने आश्चर्य, दुख और जिज्ञासा के भाव से उनकी ओर देखा। उन्होंने गैरिक-वस्त्र धारण किया था और एक सिन्दूर-लिप्त त्रिशूल का अवलम्ब लेकर खड़ी हुई थीं। लोध्र-पुष्पों के वन में खिली हुई चन्द्रमल्लिका के समान उनका मुख चकित और व्याकुल बना रहा था। पतिशोकातुरा रतिदेवी के समान वे उस वैराग्यवेश में भी कमनीय दिख रही थीं। उनका वह रूप देखकर मेरी छाती भी फट रही थी, पर वे शान्त थीं। बड़े स्नेह और आदर के साथ उन्होंने फिर मुझे महाराज के पास जाने को कहा। बोलीं, "आर्य वाभ्रव्य, मैंने संसार त्याग दिया है। मेरा मन अन्तःपुर के बाहर चला गया है, शरीर भीतर रहा भी तो क्या, न रहा भी तो क्या। महाराज यदि मुझे अनुमति देंगे तो मैं अन्तःपुर छोड़ दूँगी, नहीं अनुमति देंगे तो यहीं पड़ी रहूँगी, पर अब मैं गृहस्थ होकर नहीं रह सकती। पुकार आ गई है। दीर्घकाल से मैं इसकी प्रतीक्षा में थी। तुम महाराज को यह समाचार दे दो।"

"मैंने हाथ जोड़कर निवेदन किया कि, "देवि, तुम्हारा यह वेश देखकर मेरी छाती फटी जा रही है। संसार तुम्हें कहाँ बाधा दे रहा है कि तुमने उसे छोड़ने का निश्चय कर लिया है? मैं निश्चय महाराज को आपका समाचार दे दूँगा, परन्तु

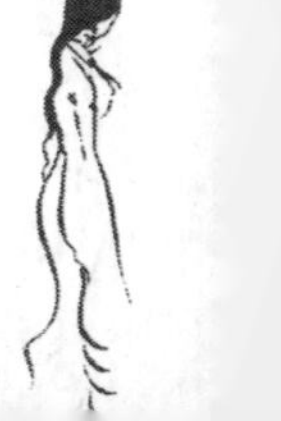

वृद्ध का अपराध क्षमा करें, देवि, मैं जानना चाहता हूँ कि इस कठोर निश्चय का कारण क्या है? क्या महाराज ने अत्रभवती की मर्यादा के विरुद्ध कुछ अनुचित आचरण किया है?''

''रानी के शान्त मुखमंडल पर सहज स्मिति-रेखा खेल गई। बोलीं, 'नहीं, आर्य! महाराज ने कोई अनुचित आचरण नहीं किया है। उन्होंने यथासाध्य मुझे सन्तुष्ट रखने का ही प्रयत्न किया है; परन्तु फिर भी मुझे संसार छोड़ना ही पड़ेगा। त्रिपुरसुन्दरी की यही इच्छा है। आज रात को मैंने स्वप्न में जो पुकार सुनी है उसकी उपेक्षा नहीं की जा सकती। ध्यान से देखो, आर्य, त्रिपुरसुन्दरी की मूर्ति हँस रही है। यह बड़े अमंगल का सूचक है। मैं अगर इसी समय महाराज से सम्बन्ध नहीं तोड़ देती तो उनका अमंगल निश्चित है।' रानी की बात सुनकर मैंने बड़े ध्यान से मूर्ति को देखा; पर मुझे उसमें कहीं हँसी का भाव नहीं दिखाई दिया। एक क्षण के लिए मेरे मन में ऐसा आभासित हुआ कि रानी का चित्तविक्षेप तो नहीं हो गया है! रानी ने मेरा भाव समझ लिया। बोलीं, 'तुमने नहीं देखा, आर्य! ध्यान से देखो!'

''क्या देखूँ! मूर्ति जैसी नित्य दिखती थी वैसी ही थी, पर रानी का मन रखने के लिए मैंने कह दिया कि सचमुच ही मूर्ति हँस रही है। रानी प्रसन्न हुईं। उन्होंने आदरपूर्वक फिर कहा, 'आर्य वाभ्रव्य, महाराज से विवाह होने के पहले मेरा वाग्दान हो चुका था। मेरे पिता कुलूतराज नहीं हैं। अपहृता बालिका हूँ! छलपूर्वक मेरा विवाह धूर्तों ने महाराज से करा दिया था। इस अन्तःपुर में मैं बहुत रो चुकी हूँ। महाराज से मैंने स्पष्ट कह दिया था कि मैं तुम्हारी पत्नी नहीं हूँ। जिस पुरुष को मेरे पिता ने वाग्दान किया था मैं उसी की पत्नी हूँ। महाराज ने मेरे भाव का आदर किया। उन्होंने बड़े सौजन्य और स्नेह से मुझे रखा है। परन्तु आज तक वे मुझे पत्नी-रूप में पाने का मोह छोड़ नहीं सके हैं। जिस युवक को मेरे पिता ने मेरा वर चुना था वह निराश होकर संन्यासी हो गया। वह विन्ध्य-मेखला के धूम्रगिरि में न जाने क्या तप कर रहा है। आर्य, मुझे बराबर उसकी पुकार सुनाई देती है। लेकिन कल रात को मैंने जो कुछ सुना है वह रोमांचकर है। मुझे संसार त्याग करना ही पड़ेगा। तुम महाराज को समाचार दो। देर होने से अनर्थ हो जाएगा।' मैंने सिर झुकाकर अनिच्छापूर्वक उनकी आज्ञा का पालन किया।''

भट्टिनी ने बीच में टोककर पूछा, ''रानी का नाम महामाया था, आर्य!'' वाभ्रव्य के स्वीकार करने पर वे विस्मित होकर मेरी ओर देखने लगीं। निपुणिका ने आँखें फैलाकर कहा, ''आश्चर्य है!'' वृद्ध आगे बढ़ा–

''महाराज ने जब यह समाचार सुना तो अत्यन्त उद्विग्न हो उठे। उन्होंने उसी

समय रानी के पास जाने की उत्कंठा प्रकट की। उनके आदेश से ही मैं उन्हें लेकर रानी के पास आया। महाराज ने रानी के संन्यास-वेश को देखा तो रो पड़े। बोले, 'देवि, अन्तःपुर के विरुद्ध वेश धारण करने का क्या कारण आज उपस्थित हो गया? मुझसे अनजान में कोई अपराध हुआ है क्या?'

"महामाया के चेहरे पर कोई विकार नहीं दिखा। वे शान्त भाव से बोलीं, 'महाराज, आज तक मैंने अपने भीतर जो संघर्ष चलने दिया है वह आज समाप्त हो गया है। त्रिपुरसुन्दरी का आदेश आज मिल गया है। यदि इसके बाद भी मैं आपके अवरोध-गृह में बँधी रहती हूँ तो अमंगल निश्चित है। देखिए महाराज, ध्यान से देखिए, आज देवी की मूर्ति हँस रही है। ऐसा दुर्निमित्त मैंने कभी नहीं देखा था। महाराज, मैंने रात में देवी का दर्शन पाया है। विन्ध्य-मेखला के धूम्रगिरि से मुझे खींचने के लिए बड़ी जबरदस्त आकर्षणवाणी सुनाई पड़ी है। देवी ने मुझे निश्चित रूप से बताया कि मैं आज ही यदि महाराज से अपना सम्बन्ध-विच्छेद नहीं कर देती तो दुर्निमित्त महाराज का सत्यानाश कर देगा। महाराज, मैंने देखा है कि सहस्रफण अजगर सारे मौखरि-वंश को चाट रहा है।' कहते-कहते रानी का गला भर आया। आँसू से आँखें डबडबा आईं और सारा शरीर रोमांचित हो उठा। घुटनों के बल बैठकर उन्होंने कहा, 'अपराध क्षमा करें महाराज, संन्यासिनी बने बिना मैं आपसे सम्बन्ध नहीं त्याग सकती! लोक और शास्त्र की मर्यादा को अक्षुण्ण रखने का दूसरा रास्ता नहीं है।'

'महाराज थोड़ी देर तक मर्माहत होकर बैठे रहे।' फिर बोले, 'आज तक मैंने तुम्हारी किसी इच्छा का विरोध नहीं किया। केवल एक बार तुम मेरी इच्छा में बाधा देने से विरत हो जाओ।' रानी ने कृतज्ञतापूर्वक कहा, 'क्या इच्छा है, महाराज!'

" 'देवि, मुझे सन्देह हो रहा है कि कोई वशीकरण का अभिचार कहीं किया जा रहा है। यह मेरे पाप-चित्त की कलुष चिन्ता भी हो सकती है, परन्तु मैंने निष्कपट भाव से अपने विचार प्रकट किए हैं! यदि अनुज्ञा हो तो मैं एक बार धूम्रगिरि जाकर सबकुछ देख आऊँ। तब तक अन्तःपुर में रहने का प्रसाद हो। मेरे साथ अपने किसी विश्वस्त अनुचर को भेज सकती हो।'

संन्यासिनी रानी के अधरों पर निर्मम हँसी दिखाई दी। बोलीं, 'देख आओ महाराज, मुझे तुम पर विश्वास है।'

" 'परन्तु मुझे स्वयं अपने पर विश्वास नहीं है, देवि! क्योंकि मैं प्राण देकर भी तुम्हें अन्तःपुर में रखना चाहता हूँ।'

" 'तुम्हारे ऊपर मुझे पूरी आस्था है, महाराज।'

‘‘ ‘नहीं, तुम अपना एक अनुचर मेरे साथ अवश्य कर दो।’

‘‘ ‘तो यह वृद्ध वाभ्रव्य आपके साथ जाएगा।’

‘‘महारानी की आज्ञा से मैं महाराज के साथ धूम्रगिरि को रवाना हुआ। रथ की सहायता बहुत थोड़ी दूर तक ही मिली। विन्ध्य-मेखला में धँसने के लिए पैदल चलने के सिवा कोई उपाय नहीं था।

‘‘एक विशाल गिरिखंड नीचे से ऊपर तक तृण-गुल्महीन कपिश पत्थरों से बना हुआ था, केवल दूर से ऊपरी भाग में काली वनराजि दिखाई दे रही थी। ऐसा जान पड़ता था जैसे किसी विशाल अग्निपिंड के सिर पर थोड़ा-सा काला धुआँ छाया हुआ हो। सम्भवतः धूम्रगिरि नाम पड़ने का यही कारण था। पर्वत पर चढ़ने का सिर्फ एक ही मार्ग था जो काटकर परिश्रमपूर्वक तैयार किया गया था। मार्ग में योगिनियों की मूर्तियाँ उत्कीर्ण थीं और विचित्र तान्त्रिक यन्त्र भी खोदे गए थे। पर्वत के ऊपर स्वच्छ जल का कुंड था जिस पर बड़े-बड़े पत्थरों से पाटकर एक पुल जैसा बना लिया गया था। कुंड के इस पार कुछ गुफाएँ थीं और उस पार धूम्रेश्वरी का मन्दिर था। मन्दिर तो वह नाममात्र का ही था; वस्तुतः एक गुहा के भीतर एक अन्तर्गुहा थी जिसमें दशभुजा मूर्ति स्थापित की गई थी। इसी को मन्दिर नाम दे दिया गया था। बड़ी कठिनाई से हम लोग उस मन्दिर तक पहुँच सके। मन्दिर के द्वार पर एक योगी के दर्शन हुए। योगी पीले वस्त्रों की बनी हुई कंथा धारण किए हुए था और हाथ में एक टेढ़ी लकड़ी लिए हुए था। उसके कंठ, बाहुमूल और कानों में बड़े-बड़े रुद्राक्ष झूल रहे थे, विकट जटामंडल को घेरकर एक वराटक-माला लटक रही थी और सामने एक लोहे का कपालपात्र रखा था। उसने हम दोनों के देखते ही विकट हास्य किया। राजा को लक्ष्य करके उसने अपनी लकड़ी चलाई, परन्तु मैं जल्दी से बीच में आ गया और वह लकड़ी राजा को न लगकर मुझे लगी। योगी ने और भी विकट अट्टहास्य किया। राजा को सम्बोधन करके बोला, ‘ग्रहवर्मा, तू भाग्यहीन है। धूम्रेश्वरी का दर्शन कर ले, तेरे सिर पर अमंगल मँडरा रहा है।’

‘‘राजा का मुखमंडल विवर्ण हो गया। यद्यपि वे वीर थे और उनके नाम से समूचा उत्तरापथ काँपा करता था तथापि योगी के इस कथन से वे डर गए। योगी ने मेरी ओर देखकर कहा, ‘तू भाग्यवान् है। जिस दिन तुझे मालूम हो जाएगा कि जिसे तू धर्म समझ रहा है वह अधर्म है और जिसे अधर्म समझ रहा है वह धर्म है, उस दिन तू त्रिपुरसुन्दरी का साक्षात्कार पा सकेगा। जा, दर्शन कर ले।’

‘‘महाराज ने हाथ जोड़कर पूछा, ‘योगिराज, मुझे त्रिपुरसुन्दरी का साक्षात्कार कब मिलेगा?’

" 'तू भंड है। यह कंचुकी मूर्ख है। यह धर्म और अधर्म की बँधी लकीरों पर चल रहा है। इसे किसी दिन सत्य का साक्षात्कार हो सकता है, पर तू अपने को बुद्धिमान समझता है। तू धर्म का दिखावा करता है। ढोंगी कहीं का, लबार। जा, दर्शन कर ले।'

"महाराज कुछ ऐसे अभिभूत हुए कि योगी के पैरों पर गिर पड़े। बोले, 'योगिराज, मेरी भंडता कैसे कम होगी?'

"योगी का मुखमंडल विकसित हो उठा। बोला, 'देखो, महाराज, तुमने अपने को बराबर धोखा दिया है। रानी को तुमने कभी नहीं छोड़ना चाहा; पर तुमने कभी उसे अपनाने का भी प्रयत्न नहीं किया। वशीकरण देखने आए हो? वशीकरण अपने-आपको सम्पूर्ण रूप से उत्सर्ग करने को कहते हैं। तुमने न तो अपने को निःशेष भाव से दे ही दिया है, न दूसरे को निःशेष भाव से पाने का ही प्रयत्न किया है। जाओ, भीतर जाओ। तुम वशीकरण देख सकोगे। जाओ—शीघ्र जाओ।'

"अन्तर्गुहा में दशभुजा मूर्ति थी। मूर्ति के सामने एक कंकाल-शेष मनुष्य निवात-निष्कम्प प्रदीप की भाँति ध्यानमग्न बैठा था। उसने शायद वर्षों से स्नान नहीं किया था। भोजन भी उसे कभी मिला था या नहीं, कौन जाने! योगी ने कहा, 'देखो, वशीकरण चल रहा है। भीतर जाओ, और भीतर।'

"जैसे-जैसे हम भीतर प्रवेश करते गए वैसे-वैसे दशभुजा मूर्ति में परिवर्तन दिखाई देने लगा। अन्त में जब हम लोग उस युवक तपस्वी के पास पहुँचे तो मूर्ति एकदम परिवर्तित होकर महामाया रानी बन गई! आश्चर्य और भय के मारे मैं चिल्ला उठा। महाराज भी आश्चर्य से हतबुद्धि हो रहे, योगी ने फिर से ललकारा— 'क्या देखते हो महाराज, देवी को प्रणाम करो, तुम्हारे सभी अमंगल दूर होंगे।' महाराज के सारे शरीर से स्वेद-धारा बह चली। वे कातर चीत्कार करके बैठ गए और धीरे-धीरे धरती पर लोट गए। मैं त्राहि-त्राहि करके चिल्ला उठा। मेरी आवाज से युवा तपस्वी का ध्यान भंग हुआ। योगी ने मुझे आश्वस्त करते हुए कहा, 'डरो मत, देवी को प्रणाम करो।' मैंने साष्टांग प्रणिपात किया। योगीराज ने युवक का कुछ नाम लेकर पुकारा। वह नाम मैं भूल रहा हूँ। कुछ विकट-सा नाम था। उस शीर्ण युवक तपस्वी ने आश्चर्य के साथ हम दोनों को देखा। योगिराज ने कहा, 'वत्स, ये ग्रहवर्मा हैं और ये उनके कंचुकी हैं।' युवक की आँखों में विचित्र प्रेमभाव उद्दीप्त हो उठा। बोला, 'ग्रहवर्मा हैं! अहा!!' और धीरे-धीरे महाराज के कपाल पर हाथ फेरने लगा। महाराज को वहाँ से उठाकर हम लोग कुंड पर ले आए। कुछ उपचार के बाद वे जब होश में आए तो योगिराज ने कहा, 'चूक गए महाराज, तुम देवी को प्रसन्न नहीं कर सके। घर लौट जाओ। मौखरियों का भविष्य अच्छा

नहीं है। यदि किसी दिन भी तुम त्रिपुरसुन्दरी का रूप देख सकते! महामाया को तुम देवी रूप में नहीं पा सके; पर देवी को तुमने महामाया के रूप में देख लिया। प्रयत्न करो, भाग्य प्रसन्न होगा तो देवि को भी किसी दिन देख सकोगे; परन्तु मौखरि-राजलक्ष्मी का अब भरोसा नहीं है। तुम बहुत दिन जी नहीं सकते, परन्तु तुम दूसरा विवाह अवश्य करना। देवी ने कल रात में कहा है कि समूचा आर्यावर्त भस्म होने जा रहा है। महामाया ही इसका उद्धार करेंगी। तुम उसे रोको मत!'

''मेरी ओर देखकर उस योगी ने कहा, 'मौखरियों का अमंगल दूर करने के लिए मैंने जो लाठी फेंकी थी उसे तूने अपने ऊपर ले लिया! मूर्ख कंचुकी, प्रमादवश तूने कैसा अनर्थ कर दिया! लेकिन तेरे प्रमाद से किसी दिन आर्यावर्त का कल्याण हो सकता है। जा, घर लौट जा।'

''महाराज चुपचाप सुनते रहे। युवा तपस्वी एकटक महाराज की ओर देखता रहा। उसकी आँखें गोल-गोल कौड़ी जैसी थीं और उसकी पुतलियों से ज्योतिरेखा-सी प्रकट हो रही थी। वह न हिला, न बोला, न विचलित हुआ। महाराज जब उठे तो उस युवा तापस की आँखों में कृतज्ञता के अश्रु भर आए। महाराज पर उसका प्रभाव पड़ा। पर वे भी मौन ही रहे।

''लौटते समय महाराज बराबर मौन रहे। वे न जाने क्या-क्या सोचते रहे। नगर में प्रवेश करते ही उन्होंने मुझसे पूछा, 'वाभ्रव्य, क्या देखा तुमने!' मैंने सम्भ्रम के साथ उत्तर दिया, 'देव, महादेवी ही धूम्रेश्वरी हैं!' महाराज ने डाँटकर कहा, 'मूर्ख!'

''मैं चुप हो रहा। महाराज ने फिर पूछा, 'वाभ्रव्य, क्या वह वशीकरण का अभिचार नहीं था?'

'' 'अभिचार!'

'' 'हाँ, अभिचार! मैं इन भंड तान्त्रिकों की माया में नहीं फँस सकता। महामाया को मैं नहीं छोड़ सकता। वह मौखरिवंश की लक्ष्मी है!'

''घर लौटकर महाराज ने रानी को न जाने क्या-क्या समझाया। सान्ध्य गोधूलि के समय महामाया रानी ने मुझे बुलाया। उनके पूछने पर मैंने सारी बातें ज्यों-की-त्यों सुना दीं। महामाया ने चिन्तित होकर पूछा, 'क्या योगिराज ने मुझे नहीं रोकने को कहा है?' मैंने कहा, 'हाँ देवि, योगिराज ने महाराज से स्पष्ट कहा है कि रानी को मत रोको।' महामाया थोड़ी देर तक चिन्तित होकर खड़ी रहीं। फिर एकाएक बोलीं, 'वाभ्रव्य, मुझे धूम्रगिरि जाने दो। महाराज मोह-ग्रस्त हैं। वे सत्य को नहीं देख रहे। तुम लोग प्रयत्न करके उनका दूसरा विवाह करा देना। मैं अगर रुकती हूँ तो आज ही मौखरि-लक्ष्मी रूठ जाएगी। जल्दी करो!'

"मैंने रानी को अन्तःपुर के बाहर निकल जाने दिया!

"दूसरे दिन महाराज ने जब बुलाया तो मैंने सारी बातें ज्यों-की-त्यों कह दीं। महाराज ने सिर थाम लिया। मुझसे केवल इतना ही कहा कि जाओ, अपना काम देखो।"

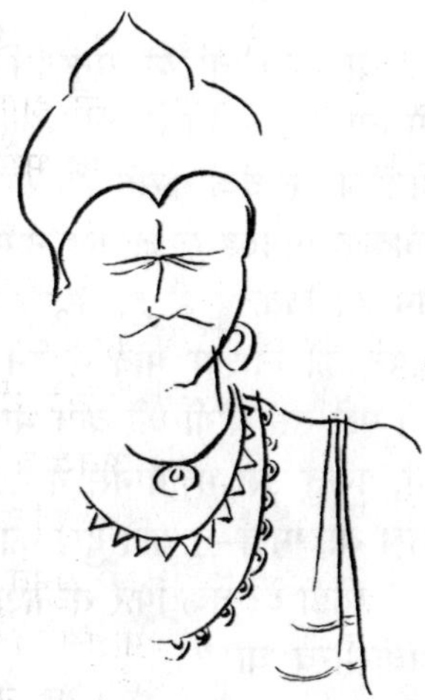

इतना कह लेने के बाद वृद्ध वाभ्रव्य ने दीर्घ निःश्वास लिया। भट्टिनी की ओर देखकर बोला, "बेटी, यद्यपि मैंने महाराज के सामने अपना अपराध स्वीकार कर लिया तथापि मेरे भीतर से बराबर यही ध्वनि निकलती रही कि मैंने उचित ही किया है। आज मालूम हो रहा है कि मेरा दूसरा प्रमाद भी अच्छा ही हुआ था।" इतना कहकर वृद्ध चुप हो गया। बड़े स्नेह के साथ वह भट्टिनी के ललाट पर हाथ फेरने लगा। बड़ी देर तक वहाँ सभी निस्तब्ध बैठे रहे। अन्त में उस वृद्ध ने ही उपसंहार किया। बोला, "आर्यावर्त नाश से बच जाएगा। देवपुत्र-नन्दिनी और महामाया भैरवी उसे बचा लेंगी। योगी की भविष्यवाणी व्यर्थ नहीं जाएगी। सिद्धवाक् पुरुषों की वाणी मृषा नहीं होती।" फिर निपुणिका की ओर देखकर वह बोला, "बेटी, तू धन्य है! मैंने तुझे अनेक अभिशाप दिए हैं। आज मैं अपने सभी अभिशापों को वरदान समझ रहा हूँ। मैं आज स्पष्ट देख रहा हूँ कि जितने बँधे-बँधाए नियम और आचार हैं उनमें धर्म अँटता नहीं। वह नियमों से बड़ा है, आचारों से बड़ा है। मैं जिनको धर्म समझता रहा वे सब समय और सभी अवस्था में धर्म ही नहीं थे, जिन्हें अधर्म समझता रहा वे सब समय और सभी अवस्था में अधर्म ही नहीं कहे जा सकते। योगी ने मुझे बताया था कि जिस दिन तू धर्म को अधर्म और अधर्म को धर्म समझ लेगा उसी दिन त्रिपुरसुन्दरी का साक्षात्कार पा सकेगा। आश्चर्य है!"

निपुणिका ने कृतज्ञतापूर्वक वृद्ध को देखा, बोली, "एक बात पूछने की इच्छा होती है, आर्य, मौखरि-नरेश को योगी ने दूसरा विवाह करने को क्यों कहा था, उससे क्या आर्या राज्यश्री जैसी साध्वी का जीवन व्यर्थ नहीं हो गया? वैधव्य से बड़ी व्यर्थता स्त्री के लिए और क्या हो सकती है, आर्य?" वृद्ध ने डाँटा, "छिः निउनिया, ऐसा भी कहते हैं! राज्यश्री का जीवन व्यर्थ हुआ है? भोली लड़की, सार्थकता क्या है? योगी ने ठीक ही कहा था, अपने को निःशेष भाव से दे देने को ही वशीकरण कहते हैं। अन्तिम जीवन में मौखरि-नरेश को यह सिद्धि मिल

गई थी। देख बिटिया, मनुष्य जितना देता है उतना ही पाता है। प्राण देने से प्राण मिलता है, मन देने से मन मिलता है। आत्मदान ऐसी वस्तु है जो दाता और गृहीता दोनों को सार्थक करती है। राज्यश्री ने वह दान दिया भी था और पाया भी था। लौकिक मानदंड से आनन्द नामक वस्तु को नहीं मापा जा सकता। दुख तो केवल मन का विकल्प ही है, मनुष्य तो नीचे से ऊपर तक केवल परमानन्दस्वरूप है। अपने को निःशेष भाव से देने से ही दुख जाता रहता है, परमानन्द प्राप्त होता है। मुझे उस योगी की बात भावपूर्ण लगी थी। मैं एक बार और उसके पास गया था, परन्तु उस भलेमानस ने मुझे डाँटकर भगा दिया था। केवल एक वाक्य उसने कहा था, 'मूर्ख—तू यदि दुख को सुख मान सकता!' कहाँ मान सका हूँ, बिटिया!"

थोड़ी देर तक फिर सन्नाटा रहा। मैंने पूछा, "आर्य, युवा तापस का नाम क्या अघोरभैरव था?"

वृद्ध ने आश्चर्ययुक्त आनन्द के साथ कहा, "हाँ भट्ट! विकट नाम है।"

निपुणिका ने भट्टिनी की ओर देखा। भट्टिनी के हरिणी के समान नेत्र फैलकर कान तक पहुँच गए। बोलीं, "आश्चर्य है, अद्भुत है!" और मेरी ओर देर तक आविष्ट भाव से देखती रहीं। निपुणिका खोई-सी खड़ी रही। थोड़ी देर तक उसमें स्पन्दन का लेश भी अनुभूत नहीं हुआ। फिर जैसे स्वप्नोत्थिता की भाँति बोल उठी, "अपने को निःशेष भाव से दे देना ही वशीकरण है!"

बीसवाँ उच्छ्‌वास

मैंने प्रतिज्ञा की थी कि अपने दुर्भाग्य का अधिक रोना नहीं रोऊँगा। परन्तु मनुष्य का जीवन अदृश्य शक्तियों द्वारा गढ़ा जाता है। यदि नियति-नटी का अभिनय अपने वश की बात होती तो मनुष्य की प्रतिज्ञा भी टिकती। कैसे कहूँ कि बीसवाँ उच्छ्‌वास मेरे दुर्भाग्य का रोना नहीं है? और फिर यह भी कैसे कहूँ कि इसमें मेरा चरम सौभाग्य नहीं प्रकट हुआ? वस्तुतः यह मेरा परम लाभ ही है, इसे बढ़ाकर क्या लिखूँ?

महाराजाधिराज ने अपनी नवीन नाटिका भट्टिनी के पास भिजवा दी थी। इस नाटिका का नाम रत्नावली है। धावक ने इसी नाटिका की चर्चा की थी। भट्टिनी ने और निपुणिका ने नाटिका को बड़े चाव से पढ़ा। उन्हें वह अच्छी ही लगी होगी क्योंकि एक दिन उन्होंने इच्छा प्रकट की कि यदि महाराज की अनुमति

हो और मुझे प्रसन्नता हो तो इसी नाटिका का अभिनय करके महाराजाधिराज को दिखाया जाए। मैं इधर कई दिनों से नाना उत्सवों में उलझा हुआ था। चारुस्मिता और विद्युदपांगा के नृत्य-गीत से नगर में अपूर्व मादकता का संचार हो गया था। इसी बीच समाचार आया कि आचार्य भर्वुपाद आ रहे हैं। मौखरियों के ब्राह्मण गुरु की अवाई के समाचार ने जनता को उन्मत्त बना दिया। बौद्ध-संन्यासी वसुभूति को इस संवाद से बड़ा कष्ट हुआ। नगर में यह समाचार फैल गया कि सद्धर्मियों ने भर्वुशर्मा का वध करने का निश्चय कर लिया है। स्थाण्वीश्वर में समाचार इस वेग से फैलते हैं जैसे अरण्यानी में दावानल। बड़े विकट समय में जनता में बुद्धिभेद उत्पन्न हो गया। संयोगवश मेरे अग्रज उडुपतिभट्ट उसी समय काशी से आ पहुँचे। कुमार कृष्णवर्द्धन इन दिनों बड़े परेशान थे। वे जानते थे कि भर्वुशर्मा को अप्रसन्न करने में इस समय कितने बड़े अनर्थ की सम्भावना है। वे बार-बार महाराजाधिराज से मिलते थे, परन्तु कोई युक्ति नहीं सोच पा रहे थे। एकाएक एक दिन उन्होंने मुझे और मेरे अग्रज उडुपतिभट्ट को बुलवा भेजा। हम लोग जब उनके घर पहुँचे तो उन्होंने बड़े सम्मान से हमारा स्वागत किया। उडुपतिभट्ट को सम्बोधन करके बोले, "आर्य, महाराजाधिराज ने निश्चय किया है कि बौद्ध पंडित वसुभूति के साथ ब्राह्मणों द्वारा वृत किसी श्रेष्ठ पंडित से शास्त्रार्थ कराया जाए। यहाँ के कान्यकुब्ज पंडित आपको इस वाद-सभा के प्रतिपक्षी के रूप में वरण करना चाहते हैं। आप क्या वसुभूति को शास्त्रार्थ विचार में पराजित कर सकते हैं? आपकी विजय पर यहाँ के ब्राह्मणों की मान-प्रतिष्ठा सब निर्भर है और सारे आर्यावर्त का भविष्य भी निर्भर है।" उडुपतिभट्ट ने बिना किसी झिझक के या संकोच के उत्तर दिया कि वे राजी हैं। कुमार उन्हें लेकर महाराजाधिराज के पास चले गए। मैं भट्टिनी के पास लौट आया। वहाँ उडुपतिभट्ट और वसुभूति का शास्त्र-विचार देर तक चला। दूसरे दिन नगर में डौंडी पिटवा दी गई कि शास्त्रार्थ-विचार में उडुपतिभट्ट विजयी हुए हैं और महाराजाधिराज को ब्राह्मण धर्म में फिर से आस्था हो गई है। अब से ब्राह्मण पंडितों का ठीक उसी प्रकार राजसभा में सम्मान होगा जिस प्रकार महाराज ग्रहवर्मा के समय में था। महाराजाधिराज ने लगभग सौ सामाध्यायियों को नवीन रूप में भूमि-दान किया है। यद्यपि चतुर्वेद, त्रिवेद और द्विवेद कहकर ब्राह्मणों की भिन्न-भिन्न स्तर सीमा निर्धारित कर दी गई है तथापि व्यवहार में सबके साथ समान व्यवहार किया जाएगा। भर्वुशर्मा के वंशधर अभी बालक हैं। उन्होंने अभी तक दो वेदों का ही अभ्यास किया है। फिर भी इन द्विवेदों का सम्मान उसी प्रकार किया जाएगा जिस प्रकार चतुर्वेद और त्रिवेद ब्राह्मणों का। बौद्ध मठों को जो दान

दिया गया था वह ज्यों-का-त्यों रहने दिया जाएगा। महाराजाधिराज ने सबका समान भाव से सम्मान करने का निश्चय किया है। अब तक राजा लोग अपने तेज और प्रताप का परिचय देने के लिए विक्रमादित्य का विरुद धारण करते थे। आज से महाराजाधिराज सबके क्लेश-शामक होने के कारण 'नरेन्द्र-चन्द्र' का विरुद धारण करेंगे। उनके प्रताप से शान्ति बरसेगी। इस घोषणा ने जनता में अपूर्व विजयोन्माद का संचार किया। नगर की वीथियाँ 'नरेन्द्र-चन्द्र' के जय-जयकार से मुखरित हो उठीं। उल्लास का ऐसा बवंडर उठा कि सारा नगर उन्मत्त की भाँति झूम उठा। इसी पृष्ठभूमि में आचार्य भर्वुपाद का आगमन हुआ। भट्टिनी का आनन्द आज बाँध तोड़ देना चाहता था। सहज-गम्भीर भट्टिनी आज नन्ही बालिका बनी हुई थीं।

महाराज और भर्वुशर्मा के आगमन के उपलक्ष में रत्नावली नाटिका के अभिनय का भार मेरे ऊपर पड़ा। महाराज ने केवल अभिनय की अनुमति ही नहीं दी, उसमें यथेच्छ परिवर्तन का अधिकार भी मुझे और धावक को दे दिया। मैंने इधर-उधर थोड़े-से परिवर्तन कर भी दिए। एक श्लोक में मैंने बड़ी चतुरता से अपना नाम भी जोड़ दिया। नाटक के आरम्भ में ही वह श्लोक था। मैंने अपना नाम 'दक्ष' उसमें कौशलपूर्वक भिड़ा दिया था।[1] महाराज को यह श्लोक बहुत पसन्द आया। उसे उन्होंने अपने अन्य नाटकों में भी जोड़ दिया। सबसे महत्त्वपूर्ण बात उसमें महाराजाधिराज की घोषणा का जोड़ा जाना था। उसका प्रभाव जनता पर भी अच्छा पड़ा और आचार्य भर्वुपाद पर भी। अभिनय के दिन सूत्रधार ने जब गद्गद कंठ से पढ़ा–

जितमुडुपतिना नमः सुरेभ्यो द्विजवृषभा निरुपद्रवा भवन्तु!
भवतु च पृथिवी समृद्धशस्या प्रतपतु चन्द्रवपुर्नरेन्द्रचन्द्रः।[2]

तो आचार्य देव ने साधु-साधु कहकर वर्धापनिका (बधाई) दी। आचार्यदेव के साधुवाद से सामाजिक लोग बहुत प्रीत हुए।

परन्तु नाटिका के लिए पात्र बड़ी कठिनाई से मिले। चारुस्मिता मेरे अनुरोध पर रत्नावली की भूमिका में उतरने के राजी हो गई। वह वर्णिका-भंग में अद्भुत कुशला थी। उसे तैयार करने में एकदम परिश्रम नहीं करना पड़ा। निपुणिका ने स्वयं 'वासवदत्ता' की भूमिका में उतरने की उत्कंठा प्रकट की। राजा मैं स्वयं

---

1. तुल. रत्नावली, प्रस्तावना–
श्रीहर्षो निपुणः कविः परिषदप्येषा गुणग्राहिणी
लोके हारिच वत्सराजचरितं नाट्ये च दक्षा वयम्।
2. रत्नावली, प्रस्तावना।

बना। धावक तो बना-बनाया विदूषक था। कुछ और पात्र इधर-उधर से जुट गए। भट्टिनी को इस अभिनय में अपूर्व उत्साह अनुभूत हो रहा था। अभिनय के दिन वे केवल घूम-फिरकर इसी प्रसंग पर आ जाती थीं। मैंने एक बार पूछा, "देवि, इस नाटिका में ऐसा क्या है जो तुम्हें इतना मुग्ध किए है!" तो उन्होंने केवल हँस दिया था। परन्तु निपुणिका इतना गम्भीर नहीं रह सकी। उसने अत्यन्त उत्साह के साथ कहा, "भट्ट, तुम नहीं देखते कि वासवदत्ता ने किस प्रकार दो विरोधी दिशाओं में जानेवाले प्रेम को एकसूत्र कर दिया है। प्रेम एक, और अविभाज्य है। उसे केवल ईर्ष्या और असूया ही विभाजित करके छोटा कर देते हैं!" उस समय भी मैं यदि निपुणिका के वाक्यों की गहराई में जा सकता तो वह अनर्थ शायद रुक जाता जिसने मेरे जीवन को उजाड़ बना दिया है। परन्तु ठीक समय पर मुझे ठीक कर्तव्य सूझता ही नहीं और अब तो क्या सूझेगा!

जो होना था वह होकर ही रहा। अभिनय बहुत सुन्दर हुआ। वासवदत्ता की भूमिका में निपुणिका ने तो उन्माद बरसा दिया। उसके हर्ष, शोक और प्रेम के अभिनय में वास्तविकता थी। मैं हतभाग्य बराबर उसे अभिनय ही समझता रहा; पर वह अभिनय से कहीं अधिक था, भिन्न था वह। वास्तव में निपुणिका ने अपने को ही खोलकर रख दिया। अन्तिम दृश्य में जब वह रत्नावली का हाथ मेरे हाथ में देने लगी तो सचमुच विचलित हो गई। वह सिर से पैर तक सिहर गई। उसके शरीर की एक-एक शिरा शिथिल हो गई। भरत-वाक्य समाप्त होते-होते वह धरती पर लोट गई। नागरजन जब साधु-साधु की आनन्द-ध्वनि से दिगन्तर कँपा रहे थे उस समय जवनिका (पर्दे) के अन्तराल में निपुणिका के प्राण निकल रहे थे। भट्टिनी ने दौड़कर उसका सिर अपनी गोद में ले लिया और कुररी की भाँति कातर चीत्कार के साथ चिल्ला उठीं, "हाय, भट्ट, अभागिनी का अभिनय आज समाप्त हो गया। उसने प्रेम की दो दिशाओं को एकसूत्र कर दिया!" और पछाड़ खाकर निपुणिका के मृत शरीर पर लोट पड़ीं। अभिनय करके जिसे पाया था, अभिनय करके ही उसे खो दिया!

धावक उस बात को एक क्षण में समझ गया था जिसे मैं जीवन-भर नहीं समझ सका। उसने जवनिका-पातन की क्रिया में बड़ी फुर्ती का परिचय दिया। महाराजाधिराज और आचार्य भर्वुपाद को इस दुर्घटना का उस दिन एकदम पता न चला। पौरजनों के आन्दोल्लास में रंचमात्र भी व्यत्यय नहीं होने पाया। धावक ने भट्टिनी को वहाँ से बड़े कौशल से हटाया और बड़ी फुर्ती से निपुणिका के शव को श्मशान तक पहुँचा दिया। मुखाग्नि की क्रिया मैंने ही की। धावक भी अन्त तक स्थिर नहीं रह सका। अभिभूत होकर उसने भी चिता को साष्टांग प्रणाम

किया। जिस मुखमंडल से केवल मस्ती और आनन्द उच्छ्वसित होते रहते थे उस पर प्रथम बार विषाद का धूम छा गया। जिस जिह्वा से श्रावण के मेघ के समान निरन्तर वाग्धारा झरती रहती थी उसे जैसे काठ मार गया। धावक की दशा विचित्र हो रही थी। हम लोग जब चलने को हुए तो क्या देखते हैं कि चारुस्मिता एक श्वेत साड़ी पहने हाथ में पुष्पस्तवक लिए उपस्थित है! उस सादे वेश में उसका सौन्दर्य और भी निखर गया था। मेघमाला जल से भरी हुई भी मनोहर लगती है और जल से रिक्त भी। चारुस्मिता की आँखों में श्रद्धा चमक रही थी। उसने जानुपातपूर्वक चिता को प्रणाम किया और मूर्द्धा-निषक्त अंजुलि-पुट से सुकुमार भाव से पुष्पस्तवक अदृश्य स्वर्गगामिनी को लक्ष्य करके चढ़ा दिए। धावक की आँखों के रुद्ध अश्रु अब बह चले। मेरी अवस्था क्या थी यह मैं कैसे बताऊँ। मुझे दिशाएँ शून्य मालूम हो रही थीं, व्योम-मंडल कुलात-चक्र की भाँति घूमता जान पड़ रहा था। चारुस्मिता ने मुझे आश्वस्त करने के लिए कहा, "चलो आर्य, इस नश्वर जगत् में यही एक शाश्वत सत्य है। निपुणिका स्त्री-जाति का शृंगार थी, सतीत्व की मर्यादा थी, हमारी जैसी उन्मार्गगामिनी नारियों की मार्गदर्शिका थी।" चारुस्मिता की आँखों में एक करुणकोमल भाव दिखाई दिया। धावक ने दीर्घ मौन भंग करके कहा, "हाँ भद्रे, चलो।" मैं धीरे-धीरे धावक और चारुस्मिता के पीछे-पीछे चला। रास्ते में केवल एक बार चारुस्मिता ने दीर्घ निःश्वास लेकर कहा, "दुनिया केवल प्रस्तर-प्रतिमाओं पर जान देती है!" केवल उसके अन्तर्यामी ही जानते हैं कि उसका आशय क्या था।

भट्टिनी के स्कन्धावार में उस समय शान्ति थी। मैं मन-ही-मन डर रहा था कि शोकतप्त भट्टिनी को एकाकी छोड़ने से कहीं कोई और अनर्थ न हो जाए, परन्तु उस शान्ति से मेरा चित्त कुछ आश्वस्त हुआ। भीतर जाकर देखता हूँ तो भट्टिनी का सिर गोद में लेकर सुचरिता बैठी है। इधर सुचरिता नित्य ही पहर रात बीतने पर आया करती थी। सायंकाल की पूजा तथा पति और गुरु की परिचर्या यथाविधि समाप्त कर लेने के बाद ही उसे समय मिलता था। आज आते ही उसने निपुणिका की मृत्यु का संवाद सुना। वह चिता पर फूल चढ़ाने के उद्देश्य से जाना चाहती थी; परन्तु भट्टिनी की शोक-व्याकुल अवस्था देखकर रुक गई थी। यह अच्छा ही हुआ, नहीं तो भट्टिनी की उस समय जो अवस्था थी उससे अनर्थ हो जाने की आशंका थी। सुचरिता शान्त-निस्पन्द प्रतिमा की भाँति बैठी थी और भट्टिनी अर्द्धशायित भाव से उसकी गोद में लेटी हुई स्थित दृष्टि से आकाश की ओर देख रही थीं। मुझे उन्होंने नहीं देखा। सुचरिता ने संकेत से चुपचाप बैठ जाने को कहा। दीर्घकाल तक वहाँ उसी प्रकार की शान्ति रही।

भट्टिनी की आँखों में अश्रु नहीं थे, अन्तर्वर्ती शोकाग्नि ने उन्हें एकदम सुखा दिया था। उनकी आँखें न जाने किस अनन्त की ओर उड़ जाने को व्याकुल थीं। अवश भुजलताएँ सुचरिता की गोद में झूल पड़ी थीं और शिथिल धम्मिल्ल उसके वाम स्कन्ध पर विलुलित हो रहा था। भट्टिनी की इस दारुण अवस्था से मेरा हृदय फटा जा रहा था। निपुणिका, तूने यह क्या किया! सारे जीवन को तूने तिल-तिल देकर जिस पाषाण को प्रसन्न करना चाहा था वह अन्त तक पाषाण-पिंड ही बना रहा, पर जिस नवनीत-पुत्तलिका को तूने वल्कल की भाँति आच्छादित कर रखा था वह कैसी हो गई है! हाय, अभागे बाणभट्ट को यह दिन भी देखने थे! आर्य वाभ्रव्य ने जबसे कहा था कि अपने को निःशेष भाव से दे देना ही वशीकरण है उसी दिन से निपुणिका में परिवर्तन शुरू हो गया। रत्नावली की वासवदत्ता में उसने वही वैशिष्ट्य देखा था। छिः सरले, वशीकरण के लिए यह कैसा आत्मदान है! मैंने आँख मूँदकर स्पष्ट ही देखा कि निपुणिका स्वर्ग में प्रसन्न भाव से विचरण कर रही है। वह मुस्कराकर कह रही है, 'मैंने कुछ भी नहीं रखा; अपना सबकुछ तुम्हें दे दिया और भट्टिनी को भी दे दिया। दोनों दानों में कोई विरोध नहीं है। प्रेम की दो परस्पर विरुद्ध दिशाएँ एकसूत्र हो गई हैं!' हाय, क्या सचमुच ये एकसूत्र हो गई हैं।

भट्टिनी ने क्षीण कंठ से सुचरिता को पुकारा, "भद्रे, सुचरिते!"

"हाँ आर्ये।"

"भट्ट आ गए हैं?"

"आ गए हैं, देवि।"

"बुला दो।"

"यहीं हैं।"

भट्टिनी ने अकचकाकर उठने का प्रयत्न किया। सुचरिता ने संयत किया, "धीरे देवि!" परन्तु भट्टिनी रुकी नहीं, उठकर बैठ गईं। मेरी ओर देर तक देखती रहीं। भट्टिनी की उस दृष्टि ने मेरे मर्मस्थल को भेद दिया। मेरी आँखों में जो अश्रुधारा अब तक रुद्ध थी वह अब बाँध तोड़कर बह चली। सुचरिता भी रोने लगी। लेकिन भट्टिनी उसी प्रकार भूली-सी, भ्रमी-सी, ताकती रहीं। कुछ देर इसी प्रकार बीता। फिर बोलीं, "भट्ट, वह चली गई। तुम रह गए, मैं रह गई। हाय, भट्ट!"—कहकर वे शय्या पर अवश भाव से पड़ गईं। सुचरिता धीरे-धीरे उनका सिर दबाने लगी और संकेत से मुझे पंखा झलने को कहा। धीरे-धीरे भट्टिनी सो गईं।

सुचरिता ने मुझे स्कन्धावार से बाहर उठ चलने का संकेत किया। बाहर

धावक और चारुस्मिता तब भी शान्त भाव से बैठे थे। सुचरिता ने उन्हें देखा ही नहीं। उसने मुझे कुछ आश्वस्त करने का भी प्रयत्न किया। उसके स्वर में अत्यन्त स्पष्ट मधुर ध्वनि तब भी ज्यों-की-त्यों थी। यद्यपि उसके भीतर अपनी प्रिय सखी से न मिलने का क्षोभ बहुत अधिक

था; पर वह शोक संविग्न बिलकुल नहीं थी। बड़े प्रेम से उसने कहा, "निपुणिका धन्य हो गई आर्य, उसकी चिन्ता छोड़ो। परन्तु उसका बलिदान तभी सार्थक होगा जब तुम उसके दान का सम्मान करो। भट्ट, नारायण की माया बड़ी विचित्र है। कौन जानता था कि निपुणिका अपने दुखी जीवन से स्त्रीत्व की मर्यादा स्थापित कर जाएगी। शोक मत करो, आर्य, भट्टिनी की सेवा करो, जो अनर्थ हो गया उसे नारायण का प्रसाद मानो। कुछ कल्याण ही होनेवाला है। भट्टिनी कह रही थीं कि नरलोक से लेकर किन्नर लोक तक एक ही रागात्मक हृदय के सन्धान का काम बीच में ही रुक गया! क्यों रुकेगा, आर्य? निपुणिका के जीवन का बलिदान तभी सार्थक होगा जब यह सन्धान सफल हो। उषःकाल हो गया है, मुझे आवश्यक कर्तव्य से जाना पड़ेगा। मैं शीघ्र ही लौट आऊँगी। तुम सावधान रहना। चलती हूँ।"

चलने को जब वह मुड़ी तो चारुस्मिता दिख गई। उसने अंजलि बाँधकर सुचरिता को प्रणाम किया। सुचरिता ने मेरी ओर देखा। वह इस अपूर्व-सुन्दरी का परिचय जानना चाहती थी। मैंने संक्षेप में परिचय दिया, "कान्यकुब्ज की नगर-श्री चारुस्मिता हैं!" सुचरिता आश्चर्य से स्तब्ध रह गई। अविश्वास के स्वर में बोल उठी, "चारुस्मिता!"

चारुस्मिता ने कुछ लज्जित-सी होकर कहा, "हाँ देवि, मैं ही चारुस्मिता हूँ। यदि अनुमति हो तो मैं आज भट्टिनी की सेवा करूँ।" सुचरिता की बड़ी-बड़ी आँखें आश्चर्य से फैल गईं। बोली, "आज नहीं बहिन, आज भट्टिनी के पास इन्हें ही रहने दो।" चारुस्मिता का चेहरा कुछ उतर गया। धावक ने समझा। धीरे कंठ से बोला, "हाँ भद्रे, हम लोगों को भट्टिनी की सेवा के और अवसर मिलेंगे। आज अपरिचितों का वहाँ जाना ठीक नहीं है।" फिर सुचरिता की ओर देखकर धावक ने विनय-मिश्रित स्वर में कहा, "देवि, चारुस्मिता आर्य वेंकटेशभट्ट का दर्शन पाना चाहती हैं। क्या आप इनकी सहायता कर सकती हैं?" सुचरिता को और

भी विस्मय हुआ, उसने चारुस्मिता को ध्यान से देखकर कहा, "कल सायंकाल मेरी कुटिया में आ सकोगी, बहिन?" चारुस्मिता को जैसे मनचाहा वरदान मिल गया हो। गद्‌गद भाव से बोली, "हाँ, देवि।" और श्रद्धा से सिर झुकाकर खड़ी हो रही।

सुचरिता के चले जाने के बाद धावक और चारुस्मिता भी विदा हुई। मैं अकेला भट्टिनी के पास रह गया। आज मेरा हृदय टूक-टूक हो जाना चाहता था। निपुणिका-विहीन भट्टिनी की कल्पना मैंने कभी नहीं की थी। भट्टिनी तब भी सोई हुई थीं; परन्तु उनके अंग-अंग में अवसन्न चैतन्य काँप रहा था। वस्तुतः वह निद्रा की कम और समाधि की अवस्था में अधिक थीं, केवल उनकी चित्तवृत्तियाँ अपनी अदृश्य सहचरी में विलीन हो गई थीं। धीरे-धीरे प्रातःकाल हो आया। भट्टिनी उठीं, उनकी खिन्न आँखें कोने-कोने में घूम गईं; मानो जो खो गई है उसके खोने में कितनी रिक्तता आ गई है उसका हिसाब कर रही हों। शय्या से उठीं तो ऐसा लगा कि किसी का करावलम्ब खोज रही हों। मैंने निकट जाकर कहा, "क्या आज्ञा है, देवि!" भट्टिनी ने मेरे हाथों का सहारा लिया और स्नान करने की इच्छा प्रकट की। मैंने उन्हें स्नान-गृह तक पहुँचा दिया। मैं चुपचाप शय्या के पास आकर बैठ गया। थोड़ी देर बाद भट्टिनी का पदसंचार सुनाई दिया। वे महावराह की मूर्ति की ओर चली गईं। एक क्षण बाद उन्होंने पुकारा। उनका गला भरा हुआ था। बोलीं, "आज महावराह की स्तुति तुम्हीं पढ़ दो भट्ट, मैं नहीं पढ़ सकती।"

गला तो मेरा भी रुँधा हुआ था; पर भट्टिनी की आज्ञा पालन करना ही चाहिए, यही सोचकर मैंने व्याकुल कंठ से वह स्तुति पढ़ी। हे जलौघमग्ना सचराचरा धरा के समुद्धर्त्ता, यह कैसा परिहास है तुम्हारा! दीनानाथ, इसमें कौन-सी कल्याण-कामना छिपी है तुम्हारी? निपुणिका चली गई, भट्टिनी परकटी कोकिला की भाँति अवसन्न हैं। तुम्हारी स्तुति कौन गावे? जैसे-तैसे मैंने पढ़ा—

जलौघमग्ना सचराचरा धरा विषाणकोट्याऽखिलविश्वमूर्तिना।
समुद्‌धृता येन वराहरूपिणा स मे स्वयंभूर्भगवान् प्रसीदतु॥

भट्टिनी अवसन्न होकर महावराह के पाद-प्रान्त में लुढ़क गईं, हाय, यह क्या दूसरा अनर्थ हुआ? उनका मुखमंडल प्रभातकालीन चन्द्र-मंडल के समान निष्प्रभ हो गया। मैंने भट्टिनी का सिर गोद में ले लिया। महावराह के लिए निवेदित पवित्र जल के दो-चार बूँद मुख में दिए और कातर भाव से प्रार्थना की, "हे भगवान्, मेरे पापों का प्रायश्चित्त क्या अभी नहीं हुआ है? अखिल ब्रह्मांडगुरो, यहाँ तक घसीटकर तुम मुझे नरक द्वार पर छोड़ना चाहते हो? हे त्रिभुवन-मोहिनी,

भट्टिनी को बचाओ।'' मेरी प्रार्थना व्यर्थ नहीं गई, भट्टिनी की आँखें खुल गईं। वे अवश भाव से शून्य दृष्टि से ताक रही थीं। मैंने उत्साह देने के लिए कहा, ''देवि, उठो, तुम्हें कातर होना नहीं शोभता। नरलोक से किन्नरलोक तक व्याप्त एक ही रागात्मक हृदय का सन्धान पाना बाकी है। अपने सेवक को उचित मार्ग-प्रदर्शन करो। निपुणिका शोच्य नहीं है। शोच्य मैं हूँ। मुझे और भी अनाथ मत बनने दो। उठो देवि, आर्यावर्त को बचाना है, म्लेच्छ से देश को बचाना है, मनुष्य जाति को बचाना है। देवपुत्र-नन्दिनी की यह अवशता उचित नहीं है।'' भट्टिनी की शिराओं में चैतन्यधारा प्रवाहित हुई। उन्होंने गोद में से सिर उठाने का प्रयत्न नहीं किया। क्षीण कंठ से बोलीं, ''नीचे से ऊपर तक एक ही रागात्मक हृदय व्याप्त है। निपुणिका ने उसे स्पष्ट कर दिया है। क्या कहते हो भट्ट, तुम मेरी सहायता करने का वचन देते हो?'' मैंने अविचलित कंठ से कहा, ''हाँ देवि, सेवक प्रत्येक आज्ञा के लिए तैयार है।''

भट्टिनी उठकर बैठ गईं। धीरे-धीरे बोलीं, ''आर्यावर्त की विपत्ति इस बार कट गई है, भट्ट। आचार्य भर्वुपाद ने बताया है कि इस अल्पकाल में ही महामाया के लाखों शिष्य पुरुषपुर के आगे एकत्र हो गए हैं। इनमें अधिकांश अशिक्षित और असंघटित थे। मेरे पिता ने उनको संघटित करने का काम आरम्भ कर दिया है। कुभा के उस पार दस्युओं का कोई सन्धान नहीं पाया गया है। सम्भवतः वे लौट गए हैं। परन्तु म्लेच्छ कहे जानेवालों का हृदय अभी परिवर्तित नहीं हुआ है। तुम मेरे साथ चलकर उनमें काम करने को तैयार हो जाओ। हाय भट्ट, निपुणिका को मेरी बात कभी जँची ही नहीं। मैं उसे कभी इस सत्य की ओर उन्मुख नहीं कर सकी, वह अपने रास्ते चली गई।''

मैंने भट्टिनी के साथ चलने का वचन दे दिया। उल्लसित होकर भट्टिनी ने और उनकी आज्ञा से मैंने साथ-ही-साथ महावराह को प्रणाम किया। महावराह ने गोपन हास्य से हमारे उल्लास का तिरस्कार किया होगा, क्योंकि निपुणिका का श्राद्ध समाप्त होते ही आचार्य भर्वुपाद ने मुझे पुरुषपुर जाने की आज्ञा दी। उन्होंने स्पष्ट रूप में आदेश दिया कि भट्टिनी तब तक स्थाण्वीश्वर में ही रहेंगी। भट्टिनी ने सुना तो उनका मुख विवर्ण हो गया। झुकी हुई आँखों को और भी झुकाकर बोलीं, ''जल्दी ही लौटना।''

मैंने कातर कंठ से वाष्प-रुद्ध वाक्य को प्रयत्नपूर्वक दबा लिया। लेकिन अन्तरात्मा के अतल गह्वर से कोई चिल्ला उठा—'फिर क्या मिलना होगा?'

उपसंहार

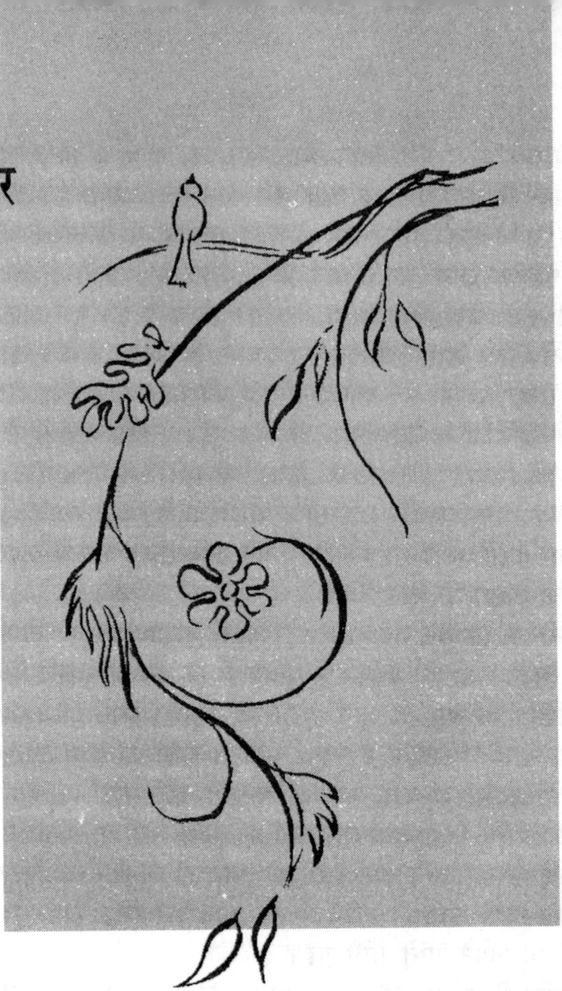

'बाणभट्ट की आत्मकथा' का इतना ही अंश मिला था। स्पष्ट ही यह कथा अपूर्ण है। मेरा विचार था कि कथा की जाँच केवल 'बाणभट्ट' की उपलब्ध पुस्तकों से सादृश्य रखनेवाले अंशों के साथ तुलना करने तक ही सीमित न रखी जाए बल्कि उसकी भीतरी साहित्यिक जाँच भी की जाए। कादम्बरी शैली के साथ कथा की शैली में ऊपर-ऊपर से बहुत साम्य दिखता है, आँखों का प्राधान्य इसमें भी अन्य इन्द्रियों की अपेक्षा अधिक है—रूप का, रंग का, शोभा का, सौन्दर्य का, इसमें भी जमकर वर्णन किया गया है; पर इतने ही से साहित्यिक जाँच समाप्त नहीं हो जाती। कथा को ध्यान से पढ़नेवाला प्रत्येक सहृदय अनुभव करेगा कि कथा-लेखक जिस समय कथा लिखना शुरू करता है उस समय उसे समूची घटना ज्ञात नहीं है। कथा बहुत-कुछ आजकल की

'डायरी' शैली पर लिखी गई है। ऐसा जान पड़ता है कि जैसे-जैसे घटनाएँ अग्रसर होती जाती हैं वैसे-वैसे लेखक उन्हें लिपिबद्ध करता जा रहा है। जहाँ उसके भावोवेग की गति तीव्र होती है वहाँ वह जमकर लिखता है; परन्तु जहाँ दुख का आवेग बढ़ जाता है वहाँ उसकी लेखनी-शिथिल हो जाती है। अन्तिम उच्छ्वासों में तो वह जैसे अपने ही में धीरे-धीरे डूब रहा है। मुझे यह बात विचित्र लगी। संस्कृत-साहित्य में यह शैली एकदम अपरिचित है। मुझे यह बात सन्देहजनक भी मालूम हुई। एक बात और है। कादम्बरी में प्रेम की अभिव्यक्ति में एक प्रकार की दृप्त भावना है; परन्तु इस कथा में सर्वत्र प्रेम की व्यंजना गूढ़ और अदृप्त भाव से प्रकट हुई है। ऐसा जान पड़ता है कि एक स्त्री-जनोचित लज्जा सर्वत्र उस अभिव्यक्ति में बाधा दे रही है। सारी कथा में स्त्री-महिमा का बड़ा तर्कपूर्ण और जोरदार समर्थन है। कथा का जिस ढंग से आरम्भ हुआ है उसकी स्वाभाविक परिणति गूढ़ और अदृप्त प्रेम ही हो सकती है। मुझे कथा के स्वाभाविक विकास की दृष्टि से इसमें कोई विरोध या दोष नहीं दिखता; पर बाणभट्ट की लेखनी से सम्भवतः अधिक स्पष्ट और अधिक दृप्त अभिव्यक्ति की आशा की जा सकती है। फिर कादम्बरी में प्रेम के जिन शारीरिक विकारों का–अनुभावों का, हावों का, अयत्नज अलंकारों का–प्राचुर्य है उनके स्थान में कथा में मानसविकारों का–लज्जा का, अवहित्था का, जड़िमा का–अधिक प्राचुर्य है। यह बात भी मुझे खटकनेवाली लगी। मैं उदाहरण देकर बातों को समझाने का संकल्प कर रहा था।

ऐतिहासिक दृष्टि से तुवरमिलिन्द एक समस्या है। बाणभट्ट ने कादम्बरी के आरम्भ में भर्वुशर्मा की स्तुति की है। ये बाणभट्ट के गुरु थे। इस कथा में अवधूत अघोरभैरव के प्रति बाणभट्ट की आस्था अधिक प्रकट हुई है, भर्वुशर्मा के प्रति कम। 'धावक' के शब्दार्थ को देखकर कुछ यूरोपियन पंडितों ने अनुमान भिड़ाया है कि यह कवि जाति का धोबी था। कथा से यह बात समर्थित नहीं होती। इतिहास की दृष्टि से छोटी-मोटी कुछ असंगतियाँ चाहे निकल आवें पर अधिकांश में उपलब्ध ऐतिहासिक सामग्री से कथा की सामग्री का कोई विरोध नहीं है। विशेष लक्ष्य करने की बात यह है कि इस कथा के भौगोलिक स्थान। स्थाण्वीश्वर और चरणाद्रि दुर्ग (चुनार) का नाममात्र का उल्लेख है, परन्तु भद्रेश्वर दुर्ग और उसके समीपवर्ती स्थानों का कुछ अधिक वर्णन है, जो काफी संकेतपूर्ण है।

कथा से 'रत्नावली' की 'जितमुडुपतिना' श्लोकवाली समस्या का पूर्ण समाधान हो जाता है। यह श्लोक बहुत दिनों से पंडितों के वाग्विलास का विषय

बना हुआ है। अभी तक इसकी कोई अच्छी व्याख्या नहीं की जा सकी है। तरह-तरह के अटकल लगाए गए हैं। कथा अगर प्रामाणिक है तो इस समस्या का सुन्दर समाधान हो जाता है। मैंने सोचा था कि इन महत्त्वपूर्ण सूचनाओं को देनेवाली कथा की परीक्षा सावधानी से की जानी चाहिए। इसी समय दीदी का यह पत्र मिला है। कथा का रहस्य इस पत्र से कितना खुलता है, यह सहृदयों के विचार के लिए ही छोड़ देता हूँ। अपना मत संक्षेप में ही कहकर समाप्त कर दूँगा।

'प्रिय व्योम,

छह वर्षों से आस्ट्रिया के दक्षिणी भाग में निराशा और पस्तहिम्मती की जिन्दगी बिता रही हूँ। तुमने युद्ध के घिनौने समाचार पढ़े होंगे, लेकिन उसके असली निर्घृण क्रूर रूप को तुम लोगों ने देखा नहीं। देखते तो मेरी ही तरह तुम लोग भी मनुष्य-जाति की जययात्रा के प्रति शंकालु हो जाते। यह अच्छा ही हुआ कि तुमने यह घृणित नर-संहार नहीं देखा। यह मनुष्य का नहीं, मनुष्यता के वध का दृश्य था। मैं छह वर्षों तक साँस रोककर इस वृद्धावस्था में यह बीभत्स दृश्य देखती रही। लाखों युवक और युवतियाँ, बच्चे और बच्चियाँ मर गईं और दुर्भाग्य ने न जाने मुझ वृद्धा को क्यों बचा लिया। तूने 'बाणभट्ट की आत्मकथा' छपवा दी, यह अच्छा ही किया। पुस्तक रूप में न सही, पत्रिका रूप में छपी कथा को देख सकी हूँ, यही क्या कम है। अब मेरे दिन गिने-चुने ही रह गए हैं। इसके पहले 'कथा' के बारे में जो पत्र लिखा था उसे मत छपाना। मैं अब फिर तुम लोगों के बीच नहीं आ सकूँगी। मैं सचमुच संन्यास ले रही हूँ। मैंने अपने निर्जन वास का स्थान चुन लिया है। यह मेरा अन्तिम पत्र है। 'आत्मकथा' के बारे में तूने एक बड़ी गलती की है। तूने उसे अपने 'कथामुख' में इस प्रकार प्रदर्शित किया है मानो वह 'आटो-बॉयोग्राफी' हो। ले भला! तूने संस्कृत पढ़ी है ऐसी ही मेरी धारणा थी, पर यह क्या अनर्थ कर दिया तूने। बाणभट्ट की आत्मा शोण नद के प्रत्येक बालुका-कण में वर्तमान है। छिः, कैसा निर्बोध है तू, उस आत्मा की आवाज तुझे नहीं सुनाई देती? देख रे, तू पुरुष है, तू युवक है, तुझे इतना प्रमाद नहीं शोभता।

'उस भाग्यहीन बिल्ली ने बच्चों की एक पल्टन खड़ी कर दी है। युद्ध में इतने बम गिरे लेकिन इन शैतानों में से एक भी नहीं मरा। मैं कहाँ तक सँभालूँ। जीवन में एक बार जो चूक हो जाती है वह हो ही